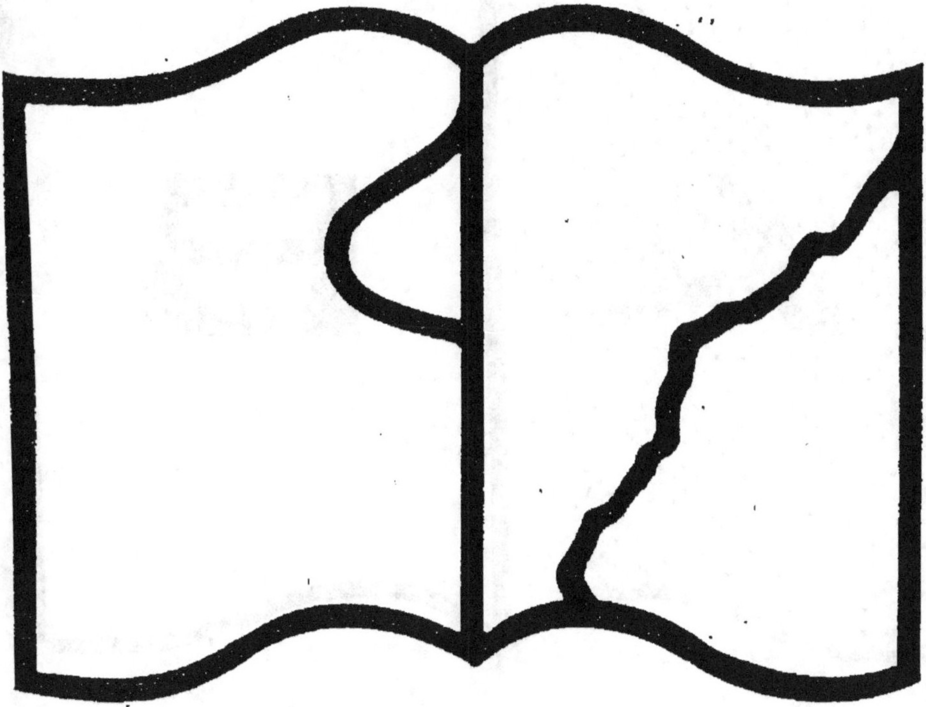

Texte détérioré — reliure défectueuse

NF Z 43-120-11

Contraste insuffisant

NF Z 43-120-14

Annales

internationales

d'Histoire

CONGRÈS DE LA HAYE

N° 3

SOMMAIRE

Notes sur les négociations du Chevalier de Corberon chargé d'affaires en Russie (1777-1780), par M. Labande. — *L'archiduc Ernest d'Autriche et le Saint-Siège (1577-1594)*, par le Marquis Viti Mariani. — *Caulaincourt négociateur de l'armistice en 1813*, par M. Paul Bailleu.

COMITÉ CENTRAL

MM. le baron J. d'Anethan de Beaufort, Beernaert, Bikélas, Browning, Burenstam, Caratheodoryde, de Crue, Holban, H. Houssaye, Hüffer, Lanczy, de Maulde La Clavière, Missak, Von Sicherer, Vesnitch, de Villa-Urrutia, Wenevitinow, Whiteley, Le Glay, *secrétaire*.

M. de Maulde, *président*, 10, boulevard Raspail, Paris.

M. le comte de Tarade, *trésorier*, 45, rue Cambon, Paris.

Pour la Rédaction, prière de s'adresser à M. André le Glay, 59, avenue Kleber, Paris.

MM. les Membres du Congrès sont invités à faire connaître à la Rédaction des *Annales*, pour être mentionnés, les titres de leurs ouvrages récemment parus.

Les personnes étrangères au Congrès peuvent, en adressant vingt francs à M. André le Glay, 59, avenue Kléber, Paris, recevoir la collection complète des actes du Congrès, jusqu'à concurrence des exemplaires disponibles.

AVIS

Conformément au programme initial, le Congrès de 1900 sera un Congrès d'histoire internationale comparée, embrassant, outre les relations directes des peuples, l'histoire comparée de l'art, de la littérature, des sciences naturelles, de la religion, etc...

Les listes des divers Comités seront publiées successivement.

Afin de maintenir entre les membres un lien permanent, le comité a décidé de publier les actes du Congrès de La Haye par fascicules trimestriels.

NOTES

SUR LES

NÉGOCIATIONS DU CHEVALIER DE CORBERON

Chargé d'affaires de France en Russie

(1777-1780)

PAR

M. L.-H. LABANDE

Marie-Daniel Bourrée, chevalier et plus tard baron de Corberon, naquit à Paris le 15 juillet 1748. Il appartenait à une ancienne famille bourguignonne, qui était venue se fixer à Paris : son père, Pierre-Daniel, baron de Corberon, était président au Parlement.

Dès sa jeunesse, il fut destiné à la carrière des armes comme son frère aîné, Pierre-Philibert-Catherine, marquis de Corberon : le 2 décembre 1764, il recevait le brevet de second

---

SOURCES. — Les documents qui ont servi à la rédaction de ces pages ont été extraits pour la plupart des archives du Ministère des affaires étrangères (la correspondance du chevalier de Corberon avec M. de Vergennes et les bureaux de Versailles y forme les vol. 100 à 105 de la série A. E. *Russie*), des papiers d'État de l'Archivo histórico national d'Espagne (legajo 6116), du *Journal inédit du chevalier de Corberon*, des archives de la famille de Corberon au château de Troissereux (Oise), des manuscrits de la Bibliothèque d'Avignon n°s 3053, 3058 et 3059. L'auteur a également utilisé les collections de textes comme le *Recueil des instructions données aux ambassadeurs et ministres de France en Russie*, publié par A. Rambaud, les mémoires particuliers tels que le *Diaries and correspondance of James Harris, first earl of Malmesbury*, enfin les ouvrages les plus sérieusement documentés sur le règne de Catherine II, par exemple *La Cour de Russie il y a cent ans*, les intéressants volumes de M. K. Waliszewski (*Le roman d'une Impératrice, Autour d'un trône*, etc.). Qu'il lui soit permis d'exprimer ici ses sentiments de reconnaissance pour M. le marquis de Corberon, qui par sa bonne grâce s'est fait le collaborateur de cette étude.

enseigne en la compagnie de Pronleroy. Mais au bout de quelques années, il prit moins de goût pour le métier militaire et tourna ses regards vers le département des affaires étrangères. Il s'appliqua d'abord dans les bureaux de Versailles à l'étude de toutes les matières du ressort politique ; puis, le 19 septembre 1773, le duc d'Aiguillon le nomma conseiller de légation à la résidence de Cassel, où le marquis de Vérac était envoyé comme ministre plénipotentiaire.

Son départ eut lieu dans les premières semaines de 1774 : à la fin de la même année, il était de retour avec le marquis de Vérac, qui se trouvait désigné par M. de Vergennes pour être ambassadeur de France en Danemark. Remarquons en passant que le chevalier de Corberon avait si bien réussi à la Cour du landgrave de Hesse-Cassel, que celui-ci demanda au cabinet de Versailles de l'élever sur place au rang de ministre plénipotentiaire, et de lui donner la succession de M. de Vérac.

Le comte de Vergennes, attaché à la famille de Corberon par des liens de parenté assez éloignés, ne crut pas devoir déférer à ce désir : il préféra proposer au jeune chevalier de partir avec son autre parent, le marquis de Juigné, qui venait d'être pourvu de la mission de représenter le roi Louis XVI en Russie. Après quelques hésitations, Corberon accepta le poste de secrétaire de légation qu'on lui offrait : le 22 juin 1775, il se mettait en route avec M. de Juigné, et moins de deux mois après il arrivait à Moscou, où se trouvaient depuis quelque temps Catherine II et sa Cour.

Il était alors dans toute la fougue et dans toute l'ardeur de sa jeunesse. A une figure agréable, il joignait une intelligence vive, un esprit enjoué, parfois incisif et caustique, une volonté opiniâtre, mais surtout un jugement sûr et une grande franchise. Il aimait fort le monde et ses plaisirs ; d'ailleurs sa parfaite éducation, son amabilité, son assiduité auprès des femmes lui avaient déjà valu de nombreux succès dans la meilleure compagnie. En Russie où les personnes de la Cour adoptaient si facilement les habitudes, le ton et les manières de la haute société française, il ne devait pas moins réussir.

Il semble bien que le comte de Vergennes ait eu la compréhension exacte de son caractère et du milieu dans lequel il allait vivre, quand il l'engageait si vivement à accompagner M. de Juigné. Il lui fit même part assez crûment, dans une de ses conversations, des espérances qu'il fondait sur lui pour aider le ministre de France à Pétersbourg : « Il ne me cachoit pas, dit le chevalier, que je serois très utile au marquis, pour le monde comme pour la correspondance, parce qu'étant plus jeune, je serois plus à portée, par les liaisons de femmes, de découvrir les choses essentielles. » Cette idée de faire servir les galanteries à la politique revient même plusieurs fois dans le journal que Corberon rédigeait alors avec une très évidente sincérité ; cependant il ne passa jamais de l'intention à l'exécution. Si, en compagnie des dames de la Cour de Russie, il a recueilli beaucoup d'anecdotes et de nouvelles intéressantes, il n'essaya jamais d'arriver par leur moyen à pénétrer les secrets d'État. D'ailleurs, son plus cruel ennemi, on pourrait dire son calomniateur, Harris, le ministre anglais, dans les accusations plus ou moins mensongères qu'il lança contre lui, n'alla jamais jusque là ; il ne fit que lui reprocher des intelligences avec les domestiques et agents subalternes des grandes familles russes.

Depuis l'été de 1775 jusqu'au mois de novembre 1777, le petit chevalier, comme on l'appelait, n'eut guère autre chose à faire que d'examiner ce qui se passait autour de lui, de courir les salons, d'assister aux concerts et représentations théâtrales, ou d'en organiser d'autres, de se montrer à la promenade et à la Cour, où on le voyait empressé auprès des dames et des demoiselles d'honneur, de visiter les églises, musées, académies, établissements de charité et d'instruction, de fréquenter tous les Russes que la politique ou leur situation de famille et de fortune mettait en relief, les ministres des puissances étrangères et leurs attachés d'ambassade, les Français résidant à Moscou et à Pétersbourg. Il eut pourtant d'autres préoccupations plus intéressantes.

M. de Juigné le tenait en une certaine défiance, peut-être avait-il pris ombrage des sentiments bienveillants exprimés par M. de Vergennes en faveur de son secrétaire. Toujours est-il qu'il ne lui faisait que de rares confidences sur les négociations et ne lui donnait à lire ou à chiffrer que des dépêches diplomatiques les plus insignifiantes. Corberon avait donc, de ce côté-là, beaucoup de loisirs : il résolut d'appliquer tous ses soins à l'étude des ressources, des productions et des finances du pays ; il prit des notes détaillées sur le commerce, l'industrie et les manufactures de la Russie, se fit renseigner aussi exactement que possible sur l'importance de son armée et de sa marine, et rédigea sur toutes ces matières un copieux mémoire pour M. de Vergennes, qui récompensa son zèle par des félicitations. D'autre part, il approfondissait la situation intérieure de l'Empire, tâchait de démêler les petites et les grandes intrigues de cour, de pénétrer les mobiles qui dirigeaient les principaux événements, de connaître sur toutes ses faces le caractère de l'Impératrice et des personnages qui l'entouraient, tels que le grand-duc et ses deux femmes, les Orlof, le comte Panine, le prince Potemkine, les Czernichef, Betzki, etc. En un mot, il se préparait en quelque sorte au rôle politique, tout à fait improbable au début de son séjour, que les circonstances pouvaient le mettre à même de jouer. Or, il se trouva que l'expérience ainsi acquise lui fut extrêmement utile pour mener à bien les missions qui lui furent confiées.

La santé de M. de Juigné s'était altérée à un tel point qu'il dut demander au Roi de s'éloigner momentanément de son poste. Le 10 novembre 1777, il prenait congé de l'Impératrice et, le 23 du même mois, il quittait Pétersbourg afin de regagner Paris, après avoir remis une instruction précise au chevalier de Corberon, qu'il laissait en qualité de chargé d'affaires. Pourtant, il avait eu quelque hésitation à lui confier la direction de son service : quelques mois auparavant, à l'occasion d'une affaire du comte Robasomi qui avait tué en duel M. de Byland, officier de la marine russe, et s'était réfugié à l'hôtel de la légation de France, la conduite de M. de Corberon avait été blâmée par Catherine II, qui lui avait interdit pendant un certain temps l'accès de la Cour. Cette impression défavorable s'était promptement effacée, et quand M. de Juigné, sur le conseil de M. de Vergennes, désireux de « beaucoup obliger le chevalier », « bon sujet, connu avantageusement », dont il avait vanté au Roi le zèle et l'application, quand donc M. de Juigné le présenta à l'Impératrice, en le priant de l'agréer comme le représentant intérimaire de Louis XVI, celle-ci l'accepta « de très bonne grâce et avec honnêteté ».

Elle ne devait pas s'en repentir, car le chevalier de Corberon, tout en servant avantageusement les intérêts de son pays, allait seconder ses efforts et entrer plus d'une fois dans ses vues politiques. Et pourtant, il y avait fort à faire pour opérer un rapprochement entre la Russie et la France, et pour amener les souverains de ces deux nations à agir selon les mêmes inspirations et les mêmes plans. Si M. de Juigné avait préparé les voies à cet accord, si M. de Vergennes et M. de Bariatinski, le ministre russe à Paris, travaillèrent efficacement dans ce sens, on peut dire encore que l'honneur de ce succès doit en grande partie revenir à M. de Corberon.

* *

Le gouvernement de Louis XV, surtout pendant le temps que M. de Choiseul fut à la tête des affaires étrangères, n'avait eu que des rapports très tendus avec Catherine II. Le baron de Breteuil, notre ministre à Pétersbourg au moment où se préparait la révolution de 1762, n'avait pas su prévoir les événements, et avait opposé une fin de non-recevoir aux avances de l'impératrice, qui lui avait demandé des subsides pour la conjuration qu'elle méditait. Celle-ci garda le ressentiment de cette hostilité, contre M. de Breteuil d'abord, puis contre la France.

Il est vrai que notre politique ne visait alors à rien moins qu'à éloigner la Russie des affaires de l'Europe. Les instructions que les ministres du Roi recevaient pouvaient se résumer en quelques points : se rendre un compte exact de la situation intérieure de l'Empire russe, favoriser le plus discrètement possible les rivalités des partis pour affaiblir l'autorité de l'Impératrice et détourner son attention, protéger contre ses entreprises ambitieuses les nations amies de la Pologne, de la Suède et de la Turquie, enfin ne chercher à développer que des relations commerciales entre les deux pays. Catherine II, elle aussi, n'agissait en toutes circonstances que contre les intérêts français ; à son avènement, elle rappela bien ses troupes engagées en Prusse contre l'Autriche et la France ; mais, sur le conseil de Panine, « premier membre » du Collège des affaires étrangères, elle établit presque aussitôt le système du Nord, c'est-à-dire une alliance entre la Russie, la Prusse, le Danemark et l'Angleterre, pour contrebalancer l'influence de l'Autriche et des maisons de Bourbon (11 avril 1764).

A la mort d'Auguste III, roi de Pologne (5 octobre 1763), pendant que la France soutenait la candidature de son fils, le prince de Saxe, frère de la dauphine, la Russie et la Prusse s'entendaient pour faire élire Poniatowski (6 septembre 1764). Déjà se dessinaient les événements qui devaient amener la ruine de la Pologne, et pendant ce temps, où il aurait été de première nécessité de faire sentir notre influence en Russie, la Cour de Versailles tenait rigueur à l'Impératrice pour une simple question d'étiquette, et n'entretenait guère à Pétersbourg que des chargés d'affaires.

Si M. de Vergennes, alors ministre plénipotentiaire à Constantinople, essaya de créer une diversion, en soulevant les Turcs contre les Russes, il s'était fait illusion sur la force de leur armée ; celle-ci ne subit en effet que des revers, pendant que se consommait le premier partage de la Pologne entre Catherine II, Frédéric II de Prusse et Marie-Thérèse d'Autriche (2 septembre 1772). L'Impératrice continuant ses conquêtes, imposa au sultan Abdul-Hamid, la paix de Koutchouk-Kaïnardji (21 juillet 1774). La France eut seulement la consolation de voir, grâce à elle, le roi de Suède Gaston III rompre les intrigues des Russes et des Prussiens, reprendre, par le coup d'État du 19 août 1772, les prérogatives essentielles de la royauté, et raffermir son pouvoir. Mais, partout ailleurs, elle avait complètement échoué ; Catherine II, par ses succès dus « plutôt à son étoile qu'à sa prudence », s'était consolidée sur le trône, et restait déterminée plus que jamais à s'intéresser aux affaires de l'Europe. La Pologne n'existait plus que par son bon vouloir, la Turquie était irrémédiablement affaiblie ; quant au traité de commerce à établir entre la France et la Russie, il n'en était plus question : c'étaient les Anglais qui en avaient signé un, leur assurant presque le monopole de l'importation et de l'exportation (19 août 1765).

L'avènement de Louis XVI et la nomination de M. de Vergennes au ministère des affaires étrangères furent heureux, en tant qu'ils marquèrent une nouvelle orientation de la politique française : les faits accomplis furent acceptés, et les efforts de nos diplomates tendirent à réparer les fautes commises, à se réconcilier avec la Russie et même à vivre en très bons termes avec elle. Bien que M. Durand, le ministre envoyé par le duc d'Aiguillon à Pétersbourg, eût agi avec plus de circonspection et d'intelligence que ses prédécesseurs, qui tous, à tort ou à raison, s'étaient fait détester de l'Impératrice, on pensa qu'il ne représentait pas assez les nouvelles idées ; du reste, il n'avait pas réussi à gagner la confiance de Catherine II.

Le marquis de Juigné fut alors désigné ; il reçut pour mission spéciale de faire comprendre à l'impératrice que jusqu'alors elle n'avait que favorisé l'accroissement de puissance de la Prusse, surtout en l'admettant au partage de la Pologne, et que par conséquent elle avait tout intérêt à s'en détacher et à se rapprocher des Cours de Vienne et de Versailles. D'ailleurs, elle aurait peut-être bientôt à exercer son action en Allemagne, par exemple au moment de l'ouverture de la succession de Bavière ; ce jour-là, il serait essentiel pour elle de marcher d'accord avec le roi de France, afin d'élever « une barrière insurmontable à l'avidité prussienne ». Il n'était pas cependant possible de « compter sur un intérêt politique réciproque et également senti entre la Russie et la France, pour établir entre les deux nations une alliance directe d'une utilité incontestable ». Il fallait plutôt tendre à renouer les relations commerciales, démontrer qu'avec la liberté obtenue par les Russes, au traité de Kaïnardji, du libre accès de la mer Noire, notre pays était, de tous ceux de l'Europe celui qui, par sa situation, ses produits et ses besoins, pouvait donner le plus d'essor à leurs affaires ; que le monopole établi chez eux en faveur des Anglais était désastreux, enfin qu'il était absolument erroné de croire que les Français ne feraient qu'importer, puisqu'il leur était d'obligation absolue de tirer de la Russie les bois et les chanvres nécessaires à leur marine.

Tels étaient les principaux sujets, sur lesquels on avait appelé l'attention de M. de Juigné, en lui recommandant, en même temps, d'entrer dans les bonnes grâces du favori Potemkine, de refroidir l'affection du comte Panine pour l'alliance prussienne, et d'aider l'Autriche à combattre à Pétersbourg l'influence de Frédéric II. C'était en somme un vaste programme, et il faut savoir gré à M. de Juigné de l'avoir compris et d'avoir travaillé à sa réalisation.

Il eut la chance de produire une assez bonne impression sur l'Impératrice dès son arrivée. Il réussit donc à dissiper bien des préventions contre la Cour de Versailles et à préparer un avenir meilleur. « Je ne pense pas du tout, se crut-il autorisé à écrire, que les préventions de Catherine II contre la France soient indestructibles ; je crois même qu'elles sont diminuées relativement au gouvernement, et sur les points essentiels. » Le traité russo-prussien fut bien encore confirmé pour cinq ans, le 1er avril 1777, mais il fut rompu avant terme, et ne devait pas être renouvelé. Quant à l'Angleterre, elle allait commencer à éprouver de très graves difficultés dans le nouveau comme dans l'ancien monde. Ses colonies américaines se soulevaient contre son despotisme, les États-Unis se séparaient de la métropole, proclamaient leur indépendance (4 juillet 1776), battaient les milices anglaises et recevaient des secours français en attendant de conclure un traité d'alliance avec Louis XVI.

Dès les premiers mois de la révolte, le cabinet de Saint-James avait recruté des soldats un peu partout, avait enrôlé des troupes allemandes, s'était même adressé à Catherine II. Celle-ci, après quelques hésitations observées avec anxiété par notre ministre, eut la sagesse de refuser de vendre le sang de ses sujets. Cet échec de l'Angleterre était relativement peu important : c'était cependant un indice sérieux à mettre à profit par notre gouvernement.

Telle était la situation des affaires, au moment où M. de Juigné laissa au chevalier de Corberon le soin de gérer son ministère. L'instruction qu'il lui remit, le 21 novembre 1777, était à peu près la répétition de celle qu'il avait reçue lui-même du Roi. Corberon n'avait qu'à suivre la même ligne de conduite et observer la marche des événements.

Pendant quelques mois, il put s'imaginer qu'il n'aurait jamais que ce rôle d'observateur à jouer, et crut qu'il ne pourrait profiter de sa situation que pour mieux documenter la Cour de Versailles et la mieux renseigner « sur les aventures de l'intérieur du palais » de l'Impératrice. Il fallut que M. de Vergennes rappelât plusieurs fois son jeune correspondant à plus de circonspection dans ses dépêches, et l'engageât à ne plus lui rapporter « les anecdotes, dont la malignité du public aime à se repaître », ainsi que tout ce qui ne tenait pas directement aux intérêts du Roi. « On peut tout écrire en politique, lui disait-il, sans que les personnes intéressées en soient choquées, si jamais elles en avoient connaissance, mais pour cela il faut s'interdire de pénétrer dans la petite maison des princes et dans le boudoir des princesses. » Si l'on insistait tellement à Versailles sur la nécessité de cette retenue, c'est que l'on soupçonnait, d'après les déclarations de M. de Juigné, que les dispositions de la Russie allaient, par la force des choses, devenir plus favorables à la France.

Des troubles avaient en effet éclaté dans la Crimée, reconnue indépendante par le traité de Kaïnardji : en 1775, le khan Sahib-Ghiréi avait été renversé par un protégé de la Porte, Devlet-Ghiréi. A son tour, Chayn-Ghiréi, dévoué à la Russie, expulsa Devlet; mais le sultan, ne voulant pas le reconnaître, souleva les Tartares contre lui et contre les Russes dispersés en Crimée ou dans le Kouban, et nomma un nouveau khan, qu'il soutint de sa flotte. De son côté, Catherine II envoya une armée au secours de Chayn-Ghiréi, qui battit les troupes tartares et turques (octobre 1777). En vain des négociations avaient été entamées entre Constantinople et Pétersbourg; les passions étaient trop surexcitées pour que l'on pût s'entendre. La guerre était donc imminente entre la Turquie et la Russie : l'Autriche y poussait de toutes ses forces, pour avoir plus de liberté dans l'exécution de ses projets concernant la Bavière ; la Turquie s'y préparait activement ; le général Souvarof et le maréchal Romanzof massaient des troupes russes en Crimée et dans les régions voisines, pendant que l'Impératrice déclarait qu'elle ne ferait la paix que lorsque ses armées camperaient à Constantinople. Mais la France, qui, quelques années plus tôt, s'était servie des Turcs avec si peu de sucès pour créer une diversion aux affaires de Pologne, était loin de désirer cette nouvelle guerre ; M. de Vergennes connaissait le peu de consistance des troupes ottomanes, il savait combien défectueuse était leur organisation et quelle était la faiblesse du gouvernement. Il donna donc des instructions très précises à M. de Saint-Priest, ministre plénipotentiaire de France à Constantinople, il le chargea expressément d'éclairer le sultan sur les dangers auxquels il courait, et de le détourner d'une entreprise désastreuse. L'influence française auprès de la Porte était assez grande pour faire accepter ces conseils de prudence et de temporisation ; la guerre fut éloignée.

D'autre part, le chevalier de Corberon eut à manifester aux ministres de Catherine II le désir de son souverain de voir « arranger à l'amiable une discussion où on peut présumer qu'il y a autant de malentendu que de contrariété réelle ». Il avait mission de déclarer que le gouvernement français se chargerait volontiers du rôle d'ami commun des deux puissances, pour calmer leur animosité et faciliter les moyens de conserver la paix. Pourtant le Roi ne pensait pas encore à se présenter comme médiateur. « Sa Majesté, écrivait M. de Vergennes, le 28 décembre 1777, n'en désirera jamais le titre ni les fonctions. Elle est d'ailleurs bien éloignée de s'immiscer dans des affaires qui ne la regardent pas et sur lesquelles rien ne l'autorise à porter un jugement. Son unique but est de renouer entre la Russie et la

Porte une négociation sous des auspices plus heureux que ne l'a été celle qui paraît au moment d'être rompue. » Cette médiation, ce fut l'empereur Joseph II qui l'offrit le premier ; mais comme, d'une part, les sentiments de Catherine II pour l'Autriche étaient alors loin d'être bienveillants ; comme, d'un autre côté, on soupçonnait fort le gouvernement de Vienne d'exciter les Turcs, l'Impératrice rejeta cette proposition et ordonna à ses représentants de continuer seuls les négociations avec le sultan. Jusque là, le rôle de la France à Pétersbourg restait assez effacé : on attendait des circonstances plus favorables pour agir.

Pendant que l'attention de l'Europe était tournée vers la Crimée, l'électeur de Bavière, Maximilien-Joseph, mourait sans postérité (30 décembre 1777). Son héritier légal était l'électeur palatin, Charles-Théodore, qui vivait, lui aussi, sans enfants légitimes. L'Autriche qui s'était préparée à cette éventualité, crut l'occasion excellente d'accaparer la plus grosse part de la succession et de s'annexer en particulier la Bavière. Immédiatement l'empereur Joseph II fit occuper par ses troupes une partie du pays, promit un grand établissement au fils naturel de l'électeur palatin et s'assura par un traité avec Charles-Théodore presque tout l'héritage (3 janvier 1778). C'était frustrer le duc Charles-Auguste de Deux-Ponts, neveu et héritier présomptif de Charles-Théodore. Le roi de Prusse, Frédéric II, protesta aussitôt, contre cet accroissement de la puissance autrichienne ; il saisit l'occasion de prendre en main la cause du duc et d'entrer en campagne. Une nouvelle guerre allait donc surgir, engageant encore par contre-coup la France, alliée de l'Autriche, contre la Russie, liée par son traité avec la Prusse. Mais le gouvernement français était d'autant plus décidé à respecter « la justice naturelle, les traités et les droits de propriété », qu'il avait à se préoccuper de prendre une revanche de l'Angleterre, en profitant du soulèvement des États-Unis d'Amérique; il se refusa à seconder les vues ambitieuses de Joseph II et de Marie-Thérèse. Il leur promit bien les subsides prescrits par leur pacte d'alliance, mais il signifia en même temps sa neutralité; dès cette époque, ses efforts tendirent même avec plus d'application, on le vit dans la suite, à amener la fin du différend turco-russe, pour permettre à la Russie d'intervenir efficacement dans ce nouveau débat. En attendant, il réussit à arrêter momentanément les armées prussienne et autrichienne et à provoquer des négociations entre les deux puissances (juin 1778). Malheureusement, elles n'aboutirent pas et par deux fois elles furent rompues. Frédéric II publia sa déclaration de guerre, demanda à la Russie l'envoi d'un corps auxiliaire, spécifié dans le traité du 1er avril 1777, et fit avancer des troupes en Bohême, puis en Silésie : un moment, elles se trouvèrent en présence de celles de Joseph II, là où un siècle plus tard devait se livrer la bataille de Sadowa.

Ce fut alors que le cabinet autrichien tenta une action diplomatique auprès de Catherine II, pour lui démontrer la légitimité de ses droits sur la Bavière. Les négociations se rouvrirent donc avec une nouvelle activité; la France y intervint énergiquement, surtout à Vienne. Dans l'incertitude des projets de l'impératrice de Russie, M. de Vergennes, tout en recommandant à Corberon de signaler à Pétersbourg ses démarches et de réclamer les bons offices du gouvernement russe pour exhorter la Prusse au maintien de la paix, le laissait à peu près libre d'agir selon ses propres inspirations et lui ordonnait seulement de le tenir exactement renseigné. Catherine II, dans sa réponse, condamna les prétentions autrichiennes, somma Marie-Thérèse et Joseph II d'avoir à s'en désister et les menaça, en cas de refus, de joindre ses forces à celles de Frédéric II. En même temps, elle donna l'ordre au prince Repnine, qui commandait une armée de 40.000 hommes en Pologne, de se tenir prêt à marcher (octobre 1778).

L'Autriche n'eut pas d'autre recours que de réclamer aussitôt la médiation collective de la Russie et de la France. Catherine II ne pouvait désirer une meilleure solution ; aussi l'accueillit-elle avec la plus grande joie. Elle reconnut bien là l'influence française et sut beaucoup de gré à Louis XVI de l'attention qu'il lui avait marquée dès le début de l'affaire et des conseils de modération qu'il avait fait entendre. On trouve la marque de cette satisfaction dans la dépêche qu'elle adressa au prince Bariatinski, le 21 octobre 1778 (n. st.), où elle lui ordonnait de déclarer en son nom « qu'elle est très charmée de travailler en commun avec le Roi Très Chrétien au rétablissement de la paix en Allemagne », qu'elle désirait « que le plus tôt possible il s'établît entre les deux Cours un concert immédiat sur le moyen de remplir l'office dont elles auront agréé de se charger ». Elle attendait donc « avec plaisir » et « comme une marque de confiance » que le Roi lui fît part de son sentiment, de ses principes, de son point de vue. La réunion d'un congrès à Breslau fut décidée, où le baron de Breteuil et le prince Repnine représentèrent la France et la Russie. Le baron de Breteuil et le comte de Pons, celui-ci ministre de France à Vienne, reçurent l'ordre de correspondre avec le chevalier de Corberon, de lui signifier toutes leurs démarches et d'attendre les avis et renseignements qu'il jugerait utile de leur communiquer.

Il s'était donc créé un revirement très sensible dans les rapports entre les gouvernements français et russe. Corberon, placé mieux que personne pour en ressentir les effets, fut le fidèle interprète des nouveaux sentiments qui se faisaient jour dans l'entourage de l'Impératrice ; ses déclarations suggérèrent même à M. de Vergennes l'idée d'offrir officiellement la médiation de la France entre le sultan et Catherine II. Cette fois, l'Impératrice, bien que conservant des doutes sur la sincérité des intentions du cabinet français dans les affaires de Turquie, ne put s'empêcher d'accueillir cette ouverture; mais elle le fit avec « une sorte d'embarras et plutôt avec froideur qu'avec reconnoissance ». Quoi qu'il en soit, M. de Saint-Priest, notre représentant à Constantinople, reçut également l'ordre de se mettre en relation avec les ministres russes et notre chargé d'affaires à Pétersbourg, et d'agir entièrement de concert avec eux.

Dans ces négociations, le chevalier de Corberon eut besoin d'une extrême circonspection et d'une grande ténacité. Le gouvernement russe se souvenait trop que l'influence française à Constantinople s'était jusque là toujours manifestée dans un sens opposé à sa propre politique; il témoignait donc une vive appréhension à confier ses intérêts à nos représentants. Bien qu'il eût accepté de correspondre avec eux, il ne se livrait qu'en dernière analyse; même, le comte Panine, tout en approuvant le plan de conciliation proposé par M. de Saint-Priest et en exprimant à ce ministre, « dans les termes les plus honnêtes, la satisfaction qu'on avoit ressentie à Pétersbourg de la conduite noble et avantageuse qu'il avoit tenue dans ces circonstances », avait donné des ordres secrets à M. de Stackief, ambassadeur de la Russie en Turquie, pour hâter la conclusion de la paix, sans recourir à une intervention étrangère. Grande fut donc la surprise quand M. de Stackief refusa d'écouter les propositions que lui soumettait M. de Saint-Priest au nom de la Cour ottomane, et d'entrer en conférence avec lui. Il fallut que le chevalier de Corberon fît entendre de légitimes représentations, sans toutefois laisser soupçonner que son souverain craignait de voir lui échapper la direction des affaires, sans froisser les susceptibilités de l'Impératrice et de ses ministres, sans abandonner une parcelle du terrain gagné. Sa conduite ferme et prudente fut hautement approuvée à Versailles : « Nous connoissons les finesses de la Cour de Pétersbourg, lui écrivait M. de Vergennes, le 4 mars 1779, et nous espérons bien l'en déshabituer à notre égard, mais ce ne peut être que l'ouvrage du temps. Elle se lassera de nous supposer des dessous de cartes, quand, au dénouement de chaque affaire, elle sera forcée d'avouer que nous avons agi loyalement pour le bien en général et pour le sien en particulier. »

M. de Corberon finit cependant, après de longs pourparlers et de fréquentes entrevues, par obtenir gain de cause auprès de Panine, qui désavoua Stackief et montra plus de confiance dans l'impartialité de notre médiation. Dès lors, la signature de la paix n'était plus qu'une question de jours : le 21 mars 1779, la convention d'Aïn-Ehli-Qâvâq, explicative du traité de Kaïnardji, était conclue. La Porte donnait l'investiture au khan Chahyn-Ghiréi, reconnaissait de nouveau l'indépendance de la Crimée et accordait à la Russie de nouvelles facilités pour son commerce dans la mer Noire.

Les négociations relatives à la succession de Bavière passèrent par moins de péripéties : d'ailleurs, Catherine II, fière du rôle qu'elle avait su prendre, avait ici moins de raisons de se défier de la France. Toutes les conditions de la paix à intervenir entre l'Autriche et la Prusse devaient être débattues à Pétersbourg entre Panine et Corberon, comme à Versailles entre le comte de Vergennes et le prince Bariatinski, avant que Repnine et Breteuil fussent autorisés à les soumettre aux parties intéressées. Mais, là encore, M. de Corberon reconnaissait (2 février 1779) qu'il lui fallait redoubler d'activité « pour surmonter les obstacles sans nombre que lui offraient les lenteurs et les finesses d'un gouvernement, qui, disait-il, tiendra encore longtemps à cette manière difficile et dangereuse de traiter ». Il atteignit le but désiré, en convainquant les Russes « du grand effet qui pouvoit résulter dans les affaires de l'Europe de leur union avec la France », et en dissipant toutes les préventions qui nous étaient contraires.

Grâce à la médiation franco-russe, les Cours de Vienne et de Berlin se mirent assez promptement d'accord sur les points les plus essentiels ; le 6 mars 1779, le baron de Breteuil put informer le chevalier de Corberon que le prince Repnine et lui allaient partir pour la ville de Teschen en Silésie, afin de préparer le traité de paix avec les plénipotentiaires des puissances belligérantes. La nouvelle de la convention d'Aïn-Ehli-Qâvâq ne pouvait que produire une heureuse impression ; elle détermina l'Autriche à abandonner ses dernières résistances et à accéder entièrement aux propositions des médiateurs. La paix fut définitivement signée le 13 mai 1779 : l'électeur palatin conserva la Bavière, qu'il eut l'obligation de transmettre à son héritier le duc de Deux-Ponts ; l'Autriche garda la partie de la régence de Berghausen, située entre le Danube, l'Inn et la Salza ; Frédéric II obtint que l'on approuvât la réunion éventuelle à la Prusse des margraviats de Baireuth et Anspach, qui devaient lui échoir par succession ; enfin, la Russie, qui avait vu son autorité grandir dans les affaires d'Allemagne, se fit reconnaître garante avec la France des traités de Westphalie.

La paix de Teschen, comme la convention d'Aïn-Ehli-Qâvâq, avait donc amené le rapprochement souhaité entre la France et la Russie, et consacré la nouvelle direction de la politique des deux nations. Catherine II, « qui n'avoit jamais eu d'inclination pour les François », qui les avait si souvent traités avec mépris, qui les avait « haïs de toutes les haines », au dire de notre chargé d'affaires, Sabatier de Cabre (7 juillet 1772), et qui, d'après le même personnage, n'avait jamais eu d'autre préoccupation que « de faire haineusement et sans examen le contraire de ce que la France veut », Catherine II en venait maintenant à écrire : « J'ai si bonne opinion de tout ce qui se fait pendant le règne de Louis XVI, que j'aurois envie de gronder ceux qui trouvent à y redire. » Ailleurs, dans une lettre à Grimm : « Vous savez comme je pense sur tous ceux qui occupent les premières places depuis le règne bienheureux de Louis XVI. Je dois plus d'un remerciement à M. de Vergennes. » Volontiers même, elle se serait laissée aller à une union plus com-

Annales internationales d'histoire.

plète avec la France dans sa politique européenne. « Il ne tient qu'à nous, notait M. de Vergennes, le 28 juin 1779, de l'entraîner, elle et son gouvernement, dans les mesures les plus décidées pour consolider ce nouveau système. » Frédéric II, lui aussi, enthousiasmé des résultats de la médiation franco-russe, faisait ouvertement des avances à la Cour de Versailles. « Si nous étions aussi disposés qu'on le suppose gratuitement à faire une révolution dans la politique, disait encore M. de Vergennes, ce ne serait peut-être pas l'ouvrage de trois mois. »

Telle n'était pas l'intention de Louis XVI ; même le Roi ; ne voulant pas pousser trop loin ses avantages et « se livrer au prestige de changer la face de l'Europe d'un bout à l'autre », prit au contraire occasion de ces ouvertures pour déclarer (28 juin 1779) et faire annoncer par Corberon, qu'il ne se départirait pas de l'alliance autrichienne, et qu'il ne demanderait pas à l'Impératrice de renoncer à son traité avec le roi de Prusse ; mais rien n'empêche, ajoutait-il, « que les deux Cours ne se dépouillent des anciens préjugés qui les faisoient se regarder comme dans un état de guerre masqué ; qu'elles n'évitent tout ce qui pourroit porter à l'offensive des alliances naturellement pacifiques ; qu'en s'expliquant clairement et amiablement sur les objets qui pourroient devenir matière à querelle, elles préviennent toujours les moments où il lui seroit impossible de s'entendre ; qu'enfin elles ne cherchent à tirer tout l'avantage possible de l'état de paix par des arrangements de commerce, dont l'utilité doit assurer la durée. » On peut mesurer, par ce langage, la grandeur de l'évolution accomplie depuis une année.

A Pétersbourg comme à Versailles, on sut apprécier la part que Corberon avait prise dans la conduite des dernières négociations. Le comte Panine écrivait en effet, le 4 juin 1779 (n. st.), au prince Bariatinski la dépêche suivante : « L'Impératrice vous charge, Monsieur, de faire parvenir au Roi Très Chrétien, ses félicitations et sa vive satisfaction de leurs succès conjoints, ainsi que la persuasion où est Sa Majesté Impériale, que l'union et le rapport des sentiments qui subsistent si heureusement aujourd'hui entre elle et Sa Majesté Très Chrétienne, trouveront leur aliment à eux-mêmes dans le bien qu'ils ont fait. Comme il n'a point échappé à l'Impératrice que M. le chevalier de Corberon a mis toute la bonne volonté et tout le zèle possibles, à se rendre utile dans la correspondance entre les deux Cours, pour les négociations de Teschen et de Constantinople, dont la fin a été si heureuse, elle a voulu lui en témoigner sa satisfaction par le don de mille ducats de Hollande et d'une boîte garnie de diamans, que je lui ai remis de sa part. Votre Excellence aura la bonté d'en prévenir M. le comte de Vergennes, en le priant de présenter au Roi sous un jour favorable le service de M. le chevalier de Corberon, dont l'Impératrice souhaite en quelque sorte que son approbation constate le mérite. »

Corberon avait, pendant le même temps, par sa façon d'agir toujours loyale, conquis l'amitié du favori Potemkine, qui, sans véritable titre officiel, profitait alors de son crédit pour s'intéresser aux affaires de l'Empire et contrebalancer auprès de l'Impératrice le pouvoir de Panine. D'après la dépêche de M. de Vergennes, du 28 juin 1778, « il paroissoit gagné à la cause françoise et disposé à réaliser avec la France des projets utiles ».

Quelques semaines auparavant, vers le commencement de mai, on avait appris à Pétersbourg que le marquis de Juigné, toujours souffrant, avait définitivement renoncé à son ministère. Corberon se trouvait trop en faveur pour ne pas vouloir lui succéder; du reste, depuis plusieurs mois, il était accoutumé à s'entendre dire que la place lui revenait de droit et que le gouvernement russe serait enchanté de l'y voir fixé. Par délicatesse, il n'avait jusqu'alors fait aucune démarche pour la réalisation de ses souhaits; mais quand il fut avéré que M. de Juigné avait démissionné, il se présenta chez le prince Potemkine et le comte Panine (10 mai 1779). Le premier lui affirma aussitôt que son maintien à Pétersbourg serait agréable à l'Impératrice, et lui donna le conseil d'obtenir que Panine écrivît dans ce sens à Versailles. Celui-ci promit sans difficulté ses bons offices. Sur de nouvelles assurances que Catherine II désirait qu'il demandât lui-même à M. de Vergennes de changer son modeste titre de chargé d'affaires en celui de ministre plénipotentiaire de France en Russie, il se crut autorisé à solliciter directement sa nomination (23 mai). Mais, le 4 juin suivant, la dépêche promise par l'indolent Panine, jaloux de l'amitié que Potemkine témoignait au chevalier, n'était pas encore expédiée, et pendant ces délais le choix du Roi se portait sur le marquis de Vérac. M. de Vergennes l'annonça à Corberon le 3 juillet 1779, et ajouta, en guise de consolation : « Je n'ai cependant pas laissé ignorer au Roi les marques de satisfaction que vous avez éprouvées, tant de la part de Catherine II que de M. le comte Panine et de M. le prince Potemkine. J'en ai pris l'occasion de vous représenter à Sa Majesté comme digne d'être honoré de quelqu'une des premières commissions du second ordre qui viendront à vaquer. Je crois pouvoir vous assurer que vous ne tarderez pas à recevoir cette récompense de vos services. M. le marquis de Vérac, que le Roi a nommé pour aller de sa part à Saint-Pétersbourg, ne pourra pas avoir fait de si tôt ses préparatifs pour un aussi long voyage ; vous avez donc le temps de vous faire de nouveaux mérites, en vous acquittant des devoirs multiples que les circonstances vont vous procurer. »

M. de Corberon sut plus tard que le comte de Vergennes aurait effectivement désiré lui donner entière satisfaction ; mais « M. le comte de Maurepas, écrivait-il, avoit des parents à placer. M. le comte de Maurepas ne m'avoit point pardonné encore d'avoir été en Russie avec M. de Juigné, au lieu d'aller en Danemark avec M. de Vérac, son neveu, et le ministre des affaires céda au ministre des grâces. Je fus sacrifié dès lors, à ce qu'on m'a dit, et ce n'est pas la seule fois que je devois l'être. »

La compensation, qui lui avait été annoncée le 3 juillet 1779, vint quelques semaines après : l'intérêt « que l'Impératrice de Russie avoit témoigné prendre à son avancement, joint à la satisfaction que le Roi avoit eue de ses services », lui valut sa nomination de ministre plénipotentiaire près du duc de Deux-Ponts (26 août 1779). Mais en lui faisant part de cette nouvelle, M. de Vergennes lui donnait l'ordre de ne quitter Pétersbourg que lorsque le marquis de Vérac y serait arrivé et n'aurait plus besoin de sa présence « pour les objets relatifs à son début ». Ce fut seulement le 9 juillet 1780 que Corberon remit son service à M. de Vérac; il eut donc encore près d'une année à gérer les intérêts de la France en Russie. Il eut ainsi le temps de rendre à son pays de nouveaux services fort appréciables et d'obtenir de nouveaux succès; et certes il n'est pas téméraire d'affirmer qu'il en aurait eu bien d'autres, si l'on n'avait pas commis la faute de le sacrifier à M. de Maurepas.

* * *

L'Europe était alors préoccupée tout entière de la guerre soutenue par les Anglais contre leurs colonies d'Amérique et contre leurs alliés français et espagnols. Le 15 mars 1778, M. de Vergennes avait donné mission au chevalier de Corberon de remettre au comte Panine la note suivante, en accompagnant « cette communication des discours convenables » : « Les États-Unis de l'Amérique septentrio-
« nale, qui sont en pleine possession de l'indépendance pro-
« noncée par leur acte du 4 juillet 1776, ayant fait propo-
« ser au Roi de consolider par une convention formelle

« les liaisons qui ont commencé à s'établir entre les deux
« nations, les plénipotentiaires respectifs ont signé un
« traité d'amitié et de commerce destiné à servir de base à
« la bonne correspondance mutuelle. Les deux parties con-
« tractantes ont eu l'attention de ne stipuler aucun avan-
« tage exclusif en faveur de la nation française, et les États-
« Unis ont conservé la liberté de traiter avec toutes les
« nations quelconques sur le même pied d'égalité et de
« réciprocité. »

Le traité d'alliance, signé le 6 février 1778, était redouté depuis plusieurs mois par les Anglais, surtout depuis que le marquis de La Fayette s'était embarqué, aux applaudissements de la France, pour aller combattre dans les rangs des insurgés. Afin d'en prévenir les effets, ils avaient envoyé auprès de Catherine II, dont les sympathies pour la Cour de Londres n'étaient un mystère pour personne, un diplomate des plus adroits, des plus fins et des plus retors, capable d'employer la séduction, la ruse, le mensonge, la corruption même, pour parvenir à son but : c'était James Harris, le futur comte de Malmesbury. Ses instructions étaient précises : « Je dois, écrivait-il le 10 février 1778, arriver à savoir jusqu'à quel point la Cour de Russie est disposée à conclure une alliance offensive ou défensive avec nous. Si ses dispositions sont favorables, je devrai mettre ce projet en avant ; si elles paraissent devoir être contraires, je devrai abandonner la partie sans laisser d'impression désagréable. » La partie, c'en était une décisive qui allait se jouer entre la France et l'Angleterre, entre Corberon et Harris : l'enjeu était l'indépendance des États-Unis d'Amérique et l'amitié pour le vainqueur de la Russie.

Pendant toute une année, Catherine II fut trop absorbée par le différend turc et par sa comédiation en Allemagne, pour s'intéresser à cette question aussi vivement que l'auraient voulu les cabinets de Versailles et de Saint-James. Mais le roi d'Espagne intervenait auprès des belligérants, offrait à l'Angleterre des propositions de paix qui étaient rejetées, et finissait par joindre ses armes à celles de la France, en signant le traité du 16 juin 1779. M. de Vergennes, de son côté, essayait de soulever l'Europe contre les prétentions exorbitantes de l'Angleterre concernant la navigation et le commerce maritime ; le 26 juillet 1778, il proclamait son règlement déclarant que le pavillon neutre couvrait la marchandise, même appartenant à l'un des belligérants, que seules les munitions et les armes pouvaient être considérées comme contrebande de guerre, qu'il ne suffisait pas que le blocus d'un port fût signifié pour que l'accès en fût interdit aux bâtiments des puissances neutres, et qu'il était nécessaire que ce blocus fût effectif. Il négociait ensuite avec la Hollande, la Suède et le Danemark, auxquels il faisait adopter ses principes, et insistait auprès de Catherine II, dès le 22 novembre 1778, pour que celle-ci prît la protection des petits États, menacés dans leurs colonies et dans leur commerce par l'Angleterre.

Le règlement de M. de Vergennes n'était pas pour plaire aux Anglais, qui, en véritables corsaires, ne se faisaient pas faute d'arrêter les navires hollandais, danois et suédois, dont ils confisquaient la cargaison. Les Russes eux-mêmes n'étaient pas à l'abri de leurs vexations, bien que Harris multipliât alors ses démarches pour la réussite de sa mission. Il s'était d'abord adressé à Panine ; mais celui-ci, beaucoup plus docile aux inspirations venant de Frédéric II qui était hostile à l'Angleterre, ne répondit pas à ses avances et même fit échouer toutes ses tentatives. Le désappointement de Harris fut si violent qu'il accusa Panine d'être vendu à la Prusse et de dénaturer auprès de l'Impératrice les propositions qu'il le chargeait de transmettre. Il se tourna dès ce moment, sur les conseils du comte Alexis Orlof, vers le prince Potemkine, qui cherchait à profiter de son immense crédit pour évincer complètement Panine des affaires.

Les choses en étaient là quand la convention d'Aïn-Ehli-

Qâvâq et la paix de Teschen permirent à l'Impératrice d'exécuter un projet dont le comte Panine avait déjà entretenu le chevalier de Corberon, le 22 avril 1779 : ce fut de tenter de rendre à la France le même service qu'elle en avait reçu et de se proposer pour médiatrice entre Louis XVI et le roi George III. La proposition qu'elle fit dans ce sens fut reçue avec une grande réserve par le cabinet de Versailles, parce qu'on jugea que cette démarche « étoit visiblement accordée aux importunités de l'Angleterre ». M. de Vergennes employa, pour en arrêter les effets, l'influence du roi de Prusse, fort bien disposé pour le gouvernement français depuis le congrès de Breslau, et il eut la chance de voir notre chargé d'affaires en Russie seconder parfaitement sa politique par son entente complète avec le comte de Solms, représentant de Frédéric II à Pétersbourg. Puis, il fit répondre par M. de Corberon (3 juillet 1779) combien le Roi avait été touché « de recevoir de la part de l'Impératrice, dès la première occasion qui s'en est présentée, les assurances d'une attention marquée à seconder ses vues pacifiques » ; mais, ajoutait-il, il ne voyait aucun moyen, après les vains efforts de Sa Majesté Catholique pour terminer le différend par la voie diplomatique, après les offres inutiles de médiation de l'impératrice Marie-Thérèse et du roi de Suède, « d'entamer une nouvelle négociation sans compromettre au plus haut point sa dignité et les intérêts de ses sujets ». Corberon dut même ajouter que, si cela était nécessaire, il communiquerait à Catherine II les propositions faites par l'Espagne à l'Angleterre, et « la laisseroit juger de ce qu'on peut attendre d'une Cour qui s'y est refusée. »

Il est assez difficile de suivre toutes les démarches du chevalier en cette occasion ; cependant Harris se montrait déjà fort irrité contre lui, et c'était avec un vrai soulagement qu'il apprenait la désignation de M. de Vérac comme ministre plénipotentiaire de France en Russie. « Je ne connais point le marquis de Vérac, écrivait-il le 20 septembre 1779 ; mais je crois savoir qu'il est plus aimable dans un salon que redoutable en affaires, et quoiqu'il arrive probablement à gagner la faveur de l'Impératrice, il ne sera pas aussi dangereux que le présent chargé d'affaires, le chevalier de Corberon, qui, bien que d'un mérite très ordinaire, a su, par sa grande connaissance du pays, se ménager des intelligences auprès des valets de chambre et autres agents subalternes des grandes familles russes, qui sont presque tous français et ont pour la plupart une grande influence sur leurs maîtres. Il a ainsi pu souvent évoquer de mauvais esprits, au moment où je m'y attendais le moins. » La méchanceté de ces quelques lignes et le dépit qu'elles laissent percer, sont justement le plus bel éloge qu'on puisse faire de la conduite de Corberon.

Celui-ci apprenait sur ces entrefaites (4 septembre 1779), que Potemkine, favorable à toute politique contraire aux vues de Panine, s'était laissé gagner à la cause de l'Angleterre, que Harris, disposant d'un crédit de 36.000 livres sterling, avait déjà payé de cent mille roubles l'influence du favori, et que celui-ci s'était engagé à faire signer le traité d'alliance. On en était donc au plus fort de la lutte entre Harris, les Orlof et Potemkine, d'une part ; Corberon, Solms, puis Goertz, ministres prussiens, Normandez, chargé d'affaires d'Espagne, et Panine, d'autre part.

On aura idée de la peine des ministres et chargés d'affaires de toutes les puissances étrangères pour faire aboutir à Pétersbourg leurs négociations, si l'on se rappelle les complications perpétuelles du gouvernement intérieur de la Russie, l'indolence des hommes d'État auxquels les affaires du pays étaient confiées. de Panine et de Potemkine en particulier, leurs préoccupations constantes de modeler leurs sentiments sur l'humeur changeante de l'Impératrice, les intrigues soulevées par ces mêmes hommes d'État, par les amants et anciens favoris de Catherine II, afin de conserver ou de recouvrer leur crédit et de se faire échec les uns aux autres, leurs querelles journalières, leur orgueil exalté par le succès et les flatteries, leur duplicité, leur amour des plaisirs. » Il faut être doué d'une patience surhumaine, écrivait Harris le 27 juin 1778, pour traiter avec des gens qui sont indolents et qui ne sont pas capables d'écouter une question, ni de donner une réponse raisonnée. Vous aurez peine à croire que le comte Panine ne consacre pas plus d'une demi-heure par jour aux affaires. » De son côté Corberon, dans sa dépêche du 9 avril 1778, disait du même Panine : « Le comte Panine est foible comme tous les individus d'une Cour de faveur, et son crédit est quelquefois inutile. Voluptueux par tempérament et paresseux par système autant que par habitude... Le « non » est une expression qui lui est inconnue, mais l'effet suit rarement les promesses qu'il vous fait, et si son opposition est rare en apparence, les espérances qu'on en conçoit sont presque toujours nulles. La finesse se joint à son caractère, cette finesse... qui consiste dans les égards et qui, s'entourant de mille accessoires aimables, fait oublier à celui qui lui parle d'affaires qu'il est devant le premier ministre de l'Impératrice, et il parvient ainsi à l'étourdir sur l'objet de sa mission et sur la sévérité qu'il doit mettre dans un entretien séduisant et dangereux. »

On a vu que Harris recevait de sa Cour des subsides assez élevés pour acheter, disait-il, des secrets, et l'on sait qu'il dépensait beaucoup, soit pour fomenter des cabales, soit pour arriver à l'oreille de telle ou telle personne. En retour, il accusa plus d'une fois les ministres de France de se livrer à des prodigalités excessives. Justice a déjà été faite par plusieurs auteurs de cette calomnie, et l'on sait que le cabinet de Versailles, fort peu disposé à employer de pareils moyens, était, au contraire, loin de les encourager.

Quant à l'Impératrice, elle se laissait trop souvent guider par des passions que l'âge ne faisait qu'augmenter. Défiante et soupçonneuse, elle était cependant accessible à l'adulation. « Le grand art, avouait Joseph II revenant de Pétersbourg, est de savoir entrer dans son caractère et de la flatter. » Elle possédait par contre un grand sens politique, et elle en fit preuve en de nombreuses circonstances ; elle eut le talent de distinguer, au moment des négociations dont il est ici question, le parti le plus avantageux pour la Russie. Mais rien ne l'intéressait plus, toutes les fois que ses amants du jour entraient en scène. « Vous avez choisi un mauvais moment, confiait Potemkine à Harris, au mois de février 1780. Le nouveau favori est dangereusement malade. La cause de sa maladie et l'incertitude de son rétablissement ont si complètement bouleversé l'Impératrice, qu'elle est incapable de penser à autre chose, et toutes ses idées d'ambition, de gloire, de dignité, sont absorbées par cette unique passion. Elle est énervée au point qu'elle se refuse à tout ce qui a l'apparence d'effort ou d'activité. » Déjà Corberon avait remarqué « une espèce d'interrègne pour les affaires, qui a pour époque le déplacement d'un favori et l'installation de son successeur. « Cet événement, disait-il dans sa dépêche du 17 septembre 1778, éclipse tous les autres ; il dirige et fixe tous les intérêts d'un seul côté, et les ministres du cabinet mêmes, qui se ressentent de cette influence générale, suspendent leurs opérations jusqu'à l'instant où le choix décidé fait rentrer les esprits dans leur assiette naturelle et redonne à la machine son mouvement accoutumé. »

On juge donc, d'après tout ceci, des difficultés que les diplomates étrangers éprouvaient à la Cour de Russie. C'étaient elles qui retardaient la décision de l'Impératrice au sujet des propositions d'alliance de l'Angleterre, c'étaient elles qui élevaient à la plus haute faveur tantôt une coterie, tantôt l'autre.

Après bien des péripéties, il fut à peu près certain, au début de l'année 1780, que la réponse de Catherine II à Harris serait négative; le vice-chancelier Ostermann pouvait affirmer à Normandez que l'Impératrice était décidée à observer la neutralité la plus parfaite. Harris en « était malade de colère », au dire de Catherine elle-même. Ses cabales ne s'arrêtèrent pourtant pas, et il crut un moment par un coup du hasard qu'il seconda adroitement, approcher définitivement du but. Si, en effet, l'Angleterre n'avait aucun ménagement pour la marine des puissances neutres, l'Espagne, alliée de la France, paraissait vouloir agir selon les mêmes procédés malgré le règlement de M. de Vergennes. Elle s'attaqua à deux navires de commerce russes, la *Concordia* et le *Saint-Nicolas*, qu'elle fit conduire à Cadix. L'Impératrice en fut outrée : elle fit publiquement des vœux pour le triomphe des Anglais, témoigna les intentions les plus bienveillantes à Harris, qui tâcha de précipiter les événements, demanda à Normandez réparation de l'insulte faite à son pavillon, réunit une flotte de 15 vaisseaux à Cronstadt et rendit sa fameuse déclaration de neutralité armée (28 février 1780). Elle y annonça sa ferme intention de faire respecter par tous les moyens et même par la force ses droits de puissance neutre, et proclama les mêmes lois maritimes que M. de Vergennes en 1778.

Dans ces circonstances difficiles, le gouvernement français montra une telle habileté qu'il tourna cette déclaration à son profit. Il s'empressa d'apaiser le différend russo-espagnol, et se hâta d'adhérer et de faire adhérer l'Espagne à des principes, qui, en définitive, étaient les siens. Quant aux Anglais, ils mirent une telle raideur et une telle obstination à ne pas s'y plier ; en même temps, le cabinet de Berlin et Panine déployèrent une telle activité, que la déclaration du 28 février prit sa véritable signification d'opposition aux agissements de l'Angleterre. Par contre-coup, les dispositions de Catherine II furent modifiées du tout au tout : Harris retomba dans le discrédit, et Potemkine eut à se justifier devant sa souveraine de l'intimité qu'il entretenait avec lui.

L'Impératrice voulut compléter son œuvre, lui donner en

quelque sorte la consécration du consentement universel : elle décida l'Association maritime ou ligue des puissances neutres. Mais, avant de l'entreprendre, par un reste de bienveillance pour la Cour de Londres, elle engagea confidentiellement Harris à prévenir son gouvernement de se réconcilier avec les Américains (vers le 20 mars 1780). Elle avait été avertie en effet par Panine et Corberon, que, par un article secret de leur traité d'alliance, la France et l'Espagne s'étaient engagées à ne pas faire la paix tant que l'indépendance des États-Unis ne serait pas un fait acquis et reconnu. Le cabinet de Saint-James, ne voulant pas encore s'avouer vaincu, refusa ; puis, pendant que Catherine II se préoccupait de la constitution de la ligue, il lui fit déclarer par son ministre que la navigation des Russes ne serait jamais interrompue ou arrêtée par les vaisseaux de la Grande-Bretagne. Sa mauvaise foi était telle, qu'à la même époque il donnait des instructions secrètes absolument contraires, et que les bâtiments russes n'étaient pas plus épargnés que ceux des autres nations. Il n'en fallait pas tant à l'Impératrice pour la raffermir dans ses idées, bien que Harris lui fît entendre qu'elle paraissait être à la remorque du gouvernement français ; elle activa donc ses démarches en faveur de l'Association maritime.

Il ne resta d'autre ressource au ministre anglais que de susciter des difficultés dans toutes les Cours étrangères où son gouvernement avait une certaine action ; mais il ne put empêcher que, l'un après l'autre, les rois de Danemark et de Suède, les États Généraux de Hollande, Frédéric II, Marie-Thérèse et Joseph II, les rois de Portugal et des Deux-Siciles, n'accédassent à la ligne des neutres et ne se garantissent mutuellement leurs droits en cas d'attaque de la part des belligérants. Il essaya bien de profiter du pouvoir de plus en plus grandissant de Potemkine pour continuer sa politique de ruses et d'intrigues, il offrit bien à l'Impératrice, au nom du roi George III, l'île de Minorque dans la Méditerranée, il dut renoncer à tout espoir de signer le traité d'alliance avec la Russie et demander son rappel en laissant l'influence anglaise fort amoindrie. Selon l'expression de Joseph II, il s'était « absolument cassé le col ». La Russie n'avait plus que de favorables dispositions pour la France, les sympathies des deux nations l'une pour l'autre étaient éveillées : quelques mois plus tard, la réception à Paris et à Versailles du grand-duc Paul et de sa femme, voyageant sous le nom de comte et comtesse du Nord, allait sceller la réconciliation des deux Cours.

Le chevalier de Corberon, dont l'intelligente habileté et la parfaite entente avec les comtes Panine et de Goertz avaient contribué à déjouer les intrigues anglaises, ne recueillit pas tout le bénéfice qu'il était en droit d'espérer de ce succès : le 4 juillet, alors qu'on attendait la nouvelle de l'accession du Danemark à la ligue des neutres, le marquis de Vérac arrivait presque subitement à Pétersbourg pour prendre, cinq jours après, la direction des affaires, et le chevalier était obligé de s'éclipser.

Il eut aussi le regret de ne pouvoir terminer les négociations qu'il avait activement poussées pour la conclusion d'un traité de commerce entre la France et la Russie, et pourtant c'était une des choses qui lui tenaient le plus au cœur. Le comte de Vergennes ne semblait malheureusement pas disposé à aller aussi vite que Corberon l'aurait voulu : « Évitez, je vous prie, lui écrivait-il à la date du 14 janvier 1779, évitez de témoigner de l'empressement à entrer dans des pourparlers avec les ministres russes pour le commerce. Nous sommes encore vraisemblablement assez éloignés du temps où ils seront dans les dispositions que nous devons désirer à cet égard, et il convient de les attendre. » Il se contentait de recevoir « avec plaisir » tous les mémoires que le chevalier lui adressait sur cette matière, « non que j'aie le temps, disait-il, de les examiner à loisir; mais ils formeront un dépôt dans lequel je puiserai tôt ou tard. » Pour le moment donc, et jusqu'à la conclusion de la paix avec l'Angleterre, il suffisait de « manifester ses dispositions à cet égard et de rassembler tous les matériaux qui peuvent donner à un pareil ouvrage la perfection dont il est susceptible ».

En attendant, Corberon, malgré tous ses efforts, devait se bercer de vains espoirs; s'il essayait de protéger les négociants français établis en Russie, il n'était jamais sûr que sa conduite serait approuvée par un gouvernement qui montrait si peu d'empressement à le seconder. « Si, au moment de l'enthousiasme de la grande Catherine, écrivait-il plus tard (13 mars 1781) et de son amour-propre révolté contre l'Angleterre, on s'étoit promptement mis en mesure pour établir un commerce direct et solide entre nous et la Russie, il eût été facile de la dégoûter de son commerce avec l'Angleterre. C'étoit le moment d'employer tout, argent et moyens de toute espèce, pour fonder une factorerie française. Je l'ai prévu, et on m'a dit qu'on n'avoit pas les 75.000 livres qu'auroit coûté un service de porcelaine dont Potemkine vouloit. En 1779 (voir ma correspondance de Russie), je l'ai prévu, en envoyant, en janvier 1780, un courrier à M. de Sartine pour un établissement de commerce avec les mêmes avantages qu'ont les Anglois par leur traité, et cette maison eût été le germe de cette factorerie. Que m'a-t-on répondu? Des compliments, des éloges du côté de M. de Sartine, sans rien faire; et des bureaux de M. de Vergennes, que les courriers étoient chers et que j'aurois pu épargner celui-là! »

On sait que ce traité de commerce n'a pu être signé que par le comte de Ségur, le 11 janvier 1787.

Malgré tout, le chevalier de Corberon pouvait à bon droit être fier des succès qu'il avait obtenus et de la considération qu'ils lui avaient méritée à la Cour de Catherine II. Il vit donc avec une profonde tristesse l'arrivée du marquis de Vérac, qui était pour lui le signal de son départ de la

Russie. Il resta bien encore pendant trois mois auprès de ce ministre, afin de le mettre au courant de la situation des affaires ; mais il n'avait plus aucune influence, il ne tenait plus aucun rôle dans les négociations.

Il quitta Pétersbourg le 21 octobre 1780, passa par Berlin, où il eut des entrevues avec Frédéric II et son héritier Frédéric-Guillaume, qui lui firent un accueil des plus flatteurs, et arriva à Paris le 20 décembre. Dix-huit mois après, il rejoignait son poste auprès du duc de Deux-Ponts ; il y resta jusqu'au mois de septembre 1783. Après quoi, il rentra en France ; malgré les succès qu'il avait obtenus en Russie et les qualités de véritable diplomate qu'il y avait manifestées, il resta désormais sans emploi.

Les vingt dernières années de son existence furent des moins heureuses : il eut beaucoup à souffrir de la Révolution et échappa par miracle à l'échafaud, où roulèrent les têtes de son père, de son frère aîné, d'un de ses neveux et de l'un de ses beaux-frères. Sa fortune était presque entièrement détruite ; sa santé, qu'avait altérée les cinq années passées sous le dur climat de la Russie, était fort chancelante. Aussi la mort fut-elle pour lui un véritable soulagement. Il s'éteignit à Paris, le 31 décembre 1810.

La fatalité sembla le poursuivre jusque dans la tombe. A part quelques rares historiens qui ont soupçonné l'importance de son action en Russie, personne n'a conservé le souvenir de ses négociations, personne n'a rappelé son influence ; on a parfaitement oublié qu'au siècle dernier le chevalier de Corberon fut un de nos agents les plus clairvoyants, un de ceux qui ont le mieux compris les intérêts communs de la France et de la Russie et qui ont travaillé avec le plus de conviction et le plus de bonheur au rapprochement de ces deux grandes nations. Puisse cette modeste étude sans prétention aider à la réparation de cette injustice du sort !

L'ARCHIDUC ERNEST D'AUTRICHE
ET LE SAINT-SIÈGE
1577-1694

PAR

Le Marquis PAUL VITI MARIANI

Chambellan intime de S. S.

A Son Éminence Révérendissime le Cardinal François Paul Schönborn, Primat de la Bohême, Prince-Archevêque de Prague.

Divers auteurs, et de très compétents, ont traité de l'origine de l'épée et du chapeau ducal [1] que les souverains pontifes avaient coutume de bénir, la nuit de Noël, et envoyaient ensuite aux souverains et aux princes ayant le mieux mérité de l'Église catholique. Il serait trop long d'énumérer ici les différentes opinions émises sur ce sujet : je me bornerai seulement à rapporter celles que je crois les plus intéressantes et les plus opportunes.

Certains auteurs voudraient faire remonter cette institution au Pontife Paul Ier qui, d'après eux, aurait fait don d'une épée d'honneur au roi Pépin le Bref [2].

En 1177, le pape Alexandre III s'était réfugié à Venise pour échapper aux persécutions de l'empereur Frédéric Barberousse. Celui-ci déclara la guerre à la sérénissime

---

1. T. A. Zaccaria, *Illustrazzioni allo stato presente o siala relazione della Corte di Roma del cav. Lunadoto*. Roma, 1774.
2. Armellini, *il Diario di Leone X di Paride de Grassis*, page 107 e Gregorovius, *Storia della città dei Roma*, tom. II, pag. 347.

république, et envoya Othon, son troisième fils, à la tête d'une puissante flotte pour combattre les Vénitiens [1]. Le doge Sébastien Ziani, qui prit la défense du pontife romain, se mit lui-même à la tête de l'armée vénitienne et la conduisit contre les ennemis de l'Église et de sa patrie ; il les défit glorieusement à la bataille de Pirano.

Avant que le doge partît pour la guerre, Alexandre III remit solennellement au défenseur de la sainte Église, la rose d'or et l'épée bénites.

En 1202, Innocent III envoya au roi d'Écosse la rose d'or et l'épée ; et en 1204, un glaive d'or au roi d'Aragon. En 1368, Urbain XI fit un semblable don à la reine de Sicile.

Cependant, d'après Müntz et Lessing, il s'agirait plutôt de présents identiques à ceux que les monarques actuels se font entre eux, que d'une institution régulière ; le marquis Mac Swiney, en effet, y voit une filiation directe entre le don de ces épées d'honneur et l'usage, postérieurement introduit, du traditionnel stocco e Berretone. Les travaux les plus récents, consacrés à cette institution, font remonter l'usage de la donation de l'épée d'honneur au commence-

---

1. Antonio Loredano, *Vita di Alessandro III* Venezia, per Sarzina, 1637. La donation est du 7 mai 1177. Pietro Marcello, *Vite de Principi di Venezia* « Doge S. Ziani », Venezia, 1558, p. 80 — M. Francesco Sansovino, *Descrizione di Venezia*. « Doge Ziani », Venezia, Jacomo Sansovino 1581, Lib. XIII, p. 231.

Les détails inédits suivants, que je dois à l'exquise courtoisie de l'illustre Müntz, servent à démontrer ce que j'avance ci-dessus. Plusieurs peintures anciennes illustrent la cérémonie à laquelle donna lieu la remise de l'épée au doge Sébastien Ziani, en 1177. Mais il s'agit de compositions rétrospectives, dépourvues, par conséquent, de tout caractère documentaire. C'est d'abord une miniature d'un manuscrit du xive siècle, au musée Correr, à Venise. On y voit le doge debout devant le Pape. Nous trouvons ensuite une fresque de Spinello Aretino († 1410), au palais public de Sienne. Je citerai enfin une peinture de François Bassano, au palais des doges de Venise. C'est une scène pompeuse sans sincérité aucune.

Lorenzi, *Monumenti per servire alla storia del Palazzo Ducale di Venezia* Tom. I, p. 64, n° 5.

ment du XIIIe siècle. » Le marquis Mac Swiney, dans sa monographie, basée sur de conciencieuses recherches[1], s'exprime de la façon suivante : « Je suis surpris que ni Moroni, ni le comte Capogrossi-Guarna n'aient pas cru devoir accorder plus de crédit à un passage relatif à l'institution qui se trouve dans un des commentaires dont est illustré le célèbre traité de cérémonial de Monseigneur Patrizi, qu'ils ont certainement l'un et l'autre entre les mains, puisque tous deux le citent dans la bibliographie qu'ils donnent de la matière.

S'il faut en croire certaines chroniques manuscrites du royaume de Sicile conservées dans les Archives du Vatican et citées par Bzovius, il est dit que l'usage de la bénédiction de l'estoc aurait déjà été pratiqué par Urbain V avant Urbain VI, et qu'en 1368, ce pontife aurait remis une de ces armes bénites à la reine Jeanne de Sicile. »

Les minutieuses recherches faites par M. Eugène Müntz dans la collection *introitus et exitus Camerae apostolicae* confirment le fait que, déjà, en 1365, les papes avaient coutume de bénir une épée dans la nuit de Noël pour en faire ensuite présent à quelque prince, ou autre illustre personnage.

Le don du chapeau ducal fut ajouté plus tard à celui de l'épée pour mieux signifier la sujétion de l'autorité séculière à la puissance divine conférée par Jésus-Christ au pontife romain. Cette distinction honorifique fut toujours tenue en haute estime par les princes catholiques, ainsi que le prouve l'histoire de l'institution qui nous occupe.

Moroni, le comte Capogrossi-Guarna et Müntz ont dressé des listes des personnages ayant reçu des souverains pontifes de semblables présents : le comte Capogrossi, dans son étude sur l'estoc et le chapeau donnés au grand-maître

---

[1]. *Le Portugal et le Saint-Siège*, I, « Les épées d'honneurs envoyées par les papes aux rois de Portugal au XVIe siècle. » Paris, A. Picard et fils, 1898.

Pinto de Fonseca[1], a ajouté quelques noms à la série publiée par Moroni et arrive jusqu'à Léon XII, dernier pape qui a donné l'épée et le chapeau bénits au dauphin duc d'Angoulême, fils de Charles X, roi de France, mais aucun des auteurs cités ci-dessus n'a rappelé l'*Archiduc Ernest d'Autriche* qui, en 1587, reçut du pape Sixte V une semblable faveur. C'est précisément pour réparer cet oubli que j'ai réuni, en cette courte étude, les quelques informations qui vont suivre.

Les souverains pontifes, qui, de tous temps, se sont fait un devoir de protéger les beaux arts, ont voulu joindre à la signification symbolique le mérite artistique des insignes en question. C'est ainsi que les épées dont ils ont fait présent ont presque toujours eu une grande valeur; surtout à l'époque de la Renaissance, où elles ont souvent été de véritables chefs-d'œuvre. Müntz, dans son remarquable volume intitulé : *Les Arts à la cour des Papes*, dit à ce sujet : « Parmi les autres ouvrages d'orfèvrerie commandés par Martin V [2], les roses d'or et les épées d'honneur, que les souverains pontifes distribuaient chaque année, les unes à Pâques, les autres à Noël, figurent au premier rang. On a écrit des volumes sur cet usage qui nous a valu des pièces hors ligne, ciselées par les plus habiles orfèvres de la Renaissance.

Dans leur munificence les papes commandaient un nombre si considérable d'ouvrages précieux aux divers fournisseurs qui prenaient le titre de « Aurifici pontifici sanctissimi, » que fréquemment ceux-ci se voyaient obligés de s'associer d'autres artistes de renom [3].

---

1. Capogrossi-Guarna. *Comte B Lo stocco e berretone*. Rome, 1894, p. 5 et suivantes.
2. Eugène Müntz, *Les Arts à la cour des papes*, Paris, 1878, p. 18.
3. *Ibid.*, *loc. cit.*, p. 241. Pietro Antonio da Siena dit Pietrovecchio, fameux orfèvre de la cour pontificale, sous Sixte IV, travailla de 1471 à 1481 en collaboration avec Jérôme di Lorenzo di Sutri à l'exécution des travaux de la cour pontificale. Simone di Firenze, orfèvre favori de Nicolas V et de Pie II, s'associa entre autres Andréa Verzieri de Florence et maitre Alexandre, élève de feu maitre Lazari.

Une chronique de l'époque décrit de la façon suivante l'épée et le chapeau donnés par le Pape Clément XI, en 1716, au prince Eugène de Savoie, général en chef de l'armée impériale pendant la guerre contre les Turcs : « Le chapeau donné, par le pontife, au prince Eugène était de peluche violette doublé d'hermïne, aux larges ailes brodées d'or, il était fendu sur le devant et portait à la coupure un gros bouton d'or orné de perles et un autre plus haut d'où émergeait un panache blanc. Sur le devant était brodée en perles fines [1] une colombe représentant le saint Esprit posée sur une auréole d'or. L'épée, superbe échantillon de l'orfèvrerie romaine, avait une garde en forme de croix d'argent, gracieusement ornée d'amours et de feuilles de lau-

1. Pour donner une idée exacte des substances employées dans la confection de l'estoc et du chapeau ainsi que leur valeur, je rapporterai les mandats suivants que Müntz (op. cit., p. 251) a tiré des archives pontificales.

« M. 1474, 23 Mart. Magistro Petro de Senis et Jeronimo de Sutri aurifabris sociis qui fecerunt fieri pileum pontificalem ad benedicendum in nocte Nativitatis Domini praeterita infrascriptas summas pecuniarum ex cassis infrascriptis videlicet : primo pro unciis quatuor et tribus quartis perlarum de diversis sortibus pro dicto pileo flor. VI papales item quos solverunt Bonifacii recamatori pro eiusdem pilei recamatura flor. V papales. Pro ermellino viginti quatuor et eorum laboratura pro dicto pileo flor VI papales item quos solverunt Antonio de Saxo pro dicto pileo de bruna (sic) et eius factura florenos VI papales.

« M. 1472, 7. 61. Magister Petro de Senis et Jeronimo de Sutrio aurifabris qui fecerunt ensem pontificalem ad benedicendum in Nativitate Domini proxime praeterita infrascriptas pecuniarum summas ex causis infrascriptis videlicet : primo, pro libris octo argenti de carlino positi super vagina praedicti gladii ad rationem ducatorum papalium octo cum dimidio pro qualibet libra ducatos LXVIII papales.

« Item pro diminutione dicti argenti videlicet pro unciis quatuor quae valent ducatos II papales.

« Item pro auros posito deaurando ipsam vaginam ducatos XX papales.

« Item pro ense nudo ducatos III papales.

« Item pro uno palmo cum dimidio cremisini ad cooperiendum dictam vaginam ducatum 1 bol. XXXVIII papales.

« Item pro cingulo praedicto ducatos XIV papales.

« Item pro factura omnium praedictorum ipsis magistris ducatos XXXII papales.

« Constituentes in toto florenos papales centum quinquaginta octo qui sunt de cam. florenos CLXVIIII bol. XI. Ibid., fol. C. V. »

rier. Les armoiries du Pape étaient reproduites sur le pommeau et sur le baudrier ; le fourreau était de velours rouge, montés en argent ciselé. »

Les inscriptions gravées sur la lame furent souvent dictées par les papes eux-mêmes et varièrent selon les circonstances dans lesquelles le don était fait et les personnages auxquels il était destiné. Je n'ai pas la prétention de retracer ici l'histoire d'une institution à laquelle, ainsi que j'ai eu plus haut l'occasion de le dire, de savantes monographies ont déjà été consacrées ; j'ai tenu simplement à résumer en quelques lignes les conclusions auxquelles sont arrivés leurs auteurs.

De toutes les maisons souveraines de l'Europe qui se sont le plus illustrées pour la défense de l'Église catholique, la maison de Habsbourg qui a justement mérité le titre de Majesté Apostolique, dont les papes ont revêtu ses empereurs, s'est toujours distinguée d'une façon toute spéciale.

La dynastie impériale a fourni, depuis son existence, une glorieuse phalange de princes qui se sont signalés dans la défense de la foi catholique, contribuant puissamment à la maintenir intacte, dans sa pureté originale, parmi les populations soumises au sceptre des Habsbourg.

L'édifice colossal de l'Église catholique frémit jusque dans ses fondements, sous les coups rudes et perfides que lui portèrent, au moyen âge, les premiers réformateurs.

L'hérésie dont Luther fut le fauteur et que propagèrent ses disciples, n'était qu'un voile sous la séduction duquel les innovateurs cherchaient à masquer les doctrines malsaines de la libre-pensée. D'aucuns, de bonne foi sans doute, crurent réformer véritablement les abus qui régnaient à cette époque dans l'Église en ramenant la religion à la forme évangélique primitive, mais une œuvre mauvaise ne peut porter que des fruits amers, et la soi-disant réforme ne fut qu'une porte que l'on ouvrit toute grande au fourvoiement de la raison émancipée de la croyance à la vérité révélée.

Janssen, dans son œuvre magistrale intitulée : *L'Allemagne et la Réforme*[1] établit un parallèle entre la Réforme et l'Église catholique tout à l'avantage de cette dernière, dont il analyse la vie sociale et religieuse, et en particulier les rapports mutuels entre ouvriers et patrons, rapports qui, adoucis par la charité chrétienne, sont émoussés et rendus acceptables aux deux partis.

La doctrine catholique avec la puissance de sa théologie et la merveilleuse sagesse de sa discipline laisse ouvert un champ immense à la pensée humaine, ne l'arrêtant que là où commence l'infini, que, dans son imperfection, elle ne saurait atteindre.

L'esprit germanique d'exégèse, dans son interprétation ultra-critique et exagérée des textes de l'Écriture Sainte, a envahi le domaine des sciences et a abouti à la négation du vrai.

Pour remédier à un mal aussi grand, la divine Providence, vigilante gardienne de l'orthodoxie, a opposé l'œuvre et la fermeté de ses vicaires sur cette terre ; les pontifes romains qui, animés d'un courage surhumain, se sont soulevés, pour empêcher l'hérésie de s'étendre, convoquant des conciles, formant des ligues entre les princes catholiques, et fulminant des anathèmes contre les rebelles aux dogmes et aux disciplines ecclésiastiques.

Les grandes figures des Léon X, des Paul III, des Saint Pie V, des Grégoire XIII, des Sixte V, des Clément VIII se dressent comme des colosses dans l'histoire, remplissant de leurs actes glorieux le xvie siècle tout entier.

Ce fut Paul III qui convoqua l'immortel concile de Trente. En ce concile, l'Église, après avoir, par des appels réitérés, convoqué en vain le concours des protestants, s'opposa énergiquement à toutes les hérésies soulevées.

---

1. Jean Janssen. *L'Allemagne et la Réforme.*
L'Allemagne depuis le traité de paix d'Augsbourg jusqu'à la proclamation du formulaire de concorde en 1580, Paris, Plon.

Elle exposa solennellement les dogmes catholiques enseignés par Jésus-Christ et transmis à Elle par la tradition fidèle et non interrompue des Pères et des Docteurs; proclamant en même temps le véritable sens des écritures canoniques, donnant leur interprétation, démontrant quelle est la nature de la tradition.

La maison d'Autriche se trouva plus exposée que toutes les autres en cette ardente guerre de religion. Charles V, Ferdinand Ier et Maximilien II furent les premiers à soutenir la violence du choc; encouragés et protégés par les souverains pontifes, ils entreprirent cette lutte qui devait ensanglanter l'Allemagne, mais, en même temps, ils surent empêcher que l'hérésie l'envahît tout entière.

A l'empereur Maximilien succéda son fils Rodolphe II. Celui-ci s'adjoignit la coopération de ses frères, les archiducs Maximilien et Ernest; et confia à ce dernier le gouvernement de l'Autriche supérieure et inférieure dont le siège était Vienne [1]. L'ardent esprit de l'archiduc Ernest, résolu dans la défense des intérêts et des droits de la foi, excita la colères des schismatiques et lui attira des haines tellement violentes qu'on craignait que Vienne même ne dût se révolter, tant l'hérésie s'était infiltrée en cette ancienne citadelle du catholicisme [2]. Décidée à maintenir le culte dans sa pureté séculaire, l'archiduc Ernest défendit les prédications sectaires dans les provinces placées sous sa juridiction; de sévères mesures furent prises pour faire cesser la propagande hétérodoxe et en vue d'obtenir le retour à la foi primitive. En vain les grands Electeurs de la Haute et de la Basse-Autriche intervinrent-ils en faveur des protestants, l'archiduc fut inébranlable dans sa résolution. Bien plus, la même année 1579, il publia une nouvelle loi scolaire, par laquelle il ordonnait qu'à l'avenir

---

1. Wurzbach. *Biographisches Lexicon des Kaiserthums Oesterreich.* Vienne, 1860, 6e partie, p. 180 et 181.
2. Janssen, *op. cit.*, vol. IV, p. 346, 505, 507.

les catholiques seuls pourràient être déclarés propres à l'enseignement de la jeunesse, que les livres d'étude devaient tous être catholiques, que les jeunes gens devaient observer tous les préceptes de l'Église et que les livres suspects ou dangereux seraient séquestrés dans toutes les librairies de l'État.

La fermeté et la décision de l'archiduc Ernest secouèrent de leur torpeur et encouragèrent les prélats timides et peureux qui craignaient de se compromettre, ils se prononcèrent ouvertement en faveur de la défense des dogmes catholiques, soutenant une âpre lutte contre le Flacinianisme et les autres sectes luthériennes qui pullulaient et faisaient d'affreux ravages dans la catholique Allemagne. Tant de vertus et un mérite aussi singulier ne pouvaient échapper à l'attention du pontife Grégoire XIII qui depuis le commencement de son règne louait la ferveur, le zèle dont faisait preuve le brillant archiduc dans la défense des intérêts de la sainte Église. Il lui adressa plusieurs brefs consécutifs, le 3 août 1577 [1], le 12 juillet 1578 [2] et enfin le 26 novembre 1583 [3]. Par ce dernier *Eximia pietas*, le pape, sur le rapport que lui en avait fait l'évêque de Verceill, Nonce Apostolique auprès de l'empereur, félicitait l'archiduc de sa haute piété, de son dévouement à la cause de l'Église et de son ardeur pour la propagation de la religion catholique, rendant hommage à son mérite, il se plaisait à rappeler combien son gouvernement avait été profitable et quels heureux changements il avait produits dans l'Empire. Encouragé par ce témoignage de la pontificale bienveillance, l'archiduc Ernest voulut faire encore davantage dans les provinces de Styrie et de Carinthie qui lui étaient échues en héritage à la mort de l'archiduc

---

1. Archives du Vatican. *Brevia Gregorii XIII* Arm. XLIV, tom. 23, p. 267.
2. *Ibid.*, arm. XLIV, tom. 24, p. 53.
3. *Ibid.*, arm. XLIV, tom. 29, p. 1.

Charles[1] et en effet il fit tant et si bien qu'il parvint à les conserver intactes des souillures de l'hérésie.

Sixte V, de glorieuse et sainte mémoire, qui succéda en 1585, à Grégoire XIII sur le siège apostolique ne tarda pas à apprécier les mérites élevés de l'archiduc Ernest, et les services signalés rendus par lui à la cause de la religion. Aussi dès le commencement de son pontificat lui témoignait-il, par de singulières démonstrations, sa souveraine satisfaction dont il lui donna d'éclatants témoignages.

En 1587, le Nonce en Pologne, Mgr Jérôme de Buti, évêque de Camérino, informa le Pape de la mort d'Étienne Bathori, roi de Pologne, survenue vers la fin de l'année précédente [2]. Cet événement causa à Sixte V une affliction profonde, ainsi qu'il ressort de l'allocution qu'il prononça dans le premier consistoire [3].

En cette circonstance, le Pontife fixa son attention sur l'archiduc Ernest, comme candidat *in pectore* au trône de Pologne; à cet effet, il envoya en Pologne Mgr di Capua, archevêque de Naples, dans le but d'induire la reine et les magnats polonais à agréer ce choix. L'intervention du Pape alla même plus loin, ainsi qu'il apparaît dans un manuscrit contemporain, conservé dans la Bibliothèque du Vatican [4], le 25 avril 1587, le Pape remit au cardinal Madruccio, protecteur d'Allemagne, vingt brefs adressés à la reine de Pologne et à l'archevêque de Naples [5] qui leur furent portés par un courrier spécial dans les-

---

1. Wurzbach, *op. cit.*
2. Bibliothèque Victor Emmanuel, cod. Jésuit., ms. n° 103, p. 360.
3. R. de Hübner. *Sixte V d'après ses correspondances diplomatiques inédites.* Paris, 1872, vol. III.
4. Bibliothèque Victor Emmanuel, cod. Jésuit., n° 163, ut sup. Sixte V envoya en 1587 Mgr. Annibale di Capua, archevêque de Naples, à la place de Mgr Buti, en qualité de nonce en Pologne.
Ibid., loc. cit. La cour de Prague se déclara fort satisfaite de l'attitude prise par Mgr di Capua, dans l'affaire de l'élection du roi de Pologne.

5. Bibliothèque Vaticane, cod. Urbin., n° 1055, avis de l'an 1687, lettre du 25 avril 1587.

quels le Pape les engageait à favoriser la candidature de l'archiduc Ernest à la succession de ce trône. Il induisit également Philippe II d'Espagne à envoyer un ambassadeur extraordinaire en Pologne pour agir dans le même sens [1].

Au commencement, la cour de Prague n'était pas éloignée de seconder la candidature de l'archiduc Ernest, appuyé par Sixte V [2]. Mais les menées et les jalousies des autres princes de la maison impériale [3] et les intrigues des protestants rendirent chancelant et incertain l'esprit de l'empereur Rodolphe qui ne brillait certes pas par l'énergie et la fermeté de propos, de sorte que celui-ci finit par l'écarter, proposant à sa place l'archiduc Maximilien. Sixte V, convaincu de l'impossibilité de l'élection de l'archiduc Ernest, autorisa le Nonce de Pologne à soutenir la candidature de Maximilien [4], mais désirant récompenser l'archiduc Ernest de son dévouement inébranlable envers le Saint-Siège, et voulant lui donner un témoignage de

1. Bibliothèque Vaticane, *loc. cit.*
2. Archives du Vatican. Arm. XLIV, tom. 47, F, 177. Ex brevibus Sixte V, 13 septembris 1589.
3. Archives de Florence, n° 4342, publiées par Hübner, *op. cit.*, vol. 1, p. 349. Le chevalier Urbani, ambassadeur du grand-duc de Toscane, près l'empereur, nous a décrit ainsi la cour de Prague : « Jamais l'union entre le chef de la maison et ses membres n'eût été plus nécessaire. Et cependant on est bien loin de la concorde; les archiducs se disputent entre eux l'élection de roi des Romains, chacun pose sa candidature et l'empereur chancelle. Ses prédilections sont pour Ernest, mais Ferdinand s'agite autour de lui et l'archiduc Charles de Styrie (père de Ferdinand II) est le plus populaire parmi les princes protestants. Les autres princes ont moins de probabilités : Ernest, pour être trop lié avec la cour d'Espagne, Maximilien, pour être trop catholique, Ferdinand, parce qu'il est fanatique. L'empereur ne se décide, toujours préoccupé par son projet de mariage avec l'infante d'Espagne dont il décide de demander ensuite la main pour l'archiduc Ernest. » Prague, 28 octobre 1586.
4. Pompeo Litta, *Famiglia Aldobrandini di Firenze,* tom. II.

Le cardinal Hippolyte Aldobrandini, plus tard Clément VIII, fut envoyé en 1588 par Sixte V, en qualité de légat, en Pologne, pour obtenir du roi Sigismond III la délivrance de l'archiduc Maximilien qui, en combattant pour conquérir cette couronne, avait été battu et fait prisonnier. Cette mission aboutit pour la plus grande gloire du cardinal Aldobrandini.

reconnaissance pour les services rendus par lui à la cause de la religion, le Pape décida, de concert avec le Sacré-Collège, de lui conférer la plus haute distinction dont puisse disposer le Pontife romain, à savoir, l'épée et le chapeau ducal; ce qu'il fit par le bref, *Romanorum Pontificum* en date du 11 avril 1587 [1]. Mucanzio, maître des cérémonies pontificales, nous apprend, dans son intéressant *Diario*, que, se conformant à l'usage suivi par ses prédécesseurs, le Pape avait béni, dans la nuit qui précède le saint jour de Noël, l'épée et le chapeau ducal dans la basilique de Sainte-Marie Majeure.

Dans le bref de donation de ce présent, le Saint-Père vante les nobles vertus de l'archiduc Ernest, qui a vaillamment combattu l'hérésie et a su accorder aux catholiques une protection efficace; il exhorte ce valeureux champion de la foi à recevoir avec piété le don qu'il lui envoie, non en raison du prix matériel, bien minime qu'il peut représenter, mais à cause de la signification mystique qui s'y trouve attachée. « En recevant cette épée, ajoute-t-il, selon la formule traditionnelle, Votre Seigneurie comprendra qu'Elle devra en faire usage ainsi que Gédéon le fit naguère pour combattre les ennemis de la religion catholique, et défendre la foi orthodoxe. Couvrant sa tête de sa toque ainsi que d'un casque de salut, Elle pensera à la couronne céleste que le Seigneur a promis de donner en récompense à tous les princes qui s'en seront rendus dignes par leur zèle envers la foi catholique et l'Église de Dieu. » Afin d'accroître l'importance de ce don, le Pape chargea don Lelio Orsini, duc de Gravina, son camérier secret de cape et d'épée, apparenté avec les plus illustres familles d'Allemagne [2], de la porter à son destinataire.

1. Les Archives du Vatican. Arm. XLIV, tom. 47, feuille 225, ex brevibus Sixti V.
2. Archives d'État; Rome. *Mandotorum Sixti V.*, ann. 1586-1590, feuille 47. Philippus etc. Camerarius. Magnificis dominis Castellino et Io. Augustino

Mgr Puteo, archevêque de Bari [1], qui avait succédé à Mgr Sega [2] en qualité de Nonce apostolique près l'Empereur fut désigné par le Pape pour présenter à l'archiduc le présent pontifical à l'issue d'une messe solennelle qui serait célébrée dans l'église choisie à cet effet par le prince

Pinellis pecuniarum Camerae Apostolicae generalibus depositariis de mandato etc. et au toritate etc. harum serie committimus et mandamus ut de pecuniis eiusdem Camerae solvatis et numeretis domino Octaviano Vanni S. Sanctitatis aurifici, seu dño Diomedi eius filio scuta centum quinquaginta monetae sine ritentione ad bonum compotum expensarum per ipsum faciendarum in conficiendo ensem aureum et argentum per Sanctitatem Suam in festo Nativitatis D. N. Jesu Christi proxime futuro inxta solitum donandum. Non enim illa soluta etc... contrariis non obstantibus quibuscumque.
Dat. Romae in Camera Apostolica die 18 octob. 1586.
« Philippus etc. Cardinalis Camerarius.
« Benedict. Iustinianus Thesaurarius Andreas. Andreas Martini etc.
Martini (Notarius).
Ibid., Archives d'Etat, Rome Mand. Sixti V., ann. 1585-90, feuille 52.
« Philipphus etc. Camerarius.
« Magnifici Dni. Castellino et Jo. Mandamus ut de precuniis eiusdem Camerae solvatis et numeretis D. Diomedi Vanno S. Sanctitatis aurifici scuta sexaginta octo auri in auro sine retentione pro pretio unciarum sex perularum ad rationem scutorum novem pro qualibet oncia dictam summam. scutorum 68 constituentia comptorum pro adubando capello ducale per S. Sanctitatem in festo Nativitatis D. N. Jesu Christi proxime venturo iuxta solitum donando.
« Non enim etc... Dat. die 8 decemb 1387. »
1. Archives du Vatican, Franciscus Mucantius Diariorum M. S., t. XXI, feuille 296, 24 dec. 1586.
« In nocte Nativitatis hora tertia fuerunt matutina in eadem cappilla ad Praesepe et post matutinas mista Pontifex venit in lectica rectus ad ecclesiam S. Marie Maioris et descendens de lectica ingrediens ecclesiam per portam principalem venit ad cappillam de Coesis, qui pro paramenti et card. erat accommodata, et ibidem accepit faldam deinde amictum stolam albam cingulum, et sic indutus benedixit ensem et galerum quae R. Centurionus Chericus Camerae genuflexus ante Pontifex tenebat, benedictionem legit ex libro quem antiquior ex assistentibus tenuit et alter candilam, qui fuerunt R. R. Patriarca Alexandrinus et Patriarca Hyerosolimitanus ».
2. Bibl. Vaticane, cod. Urb., n. 1055 Avis, 11 avril 1587. Le pap edésigna D. Lelio Orsini pour porter l'épée et le chapeau sur la proposition du card. Madruccio à la place de Forcaro, camérier d'honneur qui avait été choisi avant lui mais qui était tombé malade.
P. Litta, Le famiglie celebri Italiane, Orsini di Roma table XXVIII. Lelio Orsini, baron de Pomarico, seigneur di Monte Scaglioso, fils d'An-

lui-même. En outre, le Saint-Père voulut accorder aux fidèles qui assisteraient à la cérémonie des indulgences spéciales, ainsi que plusieurs de ses prédécesseurs l'avaient fait avant lui, en semblable occurrence.

Don Lelio Orsini, accompagné d'une suite nombreuse, partit de Rome le 29 avril 1587 [1] et arriva à Prague le 16 juin suivant [2] où il eut l'honneur d'être reçu en audience par l'Empereur. Malgré les recherches que j'ai faites dans les Archives du Vatican, il ne m'a pas été possible de retrouver l'indication de la ville et de l'Église où la cérémonie de la présentation solennelle fut célébrée; une phrase insérée dans les *avvisi* de l'année 1587 porte à croire néanmoins qu'elle eut lieu à Vienne [3], probablement au

---

toine duc de Gravina, mort en 1553, et de Félicie, fille de Pierre Antoine Sanseverino, prince de Bisignano, avec l'apanage de l'État de Lucanie, marié à Beatrice di Firminio Orsini (sous Sixte V, il fut commissaire pour l'extirpation du brigandage qui infestait l'État de l'Église), envoyé à Prague pour porter l'épée et le chapeau de l'archiduc Ernest en 1587. (*Note de l'auteur.*) Clément VIII se servit de lui pour une mission auprès du grand-duc Ferdinand de Toscane, en 1593, en vue de régler les discussions qu'il avait avec son frère D. Pierre de Médicis. De retour dans sa patrie et se trouvant dans son fief de Bisignano, il eut plusieurs rencontres avec les brigands qui infestaient ces parages et auxquels il infligea de sévères leçons. Ceci attira l'attention sur lui du vice-roi, comte de Bénévent.

1. Bibliothèque Victor Emmanuel. Cod. Jésuit., n° 163. Sixte V délégua Mgr. A. Puteo en qualité de Nonce auprès de l'empereur Rodolphe en remplacement de Mgr. Sega, évêque de Plaisance. Mgr. Puteo était neveu du célèbre cardinal Puteo qui fut si près d'être élu au souverain Pontificat à la mort de Marcel II. Le nouveau nonce quitta Rome le 20 mars 1587, s'arrêta à Lorette et ensuite à Venise où il célébra la Pâque qui tomba cette année le 25 mars; il arriva enfin à Prague le 15 mai et fut reçu le 21, en audience solennelle, par l'empereur. Il exhorta Rodolphe, au nom de Sixte V, de maintenir la paix et la concorde parmi ses sérénissimes frères et parents, l'engageant vivement à ne pas tolérer que leurs compétitions à la couronne de Pologne fissent naître parmi eux des querelles, ce qui eût fait le jeu des ennemis de Dieu et de la maison d'Autriche.

2. *Ibid., loc. cit.* Mgr. Philippe Sega avait été chargé de la direction de la nonciature à Prague ; mais le Pape s'était vu obligé de le rappeler de ce poste parce qu'il était mal vu à la cour, où il était l'objet de toutes sortes d'hostilités, surtout de la part du chancelier.

3. Bibliothèque vaticane. Cod. Urb., n° 1055, avis de l'année 1587. 21 avril 1587.

« D. Lelio Orsini est parti avec l'épée et le chapeau pour remettre à l'armois de juin ; les *Diarji* des cérémoniaires pontificaux et la correspondance échangée entre la secrétairerie d'État et le Nonce dans l'Empire, sont muets à ce sujet. Toutefois, il ne sera pas sans intérêt de faire connaître les quelques détails encore inédits, relatifs à cette mission afin de mieux démontrer la façon dont, de tous temps, les pontifes romains ont su témoigner leur reconnaissance envers ceux qui, comme l'archiduc Ernest, se dévouent corps et âme au service de l'Église.

L'exaltation du cardinal Hippolyte Aldobrandini à la tiare sous le nom de Clément VIII causa à l'archiduc Ernest une joie extrême et fut pour lui un stimulant nouveau pour travailler avec plus d'ardeur encore à la cause sainte. A la mort de l'archiduc Charles[1], l'empereur Rodolphe, ainsi que je l'ai dit plus haut, confia aux soins de son frère, l'archiduc Ernest, le gouvernement de la Styrie et de la Carinthie. Le prince se dédia tout entier à l'extirpation de l'hérésie qui avait pris pied en ces provinces et avec une énergie remarquable, il émana des lois et publia des décrets pour empêcher la prédication de la religion réformée et enrayer les progrès que les innovateurs avaient déjà faits, réussissant pleinement dans son dessein.

Les relations anciennes et amicales qui existaient entre le nouveau Pape et l'archiduc Ernest furent d'un grand

chiduc Ernest, et de superbes tableaux, de rares écrins en écaille de tortue pleins de gants, des étoffes admirablement tissées, des médailles, des chapelets et diverses autres choses tant spirituelles que temporelles, pour une valeur totale de trois mille ducats, et dont il compte faire présent, lui-même, à l'empereur, au seigneur de Rossemberg son parent, et à diverses autres personnes de cette cour. »

On lit également, dans le même manuscrit, à la date du 8 avril de la même année : « D. Lelio Orsini est parti avec l'épée pour l'archiduc Ernest, il emmène une nombreuse suite avec lui ; le Pape lui dit qu'il verrait là-bas son parent Rossimberg, vice-roi de Bohême, et riche de 10.000 ducats de rente ».

1. *Ibid., loc. cit.* Prague 15 juin 1587. « D. Lelio Orsini est arrivé avec ses brefs et ses lettres apostoliques aux primats magnats de Pologne en faveur de l'archiduc Ernest. »

avantage pour l'église; elles existaient depuis l'époque où, envoyé par Sixte V, en qualité de légat en Pologne pour obtenir la délivrance de l'archiduc Maximilien[1] Sa Sainteté, alors simplement cardinal Aldobrandini, fit un long séjour à Vienne et connut intimement l'archiduc alors gouverneur de la Haute et de la Basse-Autriche. La correspondance suivie que, depuis lors, ils entretinrent l'un avec l'autre, démontre combien sincère et fraternelle était l'affection que nourrissait ce grand Pape envers l'archiduc Ernest. Quelques extraits glanés çà et là dans cette volumineuse correspondance suffiront pour en donner une idée. A la suite de la relation que le cardinal Radziwill adressa au Pontife sur les affaires de Styrie et de Carinthie, celui-ci, en date du 19 février 1592, envoya à l'archiduc un bref[2] dans lequel, après avoir déclaré qu'il était au courant du zèle et des efforts déployés par Son Altesse pour arrêter les menées des hérétiques, il ajoute :

« Votre mérite sous ce rapport, comme à tous les autres points de vue, a été véritablement remarquable et nous nous en sommes rendus compte, nous-mêmes, lorsque, pour la première fois nous nous sommes rendus en Allemagne en qualité de légat de Sixte V (de sainte mémoire) près le roi de Pologne. Nous l'avons ensuite exalté dans nos discours et néanmoins le rappeler nous cause encore une joie indicible. Et, en vérité, nous avons eu d'amples motifs pour nous réjouir : Votre propre gloire, la préservation de la religion catholique, le salut de ces provinces, l'affaiblissement de nos ennemis, l'espérance et la certitude des bienfaits sublimes dont le Seigneur ne manquera pas de récompenser une aussi grande piété. »

L'archiduc Ernest, ayant tenu à soumettre sa conduite à l'approbation souveraine du Pontife, celui-ci délégua, en

---

1. *Ibid.*, *loc. cit.* Prague 23 juin 1587. On croit que l'épée apportée par Lelio Orsini pour l'archiduc lui sera présentée à Vienne.
2. Wurzbach, *op. cit.*

qualité de conseiller de l'archiduc, le cardinal Radziwill, cet illustre prince de l'Église qui avait conquis une gloire immortelle dans la lutte acharnée livrée par lui à l'hérésie. Et, par deux autres brefs de même date que celui que je viens de citer, adressés l'un au cardinal et l'autre à l'archiduc, le Pape approuva les projets conçus par le cardinal Radziwill en vue de porter la défaite dans le camp des ennemis de l'Église [1]. Cependant le 14 mars de la même année, à une lettre par laquelle l'archiduc lui avait exprimé ses félicitations à l'occasion de son élévation au souverain Pontificat [2], Clément VIII se complaît à lui rappeler l'époque où se trouvant avec lui à Vienne, il eut l'occasion de le connaître et de l'aimer, et à l'assurer que sa tendre affection envers lui ne se démentirait jamais dans l'avenir. Le Pape voulut en outre rappeler dans sa lettre les circonstances dans lesquelles l'archiduc avait eu alors recours aux conseils du cardinal Aldobrandini au sujet des importantes questions qui le préoccupaient : « Nous sommes persuadés, disait-il, que vous vous souviendrez, avec plaisir, des graves affaires que nous traitâmes ensemble à cette époque ; considérez maintenant si le moment opportun est venu de mettre vos projets à exécution et faites-nous savoir si vous croyez que notre autorité et notre intervention peuvent vous être de quelque secours. »

Les mérites singuliers et les nobles vertus de l'archiduc dont il donna d'amples preuves dans l'exercice de ses fonctions de gouverneur de la Haute et Basse-Autriche attirèrent sur lui l'attention générale, et le choix qu'en 1592, Philippe II fit de sa personne, pour gouverner les Flandres fut on ne peut plus favorablement accueilli par toutes les classes de la société [3]. Les liens d'une étroite parenté qui unissaient le roi d'Espagne à l'archiduc Ernest étaient res-

1. P. Litta, *op. cit.*, « Famiglia Aldobrandini », t. II.
2. Archives du Vatican arm. XLIV, Brevia Clementis VIII, t. 36, f. 147.
3. Archives du Vatican, *ibid.*, f. 147.

serrés encore davantage par la communauté des idées et l'ardeur naturelle dans la lutte contre l'hérésie. Ils ne tardèrent pas à se mettre d'accord sur les moyens à employer pour arriver à cette fin, et sans nul doute l'archiduc l'aurait atteinte si une mort prématurée n'était venu le ravir à la cause à laquelle il s'était si généreusement consacré [1].

A peine l'archiduc eut-il été nommé au gouvernement des Flandres, qu'il s'empressa d'en faire part au Pontife et de lui demander conseil sur les mesures à prendre pour le bon exercice de son autorité dans ses provinces. Les affaires d'Espagne prenaient une mauvaise tournure dans les Flandres : les hérétiques ayant à leur tête Maurice de Nassau avaient acquis à la mort du duc de Parme une prépondérance telle que tout était en désordre et en confusion. Il faut ajouter à cela que les soldatesques espagnoles abandonnées à elles-mêmes se livraient à toutes sortes d'excès, de rapines et de meurtres, augmentant la mauvaise humeur et la haine des populations, au point que celles-ci ne savaient plus distinguer au juste leurs amis et leurs ennemis [2].

Clément VIII qui avait tant à cœur les intérêts de la foi catholique et qui connaissait bien la valeur et le zèle infatigable de l'archiduc Ernest apprit sa nomination avec une joie extrême et pour donner un témoignage public de ses sentiments envers lui et de la confiance qu'il reposait en ses efforts, lui adressa un bref en date du 8 septembre 1593 [3], dont la teneur générale est la suivante : Le Pontife, après avoir exprimé la satisfaction que lui avait causé le choix du roi d'Espagne, manifesta hautement les espérances que faisaient naître en lui les grandes qualités de cœur et d'esprit de l'archiduc.

Connaissant bien le zèle dont il était animé, il ne vou-

1. *Ibid.*, 287, 14 mars 1592.
2. Wurzbach ; *op. cit.* B. V. Feller. *Dictionnaire historique*, vol. III.
3. Card. Bentivoglio. *Historia di Fiandra*, part. III, liv. I.

lait rien solliciter de sa piété, mais simplement lui faire connaître, d'une façon toute paternelle, sa manière de voir au sujet de la façon dont il devait exercer le gouvernement afin que celui-ci soit marqué au coin du véritable esprit de Notre-Seigneur Jésus-Christ, et tourner au profit de sa plus grande gloire, en même temps qu'à l'honneur de l'archiduc lui-même et au bien-être des provinces confiées à ses soins.

C'est avec une sollicitude toute paternelle qu'il recommandait à sa bonté les fidèles chrétiens, en particulier les plus faibles, les pauvres, les opprimés. Il l'engageait à faire de son mieux pour mettre fin aux déprédations, aux délits de l'armée espagnole qui offensait le Seigneur et en appelle la vengeance, en faisant subir aux populations dont elles ont la garde les mêmes calamités que les ennemis eux-mêmes et cela au grand détriment de la chose publique et il ajoutait : « Comment Dieu pourrait-il se montrer favorable alors qu'on l'offense si gravement? » Citant ensuite les paroles de David sur l'impuissance des efforts humains, s'ils ne sont soutenus de l'appui de Dieu, il s'écriait : « Puisque cela est souverainement vrai, combien est grande la folie de songer à vaincre ses adversaires lorsqu'on fait en même temps la guerre à Dieu. »

Il l'exhortait ensuite à mettre à l'abri de la soldatesque les propriétés ecclésiastiques non seulement des provinces intérieures, mais encore de celles qui se trouvaient aux frontières.

Dans la certitude que pour le bien de l'administration qui lui était confiée, il ne manquerait pas de déployer tout son zèle à l'accomplissement de ces affectueux conseils, il invoquait sur lui la bénédiction divine afin qu'il remportât une victoire complète sur tous ses ennemis.

Le 30 janvier 1594 [1], l'archiduc Ernest fit son entrée solennelle à Bruxelles, où il fut reçu par toute la popula-

---

1. Card Bentivoglio, *loc. cit.*

tion avec un enthousiasme que ne tarda pas à centupler la prise de la Fère sur les Français le 19 mai 1596.

A l'occasion de son arrivée dans les Flandres, Clément VIII adressa au prince un nouveau bref (22 mars 1594[1]) dans lequel il se réjouissait de son heureux voyage et du chaleureux accueil qui lui avait été fait; il y exprimait, en outre, la certitude que son avènement au pouvoir ne manquerait pas d'amener la prompte cessation des calamités qui affligeaient ces provinces, il terminait en réitérant ses exhortations au sujet de la défense des intérêts de la religion, l'assurant que de son côté il ne cesserait jamais de le favoriser par tous les moyens que la divine Providence lui concéderait pour le faire.

Toutefois, malgré la prudence extrême et la modération dont l'archiduc faisait preuve dans l'exercice du gouvernement, l'agitation volontairement fomentée par les ennemis de l'ordre ne faisait que s'accroître. La noblesse espagnole qui était investie des plus hautes charges dans le pays et avait en main l'administration des finances, avait trop d'intérêt à ce que cette guerre qui avait épuisé les ressources de l'Espagne et des Pays-Bas s'éternisât indéfiniment; aussi toutes les précautions, tous les efforts de l'archiduc Ernest demeurèrent-ils lettre morte à cause de l'opposition systématique des Espagnols eux-mêmes. Les intrigues et les trames obscures augmentèrent sans cesse; le 24 juillet 1594, Groningue ouvrit ses portes au parti national, ce fut le signal de la révolte pour les troupes espagnoles mal disciplinées et mal payées. Louis Velasquez reçut alors le commandement suprême de l'armée, mais il dut aussitôt se préparer à la retraite. Cependant l'archiduc lui-même bloquait Cambray où Balagny, sortant tout à coup de la neutralité qu'il avait conservée jusqu'alors, se rangea ouvertement du côté des protestants et ravagea par le fer et par le feu les provinces espagnoles.

1. Archives du Vatican. arm. XLIV, t. 38, f. 399 Brevia Clementis VIII.

A tout cela, il faut encore ajouter les intrigues de la faction française qui finirent par aboutir à une déclaration de guerre de la part de Henri IV qui lança ses troupes dans les Flandres pour y porter un coup fatal à la prépondérance espagnole.

Tandis que, de la sorte, la confusion générale atteignit son apogée dans les Pays-Bas, l'archiduc Ernest mourut le 20 avril 1595, à l'âge de 41 ans, après avoir cruellement souffert pendant toute la durée de son séjour dans les provinces flamandes. Il est certain que l'affaiblissement des forces physiques du vaillant archiduc eut une grande influence sur les événements politiques, privant la cause espagnole du secours puissant de sa présence et de son conseil; mais, malgré cela, il faut reconnaître que son gouvernement fut toujours marqué au coin de ces nobles principes qui, en Allemagne, avaient donné de si heureux résultats.

CAULAINCOURT
NÉGOCIATEUR DE L'ARMISTICE EN 1813

D'APRÈS LES DOCUMENTS DES ARCHIVES DE SAINT-PÉTERSBOURG

PAR

PAUL BAILLEU

Conseiller aux Archives royales de Prusse

(*Communication présentée, au nom de l'auteur, par le Dr ERDMANNSDORFFER*)

M. Bailleu se trouvant, par la mort inopinée d'un collègue, chargé des préparatifs à faire pour le Congrès des sociétés d'histoire d'Allemagne qui sera tenu à Munster en Westphalie aux premiers jours d'octobre, se voit malheureusement privé de l'honneur de pouvoir assister aux délibérations du Congrès d'histoire diplomatique. Désirant pourtant présenter ses hommages à l'illustre assemblée qui s'est réunie pour le premier Congrès international d'histoire, il m'a prié de vous soumettre quelques notices sur Caulaincourt, négociateur de l'armistice en 1813, notices tirées des Archives du ministère des Affaires étrangères à Saint-Pétersbourg. Quoi de plus international, en effet, qu'un savant allemand publiant des documents russes sur un diplomate français ?

Maintenant, je laisse la parole à M. Bailleu :

« Vous n'ignorez pas, Messieurs, que c'est Napoléon lui-même qui, une quinzaine de jours après la bataille de Lützen, prit l'initiative pour entamer une négociation d'armistice. Le 18 mai, le maréchal Macdonald fit savoir au commandant en chef de l'armée russe que Caulaincourt sollicitait une audience de l'empereur Alexandre Ier et qu'il attendait une réponse sous les vingt-quatre heures. Le général russe Miloradowitsch répondit le lendemain 19 mai que, malheureusement, il ne pouvait pas prendre de si tôt les ordres de son maître sur la demande de Caulaincourt, l'empereur Alexandre étant en tournée pour inspecter des troupes, etc... Or, la minute de cette lettre existe encore, et ce qu'il y a de bien piquant, c'est qu'elle est écrite d'un bout à l'autre de la main même de l'empereur Alexandre ! On voit par là, ce qui d'ailleurs est confirmé par toute la marche de la négociation d'armistice, que l'empereur Alexandre était très peu disposé pour une négociation quelconque et qu'il était surtout bien éloigné de vouloir se prêter aux tentatives d'approchement que l'empereur Napoléon avait annoncées clairement, trop clairement peut-être, par le choix même du négociateur. Mais je n'insiste pas sur ce point; je ne veux pas non plus faire ici l'histoire de la négociation d'armistice qui, à la fin de mai, s'ouvrit entre Caulaincourt, commissaire français, et les lieutenants généraux Schouwalow et Kleist, commissaires russe et prussien. Vous savez qu'après bien des discussions sur la ligne de démarcation à tracer entre les puissances belligérantes, on tomba enfin d'accord, et qu'une convention d'armistice fut signée le 4 juin à Plaswitz. C'est au cours de ces négociations que Caulaincourt, fidèle sans doute aux raisons qui avaient motivé sa mission, tâcha plusieurs fois d'entamer avec le plénipotentiaire russe une négociation particulière qui aurait pour but non un armistice, mais une paix séparée. Entraîné par le désir ardent de la paix qu'on lui connaît, Caulaincourt se laissa même aller à des insinuations bien secrètes et bien curieuses, dont vous allez entendre le détail d'après les rapports mêmes du commissaire russe, le lieutenant général Schouwalow. C'est le même Schouwalow dont la *Revue de Paris* vient de publier les rapports sur le voyage de Napoléon de Fontainebleau à Fréjus.

Dès le 31 mai, Schouwalow rapporte que Caulaincourt voudrait changer la négociation d'armistice en négociation de paix; qu'il insinuait que Nesselrode pourrait bien s'approcher du lieu des négociations pour y prendre une part active. Il ajoute dans un post-scriptum secret adressé à l'empereur Alexandre :

« Le duc de Vicence (Caulaincourt) a encore saisi le
« moment où M. Kleist était sorti de la chambre pour me
« dire ce qui suit, en me disant qu'il ne me faisait ces con-
« fidences que parce qu'il était sûr que Votre Majesté
« Impériale en serait seule instruite. Tâchons donc de nous
« arranger, me dit-il. L'empereur Napoléon a, je crois,
« consenti à la médiation de l'Autriche. Je ne sais, au
« reste, s'il y a consenti formellement. Profitons du
« moment, il est bon, nous sommes dans un moment de
« faiblesse, nos troupes sont dispersées, le général Bertrand
« est du côté de Striegau. Les autres colonnes vous pré-
« sentent le flanc en marchant ; quand nous avons des suc-
« cès, on ne peut plus nous faire entendre raison. Vous
« nous laissez faire, aussi nos troupes sont fatiguées, c'est
« notre moment de faiblesse. Mais n'oubliez pas ce que je
« vous dis : il nous viendra des renforts considérables. Si
« nous mettons le pied dans le duché de Varsovie, la guerre
« durera des années. »

« Voilà, Sire, toutes les phrases, autant que je m'en rap-
« pelle, du duc de Vicence et vraiment (c'est toujours
« Schouwalow qui parle), il y en a qui lui coûteraient la
« tête si on les savait, Votre Majesté Impériale, qui con-
« naît le duc de Vicence, saura s'il parle de son chef ou si
« cette franchise simulée cache quelque finesse infernale
« qu'il est difficile de s'expliquer. J'oubliai encore de dire
« à Votre Majesté Impériale que le duc trouve que nos
« cosaques pouvaient agir avec succès sur les derrières de

« l'armée française. En un mot, on dirait, à l'entendre,
« qu'il désire un grand échec pour l'armée française afin
« de conclure la paix au plus vite. »

Dans une autre dépêche du 1ᵉʳ juin, le général Schouwalow rapporte :

« Le duc de Vicence m'a encore tenu, sous la condition
« que Votre Majesté Impériale seule en serait instruite, les
« discours dont j'ai fait le rapport hier. Il me parle toujours
« de l'état de faiblesse dans lequel l'armée française se
« trouve. Il dit que les renforts ne sont pas encore venus ;
« que leurs troupes sont dispersées, que, comme nous
« n'agissons pas, cela prouve que nous ne pouvons agir ;
« que nous devons savoir la peine qu'ils ont à faire venir
« leurs munitions, etc., et que, si les Cosaques agissaient
« vigoureusement sur leurs derrières, ils intercepteraient
« toute communication. Je tâcherai, Sire, d'avoir le nom
« des endroits où leurs corps se trouvent ; mais, d'après ce
« que le duc m'a dit, il paraît effectivement que leurs
« troupes sont excessivement étendues. »

Le lendemain 2 juin, nouveau rapport du général Schouwalow à l'empereur Alexandre :

« SIRE,

« La conduite du duc de Vicence à mon égard, ou plu-
« tôt ses discours sont tellement singuliers que je me trouve
« dans le cas d'en faire le rapport à Votre Majesté Impé-
« riale, d'autant qu'il assure ne me parler de la sorte que
« dans la conviction intime où il est que Votre Majesté
« Impériale en sera seule instruite. Une fois il me dit que
« la paix est indispensable à faire pour la Russie ; que ce
« qu'il en dit vient de son profond attachement à Votre
« Majesté Impériale ; que l'armée française sera du double
« plus forte dans deux mois, et d'autres choses semblables,
« en ajoutant la phrase suivante : « Si vous êtes sûrs que
« l'Autriche agisse avec vous, vous faites bien de ne pas

« songer à faire la paix avec nous, mais si vous n'en êtes
« pas sûrs, vous n'avez pas de temps à perdre.

« Ensuite, il reprend sa gamme accoutumée, sur la faci-
« lité de conclure la paix sans influence étrangère ; que
« l'empereur Napoléon le désire ; il me fait entendre claire-
« ment qu'il est chargé de me parler de la sorte.

« Mais les derniers discours qu'il me tint, Sire, il y a un
« moment, sont dans le genre de ceux dont j'ai déjà eu
« l'honneur de faire le rapport à Votre Majesté Impériale,
« c'est-à-dire son étonnement de ce que nous avons agi
« aussi faiblement contre l'armée ennemie, que nous lui
« laissons faire tranquillement des marches extravagantes
« telles que celle sur Breslau ; que les corps français étaient
« faibles et dispersés ; que le maréchal Marmont avait
« craint d'être attaqué dans sa marche ; que son corps, qui
« avait été de vingt-huit mille hommes, était réduit à la
« moitié ; qu'il n'avait de cartouches que dans les gibernes
« des soldats ; que tel autre maréchal n'avait que dix
charges par canon. Le duc de Reggio, ajoute-t-il, n'a que
douze mille hommes et M. Bulow le laisse faire ce qu'il
veut, et il pourrait le détruire ; les Cosaques pourraient
travailler sur les derrières de l'armée française, prendre
les munitions, intercepter les courriers, enfin leur faire
un mal épouvantable.

« Et puis, dit-il, le jour où Breslau est pris, vous conve-
nez d'une suspension d'armes ; que n'ai-je pas fait pour
vous le faire sentir avant l'échange des pleins pouvoirs ?
si, au lieu de cela, vous m'aviez dit : voilà nos dernières
conditions, et si vous n'y consentez pas, je romps la suspension d'armes, je vous donne autant d'heures pour
vous décider. De plus, continuait-il, pendant trois ou
quatre jours que nous étions en pourparlers avant
l'échange des pleins pouvoirs, pourquoi n'avez-vous pas
soutenu vos prétentions par de fortes attaques ; savez-
vous que l'armistice est tout à notre avantage ? je vous

« confierai même que l'empereur Napoléon était si pressé
« de savoir s'il était conclu, que non seulement il m'envoya
« trois courriers pour savoir si j'avais fini, mais qu'il vint
« lui-même à la rencontre du mien.

« Voilà, Sire, tout ce que le duc de Vicence m'a dit.
« Votre Majesté Impériale devinera sûrement la raison qui
« l'a fait parler de la sorte ; est-ce conviction et franchise,
« ou désir que nous agissions avant que l'armée autri-
« chienne ne commence ses opérations ? »

Le général Schouwalow lui-même, vous le voyez, Messieurs, n'a su que penser des insinuations de Caulincourt. Était-ce de la ruse ou de la franchise? Pour moi, Messieurs, je suis fort disposé à croire que nous avons là une nouvelle trace, une nouvelle preuve de cette conspiration en faveur de la paix que nous voyons de bonne heure se former autour de l'empereur Napoléon. Mais je laisse à des juges plus compétents, dont ne manque assurément pas le Congrès, à juger d'une question si délicate.

Le Gérant : LE GLAY.

Annales
internationales
d'Histoire

CONGRÈS DE LA HAYE

N° 4

SOMMAIRE

Un jubilé diplomatique. Le premier voyage de Pierre le Grand aux Pays-Bas en 1697-1698, par M. Wenevitinow.— *A sketch of the application of international law during the Chino-Japanese war 1894-1895*, par M. Takahashi.— *Protégés et naturalisés en Turquie*, par Aristarchi-bey,— *Le Prince Michel Obrenovitch : Ses idées sur la Confédération balkanique*, par M. Vesnitch.— *Les premiers étudiants russes en Occident*, par M. le prince Nicolas Golitzyne.— *Une œuvre du Père Joseph polémiste, Discours sur la proposition de Trefve aux Pays-Bas en 1633*, par M. l'abbé Louis Dedouvres.— Chronique.—.Comptes rendus.

COMITÉ CENTRAL

MM. le baron J. d'Anethan de Beaufort, Beernaert, Bikélas, Browning, Burenstam, Caratheodobyde, de Crue, Holban, H. Houssaye, Hüffer, Lanczy, de Maulde La Clavière, Missak, Von Sicherer, Vesnitch, de Villa Urrutia, Wenevitinow, Whiteley, Le Glay, *secrétaire*.

M. de Maulde, *président*, 10, boulevard Raspail, Paris.
M. le comte de Tarade, *trésorier*, 45, rue Cambon, Paris.
Pour la Rédaction, prière de s'adresser à M. André le Glay, 59, avenue Kleber, Paris.

MM. les Membres du Congrès sont invités à faire connaître à la Rédaction des *Annales*, pour être mentionnés, les titres de leurs ouvrages récemment parus.

Les personnes étrangères au Congrès peuvent, en adressant vingt francs à M. André le Glay, 59, avenue Kléber, Paris, recevoir la collection complète des actes du Congrès, jusqu'à concurrence des exemplaires disponibles.

AVIS

Conformément au programme initial, le Congrès de 1900 sera un Congrès d'histoire internationale comparée, embrassant, outre les relations directes des peuples, l'histoire comparée de l'art, de la littérature, des sciences naturelles, de la religion, etc...
Les listes des divers Comités seront publiées successivement.

Afin de maintenir entre les membres un lien permanent, le comité a décidé de publier les actes du Congrès de La Haye par fascicules trimestriels.

UN JUBILÉ DIPLOMATIQUE
LE PREMIER VOYAGE DE PIERRE LE GRAND
AUX PAYS-BAS EN 1697-1698

PAR

M. WENEVITINOW[1]

L'issue de la période, appelée en histoire le moyen âge, a trouvé les deux bouts de l'Europe envahis et dominés par des peuplades qui n'appartenaient pas aux races primitives des habitants de notre continent. L'Espagne et la Russie ont joué le rôle de remparts contre l'invasion des Arabes au Sud-Ouest et des Mongols à l'Est. La valeur intrinsèque des nationalités de ce pays, jointe à l'influence religieuse du christianisme, a prévalu dans leur lutte contre les conquérants temporaires de leur sol natal. C'est un grand service rendu à l'Europe que d'avoir arrêté la propagation de l'islamisme, mais un plus grand encore que d'avoir à la fin des fins dompté et subjugué les hordes barbares des Mongols et des Tartares, qui menaçaient les frontières de la Pologne et de l'Allemagne, et dont le triomphe aurait sans doute entravé le développement actuel de la civilisation européenne. Si l'Espagne a pu profiter du niveau de la culture des Arabes, de leurs profondes connaissances en mathématiques et en sciences techniques, si la domination musulmane sur les peuples chrétiens de la

---

[1]. Nous nous faisons un devoir de déclarer que Son Excellence M. Wenevitinow avait l'intention de modifier et étendre le présent mémoire : mais empêché en ce moment par des voyages, nous publions sa communication telle qu'elle a été faite au Congrès de La Haye. (*Note de la Rédaction.*)

péninsule Ibérienne a amené le soulèvement de l'enthousiasme religieux pour se faire jour dans le mouvement des croisades; si tous ces faits ont porté des fruits éminents à la civilisation de l'Occident, le sort de l'Orient et spécialement de la Russie, porte par contre un caractère tout différent, celui de la barbarie détruisant les premiers indices d'une faible culture, empruntée aux rayons du christianisme byzantin. La conquête du pays a arrêté le progrès de cette culture et, au lieu d'y apporter son concours comme en Espagne, elle a produit dans l'histoire de la Russie des suites bien fameuses en modifiant les aspirations de la population en lui coupant les relations avec Byzance et les pays de l'Europe occidentale, et en lui imprégnant une certaine teinte basée sur les emprunts d'usages et de manière de voir sentant son Orient grossier et sauvage. En un mot, la Russie a été contrainte par la voie des faits à remplir un sacrifice bien pénible et profitable surtout au bien-être de l'Europe. Pendant deux siècles et demi, tous les efforts des pays et des peuples formant le noyau de l'empire Russe actuel ont tendu à l'émancipation du joug Mongol, et dans cette lutte continuelle on a perdu le moyen de veiller au développement des semences civilisatrices reçues jadis de Constantinople, et qui portaient déjà des fruits du temps des grands-ducs du Kiev. Dans la seconde moitié du XVe siècle, les efforts du peuple russe ont abouti à la fin des fins à la libération du pays, mais de nouveaux voisins, issus de la domination des Mongols, leur ont succédé en Crimée, ont accepté l'islamisme et avec lui la protection des Turcs. Pendant une période d'à peu près trois cents ans, les nouveaux ennemis ont tenu en échec la formation de l'État auquel ont passé, après la chute du Bas-Empire, les traditions héritées de Byzance. C'est Pierre le Grand auquel revient l'honneur d'avoir porté le coup décisif au pouvoir des Musulmans, et c'est l'impératrice Catherine II qui a détruit le dernier rempart des Mongols retirés en Crimée. La lutte, comme vous voyez, a été longue et acharnée et a duré plus de cinq siècles, si l'on compte la date de 1223 comme celle de la première apparition des Mongols en Russie. Ce n'est que la seconde moitié de cette époque qui se caractérise par des guerres dans lesquelles les Russes ont fini par triompher. Jusqu'au commencement du xve siècle le pays était divisé en petits États et ses forces étaient encore bien faibles pour se risquer en champ clos contre les oppresseurs. C'est à d'autres expédients qu'il fallait recourir pour garantir les derniers vestiges de l'indépendance nationale et religieuse. De là la politique fine, astucieuse et lucrative des grands-ducs de Moscou, qui, au moyen de cadeaux et d'humiliations, ont su obtenir la protection des Tartares et en profiter pour réunir autour de leur capitale les nombreux apanages des descendants de Russie moins énergiques et par conséquent moins riches qu'eux. La cour faite par ces souverains aux khans de la grande horde d'or a formé les antécédents du commerce international de la Russie et a donné une empreinte très précise au caractère de ses premiers rapports diplomatiques. La prise de Constantinople par les Turcs a presque coïncidé avec la défaite définitive des Mongols en Russie, et la princesse Sophie Paléologue, en épousant le tzar Jean III, a retrouvé dans sa nouvelle patrie l'indépendance du trône que sa propre famille venait de perdre à Byzance. Ce mariage ouvre une nouvelle époque de l'histoire de Russie. S'étant émancipée de l'histoire des Tartares, elle se considérait alors comme la protectrice naturelle de tous les peuples chrétiens du rite orthodoxe et sa tâche politique, tout en conservant sa base nationale, s'élargit encore davantage sur l'horizon des questions religieuses. Mais le caractère intime des missions diplomatiques et les moyens d'arriver au but restent les mêmes. C'est toujours la cour aux voisins influents, les cadeaux offerts aux dignitaires des puissances étrangères, le soudoiement en règle et en forme. Toutes ces mesures n'étaient au fond que les suites funestes de la conduite envers les Orientaux, tenue depuis si longtemps, entrée dans les mœurs avec l'usage de la terminologie tartare, employée pour nommer le personnel de l'administration, les habillements, les ustensiles des métiers, les armes, les mesures, les monnaies. D'un autre côté, chaque phase dans l'évolution de l'indépendance politique contribuait au développement du sentiment de dignité nationale et de celle de la personne du souverain représentant l'idée de l'État dans son ensemble. De là l'aspiration à garantir l'autorité du tzar contre la moindre atteinte d'humiliation et de lèse-majesté de la part des diplomates étrangers et de leurs maîtres. L'attention suprême employée par les Russes à sauvegarder surtout la dignité de la personne et du nom du tzar, était fondée sur leurs efforts à se prémunir des suites de leur soumission aux Tartares, qui imposaient des tributs aux anciens princes de la Russie et ne les recevaient chez eux que courbés, prosternés à genoux, avec toutes les marques de l'humiliation la plus profonde. Il est concevable que les tzars, s'étant affranchis du joug de leurs oppresseurs, ont tenu à se libérer en même temps de tous les vestiges extérieurs de leur ancienne soumission et à montrer aux peuples occidentaux leur entière indépendance et même tout leur faste du pouvoir. Voilà où il faut chercher la véritable explication de ces cérémonies, de ce rituel minutieux et compliqué, qui présidaient jusqu'à Pierre le Grand aux relations diplomatiques de la Russie avec les pays occidentaux. Nous allons, à l'appui de notre assertion, donner quelques faits, tirés des documents les plus authentiques. La pratique de la diplomatie russe tendait depuis Jean II à confirmer en Occident la nouvelle position que la Russie s'était créée en Orient, grâce à ses triomphes sur ses anciens oppresseurs, ainsi qu'à garantir en Europe au souverain de Moscou le prestige qui lui était déjà reconnu par les peuples de l'Asie, et l'éclat de puissance que

Byzance venait de lui léguer. Le caractère primitif et fondamental des relations avec l'Occident rappelait au fond la manière des intrus, qui veulent à toute force être reçus dans une société étrangère, habituée à ne considérer la Russie que comme un pays sauvage, inconnu, mais fort dans sa puissance. La force politique du nouvel État, encore jeune dans son indépendance, se révélait dans les attributions autocratiques de son souverain, qui aspirait à exercer son autorité non seulement sur ses voisins les plus proches, mais au delà de leurs frontières, dans les pays les plus éloignés de l'Extrême-Orient de l'Europe. Le moyen le plus sûr d'arriver à ce résultat faisait pencher tous les efforts de la pratique du droit international à faire reconnaître à l'étranger la juste valeur de la puissance et du poids politique de la Russie, et d'inspirer le plus de respect au nom et à la personne du tzar de Moscou. La ligne de conduite des diplomates russes était indiquée par des motifs résumés dans les instructions que voici : « La défense de la dignité, de l'honneur et du nom du souverain, est la chose la plus importante et exige à y consacrer même la vie ; il faut mourir pour atteindre ce but ; le prestige du tzar, renfermé dans son nom et son honneur, ne doit subir aucune atteinte, aucune dépréciation et en cas d'opposition il faut y remédier par des protestations immédiates et les plus fermes. Le champ où des mœurs sévères s'employaient le plus souvent par les agents du service international russe, était celui qui touchait aux prérogatives et au titre officiel du souverain. On exigeait des documents officiels l'emploi le plus correct des noms propres et patronymiques du tzar et l'absence du manque à l'ordre établi et à la valeur textuelle de tous les épithètes de son pouvoir. Le code des cérémonies attachées à la réception et à l'envoi des ambassades était strictement calqué sur les exigences minutieuses de cette manière de voir et les plus infimes travers, admis aux lois sévères de l'étiquette internationale, étaient considérés comme des cas de lèse-majesté et pouvaient amener les conséquences les plus fâcheuses. En fait de ces lois, je me permets de citer quelques-unes des plus curieuses. Avant d'être admis en présence du tzar aux audiences officielles, les étrangers étaient obligés de quitter leurs armes, telles que épées, glaives, sabres, apparaître et rester nu-tête, les ambassadeurs usant seuls du droit de remettre en mains propres les documents adressés au tzar. Les souverains étrangers par contre devaient les mêmes égards aux envoyés de la Russie. Mettant leurs chapeaux et restant debout pour recevoir les missives du tzar, ils étaient obligés à les prendre aux Russes de main en main, à se découvrir chaque fois que le titre du tzar était prononcé dans le discours de son agent et à faire personnellement les questions d'usage concernant l'état de santé et du bien-être du souverain moscovite. A la sortie de l'audience, les diplomates étaient invités à prendre part à un régal, accompagné de toasts officiels et offert par le souverain du pays qui recevait l'ambassade. L'ordre et les détails de ces toasts étaient strictement indiqués et observés.

Toutes ces mesures devaient être prises non seulement pour sauvegarder le prestige politique du tzar, mais tout autant pour défendre sa personne contre les attaques accidentelles de malveillance personnelle et contre les essais de mauvais œil ou de *gettatura*, admis par la superstition des anciens Russes. Voulant faire épouser une de ses filles au prince Valdemar de Danemark, le premier des Romanoff, Michel, exigeait de ses agents de lui faire parvenir le portrait du promis, mais refusait nettement l'envoi de celui de la future, se basant sur l'usage russe, qui défendait de faire sortir du pays les dessins représentant les traits des princesses, ces dernières étant soigneusement cachées à la vue de leurs compatriotes mêmes, pour ne pas subir les effets d'ensorcellement.

La question de placement à la droite ou à la gauche

jouait aussi un grand rôle dans les rencontres des diplomates, ainsi que la manière de descendre de cheval et de l'équipage. Chaque excès et chaque empressement de politesse étaient taxés de crime et d'offense envers le souverain qu'on était chargé de représenter. Ajoutons à cela les minutieuses exigences de préséance, de l'ordre des entrées et sorties de la salle d'audience, et nous pourrons facilement nous figurer le tableau singulier et quelquefois drôlatique même, qu'offraient les détails des faits et gestes diplomatiques au xviie siècle, les Russes n'y excellaient cependant pas moins que les représentants des pays de l'Europe occidentale. Tel Français, arrivé en 1629 aux frontières de Moscou, ne voulait à aucun prix chevaucher à gauche de l'huissier russe, perdait toute une journée à revendiquer son droit au côté droit, menaçait de retourner immédiatement dans son pays, et ne consentait finalement à continuer sa route, que quand on l'avait placé entre deux cavaliers d'importance. Tel autre Anglais, envoyé à la cour de Jean le Terrible, a rebroussé chemin depuis Arkhangel en y laissant tout son bagage, après avoir appris qu'il devrait abandonner son épée en présence du tzar. La conduite des agents russes à l'étranger offrait autant de curieux traits de mœurs et d'usages. Porteurs de traditions orientales, habitués aux dehors de l'esclavage dans les rapports avec leur souverain, ils apportaient à l'Occident toute l'originalité de leur code de civilités nationales et frappaient les Européens par l'imprévu de leur maintien et de leurs manières. Il fallait avant tout conserver toute la dignité des représentants du grand monarque de Moscou, dont la personne devait être sacrée aux yeux des autres souverains et de leurs sujets. En même temps tous les chefs d'État vers lesquels étaient dirigées les ambassades russes, étaient considérés en rapport de parenté avec le tzar, étant désignés dans les actes officiels comme ses bien-aimés frères et sœurs.

Cette particularité influait sur les dehors d'humilité et de soumission avec lesquels les Russes devaient approcher les souverains étrangers et donnait lieu à de curieux imbroglios, confondait toutes les idées et les habitudes en vigueur à l'Occident. Nous allons en citer quelques exemples pour illustrer le point de vue des anciens Russes sur les questions du droit des gens.

Les faits les plus inattendus se sont passés à la cour d'Élisabeth d'Angleterre. Prenant part à un dîner solennel, offert en son honneur, l'ambassadeur russe a pris en mauvaise part l'invitation de la reine à s'arroser les mains après le repas, prétextant qu'il n'osait faire sa toilette devant celle que son maître appelait sa sœur bien-aimée. Ensuite il a refusé d'accepter le dîner offert par la ville de Londres, craignant de déroger à ses droits en se mettant à gauche du lordmayor. Un jour, Élisabeth, dans son empressement de recevoir l'envoyé du tzar, s'est trouvée obligée de l'inviter non dans son palais, mais dans son parc, parsemé de quelques plantes fruitières. Cet incident a donné lieu à une controverse diplomatique, qui a duré plusieurs années, et dont le fond était motivé par le froissement de l'orgueil national des Russes; ils se sont sentis offusqués par l'audience offerte, comme ils le prétendaient, au milieu du *potager royal*. Mais la reine a tâché de mettre fin à ces récriminations, en relevant la bienséance de son jardin de plaisance qui, d'après ses propres paroles, ne pouvait être comparé à un champ de choux, où on sème de l'oignon et de l'ail. La considération des liens de parenté présumée avec le tzar a fait échouer Jacques Ier d'Angleterre dans son obstination à faire garder par l'ambassadeur russe son chapeau sur la tête pendant l'audience. L'agent diplomatique, chargé par le faux Démétrius d'assister par procuration à ses noces avec Marina Mniszek, s'est rendu l'objet de la risée de tous les Polonais par une série d'incongruités qu'il a commises à Cracovie. Entre autres il n'a pas osé offrir à la mariée sa main dégantée, et a dû profiter d'un mouchoir pour la mener à la table du repas, pendant lequel il a ensuite usé de tous les efforts imaginables afin de prévenir le moindre contact avec la robe de sa voisine. Les tableaux du palais des rois de Pologne, qui représentaient la défaite des Russes, ont produit l'impression d'offense nationale sur les agents du tzar Alexis, qui en 1672 a demandé au roi le déplacement de ces images.

A côté de ces prétentions officielles, les Russes attiraient l'attention et jusqu'à la réprobation des Européens par leur conduite sauvage et grossière appliquée hors de leur pays à leurs rapports particuliers. Échappés à la surveillance de leurs chefs immédiats, ils se permettaient à l'Occident de démontrer la force de leur pays et la puissance de leur souverain par de tels actes, qui, dans leur patrie, auraient mérité les punitions les plus tyranniques. Ils se croyaient impunissables dans les pays de l'étranger, comptant sur ce que, chaque peine qu'on leur adjugerait serait considérée comme une atteinte portée au prestige de leur patron. Le manque de culture, l'absence de propreté joints à l'incongruité de leurs mœurs sauvages et grossières et de leurs usages étaient aptes à faire compromettre non seulement la dignité du pays qu'ils représentaient, mais davantage jusqu'à l'indulgente patience des Européens qui les recevaient avec tant d'hospitalité et de prévenance. Ils étaient capables de boire, de faire du scandale, de manquer à l'honneur des femmes appartenant aux classes les plus élevées comme cela a été le cas en 1613 à Vienne, ensuite à Hambourg et aux Pays-Bas, et en 1674 à Varsovie. L'empereur d'Allemagne a été tellement surpris en 1614 par la conduite de l'ambassade du tzar, qu'il a fait ôter son portrait des chaînes destinées aux Russes comme cadeaux, trouvant que c'était faire trop d'honneur à des goujats. Du temps de Charles II, les appartements dans lesquels on avait logé à Londres les Russes se sont trouvés après leur départ dans un piteux état de saleté, les meubles cassés et des ordures dans tous les coins.

En envoyant ses agents à l'étranger, le gouvernement russe était en état de prévoir leur inconduite et tâchait, infructueusement il est vrai, d'en prévenir les suites en munissant les chefs d'ambassades de sévères instructions dont voici un exemple :

« Il faut ordonner aux employés et aux attachés d'assister au repas avec le plus de bienséance et de retenue possibles, de ne pas s'enivrer, de s'abstenir des conversations indécentes ; quant aux employés subalternes et aux serviteurs inférieurs, il ne faut pas les admettre dans la salle, mais leur réserver des places moins en vue, afin qu'ils ne boivent pas trop et ne fassent de scandale ; l'accès de la cour royale doit être sévèrement défendu à tous les ivrognes et les ribauds qui peuvent se trouver parmi le personnel de la suite. »

Pour achever le tableau de l'époque, arrêtons-nous encore sur quelques détails conservant le caractère des mesures que la diplomatie russe employait pour atteindre le but de ses intrigues. Habitué depuis longtemps à s'humilier devant la force sauvage des Tartares, à user envers eux d'astuce et à rechercher leurs bonnes grâces au moyen de cadeaux et de pots-de-vin, le gouvernement moscovite continuait à suivre la même ligne de conduite même dans ses rapports diplomatiques avec les États de l'Europe Occidentale. On évitait de faire l'aveu des intentions intimes, on ne se fiait pas aux étrangers, on faisait des cachotteries et on appliquait le principe de la division du travail à la manière de traiter les questions politiques. Tandis que la besogne spéciale des chefs d'ambassade consistait à faire valoir uniquement l'honneur et le prestige du nom de leur souverain se tenant aux conférences avec le plus de prétention et d'aplomb, le personnel de leurs subordonnés devait faire tout son possible pour veiller aux avantages du tzar en ouvrant aux étrangers la perspective des concessions et la faculté des amendements mutuels. Cette duplicité de fonctions était en même temps renforcée par le système d'espionnage mutuel qui motivait la nomination obligatoire de deux chefs d'ambassade afin de faciliter leur contrôle réciproque. Les instructions dont les ambassades russes étaient munies supposaient des règles de conduite dans le genre suivant : « Les deux chefs doivent se fâcher sévèrement, et les autres agents sont obligés de remédier à l'issue des conférences en faisant couler sur les aspérités de la conversation. Tâchez d'entrer avec les Suédois dans des rapports secrets, faites-leur des promesses et entretenez leur espoir quant à la rémunération de leurs offres..... promettez aux commissaires et généraux suédois de l'argent ou bien des fourrures pour la valeur de 10, 15, 20 mille roubles..... Faites entrevoir des espérances à l'armée polonaise ; quant aux sénateurs, ils sont déjà achetés. Les agents russes à l'étranger avouaient bien souvent que, dans les questions internationales, il n'y a rien à faire dans les essais de soudoiement ; les cadeaux de Sa Majesté tzarienne peuvent changer la face de toute chose à la diète de Pologne. » La pratique de prévarication se trouvait largement facilitée par le degré de moralité en usage chez les diplomates occidentaux, qui se laissaient tenter tout autant que les anciens Tartares. Toute la différence des rapports avec l'Asie d'un côté et avec l'Europe de l'autre consistait dans les formes et aucunement dans le fond des choses.

II

Tels étaient les antécédents qui ont précédé la formation, en décembre de l'année 1696, de l'ambassade extraordinaire, que Pierre le Grand adressait aux cours de Kœnigsberg, de Copenhague, de Londres, de Vienne, à Rome et aux républiques des Pays-Bas et de Venise. Le prétexte officiel de la mission était offert par la continuité d'anciens rapports diplomatiques avec les pays susnommés, que le nouveau monarque russe tenait à constater et à raffermir; le fond de la question gisait dans le désir intime de rechercher des alliances surtout avec les États maritimes de l'Europe, dans le but d'en profiter pour la guerre que Pierre le Grand menait avec acharnement contre les Turcs et qu'il voulait reporter sur la mer Noire, dans le but de garantir l'inviolabilité de ses frontières territoriales. Il s'est laissé représenter par deux fonctionnaires supérieurs, le général commissaire Golovine et le secrétaire d'État Voznytsyne qu'il a placé sous les ordres d'un troisième agent, l'amiral en chef François Lefort, genevois d'origine, militaire distingué et auquel le tzar était attaché par des rapports d'amitié particulière. Trois mois à peu près se sont passés à organiser l'entreprise, à en former le personnel subordonné, à la munir d'argent et de documents nécessaires en vue d'un voyage dont le terme devait dépasser le cours d'une année, et qui risquait à s'attarder à l'étranger grâce à l'état des routes et aux difficultés de locomotion. Le déplacement de quelque deux cents personnes de la suite diplomatique n'était pas chose facile à cette époque, surtout quand on pense aux exigences et aux prétentions de l'orgueil national des Russes. La particularité du culte orthodoxe, les habitudes établies, une nombreuse valetaille, même des considérations gastronomiques touchant la cuisine nationale et le choix des plats du goût spécial, tout cela n'était que propice à faire compliquer les préparatifs du voyage. Ajoutons-y encore les considérations en rapport avec le but intime de l'entreprise, que Pierre le Grand n'osait avouer franchement, mais qu'il se proposait d'atteindre en prenant lui-même part à l'ambassade et en se cachant parmi le personnel inférieur de la suite sous le pseudonyme de décemvire Pierre Michailoff. Ce dernier détail mérite une explication spéciale.

Nous avons déjà eu l'occasion de remarquer que les conceptions du droit des gens ne permettaient pas à l'ancienne Russie de voir leurs souverains quitter leur État, sauf du moins en cas de guerre, portée dans les pays de leurs ennemis. C'est Pierre le Grand le premier qui s'est décidé à enfreindre ce principe national et s'est permis un voyage à l'étranger dans le but unique de pourvoir à la formation et à l'organisation d'une flotte militaire. Il avisa des pays de l'Europe justement célèbres par leurs forces navales pour les visiter afin d'y faire l'apprentissage des métiers ayant rapport à la construction et au gouvernement des vaisseaux. Les Pays-Bas, l'Angleterre, la République de Venise devaient servir ses intentions et pouvaient à juste titre lui procurer les avantages des meilleures études ainsi que du recrutement pour sa flotte future, des marins expérimentés, ayant fait leurs preuves sur l'Océan et la Méditerranée. La partie la plus grande de la suite de l'ambassade était formée par les compagnons du tzar dans la petite troupe de plaisance dont depuis sa tendre jeunesse il s'était entouré à Moscou. C'étaient les camarades de jeux qu'il emmenait maintenant au bord de la mer pour faire en commun avec eux l'apprentissage de constructeurs de vaisseaux de guerre, de matelots et de capitaines. C'était là le fin mot de l'énigme qui impressionna l'Europe occidentale et lui donna tant à penser à l'apparition d'une foule de soldats russes entourant leur tzar caché sous les dehors de leur pareil. Mais la surprise de la Russie n'en fut pas moindre en voyant son maître sacrifier son prestige de souverain et déposer l'autorité de sa dignité et de sa puissance pour endosser avec une inconcevable humilité le simple uniforme de fantassin du régiment de Préobrajensky. Cependant Pierre le Grand ne pouvait agir autrement. En se mettant en personne à la tête de l'ambassade, il risquait d'offusquer les traditions invétérées de son pays et par conséquent d'émouvoir les imaginations qui déjà se trouvaient chauffées par les dissensions religieuses soulevées du temps de son père et qui ne cherchaient que des prétextes pour enflammer l'incendie. Quitter le pays officiellement, c'était soulever l'émeute grâce à son absence. Il était impossible de laisser Moscou dépourvue du pouvoir souverain et de l'autorité du tzar ne fût-ce que par procuration. Pierre le Grand a su résoudre ce problème difficile avec toute la finesse de son génie extraordinaire. Se mettant en train de faire en personne son voyage en Europe, il est resté dans sa capitale de nom en y confiant la représentation de sa puissance et de sa dignité tzarienne à l'un de ses dignitaires les plus favoris et les plus influents. C'est au boyard Komodanoffsky, considéré comme vice-roi, que toutes les institutions du pays devaient adresser leurs rapports et dont ils devaient attendre les ordres, publiés cependant au nom du tzar absent mais tout comme s'il était présent. Après avoir pris ses mesures à l'intérieur, Pierre le Grand a dû s'occuper de son propre travestissement et des titres de la qualité personnelle, qu'il voulait s'imposer en Europe. Par les raisons que nous avons mentionnées plus haut, il lui était impossible de garder à l'étranger le prestige de son nom de souverain. Il lui fallait s'approprier un titre quelconque sans cependant attirer l'attention publique sur sa position. Le caractère d'incognito offrait un danger sérieux, car ses sujets auraient pu confondre la personne du tzar avec la masse des serviteurs de l'ambassade et lui manquer de respect. Il s'est tiré de la difficulté en profitant de l'avantage du pseudonyme, qui faisait comprendre aux Russes et aux étrangers que le souverain de Russie continuait à siéger à Moscou et que celui qui entreprenait le voyage n'était pas le tzar, mais bien un de ses sujets, le simple soldat Pierre Michailoff. C'était cette forme-là que Pierre le Grand avait choisie pour en vêtir le sacrifice de l'éclat de son prestige de souverain au profit du bien-être de son pays et de la civilisation de son peuple. La portée significative de ce sacrifice met en évidence tout le caractère intime de la réforme de l'ancien régime introduite par ce grand génie politique. En prenant les dehors du pseudonyme des plus ordinaires, employé dans les classes inférieures de son pays, Pierre le Grand n'a pas cru déroger en s'abaissant jusqu'aux plus basses couches de son peuple, pour lui servir d'exemple de travailleur infatigable, et c'est à juste titre que le fameux poète russe l'avait surnommé « l'éternel ouvrier du trône. »

La dernière concession faite à l'ancien régime consistait dans le triple personnel des chefs d'ambassade et dans leurs dénominations, empruntées au vieux vocabulaire moscovite. Les noms de *ministres et de résidents* russes n'apparaissent qu'après ce premier essai entrepris par Pierre le Grand dans le domaine du droit des gens. Depuis la Russie a vécu à la manière européenne.

Ayant quitté Moscou le 19 mars, l'ambassade a mis une quinzaine de jours pour atteindre la frontière suédoise et a passé la semaine de Pâques à Riga, où les autorités suédoises ont causé aux Russes quelques désagréments qui n'ont pas été oubliés dans les motifs de la guerre du Nord éclatée plus tard entre Pierre le Grand et le roi Charles XII. Nous n'allons pas suivre l'ambassade dans son itinéraire longeant une partie du littoral de la Baltique ainsi que séjourner avec elle à Mitau et à Koenigsberg, où le tzar et son entourage ont été largement fêtés par le duc de Courlande et l'électeur de Brandenbourg. Il nous tarde de voir arriver les Russes aux confins de la république néerlandaise, où ils sont parvenus par deux chemins : l'un conduisant par mer directement à Amsterdam, et l'autre traversant le nord de l'Allemagne pour aboutir entre Clèves et Nimègue à l'entrée des Pays-Bas. Le tzar lui-même était tellement impatient de voir les chantiers et les vaisseaux des Hollandais, que, poussé par la fougue de sa curiosité, il a écarté toutes les considérations diplomatiques et, abandonnant le reste de l'ambassade aux portes de Nimègue, il s'est empressé de prendre les devants en naviguant sur les canaux avec quelques personnes de sa suite personnelle. Au moment d'arriver à Amsterdam il s'est aussitôt enquis des meilleurs établissements de construction navale et sans jeter un coup d'œil à la capitale des Pays-Bas, il s'est embarqué le même jour pour Zaandam qu'il a honoré de son séjour de la durée à peu près d'une semaine. Je ne me tiens pas en droit de renchérir sur les détails de ce séjour après les fêtes dont, l'année passée, dans cette petite ville, dorénavant célèbre, a été honoré le souvenir de notre grand souverain. On a vu paraître à cette occasion une série de publications en langue hollandaise et entre autres des pièces de théâtre, jouées à l'endroit même des événements. Je ne veux non plus répéter les récits palpitants d'intérêt de Scheltema, de Jean Rousset, de Meerman et d'autres ouvrages consacrés à raconter tout ce que Pierre le Grand a eu d'aventures lors de sa première visite aux Pays-Bas. Si je reviens sur ce sujet, c'est que j'ai à noter particulièrement des tableaux de mœurs et des rapprochements de divers degrés de civilisation dont la différence s'est manifestée au contact immédiat des Russes avec les Hollandais. Pour en esquisser quelques traits curieux et caractéristiques, je vais profiter des documents officiels russes, notamment du journal de l'ambassade et des protocoles de ses faits et gestes. Cette source est encore inconnue à la science européenne ainsi que la langue qui y est employée. On m'excusera de m'arrêter sur des détails qui sont si parlants en faveur des Hollandais et dont toute la responsabilité ne peut retomber que sur les ancêtres de mes compatriotes.

III

Au moment même de leur descente sur le sol néerlandais, les Russes ont trouvé moyen de répondre d'une manière peu aimable aux prévenantes politesses du stathouder qui n'était autre que le roi. d'Angleterre, Guillaume III d'Orange. Ce monarque, se trouvant alors à la Haye, s'est empressé de proposer à Pierre le Grand une entrevue immédiate. Les ambassadeurs ont dû avouer que leur souverain était absent, et, quant à eux-mêmes, ils ne pouvaient accepter l'invitation à cause de l'absence de leurs serviteurs et bagages qui les attendaient à Amsterdam. Malgré cette réponse évasive, les Russes ne peuvent être accusés de mensonge par rapport à l'absence du tzar; ce n'est pas son incognito qui leur faisait nier sa présence parmi le personnel de l'ambassade, mais bien la course précipitée vers Zaandam. Il y est arrivé déjà le 18 août, tandis que ses agents ne traversèrent la frontière des Pays-Bas que le 21, jour de leur entrée à Nimègue. Notons bien cette dernière date, car elle nous servira à préciser la durée du séjour officiel de l'ambassade en Hollande ainsi que celle de son entretien aux frais des États généraux néerlandais. On a mis 38 heures pour faire le chemin des canaux depuis Nimègue jusqu'à Amsterdam où les Russes ont débarqué le 27 août 1697 pour y rester jusqu'au 26 mai de l'année suivante. Pendant neuf mois, l'ambassade a cependant profité de plusieurs occasions pour quitter la ville en faisant des courses. Nous allons parler ensuite de ces absences temporaires. Il est à remarquer que les raisons plausibles, pour expliquer le long séjour de l'ambassade, ont été épuisées vers le premier novembre de l'année 1697 et que le reste du temps, les Russes, comme nous allons ensuite le voir, ayant réglé toutes leurs affaires diplomatiques, n'ont fait qu'abuser de l'hospitalité de la République au profit exclusif des intentions personnelles du tzar. C'est précisément ce mélange compliqué des intérêts particuliers de Pierre le Grand et des motifs officiels de son ambassade qui rend les détails de ce voyage en Hollande tellement curieux et caractéristiques quant à la comparaison des deux niveaux de culture.

Les préliminaires de la paix, qui se traitait alors à Ryswik, mettant un obstacle imprévu à fixer le jour de la réception solennelle de l'ambassade moscovite, les Russes ont été, en attendant, obligés de rechercher des passe-temps et des amusements pour tuer leur ennui à Amsterdam. Leurs hôtes hospitaliers se sont mis en quatre pour leur faire oublier les tentations de leur impatience. Au fond, impatience n'est pas le mot, car Pierre le Grand et ses trois ambassadeurs en chef, ainsi que toute leur suite ont parfaitement profité du retard involontaire, qu'ils ont consacré à visiter les curiosités de la ville et à faire honneur à toutes sortes de fêtes, accompagnées de libations. Le gouvernement de la république ne s'est pas borné à offrir aux Russes de vastes appartements à l'hôtel du Vieux-Herrenlogement, de les y entretenir aux frais de l'État, il a même poussé les bourgmestres d'Amsterdam à organiser une série de soupers, de feux d'artifices et de simulacres de combat naval, afin d'amuser les étrangers. Les sources officielles russes, ainsi que les mémoires de quelques Moscovites de distinction ayant pris part à ces événements sont remplis de traits les plus naïfs et les plus curieux pour rendre l'impression d'ébahissement et d'extase en parlant des merveilles que les Russes ont eu à voir et qu'ils n'ont pas connues dans leur patrie. Nous n'allons pas les suivre dans les récits dont la saveur originale est intraduisible; notons seulement que le journal officiel de l'ambassade accentue les descriptions des tours d'adresse d'un éléphant, des institutions de bienfaisance, des pièces jouées au théâtre et du jardin botanique que le texte russe nomme à la lettre « Hortus medicus » ou *potager des plantes de remèdes de médecine*. Ce ne sont pas autant les ambassadeurs que le tzar lui-même qui s'intéressaient à toutes ces curiosités afin d'en profiter pour le bien de son pays. Tout en donnant des preuves de sa fougue et de son impétuosité, tant aux manœuvres de la flotte, auxquelles il a pris part en simple officier subalterne du régiment de Préobrajenskk qu'aux orgies des bourgmestres dont il a triomphé dans les libations, Pierre le Grand a tenu à ne pas oublier au milieu des amusements les buts cachés qu'il s'était proposé de poursuivre à l'étranger. Abandonnant le somptueux logement offert à l'ambassade par l'hospitalité de la république, il a préféré déménager avec les compagnons de ses labeurs d'ouvrier aux abords des chantiers de la compagnie des Indes orientales. C'est là qu'il s'était loué une modeste maison pour se donner pendant la nuit du repos après les fatigues de son apprentissage au métier de constructeur de bateaux de guerre.

Cependant il s'est permis vers le 12 septembre une courte absence en compagnie seulement de ses ambassadeurs en chef et d'une suite très peu nombreuse. Le but de cette course à Utrecht était offert par l'entrevue particulière avec Guillaume III. Le stathouder est venu faire une visite aux Russes dans une maison choisie pour la circonstance. C'était rendre la politesse au tzar qui était enfin présent officiellement et qui a profité de l'occasion pour avoir avec le roi d'Angleterre un entretien particulier.

Vers la fin de septembre, le résultat des préliminaires de Ryswik se laissait déjà deviner et, après avoir reçu officiellement l'invitation de se rendre à l'audience à la Haye, les Russes ont enfin pu quitter Amsterdam le 27 septembre.

L'arrivée d'une ambassade somptueuse, accompagnée d'une nombreuse suite, a soulevé quelques difficultés en vue du manque de logements disponibles à la Haye. Cependant les États généraux se sont tirés d'embarras en arrangeant pour la circonstance le palais du prince Maurice (Maritz Huvs) et en louant les deux hôtels du vieux Doelen ainsi que du nouveau. C'est dans ces trois bâtisses que les Russes ont été logés et entretenus aux frais de la république pendant à peu près tout un mois. Les détails de la réception solennelle ont été arrêtés dans une série de conférences préalables tenues entre les représentants subalternes des deux pays qui ont trouvé, surtout les Russes, quelques sujets à discussion par rapport aux questions d'étiquette. Parmi ces détails, je ne me permets de relever que les suivants, à cause de leur empreinte caractéristique : Les Russes ont mis de l'obstination à recevoir, au bas de l'escalier, les députés des États généraux qui devaient venir les chercher à l'audience, et l'on a dû s'accorder mutuellement quelques concessions réciproques. L'ordre des voitures de gala à l'entrée solennelle a également soulevé des controverses ; suivant les exigences diplomatiques de l'époque, les trois ambassadeurs étaient désignés par les Hollandais à ouvrir le cortège, mais ont tenu bon, et après une malheureuse dispute aux portes même de la ville, ont pris place dans la dernière des voitures en se laissant précéder par toutes les autres. Le cortège d'entrée, composé de quarante équipages, offrait un spectacle plein d'intérêt à la foule qui se pressait sur le passage des Russes, curieux de voir apparaître à la tête des voitures des Kalmouks armés d'arcs et de flèches, ébahie à la vue de la richesse et de l'originalité des costumes nationaux. Un prince caucasien attirait surtout l'attention populaire. Installés dans leurs domiciles par deux députés des États généraux envoyés à la rencontre de l'ambassade, les Russes ont encore attendu une huitaine de jours avant qu'on leur ait accordé la faveur d'une audience.

Ce retard imprévu était occasionné par l'aplanissement

définitif des questions d'étiquette qui ont soulevé de nouvelles complications, malgré les conditions acceptées lors de l'entrevue à Hoornbrug, aux portes de la Haye. C'est Witzen, un des bourgmestres d'Amsterdam, que Pierre le Grand s'est attaché par des liens d'une amitié personnelle, qui était chargé de mener ces pourparlers. Ils ont donné du fil à retordre, car les Russes niaient l'obligation de la rencontre et de la reconduite au bas de l'escalier ainsi qu'aux portières des voitures. Witzen s'obstinait à citer les usages admis par toutes les puissances de l'Europe ; les Russes, se basant sur les traditions de leurs anciens rapports avec les Pays-Bas, refusaient d'admettre les cas cités comme exemple à suivre. La patience du pauvre Witzen était à bout : il s'est vu déjà en train de faire des menaces en défendant à ses compatriotes de se présenter à l'ambassade. A la fin des fins, on s'est décidé à une solution évasive de la question et les Russes ont promis de rencontrer les députés néerlandais « à l'endroit convenable d'après le temps nécessaire pour aller à leur devant » et « de les reconduire avec les honneurs dus à leur rang ». Dès que tout cela s'est trouvé heureusement aplani, les ambassadeurs se sont cru en devoir de tenter de nouveau la modération des Hollandais, en soulevant des exigences imprévues par le code des civilités internationales, et formant la riposte aux prétentions de Witzen. Les Russes tenaient à certains détails de réception pendant l'audience solennelle et, entre autres, visaient à l'honneur d'être reconduits jusqu'à leurs voitures par tout le personnel ou du moins par l'élite du corps des États généraux. Après avoir amené un échange de projets de règlements respectifs, cette dernière controverse a été à la fin des fins liquidée : grâce à la prévenance forcée de la république, on a consenti à faire aller trois députés à la porte de la salle d'audience pour y rencontrer l'ambassade à son entrée.

Ce n'est qu'après avoir donné lieu à toutes ces discussions préalables, que l'audience a pu être fixée au 5 octobre nouveau style. Ce jour-là, les habitants de la Haye ont vu un magnifique cortège se déployer au rebours de la distance minime, qui sépare Mauritz-Huys et les docteurs du palais gouvernemental, et défilant par la rue de la cour (Hofstraat) tourner le Vijner pour aboutir par le Bujtenhof à l'escalier de la salle d'audience, située au fond du Binnenhof. C'est dans l'appartement appelé la Treves-Kamer, que l'ambassade moscovite a été reçue en audience. L'aspect général nous en est conservé dans une belle gravure du temps, exécutée par D. Marot, « architecte du roi de la Grande Bretagne ». En nous remettant à la brochure de Meerman, dont nous avons parlé plus haut, pour les détails de l'audience, nous croyons de notre devoir d'accentuer quelques particularités concernant la valeur des cadeaux que les Russes et les Hollandais ont échangé entre eux à cette occasion. Il nous faut aussi relever une faute de traduction que l'auteur cité a admis dans son texte en appliquant aux fourrures le nom de *martres*, tandis que ce n'était que des *zibelines*, dont les tzars étaient depuis bien longtemps habitués à faire don pour distinguer les personnes dignes de leur faveur particulière.

Les fourrures à offrir formaient des paquets de quarante pièces chacun, liés avec des ficelles et ayant des scellés de l'État apposés dessus. Ce dernier détail a fourni à Meerman la raison pour nommer ces paquets du nom de *timmer*, ce qui peut être traduit par le mot français *timbre*. Les documents russes appellent cette mesure de peaux d'animaux *quarantaine*, d'après le nombre usité pour le transport des fourrures de la Sibérie à Moscou où elles arrivaient déjà timbrées par les percepteurs d'impôts. L'usage de la diplomatie moscovite exigeait deux catégories de cadeaux à offrir aux chefs des gouvernements étrangers. D'après cet usage, les États généraux néerlandais ont reçu neuf quarantaines de fourrures de la part du tzar, et par deux données par chacun de ses ambassadeurs, ce qui faisait en tout 600 pièces de zibelines valant en somme 4.100 roubles, ce qui en monnaie de l'époque correspondait à 20.500 florins hollandais. Les fourrures du cadeau personnel du tzar étaient de la qualité de 6 à 10 roubles ou de 30 à 50 florins la pièce ; celles des ambassadeurs, étant de qualité inférieure, ne valaient que de 3 à 6 roubles ou de 15 à 20 florins. N'anticipons pas sur la question de l'estimation de l'argent, d'abord au taux de notre temps, à laquelle nous réserverons une place spéciale dans la suite de notre récit; constatons par un calcul approximatif, la correspondance étonnamment exacte des sommes d'argent employées par les gouvernements moscovites et néerlandais à s'offrir des cadeaux réciproques. Les Russes ont reçu en échange de leurs présents des chaînes en or ornées de médaillons du même métal et reparties entre les trois ambassadeurs, deux huissiers, deux drogmans, trois attachés, le prêtre du rite orthodoxe et, enfin, le pasteur luthérien. La valeur de ces cadeaux correspondait au rang de chacune de ces douze personnes. Les chaînes des ambassadeurs coûtaient 7.000, 6.000 et 5.000 florins, celles des huissiers 600 et 300, les drogmans méritaient également par 250 florins et le reste du personnel n'était distingué que par des médaillons sans chaînes, estimés à 150 florins la pièce. La somme totale des donations hollandaises montait à 20.150 florins équivalant à 4.000 roubles. Quand on pense à la réserve officielle qui motivait des cachottements réciproques renforcés par des mesures sévères défendant d'avouer le prix des offrandes, il faut supposer que la correspondance presque équivalente de la valeur des cadeaux réciproques n'était due qu'aux efforts d'un espionnage mutuel soigneusement appliqué et d'autant plus soigneusement effacé dans ses traces dont aucune ne s'est conservée dans les réticences des documents officiels.

L'audience finie, les Russes se sont empressés de recevoir les visites officielles de leurs collègues, les ministres et les diplomates, qui représentaient d'autres pays près le gouvernement des Pays-Bas. Pendant quelques jours ce n'étaient que des allées et venues entre les logements de différentes ambassades et celle de la Russie. Le chiffre des chevaux, attelés aux voitures de gala, ainsi que le nombre des équipages et du personnel des suites se conformaient aux degrés de puissance et d'éclat dont se prévalaient les pays respectifs. L'empire d'Allemagne offrait le spectacle d'un cortège de neuf voitures. Les ambassadeurs de l'Angleterre sont arrivés en huit équipages. Le nombre des voitures allait ensuite en décroissant et finissait par les Suédois et les Prussiens dont les ministres se sont contentés de quatre équipages chacun. Pour rendre leurs politesses de retour, les Russes ont employé huit voitures dont trois de louage, mais se sont trouvés avantagés par le chiffre de leur suite, vingt laquais les précédant à pied et douze serviteurs armés de haches en argent marchant aux portières des équipages.

Ce n'est qu'après ces préambules, exigés par le code du droit des gens, que les ambassadeurs russes se sont mis en train de procéder aux conférences afin de traiter les questions politiques qui devaient servir de titres à leur mission extraordinaire. Le point capital en était l'espoir de conclure une alliance offensive contre les Turcs et en cas de non réussite à s'attendre de la part des Hollandais à quelques secours pour faire la guerre, tels que vaisseaux, marins et armes, qu'on voulait emprunter à l'État, acheter ou du moins louer aux compagnies particulières du pays.

Les débats sur ces sujets ont servi de thèmes aux quatre séances diplomatiques, qui ont pris quinze jours et ont eu lieu le 9, le 12, le 16 et le 24 octobre nouveau style. Menées avec beaucoup de réserve, s'avançant très lentement et cédant pas à pas aux concessions de franchise mutuelle, ces conférences ont cependant abouti à la perte de la cause des Russes, qui, malgré toute leur finesse et toute l'énergie de leurs représentants, n'ont pu obtenir de la part des Hollandais aucun sujet de contentement. A la fin des fins, l'ambassade n'a profité que de quelques privilèges douaniers de minime conséquence et de la permission d'effectuer les commandes et les achats voulus, seulement en dehors de toute qualité officielle. En refusant à Pierre le Grand son alliance et les secours de sa flotte, la république se basait sur les complications politiques qui rendaient précaire la pacification du pays par la paix de Ryswix ; on pouvait s'attendre à la reprise prochaine des hostilités, et il fallait à la république avoir sous main à chaque moment ses forces navales déjà assez endommagées par les campagnes précédentes. Le dernier prétexte était d'autant plus favorable aux Hollandais que la conclusion du traité de la paix venait d'être proclamée le 20 octobre et que les Russes s'appuyaient sur le recouvrement du repos pour démontrer la meilleure preuve en faveur de l'objet des sollicitations du tzar.

Le 24 octobre, neuf députés de la république se sont présentés à l'ambassade pour confirmer encore une fois la décision négative des États généraux et pour offrir des remerciements à l'occasion de quelques nouveaux privilèges accordés en faveur du commerce des Hollandais à Moscou. Quant aux secours demandés pour la guerre contre les Turcs, on s'est remis à l'avenir et on a fini par faire des promesses évasives. Dès ce moment, les ambassadeurs n'avaient plus de raison pour prolonger leur séjour à la Haye. Faisant remarquer aux députés le peu de bon vouloir et le manque de reconnaissance de la part de leur gouvernement vis-à-vis de l'amabilité de la Russie, qui s'était mise en train de faire la parade d'une pareille ambassade extraordinaire, les Russes ont fini par demander leur congé et le choix du jour pour leur dernière audience. Il restait encore à régler quelques sujets définitifs qui ont fait ajourner de quelque temps la cérémonie du congé solennel, les Russes tenant avec une minutie scrupuleuse aux moindres détails, de la nomination officielle de leur souverain et à toutes les exigences dans le texte de son titre, qui devait figurer dans leur lettre de congé.

Enfin le 28 octobre, l'ambassade a été reçue pour la dernière fois par les États généraux de la république des Pays-Bas en audience solennelle, à laquelle présidaient les mêmes cérémonies qui ont accompagné l'entrée des Russes à la Haye. Le discours d'usage tenu par le président de la semaine en faisant les adieux à Pierre le Grand s'est borné à lui souhaiter le plus d'éclat possible dans ses victoires et ses triomphes à remporter sur les Turcs. Partie le 30 octobre de la Haye, l'ambassade est arrivée le lendemain à Amsterdam. Son départ était attendu par les Hollandais pour ouvrir les réjouissances publiques et les fêtes officielles organisées à l'occasion de la conclusion de la paix ainsi que pour faciliter à Pierre le Grand le moyen d'une nouvelle entrevue particulière avec le stathouder Guillaume III. A peine rentré à Amsterdam, le tzar est de nouveau retourné à la Haye, où il a passé les journées des 7 et 8 novembre, consacrées au spectacle des feux d'artifice et à la visite à Guillaume. Dans cette course Pierre le Grand n'a été accompagné que de ses ambassadeurs et de quelques personnes de leur suite. On tenait à ne pas fêter la paix de Ryswik en présence de l'ambassade russe qui n'a pas pris part aux conférences préliminaires.

IV

Depuis le 9 novembre 1697 jusqu'au 26 mai 1698, l'ambassade n'a plus quitté officiellement Amsterdam continuant à être logée aux frais des États généraux, mais privée de l'entretien et d'autres avantages de l'hospitalité hollandaise.

Pendant ces six mois et demi, c'était surtout le gouvernement néerlandais qui avait à subir les conséquences forcées de ce séjour prolongé uniquement dans le but de pouvoir offrir à Pierre le Grand la facilité de rendre une visite au roi d'Angleterre sans avoir l'embarras de traîner avec lui la nombreuse suite de son ambassade. Ce n'est qu'à la fin de janvier de l'année 1698 que le tzar s'est embarqué pour Londres où il est resté jusqu'aux premiers jours du mois de mai, et c'est seulement le 26 de ce dernier que les Russes ont finalement quitté Amsterdam pour se rendre à Vienne chez l'empereur d'Allemagne. Le séjour du tzar en Angleterre avait pour but de le faire se perfectionner dans les sciences et les arts appartenant aux professions de constructeur de vaisseaux et de marin. La plupart des soldats du régiment de Préobrajensky qui accompagnaient Pierre le Grand à l'étranger en qualité de *volontaires* ont pris part à ce voyage à Londres. Le reste de l'ambassade avec ses chefs supérieurs était resté à Amsterdam pour exécuter les ordres de son souverain ayant rapport aux commandes, aux achats du matériel de guerre et de marine, ainsi qu'à l'invitation d'une foule d'ingénieurs, d'officiers, de capitaines de navires et de matelots destinés à former le cadre de la future flotte russe. C'est Pierre le Grand en personne qui a organisé en détails toutes les fonctions de cette besogne compliquée et qui a présidé à ses prémices. Ce n'est que quand la machine était déjà en train qu'il a cru pouvoir s'absenter en Angleterre, en confiant ses pleins pouvoirs aux chefs de l'ambassade dont Lefort était le représentant le plus expérimenté et le plus capable. Cependant à la fin de mars, il a fait venir en Angleterre le second ambassadeur, Golovine, pour le charger de la conclusion d'un traité de commerce qui donnait aux Anglais la permission d'introduire du tabac en Russie pour en faire le trafic, ce qui présentait aussi un moyen de forcer les préjugés nationaux qui, trouvant leur base dans les préceptes de la religion, défendaient aux Russes l'usage de fumer.

Le corps de l'ambassade, resté à Amsterdam, a profité du long séjour dans cette ville non seulement pour remplir les ordonnances du tzar, mais aussi pour se fournir de toutes sortes d'objets de luxe, de confort, d'armes, de meubles, d'ustensiles de ménage et d'habillements à la mode européenne. Les documents officiels russes fournissent les éléments les plus curieux pour rédiger une liste d'objets commandés et achetés avec estimation des prix; ces derniers à leur tour offrent les illustrations les plus authentiques pour l'histoire des valeurs en général. Les comptes concernant l'achat d'une voiture, payée 450 florins *équivalant à 90 roubles* nous démontrent que d'après les relations monétaires de l'époque un rouble russe valait 5 florins hollandais. La liste des notes acquittées prouve les goûts modestes et sérieux de Pierre le Grand dont les acquisitions consistaient surtout en ustensiles et instruments de sciences et de métiers ainsi que la singerie vaniteuse de ses sujets qui ont remporté d'Amsterdam une masse d'étoffes, de dentelles, d'habits, de vaisselle et de vins. Le personnel loué pour la future marine russe ainsi que les acquisitions du tzar et de ses ambassadeurs ont rempli neuf grands navires, dont quatre ont longé les côtes de la Norvège pour atteindre le port d'Arkhangel aux bords de la Mer Blanche et les cinq autres étaient destinés à Narva, ville appartenant aux Suédois et se trouvant à proximité de Pétersbourg, capitale future de la Russie, encore non projetée par Pierre le Grand à l'époque dont je parle.

Le tzar s'attardant à Londres, son ambassade n'a pas perdu de temps pour faire les préparatifs du départ d'Amsterdam. Les mesures en étaient prises depuis le commencement du mois d'avril, quand une partie de la suite russe, composée d'une centaine de personnes, a pris les devants pour arranger les détails du prochain voyage à travers l'Allemagne. C'était montrer que le reste de l'ambassade ne tarderait pas à quitter les frontières des Pays-Bas. Mais les Hollandais avaient raison de se tromper, en considérant ce premier échelon comme indice du départ définitif des Russes. Le tzar n'est rentré de Londres qu'au bout d'un mois, et l'ambassade ne s'est mise en mouvement que les tous derniers jours du mois d'avril. Son départ définitif a été précédé d'événements qui ont manqué de gâter les meilleurs rapports d'amitié internationale contractés pendant la longue durée de la visite du tzar et de ses représentants aux Pays-Bas. A la veille de quitter Amsterdam ne voilà-t-il pas qu'une indiscrétion de gazette fait apprendre aux Russes les menées du gouvernement anglais qui était en train d'offrir ses services à l'empereur d'Allemagne pour la conclusion de la paix avec les Turcs. Cet incident a motivé une explication presque orageuse entre les Russes et Witzen, le bourgmestre d'Amsterdam, au moment même où, accompagné de quelques membres de l'Hôtel de Ville, il est venu à l'ambassade pour faire sa visite d'adieu. Les Russes se plaignirent à cette occasion du peu de sincérité de la république qui se mettait en rapport d'amitié avec les ennemis de la Russie, tout en lui souhaitant le triomphe sur les Turcs. Cet incident, liquidé séance tenante et sans conséquences fâcheuses, a cependant permis de garantir la séparation des Russes avec les Hollandais de tous les dehors de convenance voulue. Ce n'est qu'après avoir franchi les limites de la république et se trouvant sur le sol étranger à l'abri de toute persécution, que l'ambassade s'est décidée à lancer à Witzen une plainte semi-officielle dont l'objet était le mauvais traitement subi par les Russes de la part du commissaire hollandais qui devait les conduire jusqu'aux frontières du pays. Nous allons donner ce document en traduction pour démontrer tout le caractère de la différence des mœurs occidentales et orientales de l'époque. « L'huissier des États généraux nous a si bien traités et si aimablement soignés, que sa suite personnelle avec une trentaine de femmes dans le nombre n'aurait pas pu subir ce traitement plus de huit jours sans risquer de mourir. Nous devons vous signaler en toute sincérité, que les ambassadeurs et leur entourage, ainsi que le personnel de la chancellerie et d'autres serviteurs, n'ont nullement été satisfaits des services de votre agent. Depuis le départ d'Amsterdam, dans plusieurs endroits, tels que Rotterdam, nous avons été obligés, grâce au manque de ses égards, de nous pourvoir nous-mêmes de provisions, achetées à nos propres frais. Nous nous en remettons au témoignage véridique du Hollandais Kinsius ainsi que du capitaine du yacht sur lequel nous avons fait notre traversée. C'est à ce capitaine que nous sommes redevables pour ses soins à nous fournir des vivres, dont il manquait lui-même. Nous vous écrivons tout cela afin que le susmentionné individu sans vergogne en faisant frauduleusement monter les frais de notre approvisionnement ne commette quelque préjudice au détriment des États généraux, puisqu'il paraît s'être habitué à voler. Pendant tout le voyage nous n'avons eu personne pour veiller aux soins de notre entretien. »

Cette citation, non exempte d'amère ironie et pleine de la franchise des récriminations, nous conduit au côté financier des événements que nous décrivons et nous offre une occasion d'intercaler l'évaluation des frais dépensés par les Russes à organiser l'ambassade et par les Hollandais à la recevoir. En quittant Moscou au mois de mars de l'année 1697, l'ambassade a emporté avec elle 30.000 roubles destinés pour les commandes et les achats de vaisseaux et d'armes et 70.000 en valeur de zibelines qu'on allait offrir en cadeaux et dont une partie seulement avait atteint Amsterdam et la Haye, après les entailles subies en Courlande et en Prusse. Mais cet argent et ces fourrures n'ont suffi que pour les dépenses de dix mois et au commencement de l'année 1698 on a fait venir de Moscou de nouveaux fonds, montant à peu près à 100.0000 roubles.

Les comptes rendus du trésorier de l'ambassade ne comprennent pas toute cette somme, reçue pour la seconde année du voyage; ces comptes ne se rapportent qu'à une partie des fonds notamment à la dépense d'une cinquantaine de milliers de roubles, touchés dans les premiers jours du mois de mars, d'après les titres escomptés chez les banquiers d'Amsterdam. Afin de ne pas vous fatiguer par des calculs compliqués et tendant à démontrer le résultat définitif, il suffira de la répartition générale de la somme des dépenses de l'ambassade. On avait dépensé en tout, depuis Moscou jusqu'au départ de la Hollande à peu près 200.000 roubles équivalant à un million de florins, 35 % de ce total représentent la valeur des fourrures, 7 % le montant des émoluments du personnel de l'ambassade et 5 % les frais du séjour en Hollande en 1698 ainsi que des commandes et des achats personnels du tzar et des trois chefs d'ambassade. Les matériaux, les armes et les autres acquisitions pour l'armée et la flotte russe ont emporté à peu près 23 %. Le reste, dont l'emploi ne nous est pas indiqué par les documents, monte à presque 25 % ou le quart de la somme totale. Constatons en passant la modestie des dépenses personnelles de Pierre le Grand, qui n'excédaient pas 1800 roubles, tandis que ses trois ambassadeurs ont acheté, mangé et surtout bu pour 3.200 roubles. C'était beaucoup qu'un million de florins à cette époque, mais si nous faisons la soustraction de tout l'argent dépensé pour ainsi dire à l'intérieur de l'ambassade et du montant des restants conservés pour la continuation du voyage, il nous faudra admettre que les Russes ont laissé en Hollande à peu près 70 à 80.000 roubles, c'est-à-dire 350 à 400.000 florins, en somme ronde presque un demi-million.

Voyons maintenant à combien sont revenus les frais d'hospitalité offerte aux Russes par le gouvernement de la république néerlandaise? Meerman nous donne 200.000

florins comme le chiffre total de ces frais. Ils n'y sont pas montés d'emblée, s'augmentant continuellement par degrés à mesure du développement des exigences moscovites. Les États généraux ont commencé par voter une somme assez modeste pour la location des domiciles de l'ambassade à la Haye, mais leur agent semble avoir dépassé ses instructions en s'accordant des avances pour des dépenses imprévues et contraires aux traditions diplomatiques. La présence du tzar parmi le personnel inférieur de sa propre ambassade tendait à élargir les bornes préconçues de l'amabilité hollandaise en les faisant monter jusqu'à des excès de prévenance et de complaisance. Nous ne voulons pas appuyer les récriminations des Russes contre le commissaire de la république qu'ils accusaient de les faire mourir de faim à leur départ définitif d'Amsterdam. Nous sommes au contraire plutôt d'avis que les Hollandais ont fait tout leur possible pour mériter tous les éloges et qu'ils ne se sont aucunement rendus coupables du crime de lèse-convenances internationales. Mais le moyen de contenter les Orientaux sauvages, qui ont le front d'airain et l'arrogance de commettre des abus indubitables d'hospitalité et qui, sans prétextes plausibles, prolongent leur séjour à Amsterdam en faisant presque enrager les Hollandais d'impatience de les voir partir. Le départ des Russes se remettait de jour en jour et les trompettes des États généraux continuaient à être à la disposition de l'ambassade, tout en étant payés et entretenus aux frais de la république. Les premières avances assignées par le gouvernement hollandais ne suffisant pas aux exigences de l'agent attaché à l'ambassade russe en qualité d'huissier et de trésorier, on s'est vu forcé de recourir à l'imposition supplémentaire. Malgré les objections soulevées par une certaine province récalcitrante, l'augmentation du budget de l'huissier a dû être votée par les États généraux, réduits à ne pouvoir plus calculer le total de leurs dépenses. Ce n'est qu'après coup que le commissaire a pu présenter ses comptes qui atteignirent la somme totale de 200.000 florins.

V

Si nous nous sommes permis la prodigalité de ces évaluations financières, ce n'était que pour appuyer sur la différence qu'offraient les Russes dans leur conduite comparativement à celle des Hollandais. La conclusion qui en résulte contribue à accentuer le parallèle entre les deux cultures, entre les deux pays, dont l'un civilisé et l'autre sauvage et inculte. Les uns arrivent comme des intrus, bouleversent toutes les combinaisons de leurs hôtes, se mettent chez les derniers à leur aise, tout en abusant de la manière la plus arrogante des avantages de la position, qui n'est pas normale et dont le caractère leur est impossible à saisir. Conduits par un autocrate qui joue volontairement une comédie, quoique motivée par le bien-être de son peuple, ils se permettent toute sorte d'incongruités, étonnent le monde par leurs extravagances, par la naïve sauvagerie de leurs impressions, par le degré de leur égoïsme national. Tout cède devant eux par politesse, par calcul de politique commerciale en partie, et surtout par la frayeur des suites de leurs excentricités. On les cajole, on les calme, on les apaise, on leur fait accorder des concessions imprévues et sans exemple et on finit par les supporter jusqu'à la fin de leur séjour forcé malgré toutes les tentations d'impatience à les voir partir. Le spectacle, sans contredit, est curieux et donne à penser. Nous savons déjà quels buts poursuivait le tzar en abusant de l'hospitalité des États généraux des Pays-Bas. Mais les Hollandais, en revanche, quels sont les avantages qu'ils espéraient retirer de leurs soins à satisfaire les moindres caprices de l'autocrate oriental et de ses représentants diplomatiques? Au fond, ils n'ont rien perdu en élargissant les limites de leur amabilité et en augmentant le budget normal, destiné à la réception des ambassadeurs de puissance étrangère, de 100.000 florins supplémentaires votés exprès en vue des honneurs, qu'on s'est trouvé obligés à faire à la personne d'un monarque abusant de ses privilèges. Tout au contraire, ce surplus extraordinaire des frais de réception n'a abouti qu'à faire profiter les Hollandais en leur ouvrant des perspectives de commerce, qui ne pouvaient être conçues jusqu'alors. Le fin bourgmestre d'Amsterdam a su gagner le cœur et l'esprit de Pierre le Grand pour l'influencer d'une manière décisive en faveur des intérêts commerciaux des Pays-Bas. Le résultat final du voyage du tzar ne s'est fait jour que quelques années plus tard, quand la prévoyance et les espérances de l'industrie et de la culture néerlandaises se sont vues couronnées par une série d'avantages, par l'augmentation de leur exportation en Orient et par les invitations continuelles, faites par le tzar aux savants et aux gens de métiers à venir en Russie pour la servir et y faire leur fortune. Tout plein des impressions de son voyage, dont l'intensité était frappante pour l'imagination surtout en Hollande, la première puissance maritime, rencontrée sur son chemin, le grand souverain russe s'est trouvé bien longtemps influencé dans ses vastes projets par ce qu'il a vu et connu pour la première fois grâce à sa visite à la république néerlandaise. Nous citons à la preuve le plan de la future capitale de la Russie et la fondation de Pétersbourg dont le tracé topographique et les détails de développement présentent une copie plus ou moins exacte des canaux et des chantiers d'Amsterdam. On peut constater l'impression produite par l'original, quand on se rappelle que le tout premier établissement arrangé par Pierre le Grand à Pétersbourg pour la construction de la future flotte de la mer Baltique, était baptisé du nom de la *Nouvelle*

Hollande, nom qui se conserve jusqu'à nos jours et est porté par tout un quartier situé au bout du quai anglais. C'est donc incontestablement les souvenirs du premier voyage du tzar aux Pays-Bas qui ont présidé à l'inauguration de la civilisation européenne, transplantée sur les bords de la Néva et c'est à la Hollande surtout que la Russie est redevable des prémices de son état de culture actuelle. Ce n'est qu'un devoir de gratitude parfaitement naturelle, qui m'a poussé, à titre d'historien, à rendre au pays, dont nous jouissons de l'hospitalité, les hommages mérités par les liens qui l'unissent au nom de Pierre le Grand. Enfin ce devoir est d'autant plus obligatoire qu'il est motivé par l'occasion propice qui s'offre au patriotisme russe de témoigner la plus profonde reconnaissance aux habitants d'Amsterdam et de Zaàndam qui, l'année passée, ont consacré tant d'efforts à vénérer le souvenir jubilaire de notre grand souverain. Le sujet dont je me suis permis de vous entretenir pourra, je l'espère, mériter quelque titre à se faire valoir comme un hommage de retour rendu à la politesse des Hollandais. Malgré la sauvagerie des ambassadeurs russes d'il y a deux siècles, leurs descendants actuels se sont parfaitement policés d'après les leçons du droit des gens, reçues par Pierre le Grand lors de son premier voyage en Europe. Ce voyage a été profitable à la Russie et le dernier mot de mon récit brigue l'honneur de vous en constater une preuve en offrant aux Pays-Bas un compliment de profonde gratitude.

A SKETCH OF THE

APPLICATION OF INTERNATIONAL LAW

DURING THE CHINO-JAPONESE WAR 1894-95

BY

M. TAKAHASHI

I appreciate the honour and have great pleasure in reading my article at this Congress.

There were countless occasion on which important questions of International Law arose during the recent war between Japan and China, and I think there were many cases wich are worth taking as good precedents in that branch of Law. In respect of Prize Law only, on nearly a hundred occasions questions presented themselves concerning which I was specially commissioned to make inquiries. But at present only a few ot these are known to the world. I am not surprised that such important matters should still remain in such a condition, fort accounts of them are kept in the archives of the Far East, and no opportunity has been given for their introduction to Europeans on the other side of the world. It seems a matter for regret that these facts should be kept any longer in obscurity.

Fortunately I had exceptionally favourable opportunities to examine these ocurrences during the war, and at the close of hostilities I was also commissioned to compile all these matters in the official history. Let me then state here what happened in the coarse of the war, as regards the maritime international Law.

Before entering into my inquiry, I hope, Gentlemen, you will permit me to state briefly how the two countries drifted into hostilities.

It was a long time that heavy clouds threatened the Far East, Korea being the centre of the disturbance, and sooner or later a terrible storm was expected, in that part of world. The Chinese Government always pretended to sovereignty over Korea, which she held to be her tributary state; while Japan insisted upon the independence of that state. These different views of the two empires, several times thrust them into critical relations, short of hostility.

Matters, however, thus remained until 1894. In the spring of that year, an insurrection broke out in Korea, and the Chinese government did not fail to seize that opportunity to declare her supremacy over that peninsula. On June 8th, she despatched 1500 soldiers to Korea for the purpose of suppressing the insurrection, and at the same time sent a dispatch containing the following passage:

" It is in harmony with our constant practice to protect our tributary states by sending our troops to assist them. "

To this, the Japanese government replied as fallows:

" I beg to declare that although the words' tributary state appeared in your note, the Imperial Government have never recognized Korea as a tributary state of China."

By the treaty of Tien-tsin and in virtue of the Chemulpho Convention, it was agreed that either Japon or China might send troops into Korea, whenever the other sent soldiers, and in that case a notice should be immediately sent.

So the Japanese Government have a right to carry troops into Korea. Moreover Japan recognized that some decisive action was required at that moment to maintain the independence of Korea, so she despatched also four thousand troops into Korea.

Startled by the determined action of Japan, the Chinese Government asked Japan to withdraw the troops, which of course the latter refused to do. The diplomatic dispatches came thick and fast.

Meanwhile the Chinese Government was not backward for crushing the Japanese camps in Korea. It was reported that eight thousand soldiers had been flocking in steadily in increasing numbers to Asan, a post of Korea, and it was clearly known that three British and seven Chinese vessels were engaged in transporting troops.

Eight of the transports started from Jaku on July 21st 1894, another left on the 22^{td}, and the last on the 23rd.

This last ship was the well-known Kow-Shing, which met her lamentable fate in the battle of Phung-do Island, the first engagement of the war.

Such is the state of things previous to the war.

It was the earnest intention of the Japanese Government to do everything in accordance with International Law, and the first paragraph of the Japanese Imperial Rescript contains the following words :

" We command each and all of our competent authorities, in obedience to our wish and with a view to the attainment of that aim, to carry on hostilities by sea and with all means at their disposal, *consistently with the law of nations.* "

At the very beginning of the war the Japanese Government thought it would be the most convenient and civilized course to make some communication with China regarding the exemption of the private property on sea. China was not a signatory of the Declaration of Paris, and moreover she had never made any effort to enter into any convention of such a kind; but it was the purpose of Japan, notwithstanding the nature of her opponent, to give an example of generosity by carrying on hostilities in an enlightened and lawful fashion.

Apropos of this, on August 6, 1894, the Chinese Government sent a note through the American ministers in Tokyo and Peking regarding the exemption of merchant vessels in China and Japan. The Japanese Government at once replied to this in the affirmative. The answer was as follows :

" If the Chinese Government guarantees the exemption of merchant vessels, Japan has no objection to exempt all such from capture, except those which have contraband on board or those which are running blockades. "

On the 10th the Chinese Government sent a letter saying that all the ships which belong to the steamship companies under the protection of the Japanese Government and those of the Chau-Shang-Kiuk must be exempt.

Thus things went swimmingly so far ; but there remained a serious ground for doubt, because in the Proclamation of the Chinese Emperor we find the following words :

" We also command the Manchu Generals, Viceroys, and Governors of the Maritime Provinces, as well as the Commander-in-Chef of the various armies, to prepare for war, and *to make every effort to fire on the wojen ships if they come into our ports, and utterly destroy them.* "

This is clearly contradictory to the Chinese note quoted above. The Japanese Government acted cautiously in making sure whether the Proclamation or the note would be preferable, and sent a dispatch asking whether China would correct the Proclamation or not. The Chinese Government gave an answer informing Japan that only the ships which were staying in neutral ports and those engaged in other than chinese coasting trade of China would be exempt from capture.

This answer was sheer nonsense, because, in the first place, it is obvious that belligerents cannot detain an enemy's vessel in neutral ports, and there is no necessity for communication regarding this matter. In the second place, according to the answer returned by the Chinese Government, the terms of the Proclamation were still existing, and consequently the Japanese ships going to the coast of China would be fired upon and utterly destroyed by virtue of that order. If such things were permitted we could see no need for the communication. For these reasons the Japanese Government was not satisfied with this answer, and after some correspondence communications ceased.

But Japan did not weary of her law-abiding intention. As soon as the war commenced she issued a Prize Act and constituted a Prize Court at Sasebo, one of the naval stations of Japan. Many other laws and institutions were made at this time, but here I will state describe only those which pertain to naval affairs. The Japanese Prize Act contains thirty-two articles, which are derived from the standard works of Professor Holland Lushington. The constitution of the Prize Court has adopted the most applicable parts of English, German, and French systems.

While such organization and legislation were going on upon the mainland, the Japanese squadron was enforcing the belligerent rights. In fact, Japan was never backward in enforcing her rights, although she was very careful to perform her duties, both in accordance with International Law.

Here we may note the prudence of Japan in bringing lawyers to the field as advisers to the Commanders-in-Chief of the army and the navy. For the army Mr. Nagao Ariga, the writer of *La Guerre Sino-Japonaise au point de vue du Droit international*, was ordered to go, and always attended the Commander-in-Chief, Count Oyama. For the navy I myself was ordered to go on board the flagship the Maten thema as a member of the staff-bureau of Admiral Ito to give advice in respect to legal matters.

, It was a short time after the *Kowhing* affair that I went to the squadron. I joined the squadron at the mouth of the Tai-don River in Korea. Before my arrival there had been only two cases under the Prize Law. One of them was the *Kowshing* affair and the other was the *Chao-Chou Foo* affair. From the time of my joining the squadron until the end of the war, there arose seventy-nine cases for the application of the Prize Law.

About all of them, I shall have another opportunity of giving a concise description in my work which I am shortly publishing.

On the whole, I venture to suggest that Japan acted very generously, and displayed clearly her law-abiding spirit in every instance during the war. It will also be of interest to show, through what mense the Japanese people were educated into the adoption of such a civilized course.

I shall say at once that we are partly indebted to European civilization which was introduced largely thirty years ago, but it will also be noticed that it was in great part the expression of the innate spirit of the Japanese; in other words they were following well-established course of precedents.

In further illustration of this statement, I shall be very happy if the Gentlemen present will read-over my article on " The developement of the Japanese idea of International law ", which I shall contribute to this congress as a part of my present articles.

(The following is the article presented to the congress by Prof. Iakahaski.)

DEVELOPMENT OF THE JAPANESE IDEA OF INTERNATIONAL LAW

The world known to ancients is not identical to what we know at present. All ante-Columbian atlases represent the Eastern Hemisphere only, and all those European maps, published before the intercourse with the East was opened; and western part of Asia—only a very small portion of the present world ! It must, however, be remembered that, the world known to Japanese and Chinese at that time was, on the other hand, limited to India, China, Korea and Japan. But let us pause to consider : from which part of the so-called worlds did International Law derive its origin ? All scholars in the Occident agree in tracing back its origin to the world of their ancestors and in insisting upon the argument that it was in Christendom only, but not elsewhere, that the law made its development. Yet I dare say this theory is rather shallow and one-sided ; for on close investigation any one can easily find out that there existed an embryo of international law between Oriental countries in ancient times also. Who can think that, between neighbouring countries having no fixed principle of intercourse, any peace could be maintained? By keeping promises, by reciprocal courtesy, by rendering assistance in times of woe, nations can maintain peace and their long existence. We observe it is the same with the friendship between private people, which also can not be continued if they have no fixed principle of intercourse. This fixed principle becomes in the course of time International Law between civilized nations, as well as it becomes common law between private people. Viewed from this point, we may safely presuppose the existence of some fixed international principle also between the Eastern countries in ancient times. More than that; we are taken by surprise in finding out the peculiar coincidence of this international idea in the ancient Oriental nations with the present Internationale Law of the Occident. To prove this I will here briefly describe the development of the Japanese idea concerning international relation. In the first place I will denote a short history of international relations between Japan and other Eastern countries, and explain Japanese international idea of that time; then in describing her international relation with the western countries I will indicate not a few points in which Japanese international idea goes much ahead of the western nations; and I will conclude in describing the present state of the study of International Law in Japan.

I. FORMER INTERNATIONAL RELATIONS BETWEEN JAPAN AND ORIENTAL COUNTRIES AND JAPANESE INTERNATIONAL IDEA IN ANCIENT TIMES.

In this chapter I will describe the international relations which took place between Japan and other Oriental countries under five headings: (A) Ancient Period, (B) Fujiwara Period, (C) Gen-pein and Hōjō Period, (D) Ashikaga Period and (E) Tocugawa Period. The countries which had some international intercourse with Japan during those periods were Korea, China, Luzon, Siam and other eastern countries, the intercourse with Occident in the latter part of Ashikaga and the first part of Tokugawa Period being not to be termed international. But all such intercourse being stopped short by a rigourous decree from the hands of one of the first Tokugawa Shōguns, Japan ceased to be an international subject during more than 100 years.

(A) Ancient Period.

Though very recently our Japanese Empire has joined the Christian international party, yet it is more than three thousand years ago that she has had some international relation with other Oriental countries. Being an island in the northern Pacific, our country could naturally have had very few international cases in ancient times, when the marine intercourse was much impracticable. Though the Korean voyage of Susanoo-no-Mikoto and another foreign Journey of Ohanamuchi-no Mikoto and Sukunahiko-no-Mikoto are described in our old annals, we can not laid much stress upon them ; for they are fragments of ancient fabulous anecdotes which abound in prehistoric age of all countries. The first historical fact wich can be recognized as an international case is the naturalization of some foreigners in 86 A. D. (in the reign of the Emperor Sujin) and the second is the presentation of tributes from Mimana (a part of present Korea) to our emperor, in 32 A. D. Soon after this our intercourse with Korea became more and more frequent and by this means all elements of Chinese civilization — Confucianism, Buddhism, astronomy, medicine, industry, &c., &c.,—were then brought over to our country. But the greatest international case in those times was no doubt the Korean invasion of the Empress Jingō. On the other hand, the international relation between Japan and China was according to our old annals begun about 100 A. D., the Emperor Suinin sending an envoy to the court of Han. It is also stated that in 178 A. D. there was an exchange of embassy between the Empress Jingō and the king of Wei Dynasty. Yet in those times the intercourse between the two countries were not much frequent, and Chinese civilization which was imported to our country came *not directly* from China, but trough Korean kingdoms, as has been stated above.

In 607 A. D., in the reign of the Empress Suiko, Ono-no-Imoko was despatched to Sui; and next year he came back with the Chinese envoy, Fei-Si-Sing, who was sent over according to an old anecdote to see the actual state of our country. On the return of Fei, Ono again accompanied him, but this time in the capacity of *ambassador*—the first case in Japanese history we find the term ambassador. After the supreme authority of China was transferred to Tang dynasty (618 A. D.) our mutual relation remained unchanged, as in 630 the Emperor Jomei sent Inugami-no-Mitasuki to the new court, which two years after despatched Kau-Pian-Jin in return. After the direct communication with China was opened, our country absorbed all elements of Chinese civilization, such as laws, religions, institutions, literature, especially under Tang Dynasty, China's position towards our country in that time being similar to that of western nations at present. Intimacy of our court with Tang dynasty may be seen from the following historical facts : — in 670 A. D., in the reign of the Empress Kōtoku, Nagani as Ambassador to Tang (Kentō-Taishi), in 671 A. D., Takamuku-no-Kuromasa as Vice(?) Ambassador to Tang (Kentō-Oshi); in the reign of the Emperor Mommu, Awata-no-Mabito as Envoy to Tang, Takahashi-no-Kasama as Ambassador ; in the reign of the Empress Genshō Ōtomo-no-Agatanushi ; and in the reign of the Emperor Shōmu an ambassador was despatched. One international case took place in the reign of the Empress Koken when Fujiwara-no-Kiyokawa was sent as Ambassador and Otomo-no-Furuhiro as special Envoy. In a ceremony of the Chinese court the Emperor Hiuen Tsung prepared their seat on the second rank of the western row, while he arranged to make the Shiragi ambassadors sit on the first seat of the eastern row. Thereupon Furumaro made a strong protest to this arrangement by saying that " Shiragi was in ancient times a tributary of Japan, and nothing is more unfair than to make her ambassador sit on the higher rank than ours," and the Chinese Emperor was obliged to reverse the order. This is one example of international customs concerning the treatment of ambassadors between Japan and China. Following this envoy, ambassadors were sent to Tang in the reigns of the Emperors, Kwōnin and Kwammu. But as the fall of Tang dynasty which had been gradually declining was almost close at hand, the office of the *Kentō Taishi* (Ambassador to Tang) was entirely abolished by the proposal of Sugawara-no-Michizane, which ran as follows : " In recent years as the rein of the Chinese administration was entirely set loose, we hear many instances of our ambassadors being slain by Chinese robbers. As long as this is the case, despath of envoys to that country will be of no avail to our Empire ; therefore I think it advisable to abolish the *Kentoshi* ". From the above remarks you will at once see that these two countries had been sending mutually their ambassadors to each other just as at the present time, and their representatives tried his best for the good of his own country.

Between Japan and India, however, there existed no international relation during this long period.

(B) *Fujiwara Period.*

Along with the gradual decline of Imperial authority, the sovereign power of our country was transferred to the hands of Ministers, which at last became the hereditary possession of Fujiwara family. Struggle for the supreme command of the Government becoming now universal, no one had no leisure to think of any foreign intercourse. And just at that time as Chinese Empire was also in a state of utmost confusion and disorder, the exchange of envoys at last ceased to exist. Literature and fine art of our country in the succeeding age made their own development, but were not influenced by the Chinese style.

(C) Gen-Pei and Hōjō Period.

In this period, too, the whole country striving after the supreme power coult find no time for opening some intercourse with other countries. But a striking event in our diplomatic history took place in this period, i. e., the invasion of the army of Kublieh Khan. In 1268 and next year he sent a missive to our country in order to commence the friendly intercourse, but its diction being very much insolent, no notice was taken by the government, In 1272, another Chinese embassy came, but was sent out by the command of Hōjō Tokimune, then assistant of the Shogun. But on the slaughter of a Chinese ambassador in 1279, the Chinese army after taking possession of Tsushima and Iki appared on the northern coast of Kiushū. The Chinese invasion thus took place; as China thought that the sacredness of her embassy was violated, and Japan was indignant with the insolence of Chinese Emperor shown to the Japanese sovereign power. The result of this break of international relation was a fierce fighting, and the complete defeat of the Chinese.

(D) Ashikaga Period.

After the Chinese invasion, long internal war raged in our country, and no formal relation with foreign countries are known. But it must be noticed here, that on account of importation of works of fine art from China by Ashikaga Shōguns, a peculiar style of painting and architecture was cultivated at that time.

In the latter part of this period, especially after the Ōnin Civil War, all provinces became battle fields. Taking possession of large tract of land and becoming the independent suzerain of that locality, powerful and warlike families carried on private traffics with foreign countries; and those in Chūgoku, Shikoku and Kyūshū almost all gained unlawful profit by their own commerce with Korea. Of such, there were more than 120, the most notorious of wich were Ōtomo, Shōni, Shimadzu, Gotō, Matsuura, Arima, Akidzuki and Kōno family. It is said that in the port of Kagoskima, capital of the Shimadzu family, many foreign Merchant ships were witnessed at the time. But these foreign intercourses being carried on between foreign merchants and suzerain of some provinces, but not with our central government, we can not call them international one. But it is also wrong to say that the government of that time had no international relation with other nations, for we find a special office called the *Karafune Bugyō* (Superintendant of Chinese vessels) appointed for managing all affairs concerning foreign intercourse.

One more thing remains here to be added. That is the famous Japanese pirates. They were a gang of malcontents who could not realize their cherished ambition within our country, and crossing over the sea, went to pillage Korean and Chinese coasts. By this private invasion the Japanese sea power as well as her marine knowledge made rapid strides; especially the pirates of Mishima in the Inland Sea of Japan was so skilled in rowing and so conversant with sea affairs, that they formed the pith of Japanese navy in the Korean invasion of Toyotomi Hideyoshi. The development of marine knowledge at the time, on the other hand, opened the way to the great development of foreign trade in the early part of Tokugawa Period.

In September, 1549, Christianity was introduced into Japan, a large number of Fathers, both Spanish and Portuguese, coming to Kyûshû. They soon entered Kyōtō and Osaka, and the religion spread itself so quickly that it was believed all over the country in 1580 — far quicker than in the case of Buddhism. But this being only the intrusion of foreigners, it is not at all an international case.

(E) Tokugawa Period.

The Korean invasion by Toyotomi Hideyoshi, sometimes called Hōtaiko is so significant an event in our history that I have no necessity to describe it here. Tokugawa Iyeyasu, who succeeded him in the sway of our country, held the peaceful policy and made at once peace with Korea. It was, however, in this period that Japan subjugated Loo Choo Islands by military force and made it a tributary, Shimadzu family of Satsuma Province being the chiefactors in this case.

In the reign of Iyeyasu, large Japanese merchant ships sailed to Formosa, Canton, Macao, Annam, Cambodia, Siam, Luzon, and other South Sea Islands. Foreign commerce was carried on very prosperously, and the government gave a special license to some large vessels, called the *Goshuin-Bune* (vessels having the Red Seal of the Shogun). In this time Date Masamune, feudal lord of Sendai, sent as an embassy to Rome one Tokura Tsunenaga who after arriving there was appointed one of Councillors to Pope. In 1621, a certain Yamada Namagasa who went to Siam by a merchant vessel became the Prime Minister of that country, and afterwards despatched an embassy to our country, presenting some rich jewels.

Just at that period when foreign intercourse was making an astounding progress and our international relation with foreign countries beginning to be much closer, Amakusa rebellion of 1637 broke out. As the cause of this rebellion was connected with Christian Fathers, Tokugawa Government thought it best to take anti-foreign policy which was unfortunately carried out to the extreme. No foreigners except Chinese, Dutch and Korean, were admitted to enter our country, foreign travels were prohibited, building of large vessels and even the usage of attaching kiel to ships was forbidden. This self-secluding decree was enforced so rigorously that in 1640 a crew numbering 61 in a merchant ship coming from Luzon was all cut down to pieces. After this decree was passed, Japanese Empire inspite of being a state capable to be a subject in International Law, became an isolated nation and ceased to intercourse with foreign countries. But this gap in the Japanese international history was occasioned not from natural consequences, so Heaven did not allow this Island Empire to remain isolated in the eastern sea, and after nearly 100 years made it join again the international party, which this time were not those old friendly countries in the Far East, but those Christian nations of the West, such as Holland, Russia, England, America, France and Germany. Our international relation with those nations will be the theme of next chapter.

But before entering it let me outline the history of our international idea during those former periods just mentioned before.

II. FORMER INTERNATIONAL RELATIONS BETWEEN JAPAN AND OTHER ORIENTAL COUNTRIES, AND JAPANESE INTERNATIONAL IDEA IN ANCIENT TIMES.

Of all Japanese ideas of international law, which existed in the intercourse between Japan and other Oriental nations in ancient times, the most significant are as follows:

(A) About the idea of the Sovereignty of State, and of the Doctrine of Equality of State.

That any independent state is by no means to be placed under the control of another state has been fully recognized by our people from very ancient times. At the same time the doctrine of Equality of State had been developing in the remote epoch, and rules of ceremony and etiquette, too. Therefore it was inevitable that our country came into frequent collisions with Chinese Empire, which held, and ever holds, an arrogant principle that all other countries are merely her tributaries. We can point out in our history an unbroken series of these examples :

(a) In the reign of Emperor Ōjin, *i. e.*, the end of the third century A. D., Koma sent a missive to our court; but as its diction was insolent Prince Wakairatsuko reproved the messenger and broke the letter.

(b) In the reign of Empress Suiko, in 609 A. D., Chinese Emperor Yang of Sui Dynasty sent an imperial letter written in a style ordinarily used between sovereigns of equal terms. Therefore this letter was received, and the reply from Empress Suiko was also written in the term of equality. This letter dictated by Prince Shōtoku begins with the following words : " The Eastern Emperor begs respectfully to speak to the Western Emperor. "

(c) In the reign of the Emperor Saimei, *i.e.*, the latter part of the 7th Century, an ambassador of Shiraghi came to Tsukushi (the present Kyūshū) in Chinese attire; he was of course rejected on account of such an impolite behaviour.

(d) In the reign of Emperor Kwōnin, in 722 A.D.,

ambassadors of Shiragi and Bokkai brought some tribute, but as the missives were written in arrogant style, they were at once rejected.

(e) In the reign of Emperor Shirakawa, *i.e.*, the 11th century, King of Koma sent as presents some natural products of his country, which, however, were returned on account of insolence of the letter.

(f) In the reign of Emperor Toba in 1118 A. D., Chinese Emperor of Sung Dynasty sent a letter through the hands of a merchant for opening the friendly intercouse, but as its style was arrogant it was not received.

(g) In the reign of Emperor Kameyama, in 1268 A. D., Shi-Tsu of Yuen Dynasty sent a very insolent letter which contained the following phrases: " The *Emperor* of Great Mongolia writes respectfully to the *King* of Japan..... Henceforth we shall keep intimate friendship with one another. To the sage (*i.e.*, the Emperor) the world is his home ; then how could you be of the same family, with us without communication ? The inevitable consequence of your present behaviour would no doubt be a war. Which of the two do you prefer, war or peace ? You may deeply consider it before you make a final choice. " Thus the Chinese Emperor thought the world as one family, upon which he reigned as a patriarch, and Japan, too, must become one member of his family ; and even he went so far as to compel the Japanese Emperor to do what he wishes by menacing with a great military force, which under his able command had conquered all China and adjacent countries. The Court in Kyōto sent that letter to Kamakura, where Hōjō family held its own government. Hōjō Tokimune, a resolute man rejected at once that letter on account of its insolent style.

(h) There is also a well known story that Hōtaikō or Toyotomi Hideyoshi broke the letter of a Ming Emperor in a fit of rage, when he found in it the following phrase : " I appoint you the king of Japan."

In perusing over our history one can easily find out that Japan had from a very early period a clear notion of the Sovereignty of State and also of Equality of State.

(B) *About Despatch of Ambassador and his Dignity*

T. T. Rawlence says : " The pratice of maintaining the diplomatic agents is comparatively modern. It was begun by Louis XIV of France ; but its general adoption dates only from the peace of Westphalia of 1648. " But in our country, despatch of the diplomatic agents was commenced in the reign of Emperor Ojin, *i.e.*, in 310 A.D. The intercourse with Han dynasty in a much earlier period, which some one takes for the first exchange of embassies with China, was in truth a private communication of some provincial chief, and the ambassador then despatched can not be said to have represented our state. In the reign of Emperor Kimmei (571 A.D.) and also in the reign of Emperor Bitatsu (582), an ambassador was sent to Korean kingdoms to announce the decease of the late Emperor and the accession of the new Emperor, for which those petty states sent special ambassadors both for condolence and congratulation. In the reign of Empress Suiko there was an exchange of ambassadors as we have already remarked. And during about 200 years after the Emperor Kōtoku had begun to communicate with Tang Dynasty, the *Kentōshi* (Ambassadors to Tang) was despatched according to history more than ten times. The character of these ambassadors is of course very different from that of the diplomatic agents of the present day. As Mr. Taylor, an American, remarks in his " *Shina-Kodai-Bankoku-Koho* " (Ancient International Law of China) written in Chinese and published in 1884, the Oriental diplomatic agents in ancient times did not stay in foreign countries as the present representatives, but only visited them at times, returning to his native land after a short sojourn.

As for the dignity of ambassadors at that time, you may see it from the following descriptions re the *Kentoshi*: — " The ceremony of appointing ambassador is very magnificent... It is perfomed in the Shishinden Palace; first a Minister reads the Imperial Rescript appointing so and so the Ambassador, and then chamberlains give him a sword as a sign of Imperial commission and a suit of the Emperor's garment. Sometimes the Emperor composes a Japanese ode to memoralize the event. Four vessels for the voyage are specially built by the *Zōhakushi* (Shuip-building Bureau). Names of these ships are given by the Emperor, and upon their departure officials of the *Jingikwan* (Department which had charge of Shintoism) are despatched to Sumiyoshi Temple to pray the deity of the temple for the calmness of ocean. In the return of the ambassador, his rank (with that of his secretaries, translators, clerks, &c.) is promoted and his salaries increased in accordance with his merit.

To foreign ambassadors our court showed very kind and cordial treatment. It is stated in our history that the expense of receiving the Korean ambassadors was once so exorbitant that some learned person proposed its reduction. The inviolability of the foreign ambassador was also noticed from ancient times as is shown by the following historical account. In 1275 China sent two ambassadors to our court but as the terms of the letter were very insolent, they were beheaded next year at Tatsu-no-Kuchi, near Kamakura. The Chinese Emperor was enraged and his great army invaded our western coast in 1281.

One word should here be added, that is, Japan had also the idea of precedence for the Representative of sovereigns, as is shown in Fujiwara Kiyokawa's protest regarding the order of seat in the Chinese court (see p. 16 of last number).

(C) *About Intervention.*

In the third year of Emperor Suinin, when Shiragi and Mimana, both in Korea, waged war upon each other, our country sent a reinforcement upon request of the latter. This is the first time that Japan made an intervention to Korean affairs, which continued for many hundred years after, resulting one time in the complete subjugation of Korea under Japanese dominion.

(D) *About Idea of Protected State.*

On the Korean conquest of Empress Jingō. an office called the *Nippon-Fu* (Japanese Military Station), was established at a town in Mimana, (for governing all our dominion in the Peninsula. Another office called the *Totoku-Fu* (Governor General's Office) was established in Tsukushi, for restricting the power of the ultra-insular office. This state of affairs continued to 571 A. D. in the reign of Emperor Kimmei.

(E) *About Treaty of Peace.*

When the King of Shiragi was defeated by the Empress

Jingō he sent a few hostages and presented 80 vessels of gold, silver, silk, &c., promising to send the same amount as tribute to Japan every year. We find the following words in treaty : — Unless the (east) rising sun appear from the west, though the river Arinare flow up towards its spring and though a river-stone ascend to the heaven and becomes a star, I Shall not break this promise. When we failed to despatch our representative and to present our tribute, may all deities in heaven and earth crush me to atoms ! "

(F) About Naturalization.

The term naturalization is often found in our history. In the reign of Empress Kōrei, Su Fu by the order of his master, came with 3000 boys and maidens to Kumano, in the Province of Kii, whence he did not return, as he had been ordered. In the reign of Emperor Suinin, Ama-no-Hihoko of Shiragi became our subject. In the reign of Emperor Ōjin, Yutsuki-no-Kimi, said to be a descendant of Chin dynasty came from Kudura with the people of 127 prefectures to become our subjects, and Achiomi, a descendant of Han dynasty, came with the people of 17 prefectures. In the reign of Emperor Kimmei, i.e., the end of the 6th century, all naturalized subjects of Chin and Han dynasties were entered in the census of local provinces; the number of these families was then estimated at 7053. From the above statement it seems that all naturalized subjects wich came in a large multitude had formed some special tribes, but at last in the reign of Emperor Kimmei they came to be treated upon equal terms with the native people.

The six paragraphs just exemplified are related with the common international law. Next let us take a few more examples from our ancient history, which show some of Japanese international ideas in times of war.

(G) *About Prisoners*

The treatment of prisoners was regulated in the decision of the Brussels Conference of 1874, and in the articles 9 and 63 of the Code of the Institute for War on Land, 1880, to the effect that " they must be treated with humanity. " The fuller arguments about it are found in Hall, pp. 403-413; Creasy, 452-458; Halleck, II, 3n, 74-89; Calvo, §§ 2123-2157; Bluntschli, art. 593-626. But we find in ancient Japan about the same mode of prisoner's treatment, one example of which is the following : when Hasamkin surrendered to our army, Empress Jingō said, " Good it is not to kill one who surrendered. "

(H) *About Instruments of War and Means of Destruction.*

What is restricted in the articles 12 and 13 of the Brussels Conference of 1874, or in the St. Petersburg Declaration, or in the articles 8, a and 9, a of the Code of the Institute for Wars on Land, 1880, has already been in force and even more completely, in our country from ancient times. While the true spirit of all above regulations is based on the principle of humanity, our Japanese idea had, besides, one higher and peculiar principle of *Bushi-Dō* (Warrior's way, something like chivalry), by which our forefathers despised to use poisons or poisonous arrows as the most disgraceful means, and even muskets and lances were once thought as weapons fit for cowards. We can not find out any cruel weapon in the *Honchō-Buki-Kō* (Investigations upon the Japanese Instruments of War) by

Arai-Hakuseki. There is in the book a peculiar sentence which says : "An arrow which upon piercing cannot easily be plucked out is to be used only for attacking the murderer of one's own father; « — a phrase expressing on one hand a deep sense of revenge, and on the other magnanimity towards all other antagonists. Moreover such an idea as is regulated in the article 8, *b*, of the International Law in time of War, ("It is forbidden to make treacherous attempts upon the life of an enemy ; as, for example, by keeping assassins in pay, or by feigning to surrender "), was prevailing in ancient Japan, though without regulations of law. It was then customary in battle-field that when a warrior encounters another he speaks loudly the names of his ancestors in succession, and after hearing his antagonists speak the same way he will begin to fight. Assassination on the other hand was despised in the extreme as the work of the meanest coward.

(I) About Rules of Conduct with regard to Things in the Time of War.

In the art. 31, Chapter B, of the Code of 1880, we find the following : " It is forbidden, (*a*) to pillage, even places taken by assault, (*b*) to destroy public or private property..... ". But these notions were carried on in practice in Japan from the time immemorial. It is stated in volume 5 of the *Bugaku-Shôsui* (Gems of Military Tactics) that, " it is called "plunder" to take by force corns or food from people's house in the enemy's land ; it is called "violence" to take by force the property of people, by chasing them out from their house. " And such ignoble acts were rejected by all our commanders. Our military discipline from ancient times is shown clearly in an old-time phrase that every warrior " does not take a bit by force ", and those special regulations above mentioned are not at all novel to every Japanese warrior.

(J) *About Protection of Persons and especially Women of Religion, of the Arts and Sciences.*

This is minutely regulated in 34, 35, 36, the Section 2, of the Instructions for U. S. Armies in the Field, 1863. But the idea of such protection was fully developed from ancient times in Japan. It was rigorously prohibited to kill women or priests. Any warrior was not allowed to enter Buddhistic and Shintō temples, and even the warriors of defeated army were set at large when they took refuge in temples. All these facts can be easily seen from any paragraph of Japanese history. Another proof is in the *Bugaku-Shūsui*, which speaks the beheading of women and priests as one of the most ignoble acts of every Japanese warrior.

(K) *About Messengers and the Bearers of Flag of Truce.*

Scholars of International Law states the inviolability of the messenger and the illegality of firing at the bearer of flag of truce (article 26 of the Code of 1880, art. 43-44 of the Decision of the Brussels Conference. 1874). Such manner of treatment of military messenger existed in our country as an old custom. Historical examples are too many to be enumerated here, the most famous of which being Toyotomi Hideyoshi's going to the camp of Araki Murashige and Kimura Shigenari's message to Tokugawa's camp on Chausuyama Hill.

What we have remarked above are but a very trifling portion of noted examples relating to our international idea; the others can not be mentioned here. Mr. Taylor, an American scholar, argued in his " *Shina-Kodai-Bankoku-Kōhō* " that China had her own international law already in ancient times; we shall affirm his opinion, and at the same time insist upon the existence of the same in ancient Japan. Especially of international idea in time of war we find here a peculiar surpassing development by means of the *Bushidō*. It was surely on this account that the present regulations of the law were practically in force in old times though they were not written down, and that in the late Chino-Japan war, both our army and navy behaved very appropriately just as is regulated in international law, is on the whole nothing but the consequence of the development of ancient Japanese international idea. Though some persons who are not well acquainted whith Japan and her history may ascribe the best fruit raised by our soldiers to the Declartion of Paris, Declaration of St. Petersburg, Decision of the Germau convention, Decision of the Brussels Conference, Code of 1880, &c., &c., we wish those scholars to take into account that unless those regulations, though unwritten, had already been in force in Japan for a long period the result would have been quite different.

III. DEVELOPMENT OF THE JAPANESE IDEA OF INTERNATIONAL LAW BY JAPAN'S INTERNATIONAL RELATIONS WITH OCCIDENTAL NATIONS.

In the previous chapter I have given a short historical sketch of all significant international relations of Japan with Oriental countries, and referred to the development of her international ideas during those former periods. Now I will describe in this chapter all her international relations with

Occidental countries and then briefly note the great influence they had given to her idea of international law.

How did the Western nations come to know that there is an island called Japan in the Far East? How did they induce the secluded Empire to join their international group? Here I will not enter into close investigations upon these points, with which I [may be right to assume every reader is familiar, and go immediately to the study about the development of Japanese idea of international law caused by her communications with Occidental countries.

1. Treaty Revision.

As is well known, Japan concluded for the first time a treaty with the United States on March 31st, 1854, and then a convention with Great Britain on August 14, 1854. These were soon followed by the treaties with Russia (on Dec. 21st, 1854), Netherlands (on Dec. 23rd., 1855), France (on Sept. 3rd, 1854), Portugal, Prussia, Switzerland, Belgium, Italy, Denmark, Sweden, Spain, etc., etc., in succeeding years.

Thus almost all of the existing treaties betwen our country and Western nations having been concluded during the latter part of the Tokugawa Shogunate, when our people knew not even the exact meaning of a treaty, as they had then no clear knowledge of the diplomatic usages in the West, they are naturally very imperfect in every point, being especially very disadvantageous to our country. Moreover in those turbulent times, as the Shogunate had no sufficient strength to stand the united menacement and dissimulation of European diplomats, it is also very natural that the Japanese officials have concluded those unfavourable treaties with foreign representatives. But of all treaties one which rivet our special attention is the Treaty of

Friendship. Commerce and Navigation between the Austro-Hungarian Monarchy and Empire of Japan, concluded on Sept. 14th, 1869, by which Japan made a most unfavourable concession to her new allied country. And as every other friendly nation, according to the most-favoured-nation-clause, " shall be entitled to admission and to the enjoyment of an equality of advantages with those of the most favoured nation ", all the new prerogatives granted to Austro-Hungarian Monarchy were also made use of by all those countries to the great disadvantage of our people. The Art. V of the treaty says :

All questions in regard to rights, whether of property, or of person, arising betveen Austro-Hungarian citizens residing in Japan, *shall be subject to the Jurisdiction of the Imperial and Royal Authorities*.

In like manner *the Japanese Authorities shall not interfere* in any question which may arise between Austro-Hungarian citizens and subjects of any other Treaty Powers.

. . . .

If, on the contrary, a Japanese has a complaint or grievance against a citizen of said Monarchy, the case shall be decided *by the Imperial and Royal Authorities*.

The next article (VI) runs a follows :

Austro-Hungarian citizens, who may commit *any crime against Japanese subjects*, or the subjects of any other nation *shall be brought before the Imperial and Royal Consular Officer* and punished according to the *law of their country*

The above two articles, of which the former refers to the civil cases and the latter to the criminal, are the most conspicuous examples of extra-territorial jurisdiction, as they recognize clearly the judicial right of consuls against the international axiom, *locus regit actum*.

The Art. XIV of the same treaty says :

The Regulations of Trade and Tariff annexed to this treaty, shall be considered as forming a part of the Treaty and therefore as binding on the high contracting parties.

The Diplomatic Agent of the Austro-Hungarian Monarchy in Japan, in conjunction and by mutual agreement with such officers as the Japanese government may designate for this purpose, shall have power to make for all ports open to trade, such rules as are necessary to carry out the provisions of the annexed Regulations of Trade.

The Japanese Authorities will adopt at each port such measures as they may judge most proper to prevent fraud and smuggling.

This regulation which restricts our right of taxation is very unprofitable to our country's trade. Therefore Japanese people soon began to complain bitterly against all disadvantages caused by this article, and the Government seeing the urgent necessity of the affair went to the task of revising the treaty, about which fortunately there was included in it the following article:—

XXI. It is agreed that either of the high contracting Parties may demand a Revision of this Treaty, of the Trade Regulations, and the Tariff annexed thereto, on and after the 1st July, 1872, with view to the insertion therein of such modifications or amendments as experience shall prove to be expedient. It is necessary, however, that one year's notice must be given, before such Revision can be claimed.

But the task has by no means been a very easy one and has continued to be the most urgent affair to the successive Foreign Ministers of the Empire, many of whom on account of their failure were obliged to leave their post and sometimes even the whole Cabinet was knocked down. Calamity reached its summit when Count Ōkuma lost one leg in 1889. Indeed there has been no other burning question during the Meiji Era, which has troubled so much both the Government and the people.

Yet this difficult work, on the other hand, greatly urged on the progress of our country; for it necessitated the closer inspection of the Western civilization, unreserved importation of it and the compilation of the new Japanese codes. By the way the investigations upon the treaty revision showed naturally the position Japan was holding in the world, and at the same time true principles of treaty and extra-territorial jurisdiction. That all this contributed much to the development of our idea of international law is beyond all question.

I will here describe the history of treaty revision in this country, as I think it is the best way of imparting the general idea of this chapter. As was stated above, it was regulated in the Art. XXI of the Austro-Japanese Treaty, that either country could demand a revision of the treaty on and after July 1st, 1872, with this limitation that one year's notice should be given before claiming it. So the Japanese Government ordered Count (then Mr.) Ôkuma, the late Mr. K. Yoshida and other officials to investigate upon all necessary things for the treaty revision, and forwarded in March, 1871, a notice of the revision to the governments of Great Britain, France, the United States, etc. etc. Thus began the first formal step of treaty revision; yet at that time, the representatives of those foreign countries at Tôkyô seeing the still unsettled affair of things in our country, in consequence of the introduction of a new Prefectural system in place of the old feudal government, did not hesitate to make demand of every description so that the revision of treaties seemed then utterly hopeless. The government therefore thought it necessary to observe at first the true state of the Western civilization, and sent in the winter of 1871, a batch of high officials to America and Europe on a round tour of inspection. From this fact every reader may understand that the important question of the treaty revision taught Japanese statesmen the necessity of investigations upon international relations and of careful observations of the Western civilization.

The second attempt of treaty revision was accomplished in 1878 with the conclusion of a new treaty between Japan and the United States. The following is a short sketch of the proceedings. In 1875 Japanese government complied with the views of the late Mr. Yoshida, then Minister Plenipotentiary at Washington, to make demand of the treaty revision of the United States, and in April of the next year, gave him instructions of the following import :—

What our country demands is the omission of all articles which restricts our right of levying the import tax in the existing treaties and the Tariff Convention of 1886.

What our country concedes to those countries which comply with our demand are the abolition of the export tax regulated in the existing treaties, and the opening of new treaty-ports for the purpose of commerce and residence.

Thus the object of the revision seems to have been exclusively in recovery of taxation right ; yet even this could not be achieved very easily. The year 1876 passed without any result, and the next year, too. But in 1878 by the good-will of Mr. Wm. A. Ewarts, who then became the Minister of State, American-Japanese convention made a great progress, and on July 25th of the same year the new treaty was signed by both parties. Though the right of taxation was thus once recovered to our country, yet it did not come into force as the European powers did not comply with this new treaty.

The third treaty revision was attempted by Count Inoue, who thought he could get the consent of other countries to remove the extra-territorial jurisdiction of the existing treaties by making Japan completely Europanized, by means of the importation of all elements of the Western civilization, the compilation of new codes and of the remodelling of all institutions after the manner of Occidental nations. It was about 1882 that the Count opened the negotiation with the representatives of the Powers at Tōkyō. His policy was that of Europanizing Japan, but his object was mainly in the abolition of the Consul's judicial right, in opposition to the previous negotiation. On the return of Marquis Itō from Europe, the Count gained a powerful co-worker, and with the re-construction of laws and institutions on one hand, the negotiation of treaty revision made a great progress. It seems that at that time European Powers as well as Japanese statesmen thought it necessary to make all Japanese institutions and civilization wholly Europanized before the treaty would have been concluded. For example, the British government sent in to our Foreign Department an interesting memorandum stating, that it doubts whether there is in Japan something which could be the basis of the negotiation before the compilation and translation of civil law, commercial law &c., would have been completed, and that the right of deciding whether the time when British government thinks British subjects will be safe under Japan's judicial right has come or not, must lie in that government. Count Inoue also declared that the steps which should be taken in Japan hereafter are nothing but to make the country completely Europanized and to found a new civilized country in the Orient. For this purpose the government encouraged the people to imitate European customs from head to tail, sometimes having gone so far as to have made Japanese ladies attire in foreign style or to have opened every night banquets and fancy-balls, which before had been entirely unknown to Japanese. But such a radical change in outward forms summoned up at once a violent opposition of the conservative people, which at last led to the resignation of the Count; and treaty revision suffered the second drawback.

Count Ôkuma who took up this hard task in place of Count Inoue was in the summer of 1889, almost on the point of accomplishing his revised treaty by means of negotiating with individual governments instead of doing so with all representatives in Tôkyô *en masse*. Though his policy was the so-called " stringent " one, yet the stuff of his draft was not far advanced from that of his predecessor. When this fact was made public a strong Opposition was formed against the government as in the former case, and exchanged harsh words with Count Ōkuma's party who defended the cause of the new revision. For a short time both parties were almost equi-balanced ; but when many prominent figures in the Privy Council and other departments of the Government expressed their dissension with the new draft, agitation of the Opposition grew hotter and hotter, and a political fanatic threw a barrel of dynamite at the carriage of Count Ōkuma who was heavily wounded in the right leg but happily escaped the death through a hair's breadth. By this sad accident, however, his great exertion for the fourth treaty-revision was at once nullified.

He was followed by Viscount Aoki, whose draft of the new treaty was very much ahead of the Okuma one. But on his resigning the post of the Foreign Minister in consequence of the Russian Crown Prince affair, his diplomatic talent could not be tested.

The sixth attempt of the revision was taken up by Viscount Enomoto, who, however, followed closely the steps of his predecessor.

Upon his removal to the other department, the late Count Mutsu filled the chair of the Foreign Minister. Thanks to his successful endeavour, this time a revised treaty on an equal footing was at last concluded with all Occidental nations, with the exception of France and Austria at present.

Thus the work of treaty-revision has been the most burning question to the Japanese people during the last thirty years, and this has called our continuous attention to the general progress of the world, encouraged to absorb the Western civilization and made haste the compilation of the new codes. It is very a noteworthy and memorable fact that the public was frequently awakened to earnest argumentation concerning various points in international law during the course of code-compilation. For example about the Art. II of the Japanese Civil Law which regulates the rights and duties to be possessed by foreigners, a violent controversy took place between the " national " principle and the " cosmopolitan ", which two still dominate over all affairs in Japan. One party argue that foreigners can possess only those rights granted by laws, while the other argue that foreigners can possess all rights and duties not prohibited by laws or treaties. This discussion, which is not yet settled at present, and other similar controversies have no doubt contributed much to the advancement of the Japanese notion of international law, and we may be right to conclude that the question of treaty-revision was the strongest impetus which developed that idea in our country.

In next paragraphs, after describing all cases of Japanese neutrality in times of foreign wars, I will allude to the important fact that the wars in foreign countries have also greatly developed the Japanese idea of international law.

II. *Discussions on the Mixed-Residence.*

Next to that most burning question to the Japanese — treaty-revision — which we have just referred to, one which has called forth not less attention of the people was the problem of mixed-residence. Among our leading statesmen and learned persons there sprang up three different schools regarding this important question. The first is the so-called (a) *Ultra-Conservatives*, who protested at all the residence of foreigners in the " sacred land " in whatever form it may assume, but this opinion being too egoistic and narrow-minded as well as impraticable under the present circumstances, could never gain any significant influence. On the contrary the opinion of the (b) *Conservatives* was once very popular in this country. They argued that the mixed-residence should of course be granted to foreigners, yet not at present, because Japan is not strong enough to withstand the overpowering influence of intruding foreigners. They enumerated a great deal of unavoidable damages, social, economical, military, etc., likely to be inflicted upon Japanese, by the too early opening of the country, and therefore they insisted upon the post-ponement of the mixed-residence until Japan will be " fully equipped " against it. The third and the last is the (c) *Progressive* school, whose views are absolutely optimistic as those of the Conservative are absolutely pessimistic. They argued and are still arguing, that the time to open the Empire has already arrived, and that no one is more foolish than those who wait for some future time when the mixed-residence will bring Japanese nothing but good results, as who can expect the " ideal " preparation held by the conservatives can be realized in this world ? Moreover they are not afraid, as the Conservatives are, of an immediate and overcrowding intrusion of foreigners in the opening of the country, which they think will never take place, though rather desirable to the good of Japan. The above three opinions supported each by many influential statesmen of the Empire have received keen attention of the public during the last twenty years, and these discussions led naturally to the study of foreign intercourses and accordingly to that of the international law in general.

III. *Japan's Joining Principal International Conventions and the Institute of International Law.*

In a previous chapter we have briefly described the history of Japan's intercourse with the Occidental nations, also with a few remarks on the ratification of commercial treaties with them. But what we are going to treat of in this paragraph is of quite another character — that is Japan has joined some principal international conventions — the only example from all Eastern Countries. More than twelve years ago she joined the Convention done at Geneva (Aug. 22nd, 1864), Marquis Hachisuka being sent to Berne, as special Ambassador on June 5th. This step was enjoined and confirmed by an Imperial Ordinance on Nov. 15th of that year (1886). In the next year Minister of War distributed copy of commentaries on the regulations of the Convention to every military battalion. Not only Japan has merely joined the Convention to secure the fame of being philanthropic, but she at once put the true meaning of the Red Cross into practice — the organization of a Red Cross Society and establishment of an hospital in a grand scale. Now the society is growing larger year by year, especially by the favour of the Imperial Household and deep interest taken by almost all prominent persons throughout the Empire. The services rendered by the members and physicians of the society during the ten months of the war with China were all of estimable merit; especially it was a great honour to Japan that the society extended its noble charities to the Chinese, albeit the Celestial Empire was out of the pale of the civilized society, and her merciless soldiers fired repeatedly on those bringing succour to the wounded or dying on the field of battle.

Japan's joining the Declaration of Paris (of 1856) dates from March 19th, 1887. After that date officers of the Imperial Japanese Navy have been studying much more diligently than they did in former times, about marine regulations, and there is at present none of our naval officers, even none of midshipmen, who is not well versed in those authorities on marine capture, such as Holland, Lashington Perel, Twiss, Fergusson, etc.

Moreover, Japan despatched in 1888 an associate to the Institute of International Law for investigating various matters concerning international law. (The associate was Mr. K. Kanebo, ex-Vice-Minister of Agriculture and Commerce.) The above facts not only well prove how keen an attention Japan has always been paying towards the study of international law, but also at the same time contributed much towards the development of our international idea of the general public.

IV. Wars between Foreign Countries.

Every foreign war, too, contributed very much towards developing Japanese international idea. Japan was obliged to make full investigations as to the position she should take as neutral country, and this led scholars of international law to a more careful study of neutrality and other equally important questions, wich occur too frequently at such a time. We shall here note some of important cases: —

a). FRANCO-PRUSSIAN WAR. — On the opening of the war between the French Empire and the North German Confederation in 1870, French Minister at Tōkyō demanded our Government to declare neutrality. Thereupon the Government duly announced at once that Japan will be neutral as regards both bellingerent countries, and on September 9th of the same year issued the regulations regarding neutrality to the general public as well as to all foreign Ministers. But on account of the incompleteness of Articles III and IV of those regulations, unfortunately it came to pass that a French war-ship pursued a German merchant ship within a Japanese port and moreover French naval officers once contrived to make Yokohama the station of *Guerre de Course*. Though that such proceedings are illegal is very manifest, as they violate the *Rules of Twenty-Four Hours*, French naval officers dared to commit these outrages, taking the opportunity of the incompleteness of our regulations. The result was rather serious, for the German Minister announced our Government of the illegality of French Navy, leading to the great confusion on the part of officials in our Foreign Department. This blow, though at that early time a very severe one to Japanese, brought a very good result for the future, for the officials became more and more attentive about, and gradually well versed in the neutrality problems. All questions about the terrestrial sea, the Rules of Twenty-Four Hours, Regulations about Marine Capture, etc., etc., were thenceforth carefully studied by them as well as by scholars even to an astounding development of Japanese international idea.

(b). THE HOSTILITY BETWEEN FRANCE AND CHINA. — On the commencement of the hostility between France and China, regulations about neutrality received much closer investigation by the Japanese. This war commenced, as is well known, without declaration from either side, and on that account none of foreign countries declared neutrality, the only exception being the Governor of Hongkong who promulgated the *Foreign Enlistment Act* throughout his domain. Japan on this occasion did not declare neutrality as other powers, but according to her own interpretation of international law. It is said that a perfect draft of neutrality regulations was composed by a committee consisting of Japanese scholars and foreign councillors under the direct superintendence of Count Inouye, Minister of Foreign Affairs, at that time. Among many other important things towards development of Japanese international idea, effected by the foreign hostility was the investigation upon the true nature of blockade, as Japanese Government was anxious to know whether the blockade of Formosan Island by the French Commodore was an actual one or simply a nominal one. Another which induced the careful investigation of the authorities was the nature of contraband, as in the course of the hostility China demanded our Government stoppage of selling coal to the French Navy by Japanese subjects, and on the other hand France declared rice as a contraband. It was no doubt these and such actual problems, but not the mere argumentation upon the desk, enhanced the study of international law by Japanese and thus caused the rapid development of Japanese international idea.

PROTÉGÉS ET NATURALISÉS

EN TURQUIE

PAR

G. ARISTARCHI-BEY

Les Firmans, en vertu desquels les sultans Mahomet II et Soliman le Magnifique, dans tout l'éclat de leur puissance, autorisèrent les étrangers à exercer le commerce et à jouir, dans certaines localités, de certains avantages spéciaux, étaient des actes gracieux unilatéraux, essentiellement révocables.

Les événements, en en modifiant plus tard le caractère, en généralisèrent l'application à tout le territoire ottoman, et leur transformation en actes contractuels est de date relativement récente.

Il en résulte que les Capitulations, pour les désigner par leur dénomination habituelle, constituent aujourd'hui des traités formels, comportant des obligations et des droits soumis aux conditions générales des instruments internationaux.

A plusieurs égards, les Capitulations représentent un État dans l'État. D'autre part, quelques-unes de leurs dispositions sont tombées en désuétude. Le temps, les événements extérieurs et intérieurs, le progrès des mœurs, les changements apportés par de nouveaux modes de transactions, la fréquence et la facilité des communications, le développement des idées expliquent ce phénomène commun à toute œuvre humaine; car rien n'est éternel, sauf Dieu.

Toutefois, les Capitulations subsistent, en droit et en fait, dans leur quasi intégrité, et leur déchéance demanderait le consentement de toutes les parties. D'ailleurs, la clause du traitement de la nation la plus favorisée en a étendu le bénéfice à toutes les puissances.

Théoriquement, j'appartiens à la catégorie très nombreuse de ceux qui souhaitent l'abolition à peu près totale d'actes, dont plusieurs stipulations portent atteinte à la dignité et aux intérêts matériels de mon pays. La présence du drogman aux procès mixtes [1] devant les tribunaux religieux, civils, militaires et criminels; l'exécution des sentences dévolue aux autorités étrangères ; les perquisitions, arrestations et détentions opérées avec le concours d'agents étrangers ; l'exemption, au profit des étrangers, de certains impôts et taxes; les postes internationales, etc. [2] ; — tous ces droits, usages ou abus représentent autant d'humiliations de l'amour-propre national, autant d'entraves à l'action de l'administration, autant de pertes pour le Trésor.

Mais il ne suffit pas de vouloir, il ne sert de rien de récriminer et de se plaindre. Les Capitulations existent, les circonstances ne nous permettent pas de nous en dégager, et l'Europe en veut le maintien. Il dépendra de nous, c'est-à-dire de nos efforts persévérants, de l'application scrupuleuse de nos lois, d'une ligne de conduite méthodique ; il dépendra, enfin, du bon vouloir des puissances et des dispositions favorables de l'opinion publique que nous avons intérêt à nous concilier, pour déterminer un jour le relâchement, sinon l'abrogation d'actes qui nous pèsent. Mais en attendant que le progrès graduel et les circonstances amènent le résultat voulu, la politique nous conseille et notre devoir nous oblige à faire bon ménage avec eux.

---

1. Entre sujets ottomans et étrangers.
2. Je recommande à tous ceux qui s'intéressent aux questions orientales la lecture des remarquables travaux de M. L. W. C. Van den Berg sur les réformes législatives en Turquie, publiés, en 1896, dans la *Revue du droit international* de Bruxelles. On peut ne pas être de l'avis de M. Van den Berg sur tous les points, mais son savoir est profond et plusieurs de ses conseils devraient être sérieusement médités et pris en considération.

Mes aspirations sont donc plus modestes. Il s'agirait simplement d'enrayer certains abus et de ramener les agents étrangers, en Orient, à l'observation stricte de dispositions incontestables, et, de notre part, incontestées.

Ces abus sont d'ordres divers. Je me bornerai aujourd'hui à la discussion plus particulière de celui qui consiste à transformer, dans leur propre pays, certains sujets ottomans en protégés ou en naturalisés étrangers.

Le droit de la Sublime-Porte à ne point admettre que les Ambassades et les Consulats étrangers créent, de leur autorité privée, des nationaux étrangers pris parmi les sujets du Sultan, me semble évident[1]. Aussi la persistance de plusieurs représentants à tenir à leurs protégés, sinon à en accueillir de nouveaux, me paraît réellement injustifiable. D'ailleurs, tant la Porte, à Constantinople, que les autorités locales dans les provinces, ne se sont pas fait et ne se font pas faute, le cas échéant, d'adresser à qui de droit des représentations verbales et écrites sur ces anomalies manifestes[2]; mais, ou ces réclamations sont ordinairement repoussées, ou si, par impossible, on consent à y déférer, c'est avec une mauvaise grâce qui ferait croire plutôt à une concession qu'à la reconnaissance d'un droit. Or, d'après les traités qui régissent les rapports de l'Europe avec la Turquie, la faculté de créer des protégés, en dehors de certains cas déterminés et très limités, est formellement interdite.

Quoi qu'il en soit, je ne veux pas me borner à proclamer le droit de la Porte, et en en entreprenant la démonstration, j'espère pouvoir parvenir, les traités en mains, à faire pénétrer ma propre conviction dans l'esprit de ceux qui voudront bien me lire.

---

1. Voir dans de Clercq, *Guide des Consulats*, tome Ier, pages 340-45, les intéressantes instructions aux consuls de France contre cet abus.

2. Voir notamment la circulaire ottomane sur l'état défectueux des nationalités en Turquie, datée du 5 mai 1858, et le paragraphe 1er du memorandum sur les Capitulations présenté en 1869.

Les Capitulations et les traités ne reconnaissent comme protégés *temporaires* que ceux-là seuls des sujets ottomans qui, à un titre quelconque, soit comme drogmans, soit comme yassakdjis, soit même, pour les Ambassades, comme domestiques [1], sont attachés — et tant qu'ils y sont attachés — aux fonctionnaires ou plutôt aux agences étrangères en Turquie [2].

Or, le nombre de ces protégés a été limité, par divers articles des actes ou règlements susmentionnés, à un chiffre préalablement stipulé. Mais en admettant une interprétation exagérée et erronée de ces dispositions, le nombre des protégés en question resterait encore relativement restreint, car un fonctionnaire étranger ne pourrait, par exemple, prétendre à trente drogmans, yassakdjis et domestiques [3]. Donc l'abus ne dépasserait pas, en ce cas non plus, certaines bornes pour ainsi dire raisonnables. Malheureusement, il a tendu à assumer des proportions inadmissibles, et, dès lors, il est bon d'y opposer des textes formels.

Tels sont, entre autres, l'article 10 du traité du 5 janvier 1809 avec l'Angleterre : « La patente de protection anglaise ne sera accordée à personne d'entre les dépendants et négociants de la Sublime-Porte, et il ne sera livré à

---

1. Le règlement relatif aux consulats étrangers, promulgué en 1863 et accepté par les Ambassades, ne reconnaît pas les domestiques attachés aux consuls comme protégés.

2. Capitulations des Pays-Bas, 1680, art. 33 ; capitulations de l'Autriche, 27 juillet 1713, art. 5 ; capitulations de la Suède, 10 janvier 1737, art. 5 ; Capitulations de la France, 28 mai 1740, art. 45, 47 et 50. Traité avec le Danemark, 12 octobre 1756, art. 8 et 9 ; traité avec la Prusse, 22 mars 1761, art. 4 ; traité avec l'Espagne, 14 septembre 1762, art. 3 ; traité avec la Russie, 10 juin 1783, art. 50 et 51.
Les traités de Paris (1856) et de Berlin (1878) ont confirmé certaines des stipulations antérieures non explicitement abrogées ou modifiées.

3. Il ne faudrait pourtant pas oublier qu'il existe dans une infinité de localités de la Turquie des agents consulaires de carrière et honoraires de presque toutes les puissances, grandes et petites, et que tous ces agents emploient un certain nombre de drogmans, yassakdjis et domestiques qui montent en somme à un chiffre assez respectable.

ceux-ci aucun passeport de la part des ambassadeurs ou consuls, sans la permission préalable de la Sublime-Porte. »

Art. 13 du traité du 25 octobre 1825 avec la Sardaigne [1] : « Il est convenu que le ministre, les consuls et vice-consuls de Sardaigne ne donneront pas de patentes aux sujets de la Sublime-Porte, et qu'ils ne les couvriront de leur protection ni ouvertement ni secrètement. Il ne sera pas permis de se départir de ces maximes. »

Art. 11 du traité du 18 février 1845 avec la Toscane : « Les ministres, consuls et vice-consuls de Toscane ne pourront délivrer des patentes à des sujets de la Sublime-Porte, ni leur accorder une protection ouverte ou clandestine, et il ne pourra être admis aucune contravention aux stipulations ci-dessus articulées. »

Art. 5 du traité du 7 mai 1830 avec les États-Unis d'Amérique : « Le ministre, les consuls et vice-consuls ne protégeront ni secrètement ni publiquement les rayas [2] de la Sublime-Porte et ne souffriront jamais qu'on s'écarte des principes posés dans ce traité et approuvés par les deux partie contractantes. »

Protocole de Londres [3] du 10 janvier 1836 (art. 3) : — « Toujours entendu que seront considérés dès à présent comme hellènes et prendront rang dans la catégorie de ceux qui profiteront du droit d'émigration : 1º Tous les Grecs natifs du territoire ottoman, qui ont émigré avant le 16 juin 1830 et qui ne sont pas retournés en Turquie pour s'y établir; 2º les Grecs à qui le droit d'émigration a été accordé, par le protocole du 16 juin 1830, et qui ont émigré entre la date dudit protocole et le 9 décembre 1835, jour où la carte de la frontière a été remise à la Porte, pourvu

---

1. D'après l'art. 1er du traité de 1861 avec l'Italie, les clauses des traités antérieurement conclus avec les États qui forment actuellement le royaume d'Italie sont confirmées.
2. On appelait souvent ainsi les sujets ottomans non musulmans, avant le Hatti Chérif de Gulhané et le Hatti Houmayoun de 1856.
3. Signé par les puissances et conservant toujours sa validité.

toujours qu'ils aient rempli les conditions requises à cet égard par le présent acte. » Art. 4 : « Qu'il sera convenu et établi en principe que tout Grec qui, en vertu des dispositions susmentionnées, voudra user de la faculté d'émigrer, sera tenu de quitter le territoire ottoman dans ledit délai d'un an et d'aller se fixer en Grèce, et de s'engager à ne plus rentrer dans les États ottomans, si ce n'est de passage et pour se rendre dans un autre État, avant d'avoir établi son domicile en Grèce et d'y avoir résidé durant trois ans. » Art. 5 : « Le Gouvernement grec sera invité à ne délivrer aucun passeport pour aller résider en Turquie à un émigré grec, venant des États ottomans, à moins que cet émigré n'ait rempli les conditions ci-dessus. »

Les dispositions sus-mentionnées ont été acceptées par la Grèce et officiellement et textuellement notifiées par une circulaire[1] du 1er-13 janvier 1837, portant la signature de M. J. Rizo, ministre de la maison du roi et des relations extérieures.

Art. 23 du traité du 27 mai 1855[2] avec la Grèce : « Les ministres et autres agents diplomatiques, ainsi que les consuls généraux, consuls, vice-consuls et agents consulaires des deux puissances contractantes ne pourront jamais soustraire publiquement ou secrètement les sujets de l'autre à leur autorité légitime, ni les protéger par des passeports ou des patentes ».

Art. 9 du traité du 3 août 1838 avec la Belgique : « Les envoyés, chargés d'affaires, consuls ou vice-consuls de S. M. le roi des Belges ne pourront jamais soustraire publiquement ou secrètement, ni les protéger par des patentes des rayas à l'autorité de la Sublime-Porte. Ils veilleront à ce qu'on ne s'écarte en rien des principes posés dans ce traité et approuvés par les deux parties contractantes. »

Art. 9 du traité du 20 mars 1843 avec le Portugal :

1. Alex. J. Soutzo, ἐξωτερικὸν δημόσιον δίκαιον τῆς Ἑλλάδος, p. 331.
2. Abrogé par la guerre et le traité de 1897 entre la Turquie et la Grèce.

« Les ministres, chargés d'affaires, consuls ou vice-consuls de S. M. Très-Fidèle ne pourront jamais soustraire publiquement ou secrètement des sujets ottomans à l'autorité de la Sublime-Porte, ni les protéger par des patentes. Ils veilleront à ce que l'on ne s'écarte jamais en rien des principes posés dans ce traité et approuvés par les deux hautes parties contractantes. »

Ainsi donc le point de droit est péremptoirement tranché en faveur de la Porte. Mais lors même que ces stipulations n'eussent point existé, les agents étrangers auraient-ils eu le droit exorbitant de soustraire divers individus à l'autorité du Sultan, c'est-à-dire à leur autorité naturelle, légitime? Évidemment non. Les protégés sont, comme on l'a vu, des sujets de la Porte arbitrairement enlevés à leur juridiction. S'ils ne cessent, en droit, d'être sujets ottomans, ils deviennent, en fait, sujets étrangers de par le bon plaisir d'un agent européen ou américain, tandis qu'ils continuent à séjourner dans leur patrie. Cependant, en droit, ils ne sont pas sujets étrangers, car ils n'ont rempli aucune des conditions et formalités auxquelles l'obtention de la naturalisation est subordonnée, conformément à la loi. Il en résulte qu'un protégé est un sujet du Sultan en quelque sorte rebelle, qui ne remplit aucune des obligations auxquelles les lois de son pays l'astreignent, qui ne paye pas d'impôts et qui avec cela est assisté, contre ses juges naturels, par l'autorité étrangère dans toutes les affaires plus ou moins compliquées qu'il peut avoir! D'autre part, le protégé n'étant pas, en droit, sujet étranger, il est affranchi de tous les devoirs et de toutes les impositions qui incombent à un sujet étranger réel. C'est donc un être privilégié sans avoir en rien mérité de le devenir. En résumé, en créant des protégés, on méconnaît les prescriptions formelles d'actes internationaux solennels, et, de plus, on foule aux pieds les dispositions des législations européennes elles-mêmes qui ne mentionnent pas cette espèce de nationaux et qui n'admettent que la naturalisation régulièrement conférée. Ensuite on prive, contre tout droit et toute justice, le Trésor ottoman d'autant de contribuables qu'on institue de protégés. Finalement, on suscite des embarras, soit par la discussion de nationalités étrangères imaginaires, soit par des affaires regrettables entre protégés et sujets ottomans. Du reste, les tracasseries que les protégés occasionnent en Orient sont passées à l'état de proverbe et, pour peu que l'on ait côtoyé les affaires en ce pays, on sait à quoi s'en tenir là-dessus. Il me serait, à ce propos, facile de citer explicitement plusieurs cas très fâcheux, mais ce serait peut-être introduire des éléments irritants dans un débat, auquel je désire conserver toute sa sérénité. Dans ce même ordre d'idées, j'évite de signaler celles des Puissances qui ont le plus de protégés et de naturalisés.

Les protégés sont, en outre, un obstacle à tout recensement sérieux des populations en Turquie. En effet, personne ne sait où ils commencent ni où ils finissent. On en est réduit à croire le premier venu d'entre les agents étrangers et d'entre les drogmans, lorsqu'ils affirment imperturbablement que tel individu est étranger. Si l'on a l'air d'en douter un peu, on pourrait faire une histoire pour avoir osé contester la véracité de la chose. Si l'on va plus loin et que l'on refuse de donner suite à l'affaire, présentée par l'intermédiaire d'un office diplomatique ou consulaire quelconque, jusqu'à ce que l'on soit fixé sur la nationalité authentique du plaignant, on serait capable de réclamer des indemnités pour le retard apporté à l'expédition de l'affaire. Or, l'individu doit forcément être sujet étranger ou ottoman. Dans le premier cas, les autorités turques subissent les rigueurs d'un légitime courroux et, dans le second, la panacée de la protection n'est-elle pas là toute prête à être appliquée? Ainsi, dans un cas comme dans l'autre, l'autorité ottomane doit avoir tort. Elle ne doit pas oser objecter que, n'étant pas douée du don de la divination, il lui est permis de ne pas connaître tous les étrangers, lorsqu'il n'y a aucune liste officielle qu'elle puisse consulter. Il ne lui est pas davantage permis de soutenir que les protégés ne peuvent pas être reconnus, car, si elle le soutient, elle soulève des tempêtes, elle est taxée d'un zèle excessif et nuisible aux bons rapports qui ne se doivent maintenir qu'à force de concessions consenties par les autorités locales. L'infortuné fonctionnaire ottoman, placé de la sorte entre ses devoirs et l'appréhension d'avoir à subir les conséquences d'un pénible incident, demeure, s'il n'est doué d'une trempe peu commune, en proie à de constantes perplexités. Aux yeux des étrangers, lorsqu'il remplit ses devoirs, c'est un employé insuffisant, parce qu'il les rappelle à l'observation des leurs. Aux yeux de l'opinion publique ottomane — et il ne faut pas en méconnaître l'existence — c'est encore un employé médiocre, lorsque les rapports sont tout à fait cordiaux avec les agents étrangers, parce que l'opinion se figure que les relations trop faciles ne sauraient se consolider qu'au prix du sacrifice des droits ottomans.

Est-il de l'intérêt bien entendu de l'Europe que ce déplorable état de choses se perpétue?

En quoi son prestige et son autorité morale, si nécessaires dans certaines conjonctures, en ont-ils profité?

Du moment que l'on proclame le maintien des Capitulations comme une nécessité politique et comme une garantie des intérêts étrangers en Orient, faut-il que les dispositions de ces actes condamnant l'abus des passeports et des patentes restent inobservées? A supposer, encore une fois, que les dispositions en question ne fussent pas inscrites dans les traités, aurait-on eu le droit de créer des protégés?

Les conventions sur la naturalisation entre États européens et américains ne prouvent-elles pas surabondamment que, même la naturalisation ne saurait enlever un individu, dans son propre pays, à sa juridiction naturelle ni à ses devoirs, à moins qu'une convention spéciale n'ait réglé préalablement la question entre les deux puissances intéressées? Existe-il, je le demande, des actes analogues entre la Turquie et les puissances étrangères? Puisqu'il n'en existe pas, sur quoi se base-t-on pour commettre cet empiètement sur les droits de la Porte, lorsqu'elle n'en a jamais volontairement aliéné l'exercice?

Le prétendu principe du protectorat appliqué en Chine, au Maroc, au Siam et ailleurs, y est devenu la cause déterminante d'émouvants épisodes et de graves conflits[1]. Il ne profite, en définitive, qu'à des personnalités d'ordinaire fort peu intéressantes. Dans l'empire ottoman, il donne lieu à de constants inconvénients. Or, en réservant aux étrangers des privilèges exceptionnels et souvent excessifs, ni les sultans ni les puissances étrangères n'avaient jamais entendu en faire bénéficier, d'une façon détournée, toute une portion de sujets ottomans. Il y aurait donc lieu de mettre un terme à de semblables irrégularités aussi bien qu'aux commentaires qu'elles font naître. Pourquoi, par exemple, ne dresserait-on pas des listes détaillées de tous les protégés réglementaires et de tous les étrangers authentiques résidant en Turquie? Des commissions mixtes instituées ad hoc à Constantinople, au Caire, et dans les chefs-lieux des provinces pourraient être investies de la mission de former ces listes officielles et de les signer, après, nécessairement, que les titres de nationalité auraient été examinés et admis. On délivrerait ensuite, à chaque étranger, un certificat officiel constatant la qualité d'étranger du porteur. Ces listes seraient imprimées et publiées dans plusieurs langues, chaque nationalité étant séparément classée et les noms inscrits par ordre alphabétique. Toutes les fois qu'un étranger arriverait sur un point quelconque du territoire ottoman, pour s'y fixer, son autorité s'entendrait avec l'administration locale pour faire inscrire le nom de

[1]. M. R. Millet, résident de France, en a constaté les déplorables effets en Tunisie.

l'arrivant et lui faire délivrer un certificat. Il reste toutefois bien entendu que les protégés non réglementaires seraient rayés et que les agents étrangers ne chercheraient guère à imposer à la Porte des Ottomans naturalisés.

Car enfin, elle a parfaitement le droit de traiter cette dernière catégorie de ses sujets sur le même pied que tous les autres, tant qu'aucune convention spéciale, stipulant la réciprocité, ne lui aura fait une obligation de reconnaître leur nationalité étrangère, alors qu'ils se trouvent dans les limites de l'Empire.

En dehors des traités, l'équité et de hautes convenances me semblent nécessiter la désignation précise de ceux-là seuls qui auraient un droit positif aux avantages dérivant des capitulations. Il est peut-être opportun de rappeler, à cet égard, que dans tout recensement opéré en Europe, la qualité de l'étranger est clairement spécifiée. — Et cependant, à part le service militaire, il remplit tous les devoirs du citoyen de la contrée qu'il habite, sans en exercer les droits. Si les événements lui ont donné des droits supérieurs en Turquie, il faudra au moins veiller à ce que certains indigènes n'en profitent pas, eux aussi, par suite d'un abus qui a déjà trop duré.

En cherchant à éclairer l'opinion sur ce sujet délicat, je crois remplir un devoir envers le public oriental et étranger, je crois rendre un faible service à la cause de la justice, de la bonne entente et, par conséquent, du progrès. Dans cet ordre d'idées, j'ose suggérer la nécessité de s'abstenir, en outre, de ces procédés sommaires employés dans certaines affaires et, entre autres, dans des réclamations d'argent très discutables. Elles ont eu un retentissement douloureux, alors qu'il eût été si facile de les régler au moyen d'arbitrages, dont les résolutions eussent ménagé toutes les susceptibilités et tous les intérêts légitimes.

Les faits prouvent, au demeurant, qu'on ne corrige pas les imperfections et les torts d'un pays, en ayant soi-même recours à des pratiques irrégulières. A mon humble avis, les puissances étrangères devraient recommander à leurs agents de donner, en tout, à des populations ordinairement simplistes, l'exemple salutaire de la déférence aux tutélaires principes de droit et d'équité, car autrement, leurs exhortations perdraient de leur valeur et de leur autorité.

« Διδάσκαλε ποῦ δίδασκες καὶ νόμον δὲν ἐκράτεις. »

LE PRINCE MICHEL OBRENOVITCH

SES IDÉES SUR LA CONFÉDÉRATION BALKANIQUE

PAR

M. VESNITCH [1]

I

La question d'Orient restera ouverte encore longtemps. Elle ne sera pas résolue bientôt malgré toutes les combinaisons des publicistes et malgré toutes les visées et intrigues des chancelleries, pour la simple raison qu'elle n'a pas encore mûri pour la solution. Où est la cause de ce retard? Elle est dans le fait que l'invasion turque a surpris la péninsule balkanique dans une fermentation nationale et politique qu'elle a interrompue, qui est restée inachevée et que le nouvel oppresseur n'a pas pu conduire à bonne fin. Les principales races de la péninsule : grecque, pure slave (serbe) et bulgare ont mené, pendant tout le moyen âge, des luttes à vie et à mort pour la prédominance nationale. Les tentatives byzantines et bulgares ont échoué dans cette tâche. A la fin du XIVe siècle, les Serbes paraissent s'assimiler successivement les Grecs et les Bulgares. Un prince serbe (Douchan) paraît avoir même conçu l'idée d'un État

---

[1]. Notre éminent collègue M. Vesnitch se proposait de revoir le présent article ; mais des circonstances bien connues nous obligent à publier son mémoire tel qu'il a été lu à La Haye.
— (*Note de la Rédaction*).

fédératif dans les Balkans, puisqu'il portait le titre d'empereur des Serbes, des Grecs et des Bulgares ; la pomme de discorde encore de nos jours, la Macédoine, avait pris une couleur serbe, conservée encore aujourd'hui dans un grand fond de traditions et de monuments. Mais l'invasion mahométane arrêta ce procès qui aurait abouti à la formation d'une nationalité comme dans la péninsule apennine et en fit un état de stagnation permanente au point de vue ethnographique qui a duré pendant des siècles et dont on n'est pas encore sorti définitivement, malgré la formation, dans notre époque, de trois noyaux nationaux du moyen âge : la Grèce, la Serbie avec le Monténégro et la Bulgarie.

Faut-il relever encore qu'à côté de la différence des races il y a eu, au moyen âge, — et il y a encore en ce moment-ci, — la différence des religions qui a joué un grand rôle dans ces évolutions et qui a eu une importance beaucoup plus grande qu'aujourd'hui au temps des croisades et dans les siècles suivants ? Ce côté de la psychologie des peuples a été négligé dans l'étude des nationalités balkaniques, quoiqu'il soit impossible, à notre point de vue, de comprendre, sans la bien connaître, la marche des événements dans la péninsule et son état actuel. Mais ce n'est pas ici le lieu de nous y arrêter. Dès les premières luttes contre la domination turque, les puissances européennes ont contribué aussi à l'ajournement de la fusion ethnographique de ces population, ces luttes ayant été suscitées, soutenues et menées de deux côtés bien opposés : par l'Europe occidentale, catholique, représentée surtout par l'Autriche, et par la Russie orthodoxe.

Nombreux, on pourrait même dire inépuisables, sont les projets de solution de la question d'Orient, et tous, qu'ils soient pratiques ou théoriques, ils relèvent de l'ambition politique, étrangère à la péninsule même et à ses peuples. De là un défaut qui leur est commun et qui consiste à ce qu'ils ne tiennent point compte des principaux éléments de la question même, c'est-à-dire des populations de la péninsule et de leurs aspirations. A ne nous arrêter ici qu'au dernier spécimen de ces projets, un publiciste français, M. Charles Sancermes, ne propose-t-il pas la création d'une confédération balkanique, fondée sur une base géographique et politique sans rime ni raison, condamnée d'avance à ne rester qu'une curiosité de non-sens, s'ajoutant à tant d'autres que seule la poussière des archives et des bibliothèques garde encore.

Il est vraiment étonnant qu'à la fin du XIXe siècle il se trouve des hommes qui publient des livres où ils disposent du sort des nations entières de l'Europe comme de figures sur un échiquier! Et notez que tout un siècle s'est écoulé depuis la grande Révolution française et que le principe des nationalités a déjà soutenu de grands combats.

D'autres (tel M. P. Argyriadès) veulent organiser la confédération balkanique « sur la base du socialisme », et ils ne voient point le ridicule auquel ils s'exposent, nous fournissant la preuve d'une ignorance inouïe : et de l'évolution des idées sociales et politiques, et du degré du développement dans les pays en question. Socialisme et l'Albanie! Vraiment : *difficile est satiram non scribere!*

Les hommes politiques de différents pays, et entre ceux-ci, les premiers, et ceux qui ont bien marqué leur passage aux affaires, se sont aussi occupés, et beaucoup, de la question d'Orient, ou — comme ils disent en donnant la forme pratique à la chose — du partage de la Turquie. Faut-il énumérer tous les projets de cette nature que l'Autriche a eus, seule ou avec la Russie, et qui sont déjà, au moins pour la plupart, exposés par Beer (*Die Orientalische Politik OEsterreichs*, Prag et Leipzig, 1893)?

Faut-il revenir sur ceux qu'a traités M. Alb. Sorel (*La Question d'Orient au XVIIIe siècle*), ou M. Alb. Vandal (*Napoléon et Alexandre*, t. I)? Faut-il remonter plus haut, au cardinal Alberoni ou à Louis XIV et jusqu'au plein moyen âge, pour prouver que cette question a été toujours vue de côté, qu'elle a été conçue toujours à un point de vue étroit et égoïste de la nation ou de la cour intéressée? Même ceux entre ces hommes qui ont eu une carrière mouvementée et qui se sont distingués par l'amour de la liberté des peuples, y apportent toujours un élément de leur individualité nationale, et qu'ils s'appellent Mazzini (*Lettere su la questione d'Oriente*), Kossuth (*Tagebuch*), Türr (*Solution pacifique de la Question d'Orient*), Garibaldi, etc., ils veulent toujours, à la cause commune de la liberté, associer l'intérêt particulier de leur pays, sans tenir un compte rigoureux des populations balkaniques mêmes et de leurs aspirations.

Pour arriver à une solution de la question d'Orient, les grandes puissances ont pris, depuis un siècle déjà, et accentué tout dernièrement encore, pour ligne directive, la délimitation des sphères d'influence, en se promettant la tolérance réciproque d'action dans les régions respectives. Cette délimitation des sphères a non seulement un caractère politique comme autrefois, mais elle est en même temps de nature économique, commerciale, religieuse, intellectuelle, et les peuples balkaniques n'auraient qu'à se soumettre à ces projets, à courber la tête sous un nouveau joug, cette fois si chrétien! Ils ne paraissent pas s'y plier très volontiers. Ils ont, au contraire, l'ambition de vivre et de progresser pour leur propre compte, et d'être, comme le dit un vieux proverbe, les forgeurs de leur propre sort ou les artisans de leurs destinées, d'après Taine, quoiqu'on leur conteste la faculté organisatrice, comme l'a fait tout dernièrement M. Benoît (*R. des Deux Mondes*, du 15 juillet 1898). Cette tendance n'est point nouvelle au milieu des peuples des Balkans; elle se répand et s'enracine aujourd'hui plus qu'autrefois. Mais dès le commencement de notre siècle, elle a eu ses apôtres, surtout en Grèce (le poète Riga), en Serbie (Karageorges, Sima Miloutinovitch), en

Roumanie (Mano, etc.). De nos jours, le courant d'opinion d'idées fédératives dans les Balkans est devenu conviction dans les peuples mêmes ; il y a des journaux qui sont dédiés exprès à cette idée, et elle serait encore plus populaire si l'influence étrangère, qui lui est hostile, ne la contrecarrait.

Il y a d'ailleurs eu un moment dans l'histoire récente de la péninsule des Balkans, où l'idée d'entente et de confédération balkanique avait pris une forme assez précise, et où les patriotes de ses différents peuples respiraient l'air de beaux espoirs. Nous vivons déjà dans les souvenirs à cet égard, mais ce sont tout de même des souvenirs consolants et récréatifs, et qui méritent, j'ose le croire, l'attention de cette assemblée choisie. Pour les exposer devant vous d'une manière succincte, je me sers surtout des études publiées récemment, dans mon pays, en forme de mémoires et de dissertations, et tout spécialement d'une étude de feu Milan S. Pirotchanatz (*Knez Mihailo i rajednička radnja balkanskih naroda*. Prince Michel et l'action commune des peuples balkaniques, Belgrade, 1895), un des confidents et auxiliaires du prince Michel, dont l'apparition a provoqué une série de publications, entre autres deux de M. Ristitch, ancien régent et ancien agent diplomatique du prince Michel à Constantinople.

II

Après avoir été détrôné, en 1842, le prince Michel, le second fils du fondateur de la dynastie des Obrénovitch a passé seize ans en exil où il s'est voué à l'étude et au service de la cause serbe. C'est ainsi qu'il a vécu presque dans tous les centres politiques et intellectuels de l'Europe et qu'il est rentré dans son pays avec son vieux père en 1858, enrichi de connaissances et d'expériences, pour reprendre pour la seconde fois le trône serbe en 1860. Son principe dans le gouvernement intérieur a été *lex suprema voluntas*. Quant à la politique extérieure — autant qu'on peut en parler ayant devant soi un pays vassal — son but a été de faire de sa patrie un élément d'ordre et de concentration pour s'émanciper en premier lieu de la suzeraineté ottomane et pour faire de la Serbie sinon le Piémont balkanique, au moins et en première ligne le Piémont serbe et sudslave.

La pensée fondamentale de cette politique n'a pas été nouvelle. Mais jamais jusqu'alors elle n'a pris corps comme sous le règne du prince Michel en Serbie qui a eu la chance d'avoir à ses côtés un auxiliaire et un homme d'État de premier ordre, comme la Serbie n'en a pas possédé depuis, le vieux Ilia Garachanine.

Sur le vaste espace de la péninsule balkanique, féconde par la terre et riche en minéraux, pleine de bois et entrecroisée de fleuves et rivières, vivent trois ou quatre nations qui s'égalent, ou à peu près, en nombre et en civilisation et qui se trouvent, comme je viens de le constater, dans une constante fermentation, cherchant une base positive et solide pour leur vie politique, qu'ils n'ont pas pu atteindre jusqu'à nos jours. Il y a deux tendances puissantes qui sont en lutte continuelle dans cette partie de l'ancienne Europe : la première, représentée par les nations balkaniques elles-mêmes et qui cherche à détruire l'état actuel des choses en y substituant un autre, et la seconde dont la Turquie et jusqu'à un certain point, l'Autriche, sont la personnification et qui veut conserver le *statu quo*. Cette situation est compliquée par la concurrence que se font dans la péninsule l'Autriche et la Russie et qui est bien dangereuse pour le développement des nations et des États libres dans les Balkans. C'est pourquoi la politique au jour le jour de ces pays ne fait qu'osciller entre Vienne et Saint-Pétersbourg. Le prince Michel a vu toute la stérilité d'une pareille politique et c'est pourquoi il a voulu la guider dans une tout autre direction. Partant de la politique de son propre pays, la Serbie, ce prince n'a voulu la subordonner à aucun de ces grands concurrents et il n'a marché avec la Russie pour la plus grande partie de son règne que parce qu'il a cru avoir trouvé dans cette puissance slave un appui pour atteindre à ses propres buts et dans l'espoir que la Russie empêcherait l'Autriche de s'immiscer dans les affaires balkaniques. A ce point il est intéressant d'entendre le prince Michel s'expliquer avec Kossuth à Londres, déjà en 1859. C'est le grand révolutionnaire hongrois qui a fixé lui-même dans ses *Mémoires* ces pensées du prince serbe. « Nous voulons être un État indépendant, a dit ce dernier, et ayant notre propre pays, nous croyons pouvoir nous mesurer avec la Turquie puisque nous avons pu lutter avec elle au commencement de ce siècle sous Karageorges et sous mon père. Nous sommes obligés d'attendre le moment propice et notre malheur est uniquement la proximité de l'Autriche dont les visées d'expansion vers l'Orient sont notoires et connues de toute l'Europe et qui guette le moindre mouvement dans la péninsule pour y intervenir à son propre profit. Si nous commencions la lutte pour l'indépendance, la cour de Vienne interviendrait sans retard, excepté pourtant le cas où nous le ferions sous le protectorat de la Russie. Mais nous voulons être et rester une nation indépendante, et si c'était la Russie qui nous aidât à nous affranchir de la Turquie, nous ne ferions que changer de maître. » Et, arrivant à l'idée d'une confédération danubienne, si caressée par Kossuth à son époque, comme on le sait, « à ce point de vue, nous avons les mêmes intérêts que vous, » dit le prince. « Nous avons besoin l'un de l'autre; une alliance entre nous est rigoureusement indiquée, et si votre convention avec le prince Couza (je la connais) déclare que, pour vous, le but de cette confédération danubienne est l'alliance défensive de la Hongrie, la Roumanie, la Moldavie et la Serbie, je puis vous déclarer à mon tour, sans entrer dans les détails, que nous sommes d'accord..... Il y a encore un point sur lequel nos intérêts se rencontrent..... Je crois que l'écroulement de la Turquie n'est qu'une question de temps et je suis presque sûr de ne pas me tromper en pensant que vous ne désirerez pas que ses différentes parties deviennent autrichiennes ou russes ; les héritiers de la Turquie doivent plutôt être les nations libres des Balkans...... On ne pourrait éviter ces éventualités qu'en unissant les Slaves des Balkans dans une masse compacte qui s'inspirerait de sa propre vie. Je ne crois pas, en outre, que ce soient les Croates qui seraient appelés à former le noyau d'une pareille consolidation, vu qu'ils se trouvent sur la périphérie, pendant que nous, Serbes, nous nous trouvons au centre du cercle. »

En 1859, la France et, en 1866, la Russie ont empêché la Serbie de tirer profit des embarras dans lesquels s'est trouvée l'Autriche, en faisant une digression contre la Turquie. A ce point de vue, les *Mémoires* de Kossuth nous renseignent sur les conseils donnés au prince Michel par Napoléon III à la veille du départ pour l'Italie ; les archives de Belgrade contiennent une lettre intéressante, écrite le 2 mai 1859 dans le même sens par le ministre italien à Constantinople, Durando, à l'agent serbe dans la même ville, ainsi qu'une lettre qu'a écrite au prince Michel l'ambassadeur russe à Vienne, le baron Stackelberg, le 26 juin 1866. Un passage de cette dernière lettre nous introduit *in medias res* de cette communication et c'est pourquoi je prends la liberté de vous le citer. « La nécessité générale pour restreindre les complications qu'amène la situation actuelle, écrit l'homme d'État russe, empêche la possibilité de provoquer un conflit en Orient. Nous ne savons pas ce que l'avenir nous réserve, soit que la guerre finisse en automne par un compromis, soit que la lutte, malgré toutes prévisions, s'étende encore à d'autres nations. Mais l'intérêt serbe vous commande d'épargner vos ressources, de garder vos mains libres et de ne vous engager envers qui que ce soit. Le grand jour de la délivrance, nous semble-t-il, n'est pas encore près ; l'*entente entre les peuples slaves et la Grèce est à peine à l'état embryonnaire* ; les moyens matériels font encore défaut, et la Russie ne voudrait et ne pourrait pas encourager une démarche qu'elle croit prématurée. »

Il serait superflu de me répandre à cette place, devant une assemblée si compétente dans la matière, et de m'arrêter, ne fût-ce que pour un moment, sur l'état général de la politique européenne dans les années 1860-1868, qui embrassent le second règne du prince Michel, et sur la distribution des forces en question. Je dois me contenter d'attirer votre attention, ne fût-ce qu'en passant, sur les grandes difficultés qu'a eu à surmonter la politique du prince serbe dans la lourde tâche de créer des sympathies pour les peuples balkaniques et leurs tendances dans l'opinion publique européenne qui n'est jamais libre de certaines superstitions et qui est beaucoup plus conservatrice qu'on ne la croirait. Je me contenterai aussi de mentionner seulement que seules, la Russie et l'Italie, cette dernière issue du principe des nationalités, ont soutenu sincèrement le prince Michel dans sa tâche. La France a eu à cet égard deux périodes : dans la première, jusqu'à 1866, elle a eu toutes les sympathies pour les peuples des Balkans; dès la paix de Prague, elle a dû ménager l'Autriche dans laquelle elle a vu l'unique alliée contre la menace de l'Allemagne naissante. L'Angleterre a soutenu la Turquie constamment à cette époque, et la Prusse a été d'un côté moins intéressée dans la question, de l'autre côté elle a été mécontente du prince Michel pour ne pas avoir fait avec elle, en 1866, cause commune contre l'Autriche.

Il nous reste à voir ce que la Serbie a fait pendant cette époque pour engager dans la voie de fédération et d'entente générale ses populations et les autres nations balkaniques, soumises complètement ou vassales des Turcs.

Le prince Michel et son gouvernement ont travaillé toute

la péninsule des Balkans. Après la Bosnie, l'Herzégovine et la Vieille Serbie, provinces d'élément serbe pur, où l'organisation relativement facile a été assez prompte, vint le tour de la Bulgarie, et le prince Michel lui voua une attention spéciale.

Quoique opprimé, le peuple bulgare comprenait déjà à cette époque une élite assez nombreuse de gens cultivés et de situation élevée au-dessus de la moyenne, vivant dans le peuple, partageant avec lui le bien comme le mal. Et la race, et la religion, et la situation générale, et le sort subi, et celui qui nous est encore réservé, tout coopérait à indiquer la même voie aux Serbes et aux Bulgares; leurs rapports ont été, de part et d'autre, envisagés de ce point de vue. L'action du prince Michel a trouvé là un terrain préparé. Le centre pour ce travail national avait déjà été créé à Bucarest, loin du bras des autorités turques, par les premiers patriotes, et l'organisation pour le soulèvement général avait embrassé les grandes régions habitées par le peuple bulgare. Le comité bulgare agissait en parfaite entente avec le cabinet de Belgrade, et ses représentants avaient fixé, le 14/26 janvier 1867, le *Programme* suivant:

« Art. I. Les peuples serbe et bulgare, slaves de race,
« du même rang et de la même religion, qui ont la même
« racine et qui habitent les pays limitrophes, sont appelés
« par la Providence même à vivre dorénavant sous le même
« gouvernement et sous le même drapeau.

« Art. II. Et parce qu'ils forment le même corps, étant
« animés de mêmes sentiments et ayant les mêmes ten-
« dances, et parce qu'ils ne peuvent arriver à leur but que
« dans une vie commune, ces deux peuples frères porteront
« dans l'avenir le nom de Serbo-Bulgares ou de Bulgaro-
« Serbes, et leur patrie commune s'appelera Serbobulgarie
« ou Bulgaroserbie.

« Art. III. S. A. le prince Michel dont le patriotisme a
« été prouvé tant de fois..... est proclamé chef suprême de

« la nation serbobulgare et commandant en chef de son
« armée.

« Art. IV. Le drapeau national sera composé et combiné
« des drapeaux respectifs serbe et bulgare. »

Dans les articles suivants (V-XII) on entre dans les détails de cette organisation commune, et l'on s'occupe de la législation, de la monnaie, du système métrique, de la religion, du gouvernement, du parlement commun et de la capitale de cette union.

Au mois d'avril de la même année, une assemblée des notables et des délégués bulgares a siégé à Bucarest, sur la demande du gouvernement serbe [V. la lettre de Garachanine à l'agent diplomatique serbe à Bucarest du 2/14 février 1807] et elle a accepté en principe les décisions de son comité en les élargissant dans une certaine mesure. D'après les résolutions de cette assemblée, la nouvelle union doit porter le nom de l'Empire Sudslave, dans lequel égalité complète sera garantie aux deux idiomes, et dans lequel le gouvernement et la représentation entière seront organisés proportionnellement à la population de deux nations sœurs.

La force principale de cette révolution générale contre la Turquie se trouvait évidemment en Serbie, en Grèce et au Monténégro où on s'est préparé systématiquement et régulièrement pour la lutte. Mais malgré l'identité d'intérêts de ces pays qui sautait aux yeux de tout le monde, il était difficile d'arriver à une entente, puisque le terrain n'avait été point préparé pour cet ordre d'idées. Entre la Serbie et le Monténégro même, deux pays du même peuple, l'entente n'a pu être atteinte qu'en 1866 quand ces deux États ont résolu de n'entreprendre rien l'un sans l'autre dans la guerre de la Prusse et de l'Italie contre l'Autriche. En automne de la même année, entre les deux gouvernements de la même nation a été conclu un traité qui est l'événement le plus important pour la race serbe dans la seconde moitié de notre siècle. La Serbie et le Monténégro se sont associés par ce traité pour travailler d'accord pour l'affranchissement de leurs frères opprimés, posant la base solide d'unité de l'État serbe. Par ce traité, le prince Nicolas a promis d'abdiquer au profit du prince Michel au trône du Monténégro, et la dualité a fait ainsi place à l'unité du trône. De son côté, le prince Michel s'est engagé à proclamer le prince Nicolas son héritier au trône serbe au cas où il n'aurait pas de descendants directs. La guerre commune contre la Turquie en 1876 a été faite d'après un traité conclu au printemps de la même année entre le prince Nicolas et le successeur du prince Michel au trône de Serbie, le prince Milan d'alors.

Les pourparlers dans le but de l'action commune avec la Grèce ont duré longtemps et ont présenté de grandes difficultés. Les limites d'aspirations grecques se sont étendues souvent dans les provinces habitées par les pures populations slaves, et malgré toute la richesse en ports et rades, elle a voulu se faire garantir Salonique qui a été si nécessaire à l'élément slave. La Grèce comptait sur l'appui des puissances occidentales et sur leur méfiance contre la Russie et l'élément slave ; habitués encore aux succès faciles, les Grecs n'ont pas pu se décider aisément à un travail commun avec les autres peuples balkaniques. Ce n'est qu'après la désillusion dans ses attentes de l'Europe occidentale dans la question de Crète que la Grèce, conseillée par la Russie, s'est décidée à s'entendre avec la Serbie, concluant avec elle un traité d'alliance politique (en automne 1867) et une convention militaire (printemps 1868). L'action commune contre la Turquie a été fixée pour septembre de l'année 1868 et le mode de partage des provinces mixtes au point de vue ethnographique devait être déterminé par un plébiscite. Le prince Michel mort, le gouvernement d'Athènes a proclamé ce traité invalidé.

A cette époque, la Roumanie avait déjà sur le trône son souverain actuel, S. M. le roi Charles. Ce pays a ses aspirations plutôt vers la Hongrie où il y a quelques millions de ses conationaux. C'est pourquoi le prince Michel s'est contenté de demander un traité d'amitié et d'alliance à son voisin, et celui-ci, consistant en quatre articles, a été ratifié à Bucarest le 20 janvier 1868. Le texte en a déjà été publié dans le curieux livre *Aus dem Leben Königs Karl von Rumanien, Aufreichnungen eines Augenzeigen*, t. I (Stuttgart 1894), p. 242. Déjà le 8/29 février 1887, ce prince avait enregistré le bruit courant à Constantinople, et d'après lequel la Roumanie, la Serbie, la Grèce et le Monténégro auraient conclu un traité d'alliance pour chasser les Turcs de l'Europe. Il note encore le 1/13 avril de la même année qu'au retour de Constantinople, le prince Michel l'a engagé à travailler d'accord avec lui pour se débarrasser de la suzeraineté turque. C'est sous l'influence et l'inspiration du prince serbe que le prince Nicolas a envoyé son cousin Stanko Radonitch à Bucarest (le 2/14 juin 1867) porter au prince Charles les insignes de l'ordre de Danilo avec une lettre autographe, dans laquelle il le prie de vouloir bien recevoir la décoration comme « un gage de la concorde qui doit exister entre les princes d'Orient pour atteindre le but qui leur est assigné ».

Les Croates étaient aussi de la partie. La part qu'ils ont prise dans le mouvement ne pourra être divulguée qu'après la mort d'un archevêque patriote que nous désirons aussi reculée que possible. Ce fait est surtout à noter à notre époque où on a assez bien réussi à faire naître entre les deux peuples frères un courant d'idées fortement opposées à leurs sentiments réciproques d'il y a trente ans.

Dans cette politique d'entente et de confédération balkanique de l'avenir, le prince Michel n'a pas négligé l'Albanie et les Albanais non plus. Son gouvernement a été en communications constantes avec les chefs albanais, et le général Igniatieff, alors à Constantinople, a favorisé cette entente très énergiquement au nom de la Russie.

Il n'est pas sans intérêt de noter l'impression du prince

héritier de Prusse d'alors (l'empereur Frédéric de plus tard) sur cette question de la confédération balkanique, que celui-ci transmet à son cousin et qui est datée de Berlin le 15 avril 1868. « Tout le monde se donne la peine d'ailleurs, dit-il (p. 264 des *Mémoires* précités du roi Charles), de conserver la paix en Orient, ce qui ne peut que fortifier la situation dans les principautés. Igniatieff se prononce très franchement et en bon Russe dans ce sens que l'empereur ne demandera jamais Constantinople, mais qu'il ne tolérera pas non plus qu'une autre grande puissance y mette le pied. La pensée de prédilection des Russes serait Byzance, capitale et centre d'une confédération d'États ». Tout ceci prouve encore une fois que l'entente des peuples balkaniques s'est faite à cette époque avec le concours de la Russie. Cette puissance a repris cette politique dans les derniers temps, ce qui sort du cadre de cette communication, mais ce que nous tenons à constater en opposition aux affirmations de notre ami, M. N. Politis, exposées dans la conclusion de son intéressante étude sur *La guerre gréco-turque au point de vue du droit international* (Paris, Pédone. 1878, p. 165 = 171). Cette entente était déjà prête en été de l'année 1867 et on avait fait des préparatifs sérieux pour entrer en campagne pour la cause commune dès l'année suivante.

III

La Turquie a été, et très naturellement, alarmée la première par cette politique fédérative du prince Michel. L'Autriche-Hongrie l'a suivie dans ces appréhensions. On a constaté avec mécontentement à Vienne que le prince serbe n'avait pas attendu le sultan pour le saluer à Belgrade lors de son retour de Paris et de Vienne au commencement d'août 1867. Quoiqu'il se fût informé à l'ambassade de Vienne du passage de son souverain par Belgrade, le prince Michel est resté à Gastein « pour raison de santé », comme il l'avait écrit à l'ambassadeur turc Haïdar-Effendi. La *N. fr. Presse* du 11 août lui reproche ce manque d'égards envers le sultan, et constate que la raison de santé n'en était que le prétexte, vu que le prince partit bientôt après pour Paris pour y saluer l'empereur Napoléon ». On a tenu à remarquer dans le même journal quatre jours plus tard, qu'en passant par Vienne, pour se rendre à sa propriété d'Jvanka en Hongrie, le prince avait fait quelques visites aux chefs des missions diplomatiques et qu'il n'avait point vu l'ambassadeur de Turquie, et déjà le 19 du même mois on a télégraphié de Constantinople qu'un conseil des ministres avait eu lieu sous la présidence du sultan, que 7.000 hommes étaient envoyés à la frontière serbe où des armements provoquaient des inquiétudes. Le même journal publiait encore (dans le numéro du 21 août) une correspondance de Belgrade datée du 18 août, qui trahissait sa provenance et d'après laquelle un comité s'était formé à Belgrade, favorisé par le gouvernement, pour soutenir l'insurrection en Bulgarie. On disait encore que des bandes franchissaient la frontière serbe pour se rendre en Bulgarie, qu'on faisait de grands préparatifs de guerre dans la principauté, que surtout la fabrique d'armes de Kragouiévatz travaillait jour et nuit. Plus tard encore (4 septembre) le *Levant Herald* de Constantinople publiait la nouvelle qu'à la suite d'agitations en Serbie les rédifs étaient dirigés vers les frontière de la principauté. A Vienne, on paraît avoir été très inquiété par ce qui se faisait — ou plutôt par ce qu'on croyait se faire — en Serbie. Le consulat autrichien à Rouchtchouk (Bulgarie) avait livré à Midthad-pacha deux sujets serbes, quoique pourvus des passeports réguliers, qui étaient des artisans, et dans l'un desquels on voulait voir un général russe de haute situation qui aurait inspecté pendant six mois l'armée serbe. Les deux malheureux étaient tués en plein jour et traînés dans les rues de la ville pour effrayer la population. Les journaux viennois avaient pris pour tâche, en même temps, de semer les germes d'une méfiance entre Belgrade et Cétigne (V. la *N. fr. Presse* du 23 et du 27 août 1867.)

Il paraît qu'à la veille de son départ pour la visite à l'Empereur d'Autriche à Salzbourg, Napoléon III avait conseillé au prince Michel une politique de réserve et d'attente et plus de confiance dans son puissant voisin. Il paraît aussi qu'à Salzbourg même les empereurs se sont occupés beaucoup dans leurs entretiens confidentiels avec le baron de Beust et le prince de Metternich des questions balkaniques, et il est maintenant hors de doute que c'est à la suite de ces entretiens que le comte Andrassy est allé immédiatement et presque secrètement (puisque les journaux de Vienne ni ceux de Pest n'en disent pas un mot) rendre une visite au prince Michel dans sa propriété d'Ivanka et rentrer de là directement à Vienne. Le comte Andrassy paraît avoir alors déterminé le prince Michel à arrêter ses préparatifs de guerre et à ajourner son action contre la Turquie. Il y a des raisons pour croire qu'il ne s'est pas contenté de conseils, qu'il a ajouté à ceux-ci des promesses et qu'il aurait même pris des engagements. Un entrefilet publié dans la *N. fr. Presse* du 31 août (sous forme de correspondance de Belgrade du 26) le fait comprendre très clairement. On y prédit qu'après son retour en Serbie, le prince Michel changerait son ministère et que des russophiles comme Garachanine et Christitch céderaient leurs places à l'occidental Ristitch. On y ajoute que ce changement est la suite des projets que rapporte le prince de ses visites à Paris et à Vienne et qu'il est motivé par la résolution de ne plus marcher dans la question d'Orient avec les puissances qui travaillent à la destruction de l'empire ottoman comme la Russie et la Prusse, mais d'aller plutôt d'accord avec les empires qui veulent maintenir la Turquie. On aurait promis au prince, à Paris et à Vienne, en compensation de ce changement, que la Bosnie (et même le Monténégro !?) lui seraient cédés en administration sous la suzeraineté de la Porte.

L'entrevue du prince Michel avec le comte Andrassy à Ivanka a eu vraiment des suites immédiates pour la politique serbe. Il est curieux à noter, que de toute cette conversation qui a duré plus de cinq heures, le prince Michel n'a pas soufflé un mot à son premier ministre qui était venu lui rendre visite dans ses terres, et que bientôt après le retour en Serbie Garachanine est éloigné des affaires d'État avec une lettre autographe du prince qui le remercie des services rendus au pays.

On n'est encore pas au clair sur la question : étaient-ce menaces et intimidations, ou plutôt des promesses données qui ont déterminé le prince Michel à abdiquer, au moins pour quelque temps, sa politique fédéraliste et à se démentir soi-même pour ainsi dire ? Il y a encore la supposition que l'on a demandé au prince serbe de veiller sur la paix dans les Balkans et de tâcher de la maintenir pour quelque temps afin de laisser les mains libres à l'Autriche et à la France dans leur lutte contre la Prusse dont l'aube montait à l'horizon. Dans son intérieur, ce prince a dû soutenir une grande lutte entre ses idées restées chères jusqu'alors et la nécessité de devoir les supprimer et étouffer, ne fût-ce que pour quelque temps. Au printemps 1868, il a paru de nouveau décidé à reprendre le fil là où il l'avait coupé à l'entrevue d'Ivanka, il a tâché surtout de rapprocher de lui le vieux Garachanine, cet apôtre convaincu de la politique d'entente des peuples balkaniques. Quand tout a été à la veille de se refaire, le prince Michel a été assassiné dans un bois aux environs de Belgrade, et cet assassinat a tué aussi cette politique, la seule que les vrais amis de ces peuples puissent leur conseiller et l'unique aussi qu'eux-mêmes puissent souhaiter. Tous les hommes politiques de la péninsule sont persuadés que pour les peuples balkaniques il n'y a de salut que dans leur entente commune, et malgré tout ils n'arrivent pas à cette entente, et quand ils y essayent, ils sont très vite renversés, quoique jamais par des raisons de politique intérieure.

Mais je dois bien me garder d'entrer ici dans les développements qui ne sont plus historiques. Je m'arrête en constatant que cet épisode de la politique balkanique est la source au désert, l'oasis entrevue de loin par nous autres balkaniens, que nos cœurs à l'heure présente ne battent pas moins fort à ce souvenir que ceux de nos pères quand c'était leur rêve d'avenir.

LES
PREMIERS ÉTUDIANTS RUSSES
EN OCCIDENT
PAR

M. le Prince Nicolas GOLITZYNE

Au début du xviie siècle, le sceptre des tsars était entre les mains d'un parvenu. Boris Godounow, ancien favori d'Ivan le Terrible, ministre tout-puissant de son fils Féodor et assassin présumé du dernier des princes de la maison régnante, était monté au trône de Russie dans des conditions exceptionnelles. Il appartenait à une famille de boyards moscovites, issue de ces khans mongols, qui, pendant plus de deux siècles, avaient tenu la Russie courbée sous le poids de leur domination. Cette extraction tartare fut une des plus sérieuses entraves aux vues ambitieuses de Godounow. La classe des boyards se composait en majorité de descendants des princes et grands-ducs, autrefois possesseurs indépendants de terres, qui portaient le nom de principautés ou apanages (oudiel). La grandeur naissante de Moscou et l'autorité de son souverain les avaient attirés depuis le xve siècle à la cour de celui-ci, mais ne leur avaient pas fait oublier leur origine. C'est pourquoi ils considéraient avec dédain et méfiance ce « Tartare », comme ils se plaisaient à appeler Boris Godounow, qu'ils voyaient s'élever à leur détriment au faîte des honneurs et de la puissance. Quand, après la mort du tsar Féodor, le trône de Russie resta vacant, les plus illustres et les plus habiles d'entre eux tentèrent de faire valoir leurs droits au sceptre des tsars en se basant sur leur descendance de Rurik ou sur les liens de parenté entre eux et la maison régnante, désormais éteinte. Mais depuis longtemps, Godounow était de fait le souverain omnipotent de la Russie ; le faible Féodor avait remis entre ses mains tout le fardeau du pouvoir, en le laissant gouverner à sa guise. Soutenu par la petite noblesse, hostile à l'aristocratie moscovite, par le clergé et les classes inférieures, qui redoutaient le retour des troubles pareils à ceux qui avaient signalé la minorité d'Ivan le Terrible, il brisa la résistance des boyards et, en 1598, se fit élire, malgré sa feinte répugnance, tsar et autocrate de toutes les Russies.

Les contemporains nous ont laissé de précieux témoignages sur cet homme remarquable, un des caractères les plus curieux à étudier pour l'historien et le psychologue que nous ait légué la Russie d'autrefois. Ces témoignages frappent le lecteur par la complète absence d'unanimité dans tout ce qu'ils affirment sur le rôle de Boris Godounow dans les destinées de la Russie et sur sa personne. Les uns voient en lui le grand homme d'État aux vues larges et hardies, le seul qui ait pu maintenir en équilibre, pendant plusieurs années, l'édifice social, profondément ébranlé par les troubles antérieurs ; ils louent son extrême prudence dans les affaires politiques, sa connaissance des hommes, sa bonté envers le peuple, ses vertus domestiques. Les autres, au contraire, et c'est la majorité, ne veulent voir en lui que l'usurpateur, l'assassin du dernier des fils d'Ivan le Terrible, le tyran qui fait du bien de l'État l'instrument de son ambition personnelle. Cette diversité d'opinions s'explique par le contraste frappant entre les brillants débuts du règne de Boris Godounow et sa fin lamentable qui jeta la Russie dans des troubles sans pareils. Les contemporains, comme cela n'arrive d'ailleurs que trop souvent, ne pouvaient pas prononcer un jugement impartial sur un homme qui, tout en travaillant au bien de l'État, avait été la cause des pires calamités. Seul, un Anglais, dont le nom nous est resté inconnu, venu à Moscou en 1605, date de la mort de Boris Godounow, en qualité de compagnon de l'ambassadeur du roi Jacques Ier, sir Thomas Smith, nous a laissé un portrait du tsar, qui nous paraît répondre le mieux à la réalité [1]. « C'était un monarque, nous dit ce contemporain, qui hésitait toujours entre un beau projet, qui aurait pu amener le bien de son empire, et une ferme résolution, si prudent qu'il ne pouvait rien accomplir sans détour et se perdait dans des intrigues ; plus obéi qu'aimé de ses sujets et servi par eux plutôt par crainte que par bonne volonté, cachant sa tyrannie sous une politique fine et habile, comme un homme auquel une longue expérience du maniement d'affaires de tout genre avait enseigné à ne pas trop tenir compte des questions de droit et de justice et des remords de la conscience. S'étant emparé au moyen d'une ruse de la couronne de Russie, à laquelle il n'avait aucun droit, il montra beaucoup d'adresse à se maintenir sur le trône ; plusieurs fois il fit preuve de véritable grandeur d'âme et d'habileté dans toutes les sphères du gouvernement, mais il ne savait pas gouverner ses propres sens, donnant libre cours à sa rancune. Sévère et juste envers ses sujets, redoutable et cruel envers ses ennemis, il montrait beaucoup de sympathie pour les étrangers, dont il aimait à s'entourer ; malgré tous ses défauts, on est obligé de reconnaître en lui l'un des souverains les plus prudents et habiles qui aient jamais paru sur la scène de l'histoire. » Tel était, au dire de l'auteur anglais, cet homme, mélange singulier de bons élans et de mauvaises inclinations, qui, né pour être sujet, n'avait pas su s'élever au rôle de souverain. Animé des meilleures intentions, il n'avait recours qu'à de mauvais procédés pour les réaliser ; désirant sincèrement le bien de son empire, il était obligé de lutter toute sa vie pour sa propre sécurité et celle du trône qu'il avait usurpé ; parti-

1. Sir Thomas Smithe's Voiage and entertainment in Rushia. London, 1605.

san déclaré d'un rapprochement entre la Russie et l'Europe occidentale, il se montra trop irrésolu pour rompre d'un seul coup avec les traditions de l'ancienne Russie, ainsi que l'a fait, cent ans plus tard, un monarque de génie. Car Godounow, sous ce rapport, peut être à juste titre placé parmi les précurseurs de Pierre le Grand. Il vit l'un des premiers que la Russie ne pouvait continuer cette existence isolée du reste de l'Europe, qu'elle avait été obligée de mener pendant plusieurs siècles.

Les relations extérieures de la Russie s'étaient considérablement élargies vers l'époque de l'élection de Godounow au trône; des étrangers affluaient à Moscou, attirés par l'accueil bienveillant qu'ils trouvaient auprès du tsar et par les avantages qu'offrait le service en Russie. Ce contact permanent avec les représentants d'une civilisation nouvelle, qui dépassait de beaucoup le niveau de culture atteint par la Russie du xvie siècle, suggérait aux Russes, même malgré eux, l'idée d'emprunter et de s'approprier les fruits de cette civilisation. Ce fut à la fin du xve siècle qu'ils firent pour la première fois connaissance des arts de l'Occident, le grand duc Ivan III ayant eu l'idée de faire venir d'Italie des peintres, des architectes, des orfèvres et des artisans de tout genre. Mais ce premier élan vers une culture supérieure portait une empreinte complètement utilitaire ; ce n'était pas le fond de la civilisation européenne qui attirait l'attention des Russes d'autrefois, les conquêtes de la science, les chefs-d'œuvre de l'art, tout ce que des siècles d'un développement ininterrompu avaient amassés de trésors de l'esprit, en perfectionnant les conditions de la vie sociale. C'étaient plutôt le côté pratique de cette civilisation et ses dehors brillants qui attiraient les yeux et frappaient l'imagination des hommes du xvie siècle. Le fond, l'essence même de la vie russe ne changeait guère ; une sourde résistance aux innovations qu'introduisait le gouvernement et une idée exagérée de la grandeur et de la force nationales vinrent bientôt contrecarrer toutes les tentatives d'un rapprochement entre l'Occident, porteur d'une civilisation qui se dit universelle, et la Russie, arriérée dans son développement intellectuel par suite de conditions défavorables à une croissance normale. D'un côté, le gouvernement se faisait le pionnier de cette civilisation, de l'autre, la société s'obstinait à ne pas vouloir dépasser le niveau de culture, une fois atteint, et combattait toute influence étrangère. C'est de ce conflit, transporté sur le terrain de la religion, que naquit plus tard le schisme (raskol) qui divisa la nation entière en deux camps, irréconciliablement hostiles l'un à l'autre.

En montant au trône de Russie, Boris Godounow était animé du plus vif désir de voir ses États éclairés par les lumières de la science [1]. Les contemporains affirment même qu'il avait l'intention de couvrir son empire de tout un réseau d'écoles et de faire venir des hommes instruits d'Allemagne, de France, d'Angleterre, d'Italie, afin de leur confier l'éducation de son peuple et, en premier lieu, l'enseignement des langues étrangères. Mais, d'après le témoignage de Martin Bäer, pasteur luthérien qui avait passé plus de douze années en Russie, le clergé orthodoxe s'opposa énergiquement au projet du tsar; les prêtres et les moines assuraient que la Russie s'était toujours distinguée par une parfaite unité de foi et de mœurs, que cette unité disparaîtrait avec la diversité de langues qui seraient introduites par les étrangers, que de là naîtrait la discorde et que la vraie religion en souffrirait la première. Ces objections,

---

1. Il nous est parvenu beaucoup de témoignages sur son amour des lettres ; on en parlait même à l'étranger. Un certain Thobias Loncius, licencié en droit, originaire de Hambourg, lui adressa une lettre, dans laquelle il lui offrait ses services pour instituer des écoles et même des universités en Russie; nous ignorons quelle fut la réponse donnée par le gouvernement russe à cette proposition quelque peu prématurée. — Archives du Ministère des Affaires Étrangères à Moscou. Relations avec l'Autriche, carton n° 1.

quelque futiles qu'elles nous paraissent, contraignirent le tsar à renoncer à son projet ; il n'insista pas, craignant peut-être d'irriter le clergé et de perdre son appui, dont il avait grandement besoin dans sa lutte avec les boyards. Quelque infructueuse qu'ait été cette tentative, elle démontre cependant que Boris devançait de beaucoup son époque, car il avait en vue de donner une instruction générale à ses sujets, ne se bornant plus à emprunter à l'Occident les connaissances techniques et spéciales, ainsi que le faisaient ses devanciers. Certes, l'idée de Boris Godounow était bonne, mais il était bien difficile de la réaliser dans les conditions où se trouvait la Russie à la fin du xvie siècle : un peuple, qui, dans sa majeure partie, ne savait ni lire ni écrire dans sa propre langue, n'était pas encore capable d'étudier des langues étrangères.

En invitant en Russie des étrangers pour l'enseignement des langues, Boris avait en vue de préparer une génération d'hommes, qui pourraient entrer en relations directes avec l'Occident et s'approprier les fruits de la culture européenne. Quand ce plan subit un échec, il résolut de prendre une autre voie pour atteindre le même but, d'aller au-devant de cette culture qu'il rêvait de transplanter en Russie. Il comprenait peut-être qu'il ne suffisait pas de s'arroger passivement les produits d'une civilisation étrangère, que pour donner à celle-ci un développement sain et durable sur le sol de la Russie, il était nécessaire d'y appliquer un travail actif. Comment il a résolu ce problème et quels furent les résultats de ses efforts dans cette voie absolument neuve pour son époque, c'est ce que nous allons examiner dans ce qui suit.

Après avoir essuyé un refus catégorique de la part du clergé, Boris Godounow résolut de choisir parmi la petite noblesse moscovite plusieurs jeunes gens pour les envoyer en Occident. Remarquons entre autres, qu'il ne crut pas devoir demander à cet effet leur consentement ni celui de leurs familles. Martin Bäer, que nous avons eu l'occasion de citer plus haut, affirme que le tsar envoya dix-huit jeunes gens en Angleterre, en Allemagne et en France, par six dans chacune de ces contrées. Mais l'analyse des documents qui se rapportent à cette question nous démontre, qu'il en a été envoyé seulement neuf — cinq à Lubeck et quatre en Angleterre. Nous ne possédons aucun renseignement sur ceux qui, d'après le témoignage de Bäer, furent expédiés en France ; il est même permis de croire que cet envoi n'eut jamais lieu. C'est pourquoi nous n'aurons qu'à nous occuper de la destinée de ceux qui partirent pour l'Angleterre et l'Allemagne.

Nous avons eu l'occasion de voir plus haut quel était le but que poursuivait Boris Godounow, en envoyant de jeunes Russes à l'étranger. Leur apprendre à connaître les langues étrangères, c'était leur donner la possibilité de prendre une part active dans la marche progressive de la civilisation occidentale. Mais ce but élevé cachait aussi des vues pratiques. Le principal organe de la diplomatie russe, qui portait le nom de Posolskï Prikaze, c'est-à-dire Bureau des Ambassades, avait grand besoin d'interprètes pour mener les négociations diplomatiques, qui devenaient de plus en plus considérables grâce au développement des relations extérieures de la Russie ; or, ce n'est qu'avec une grande difficulté qu'on pouvait trouver parmi les Russes des jeunes gens connaissant les langues étrangères, et les fonctions d'interprètes étaient remplies le plus souvent par des étrangers qui ne méritaient pas toujours confiance. C'est afin de pourvoir à ce besoin que Boris Godounow résolut d'envoyer en Occident plusieurs jeunes gens, qui auraient pu avec le temps se rendre utiles au Posolskï Prikase grâce à leur connaissance des langues étrangères.

Il voulait de cette façon réunir deux buts différents ; il est probable que ce fut une des causes de l'insuccès, que subit cette première tentative d'établir un lien intellectuel entre la Russie et l'Europe occidentale.

En 1603, une ambassade des villes Hanséatiques arriva à Moscou ; elle avait en vue de traiter avec le gouvernement russe diverses questions commerciales. Déjà les négociations étaient terminées et les ambassadeurs avaient repris le chemin de l'Allemagne, lorsqu'un courrier de Moscou vint à leur suite et leur remit une lettre du tsar, qui ne laissa pas que de les étonner grandement. Le tsar priait les ambassadeurs de prendre avec eux à Lubeck cinq jeunes gens, qu'il avait envoyé avec le courrier susmentionné, et de les y placer dans des écoles, où ils pourraient étudier le latin, l'allemand et d'autres langues. Il recommandait aux envoyés de la Hansa de veiller à ce que ces jeunes gens restassent fidèles à la foi orthodoxe et continuassent à accomplir à l'étranger tous les rites de l'église russe. De plus, il était dit dans la lettre que toutes les dépenses pour leur installation et leur éducation seraient indemnisées par le tsar lui-même. Les ambassadeurs consentirent à se charger de cette mission et répondirent au tsar qu'ils prendraient soin de ce que les jeunes Russes fussent logés à Lubeck chez des personnes honorables et dignes de toute confiance [1]. Quelques mois plus tard, les magistrats de Lubeck annonçaient au tsar l'heureuse arrivée dans leur ville des jeunes gens de Moscou et promettaient de veiller attentivement à l'éducation des nouveaux venus, en exprimant le vœu, qu'ils devinssent un jour d'utiles serviteurs de leur souverain [2].

Deux ans plus tard Boris Godounow mourut, et la Russie se trouva en proie aux plus atroces calamités. Le gouvernement moscovite faillit totalement oublier l'existence des jeunes étudiants envoyés en Allemagne. Une lettre des bourgmestres de Lubeck, datée du 4 septembre 1606, vint

---

1. Willebrandt, *Hansische Chronik*, III Abtheilung. Rapport de Johann Brambach sur l'ambassade hanséatique à Moscou.
2. Archives Principales du Ministère des Affaires Étrangères à Moscou, Chartes de la ville de Lübeck, 1603, n° 8.

lui rappeler à temps, qu'il devait prendre soin de ses sujets, égarés à l'étranger. Les magistrats de la ville annonçaient au tsar Wassilï Schouïskï, successeur du faux Démétrius, que deux des jeunes gens confiés à leur garde s'étaient enfuis et ne pouvaient être retrouvés; les trois autres habitaient toujours Lubeck, et le tsar était prié de décider de leur sort. Le Bureau des Ambassades répondit à ceci que les magistrats de Lubeck devaient faire tout leur possible pour retrouver la trace des deux fuyards qui, peu pénétrés, à ce qu'il paraît, de l'amour de la science, n'avaient pas su résister au désir de revoir la patrie ; le gouvernement moscovite informait en même temps les bourgmestres de Lubeck, que pas un de ces étudiants, d'après les renseignements qu'il possédait, n'avait franchi la frontière de Russie. Un seul de tous les jeunes gens envoyés en Occident a laissé quelque trace dans l'histoire de Russie; c'était, d'après le témoignage de Martin Bäer, un certain Démétrius qui servait d'interprète auprès du général suédois Pontius de la Gardie dans les campagnes que celui-ci fit en Moscovie; il est probable que ce Démétrius était précisément l'un des étudiants, confiés jadis aux soins des magistrats de Lubeck. Quant aux trois autres, le gouvernement russe recommandait aux magistrats de les laisser encore étudier quelque temps, jusqu'à ce qu'ils eussent acquis une connaissance complète du latin et de l'allemand. Eux aussi ne reparurent jamais en Russie. C'est ainsi que le vaste projet de Boris Godounow n'aboutit à rien ; nous ne savons même pas ce qu'il advint de ces pauvres étudiants, jetés par une volonté despotique au milieu d'une société, où ils se sentaient complètement dépaysés, dans le torrent d'une vie, à laquelle ils ne pouvaient rien comprendre. Voyons maintenant si l'envoi d'autres jeunes gens en Angleterre apporta des résultats plus fructueux.

Au début du XVIIe siècle demeurait à Moscou un certain

John Merick, agent politique et commercial de l'Angleterre. Toutes les relations entre l'Angleterre et la Russie se faisaient par son entremise ; sans être accrédité officiellement auprès du tsar, il était néanmoins de fait l'ambassadeur d'Angleterre en Russie, le représentant des intérêts politiques de la Grande Bretagne et l'agent des compagnies de commerce anglaises. En 1602, Boris Godounow, profitant de son départ pour l'Angleterre, le chargea de prendre avec lui quatre jeunes Russes, qu'il était sensé placer dans des collèges pour leur faire enseigner le latin, l'anglais « et d'autres langues de différentes contrées étrangères, » d'après l'expression de l'ordonnance du tsar à John Merick. C'étaient des fils de petits nobles moscovites ; l'aîné d'entre eux portait le nom de Nikiphor (Nicéphore) Grigoriew, les trois autres s'appelaient Kojoukhow, Davydow et Kostomarow. Au mois de juillet de l'année 1602, nous les trouvons à Arkhangel en compagnie de John Merick ; le 30 juillet, ils firent voile vers l'Angleterre[1]. Dans une revue historique anglaise a été imprimée une lettre de M. John Chamberlain à un certain Dudley Carleton, datée du 4 novembre de la même année. Cette lettre annonce l'arrivée à Londres de quatre jeunes Moscovites destinés à être placés dans les collèges de Winchester, Eaton, Cambridge ou Oxford pour l'étude des langues latine et anglaise[2]. Après ce témoignage, tous nos renseignements sur le sort des étudiants russes en Angleterre s'interrompent pour plusieurs années. Les troubles qui déchiraient la Russie après la mort de Godounow jusqu'à l'élection au trône de Michel Féodorovitch Romanow brisèrent toutes les relations diplomatiques entre la Russie et l'Occident. Les étudiants russes en Angleterre furent totalement oubliés par le gouvernement moscovite ; l'on ne s'en souvint que onze ans après leur départ de Russie.

1. *Recueil de la Société Impériale Historique*, t. XXXVIII, Saint-Pétersbourg, 1883.
2. *Academy*, 1889, v. XXXVI, p. 372-373.

En 1613, le tsar Michel Féodorovitch expédia à Londres une ambassade, à la tête de laquelle se trouvait le stolnik Alexis Ziouzine. Cette ambassade avait pour but d'annoncer au roi Jacques Ier l'avènement du nouveau souverain au trône de Russie et de solliciter le secours de l'Angleterre contre les Polonais qui continuaient à dévaster la contrée et menaçaient la sécurité du trône nouvellement rétabli [1]. Entre autres affaires, que Ziouzine était chargé de traiter, il devait réclamer du gouvernement anglais la restitution des étudiants russes envoyés par Boris Godounow. Les instructions que recevaient les ambassadeurs russes étaient composées d'une manière aussi minutieuse que possible et avec une ponctualité qui ne laissait aux envoyés du gouvernement moscovite aucune place pour leur initiative personnelle; ils étaient obligés de remplir seulement tous les ordres, contenus dans les instructions, sans y déroger en aucun point; sinon ils s'exposaient à payer de leur vie une trop grande liberté de parole ou d'action. C'est pourquoi les instructions tâchaient de prévoir toutes les éventualités des négociations diplomatiques, si tant est qu'on puisse toutes les prévoir : de leur côté les ambassadeurs étaient obligés d'apprendre presque par cœur tout ce qu'ils avaient à dire et à faire. Les instructions données à Ziouzine portaient le même caractère de minutieuse prévoyance. Tout ce que les ministres anglais auraient pu dire pour se justifier d'avoir retenu en Angleterre, de force ou non, les quatre sujets du tsar, toutes les questions et réponses de l'envoyé russe, tout était prévu avec une étonnante perspicacité et scrupuleusement annoté dans le curieux document que nous sommes en train d'analyser. Ziouzine devait, en premier lieu, s'informer du sort des étudiants russes, et si les Anglais lui répondaient que l'un deux est mort, qu'un autre s'est enfui, il devait s'assurer lui-même de la chose et

1. Archives du Ministère des Aff. Étrangères à Moscou, Angleterre, relations des ambassades réciproques, n° 3.

ne pas donner foi à des paroles qui auraient pu être dictées par le désir de cacher la vérité. Une extrême défiance envers les étrangers, envers tous leurs actes et toutes leurs paroles, telle était la règle générale pour tout diplomate russe des temps passés, le principe fondamental de sa conduite dans les négociations politiques. Si les Anglais, continuait l'instruction à Ziouzine, se mettaient à persuader l'envoyé du tsar qu'il est tout à fait impossible de lui rendre les jeune Russes sans la permission du roi ou bien que ceux-ci eux-mêmes ne voudraient pas retourner au pays natal, habitués qu'ils le sont à la vie et aux mœurs anglaises, Ziouzine devait leur répondre qu'il était contre nature de les retenir en Angleterre, qu'ils ne pouvaient oublier la patrie, la foi de leurs pères, leur souverain et leurs foyers, que leurs parents suppliaient le tsar depuis longtemps de les faire venir en Russie, craignant qu'ils n'abjurent leur religion et ne se séparent d'eux à jamais. Dans le cas où tous les arguments de l'ambassadeur de Russie ne mèneraient à rien, celui-ci était sensé s'adresser au roi en personne et d'enjoindre à John Merick, qui continuait toujours à servir d'intermédiaire dans les relations entre l'Angleterre et la Russie, de faire tout son possible pour obtenir satisfaction à cette demande du gouvernement moscovite.

La seconde partie du dossier, contenant la description de l'ambassade de Ziouzine et son rapport au tsar, ne nous est pas parvenue, mais la suite de cette affaire démontre qu'il échoua complètement dans son entreprise. Nous savons seulement qu'il avait eu une entrevue avec Nikiphor Grigoriew, l'aîné des étudiants russes; il le laissa en Angleterre pour qu'il pût y achever ses études; en outre, il reçut de la part du gouvernement anglais la promesse qu'on tâcherait de retrouver les deux autres jeunes gens qui, d'après les renseignements officiels, avaient quitté l'Angleterre pour les Indes Orientales.

Vers la fin de l'année 1615, une nouvelle ambassade fut

envoyée en Angleterre ; à sa tête se trouvait un sous-secrétaire du Possolki Prikaze de Moscou, Ivan Griazew[1]. Il était chargé entre autres de renouveler les négociations au sujet des jeunes Russes. Ce qu'il apprit sur leur compte, après son arrivée à Londres, le jeta dans un profond trouble. William Russell, qui avait jadis habité la Russie en qualité d'adjoint de John Merick, fut chargé de mener les pourparlers avec l'envoyé du tsar. Il annonça à celui-ci que trois des étudiants russes ne se trouvaient plus en Angleterre : l'un d'eux demeurait en Irlande en qualité de secrétaire royal et les deux autres étaient depuis longtemps partis pour les Indes Orientales. Griazew apprit par ses interprètes que Nikiphor Grigoriew, le seul qui fût resté en Angleterre, avait embrassé la religion anglicane et avait été élu pasteur; qu'il demeurait à Londres et rendait grâces à Dieu de lui avoir fait renoncer la foi orthodoxe et de lui avoir appris à connaître la seule religion qui mène au salut éternel ; à présent, au dire des interprètes du ministre russe, Grigoriew prie Dieu pendant l'office divin pour le salut de tous ceux qui ont contribué à son départ de Russie, et les Anglais racontent à qui veut les entendre l'histoire de sa conversion à la foi anglicane. Lui-même ne désire plus retourner en Russie, parce qu'il affirme qu'il n'y trouverait jamais la liberté de culte dont il jouit en Angleterre, que le tsar pourrait même le faire mettre à mort pour avoir changé de religion. Nous pourrons ajouter de notre côté, que le jeune Russe ne se trompait guère sur le sort qui l'attendait à Moscou, la tolérance religieuse n'entrant pour rien dans les principes gouvernementaux de l'ancienne politique des tsars, ni dans les idées de la société russe du xviie siècle. Voyant qu'il ne pouvait atteindre par la persuasion le but proposé, l'envoyé moscovite se mit à menacer les Anglais d'un dissentiment complet avec le gouvernement

---

1. Archives du Ministère des Aff. Étrangères à Moscou, Angleterre. Relations des Ambassades réciproques, n° 5.

russe, qui porterait une grave atteinte aux intérêts politiques et commerciaux de l'Angleterre en Russie. Mais les menaces ne produisirent aucun effet sur les ministres du roi Jacques, et ni Grigoriew, le nouveau pasteur de l'église anglicane, ni ses camarades ne revinrent en Russie.

En 1617, une troisième ambassade, envoyée de Moscou avec Étienne Volynski à sa tête, reprit les pourparlers au sujet des étudiants russes en Angleterre [1]. John Merick fut derechef appelé à seconder les efforts de l'envoyé moscovite pour obtenir du gouvernement anglais la restitution des quatre sujets du tsar, égarés en Angleterre. Il était prescrit à Volynski de leur offrir l'hospitalité et de les accueillir de la meilleure façon. C'était un premier compromis avec ses convictions les plus chères que le gouvernement russe se décidait à faire par rapport à des renégats qui avaient perdu le respect pour la foi de leurs pères, qui avaient oublié leur patrie et qui refusaient d'obéir à leur souverain. L'ambassadeur russe adressa au Conseil privé (Privy Council) du roi Jacques une pétition, dans laquelle il réclamait la restitution des quatre étudiants. Les lords lui répondirent que deux d'entre eux se trouvaient dans les Indes, qu'un troisième demeurait en Irlande, où il s'était marié, et que seul Nikiphor Grigoriew, le pasteur anglican, était resté en Angleterre. Si le ministre du tsar, ajoutaient les lords du Privy Council, avait la chance de le persuader de revenir en Russie, le gouvernement anglais n'y ferait certainement aucun obstacle; mais s'il préfère rester en Angleterre, il est tout à fait libre de le faire selon son désir, et personne n'a le droit de le contraindre à partir [2]. C'est ainsi que le gouvernement russe avec ses habitudes de despotisme et d'intolérance se heurta pour la première fois à un principe qu'il ne connaissait pas jusque là, le principe de la liberté politique et de la liberté de conscience.

1. Archives du Ministère des Aff. Étrangères à Moscou, Angleterre, relations des ambassades réciproques, n° 6.
2. *Academy*, 1889, v. XXXVI, p. 372-373.

L'ambassade de Volynski n'amena pas plus de résultats que les précédentes, et le gouvernement russe commença à désespérer de pouvoir jamais atteindre le but proposé. Les boyards de Moscou s'en prirent à ce même John Merick qui s'était chargé, il y a quinze ans, de prendre avec lui en Angleterre les quatre jeunes Russes. John Merick, prévoyant qu'il pouvait avoir de graves désagréments par suite de toute cette affaire, le gouvernement moscovite le considérant responsable de l'insuccès de toutes les négociations antérieures, promit aux boyards de faire tout son possible pour satisfaire aux désirs du tsar et leur assura que le roi Jacques s'empresserait d'envoyer les jeunes gens en Russie dès qu'ils se seraient réunis de nouveau en Angleterre. Néanmoins, il ne leur cacha pas que Nikiphor Grigoriew n'avait nullement l'intention de retourner au pays natal et qu'il était impossible, d'après les lois anglaises, de l'y contraindre. Mais, pour éviter la continuation de ces pourparlers, qui ne pouvaient que lui être désagréables, il ajouta qu'il n'était pas chargé par le roi de traiter cette affaire.

Une dernière tentative fut faite en 1621 ; le tsar envoya en Angleterre en qualité d'ambassadeur Isaac Pogojew, chargé de renouveler une quatrième fois les pourparlers au sujet des étudiants russes [1]. Les instructions qui lui furent données à cet effet rappellent beaucoup celles que reçut huit ans auparavant Alexis Ziouzine ; nous y retrouvons la même tendance à prévoir toutes les éventualités des négociations et à peu près les mêmes arguments qui devaient servir à persuader les Anglais de leurs torts envers la Russie dans toute cette affaire et à leur faire rendre à l'envoyé du tsar les jeunes Moscovites. John Merick, qui accompagnait en Angleterre l'ambassadeur, lui annonça que les deux Russes partis pour les Indes y avaient péri, tandis que le troisième, celui qui demeurait en Irlande, avait quitté cette province depuis trois ans, et qu'on igno-

1. Archives du Ministère des Aff. Étrangères à Moscou, Angleterre, rapports avec la Russie, carton n° 6, dossier n° s.

rait ce qu'il était devenu. Maïs le quatrième, Nikiphor Grigoriew, habitait toujours Londres. Merick l'ayant amené chez l'ambassadeur russe, celui-ci se mit à le persuader de revenir à la foi orthodoxe et de rentrer en Russie. Nikiphor lui répondit qu'il n'avait nullement envie de retourner dans son pays natal, car il avait abjuré la religion de ses compatriotes et craignait d'encourir la colère du tsar, parce qu'il avait embrassé la religion évangélique, la seule vraie, à ce qu'il disait — « et il s'en alla sans même avoir salué les images », ajoute dans son rapport au tsar l'ambassadeur scandalisé. Les pourparlers entre celui-ci et le gouvernement anglais continuèrent encore pendant quelque temps sur ce même sujet, Pogojew en parla même en audience solennelle au roi Jacques ; mais toutes les démarches qu'il fit restèrent sans aucun résultat. Le gouvernement russe se vit obligé de renoncer au projet caressé depuis si longtemps et d'abandonner désormais cette question épineuse qui ne créait que des désagréments et des malentendus dans les relations entre la Russie et l'Angleterre. On comprit à Moscou que tous les efforts seraient tentés en pure perte, d'autant plus que le seul Russe resté en Angleterre, Nikiphor Grigoriew, refusait obstinément de retourner en Russie, « où l'on ne lui permettrait pas, d'après son expression, de rester fidèle à la croyance qu'il professait en Angleterre ». Mais, par une étrange ironie du sort, ce premier Russe, partisan du principe de la tolérance religieuse, eut à se heurter, dans cette même Angleterre où il apprit à apprécier ce principe et où il se plaça dans les rangs de ses défenseurs, à une manifestation du fanatisme religieux le plus extrême et en devint la victime.

Dans un livre récemment paru sur la Russie, écrit par M. Morfill, professeur à l'université d'Oxford, nous trouvons un renseignement curieux sur le sort de ce pasteur anglican originaire de Moscou [1]. M. Morfill y fait un ren-

---

[1]. Russia, by W. R. Morfill, Londres, 1891, dans la collection qui porte le nom de « Story of the Nations. »

voi au livre de Walker, ayant pour titre *Sufferings of the clergy*. En 1643, d'après le témoignage de Walker, un pasteur de l'église anglicane d'origine russe, du nom de « Mikepher Alphery » a été poursuivi et privé de son ministère ecclésiastique par les puritains lors de la révolution qui dépouilla le roi Charles Ier de la couronne d'Angleterre. Nous n'avons pas de difficulté à reconnaître dans ce « Mikepher Alphery » l'étudiant moscovite que nous avons connu sous le nom de Mikiphor Grigoriew (« Alphery » ou plutôt Alfériew était son nom patronymique). Tel est le dernier renseignement qui nous soit parvenu sur son sort, quarante ans après son arrivée en Angleterre. Quant aux trois autres jeunes gens, ils disparurent sans laisser de traces. Mais, d'après le témoignage de ce même Walker, deux de ces étudiants russes moururent à Oxford de la petite vérole peu après leur arrivée de Russie. Il est très probable que ce sont les mêmes qui, au dire des Anglais, étaient partis pour les Indes. Le gouvernement anglais pouvait avoir ses raisons à cacher leur vrai sort et inventa en conséquence la fable de leur départ pour une contrée, où les Russes certainement n'iraient jamais les chercher.

C'est ainsi que le beau projet de Boris Godounow aboutit à une fin lamentable. Quelles furent donc les causes de ce complet échec d'une idée, qui, réalisée, aurait pu peut-être diriger la Russie du xvII^e siècle dans des voies nouvelles ? C'est tout d'abord le gouvernement russe, qui doit être jugé responsable de cet insuccès. Il avait abandonné à leur propre gré les étudiants, envoyés par lui en Occident. sans se soucier de leur destinée, sans les protéger contre toutes les influences pernicieuses qui auraient pu donner à leur éducation une direction peu conforme à ses vues. Il est vrai que les troubles qui déchiraient la Russie au début du xvII^e siècle l'empêchèrent de prendre soin des jeunes gens. Mais la conduite du gouvernement dans ce cas-là ne fut qu'une condition de l'insuccès de l'entreprise. Les causes en sont plus graves. Quand vous passez brusquement de l'atmosphère renfermée d'une chambre au grand air, vous vous sentez les premiers instants comme enivrés par le souffle frais qui vous emplit les poumons. De même, les jeunes Russes, à peine débarqués en Occident, durent éprouver un pareil éblouissement, et la tête leur tourna. Ils perdirent conscience de leur nationalité et abjurèrent toutes les croyances, mœurs et coutumes, qui servaient de base à la vie russe et qui ne pouvaient pas être rejetées impunément. Car, ayant désavoué leur nationalité, ces transfuges n'en devinrent pas plus des Allemands ou des Anglais. Pareille chose arriva à beaucoup de ceux qui, sous Pierre le Grand et plus tard, avaient été envoyés à l'étranger. Ils firent tout leur possible pour s'y « dérussifier » au plus vite, mais ne purent jamais prendre une part active à la vie occidentale, qu'ils n'étaient pas encore capables de comprendre; d'un autre côté, revenus au pays natal, ils ne surent jamais se conformer à la vie russe, qu'ils ne comprenaient plus. C'est seulement après des expériences semblables que l'on vit clairement que le seul gage d'un développement normal d'un homme, ainsi que d'une nation entière, était de rester toujours soi-même, toujours fidèle à sa nature, et de ne prendre aux autres que ce qui doit appartenir à tout le monde, ce qui est le bien de l'humanité entière. Nous sommes arrivés à une époque où nous pouvons affirmer hautement que les leçons de l'histoire profitèrent à la Russie, en lui donnant la pleine conscience de sa grandeur nationale, et contribuèrent à lui préparer la voie vers un but élevé, qu'il nous est encore bien difficile de définir, mais qui, nous le croyons fermement, lui est réservé dans les destinées du monde.

UNE ŒUVRE DU PÈRE JOSEPH POLÉMISTE

DISCOURS
SUR LA PROPOSITION DE TREFVE AUX PAYS-BAS EN M.DC.XXXIII

Par M. l'Abbé Louis DEDOUVRES

L'indépendance des Pays-Bas fut reconnue par le roi d'Espagne, Philippe IV, le 30 janvier 1648 et confirmée solennellement le 24 octobre suivant par le traité de Westphalie. C'était la fin d'une lutte presque séculaire. Elle remontait à 1564.

Née de la tyrannie des Espagnols qui opprimaient les Pays-Bas et des nouveautés religieuses qui les avaient envahis, cette lutte dut surtout son résultat à l'antipathie mutuelle de l'Espagne et de la France. En effet, l'histoire nous apprend que, si l'Espagne reconnut en 1648 l'indépendance des Pays-Bas par haine de la France, la France, par haine de l'Espagne, l'avait depuis longtemps préparée.

De 1578 à 1583, le duc d'Anjou, frère de Henri III, ne cessa guère d'intervenir dans la querelle de la *République des Sept Provinces-Unies*[1], révoltées contre l'Espagne. Si, quand il se donnait comme le généreux défenseur de leur liberté, son ambition cachait sous ces belles apparences le désir d'une couronne, il n'en est pas moins vrai qu'il contribua pour une part notable à l'affranchissement des Pro-

---

1. Ces sept provinces des Pays-Bas étaient celles de Hollande, Zélande, Utrecht, Gueldre, Groningue, Frise et Over-Yssel.

vinces-Unies. L'édit d'Utrecht est du 23 janvier 1579 et sa première confirmation du 26 juillet 1581.

De 1585 à 1598, c'est-à-dire de la formation de la Ligue à la paix de Vervins, la France, par sa lutte avec les Espagnols et son opposition à leurs ingérences dans ses affaires, favorisa grandement le développement de la puissance des Provinces-Unies. Henri III et Henri IV payaient ainsi les services qui leur étaient rendus.

Jusque là ce n'était qu'un concours indirect.

De 1599 à 1607, la France accorda aux Provinces-Unies, qui continuaient la lutte contre l'Espagne, le secours libéral de ses subsides et de ses volontaires. Ce secours lui valut l'amitié de ce pays et une grande influence sur la conduite de ses États Généraux.

En 1607, lorsque les Provinces-Unies, fatiguées d'une lutte devenue beaucoup plus onéreuse que productive, voulurent demander la paix à l'Espagne, Henri IV fit écarter cette paix, qui ne pouvait manquer d'asservir à nouveau ses clients. Du reste, il ne favorisa pas davantage la prolongation d'une guerre qui menaçait de les épuiser. Le 9 avril 1609, il fit agréer une trêve de douze ans. Cette trêve, croyait-il, devait assurer l'influence de la France sur les Provinces-Unies et la développer au détriment de l'Espagne. Malheureusement elle ne donna pas les résultats que s'en était promis son auteur. Elle occasionna dans les Provinces-Unies de graves et lamentables dissensions intestines, et ainsi elle ne profita pas plus à la France qu'à ses clients.

Aussi, quand, en avril 1621, cette trêve eut pris fin, la France ne fit rien pour en amener le renouvellement. Du reste, elle ne concourut pas davantage à la reprise des hostilités entre les Provinces-Unies et l'Espagne. En effet, de 1621 à 1624, c'est-à-dire de la mort du duc de Luynes à l'avènement de Richelieu au pouvoir, la France perdit de vue ses alliés, les Hollandais comme les autres.

En 1624, la lutte avait épuisé les deux peuples. Richelieu redouta la prochaine conclusion d'une paix ou d'une trêve également favorables à l'Espagne et contraires à la France. Aussi, quand, décidés à continuer la guerre, les Hollandais vinrent implorer le secours de leurs anciens alliés, il s'empressa de renouveler avec eux l'alliance de Henri IV. Les Hollandais s'engagèrent à ne conclure avec l'Espagne ni paix ni trêve sans l'avis de Louis XIII. Nous leur promettions nos millions et nos hommes. Ils devaient nous prêter leurs vaisseaux contre les Huguenots et protéger notre commerce maritime. Ce fut le traité de Compiègne, conclu le 10 juin 1624 et complété le 12 avril 1625.

Mais les Hollandais n'accordèrent au commerce de la France qu'une protection intermittente et peu efficace. Pour ses affaires intérieures, leur concours ne fut ni plus utile ni plus assuré. Ils souffraient de voir la France combattre chez elle avec succès leurs coreligionnaires, conclure en mars 1626 la paix de Monçon avec Philippe IV et en mars 1627 former avec lui une ligue contre la Grande-Bretagne. Cependant Richelieu put faire renouveler le traité de 1624. L'ambassadeur de Hollande signa à Paris le 28 août 1627. Mais les États refusèrent leur ratification. Ils ne pouvaient se résigner à ne conclure ni paix ni trêve avec l'Espagne sans l'avis de Louis XIII. Les négociations furent rompues.

Renouées en décembre 1629, elles aboutirent le 17 juin 1630 à un traité de subsides qui restaurait l'alliance des deux pays. La Hollande pourtant était loin d'être satisfaite. Les États n'avaient pu contraindre Louis XIII à une rupture ouverte avec l'Espagne, et eux-mêmes s'étaient obligés à ne faire avec elle ni paix ni trêve sans la France ! La promesse était difficile à tenir. Elle fut mal tenue. Avec l'Espagne la Hollande guerroya, mais avec elle aussi elle négocia ; elle négocia la trêve, sinon directement, du moins par l'intermédiaire des Pays-Bas espagnols.

Le 8 décembre 1632, un congrès se réunit à la Haye,

où les commissaires des États hollandais reçurent les députés belges, approuvés par l'infante Isabelle pour traiter de la trêve. Les États auraient voulu tenir ces conférences secrètes. Mais ils durent en annoncer l'ouverture aux diverses puissances. La France fut prévenue, comme il convenait, la première.

Selon toute vraisemblance, la trêve allait sortir de ce congrès. La Hollande avait bien pour elle les subsides de la France et ses « bonnes paroles ». Mais la Hollande était accablée, épuisée par les charges d'une longue guerre, que la mort récente de Gustave-Adolphe allait encore rendre plus onéreuse. La Hollande fera tout pour obtenir la trêve.

Mais la trêve entraînait la dissolution immédiate de la coalition des États protestants, et, comme le dit Richelieu dans ses *Mémoires*, rendait inévitable pour la France « une prochaine guerre defensive qu'elle auroit à supporter seule dans ses entrailles »[1]. A tout prix la France devra faire obstacle à la trêve.

Pour cela, quel moyen prendre ? Rompre ouvertement avec l'Espagne ? Sans doute ; mais, dit encore Richelieu, c'était « chercher de gaieté de cœur la guerre qu'autrement la France n'auroit que par necessité et dont le temps peut estre la garantiroit par quelque accident ». Reprendre et pousser à outrance les négociations ? Mais ces négociations étaient dangereuses. En effet, nos exigences mêmes ne jetteraient-elles pas la Hollande dans les bras de l'Espagne ?

On préféra néanmoins la voie des négociations. Un ambassadeur extraordinaire, le baron de Charnacé, fut envoyé en Hollande, et il conduisit son action diplomatique avec tant de sagacité et de prudence, avec tant de patience et de fermeté : il pénétra et gouverna si bien les esprits que les États cessèrent la négociation de la trêve avec l'Espagne le 17 décembre 1633, et le 15 avril 1634 signèrent avec la France un traité de subsides qui sauvegardait tous ses inté-

---

1. *Mémoires de Richelieu*, coll. Michaud, t. XXII, p. 437.

rêts sans lui imposer aucune charge nouvelle. Sans doute, le 8 février 1635, ce traité devait devenir une ligue offensive et défensive, et ce jour-là la France serait malgré elle poussée à la rupture ouverte avec l'Espagne. Mais cette rupture était une conséquence à peu près inévitable de la politique française suivie depuis dix ans; d'autres intérêts, à défaut de ceux de Hollande, l'auraient vraisemblablement rendue nécessaire. En tout cas, elle avait été assez retardée pour que la France fût bien vite en situation de faire honneur à ses obligations nouvelles. Dans ces conditions, on peut applaudir sans réserve l'éclatant succès que la diplomatie française remporta, en 1634, à la Haye.

L'histoire l'a fait. Mais, si elle a célébré suivant ses mérites l'œuvre du diplomate qui obtint le traité de 1634, elle semble bien ne pas avoir assez donné d'attention à celle d'un polémiste qui se fit son auxiliaire. En effet, le 14 janvier 1633, Charnacé recevait sa mission pour la Haye, et en même temps ou peu après, paraissait à Paris un *Discours sur la proposition de trefve aux Pays-Bas*.

Richelieu, dans ses *Mémoires* [1], précisément à propos de ce congrès de la Haye et des négociations de Charnacé, mentionne l'action parallèle de la polémique. Parmi les écrits qu'il avait en vue, il n'est pas douteux qu'il ne mît le *Discours sur la proposition de trefve aux Pays-Bas*, assurément l'un des plus importants, sinon même le plus important de tous ceux qui furent publiés sur ce sujet.

Ce *Discours* a quatorze pages in-octavo. L'auteur établit dans un court préambule l'excellence de la paix considérée en général, la nécessité temporaire de la guerre, l'importance du congrès de la Haye et l'intérêt qu'ont les délibérants à connaître les avis du dehors. Puis à la trêve il oppose, dans une première partie, les raisons tirées du passé, c'est-à-dire des origines toutes militaires des Provinces-Unies et des prétentions obstinées de l'Espagne à les

---

1. *Mémoires de Richelieu*, p. 438.

dominer. Une seconde partie combat la trêve par les raisons tirées de l'avenir ; elle fait voir les conséquences inévitables que cette trêve amènerait pour la chrétienté et pour la Hollande, au bénéfice de la Maison d'Autriche, dont elle diviserait les ennemis, et de l'Espagne, à qui elle permettrait de mieux faire sentir ses forces ailleurs. Une rapide exhortation finale invite les Hollandais à profiter des circonstances et à ne pas tourner le dos à la fortune. Enfin, ainsi qu'il était naturel, ce conseiller de France assure le congrès qu'il parle « sans partialité », en d'autres termes, sans intérêt particulier pour son propre pays.

Comme on le voit par ce simple résumé, l'auteur du *Discours sur la proposition de trefve aux Pays-Bas* traite cette grave question d'une façon aussi large et élevée que possible, au double point de vue de l'intérêt de la Hollande et de l'intérêt de la chrétienté, c'est-à-dire, quoiqu'il dise le contraire par convenance, au point de vue du véritable intérêt de la France. Quiconque voudra bien étudier ce *Discours* y trouvera l'œuvre d'un vrai patriote, l'œuvre d'un grand politique, une œuvre magistrale.

Remarquable en lui-même, ce *Discours* tire encore un très particulier intérêt du nom et de la qualité de son auteur. Il se trouve, en effet, que l'écrivain anonyme qui soutenait devant le public l'œuvre de Charnacé était celui-là même qui l'inspirait dans les conseils du roi. Ce polémiste n'était autre que le chef du cabinet de Richelieu, le directeur des affaires étrangères en France ; il s'appelait le P. Joseph.

Que le P. Joseph ait joué dans les rapports diplomatiques de la France et de la Hollande un rôle considérable, c'est une vérité devenue évidente depuis que M. Fagniez a publié son grand ouvrage sur *Le P. Joseph et Richelieu*. Quant à son œuvre polémique occasionnée par ces mêmes rapports, — œuvre beaucoup plus restreinte, mais bien intéressante encore, — elle est demeurée inconnue jusqu'à ce jour. Je suis heureux de penser que je puis la mettre le premier en lumière, en produisant les titres de propriété du P. Joseph sur le *Discours de la proposition de trefve aux Pays-Bas*. Pour le faire, je ne pouvais d'ailleurs désirer de circonstance plus naturelle ni plus favorable que cette réunion du *Congrès international d'histoire* à la Haye. Puisse ma thèse n'y pas paraître téméraire ! Puissent les raisons sur lesquelles je l'appuie être agréées des juges si compétents auxquels j'ai l'honneur de les soumettre !

Ces preuves sont nombreuses et diverses :

1° Le *Discours sur la proposition de trefve aux Pays-Bas* a été inséré dans le *Mercure François*[1], où il est dit qu'il « a esté estimé selon le merite de son autheur ». A tout le moins, nous avons là un indice. Car tous les principaux *discours* du P. Joseph, soit contre les Huguenots, soit contre la Maison d'Autriche, ont été, en totalité ou en partie, reproduits par lui dans le *Mercure François*, de 1623 à 1638. Alors, en effet, il était le véritable directeur du *Mercure*. Je crois l'avoir démontré dans ma thèse sur *Le P. Joseph polémiste*[2].

2° Dans cette même thèse, je crois avoir également prouvé que le P. Joseph n'a pas cessé de soutenir devant l'opinion publique la politique qu'il dirigeait de concert avec Richelieu. Ailleurs, dans un article de la *Revue d'histoire diplomatique*[3], j'ai, d'après M. Fagniez, rappelé que le P. Joseph a publié en 1635 un Manifeste français contre les Espagnols destiné aux cours souveraines et aux pays étrangers, et un autre particulièrement adressé aux provinces belges. Ainsi, le P. Joseph est auteur, auteur avéré, de polémiques internationales. Donc, quand je lui accorde

---

1. *Mercure François*, t. XIX, année 1633, pp. 224-239.
2. *Le P. Joseph polémiste*, in-8° de 637 pages ; Paris, Picard ; Angers, Germain et Grassin, 1895.
3. *Revue d'Histoire diplomatique*, janvier 1898, pp. 94-95.

le *Discours de 1633 sur la proposition de trefve aux Pays-Bas*, je ne lui attribue rien qui ne soit en harmonie avec son passé et son avenir. Cette fois, ce n'est plus seulement un indice, c'est une vraisemblance que nous avons.

3º Richelieu avait confié au P. Joseph le soin particulier des affaires d'Allemagne. Or, celles de Hollande étaient avec elles dans les rapports d'une dépendance très directe. Aussi le P. Joseph n'avait-il pour celles-ci ni moins d'autorité ni moins de zèle que pour celles-là. C'est lui qui, en 1624, avait fait confier l'ambassade de Hollande à son parent d'Espesses et avait obtenu pour lui qu'il pût avoir la messe dans sa maison. C'est lui qui, en janvier 1633, venait de faire envoyer à la Haye, comme ambassadeur extraordinaire, Charnacé, qu'il tenait en grande estime pour sa rare connaissance de l'Europe et de l'Orient, et dont il avait déjà éprouvé les talents diplomatiques dans ses missions d'Allemagne et de Suède. Il avait dressé ses premières instructions. Il allait avoir avec lui une correspondance très suivie. Pour le succès de cette mission extraordinairement difficile, il n'avait rien négligé, il ne négligerait rien. Au moment où elle commençait, il pouvait donc se faire polémiste et adresser au public le *Discours de la proposition de trefve aux Pays-Bas*. C'était pour le P. Joseph un moyen tout naturel et très facile de préparer, d'appuyer les négociations de l'ambassadeur de son choix.

4º Pour mieux dire, c'était le moyen de contribuer au succès de sa propre politique. En effet, la continuation de la guerre entre la Hollande et l'Espagne était la meilleure garantie de la paix entre la France et la Maison d'Autriche. Or, cette paix n'avait pas de partisan plus dévoué, de champion plus ardent que le P. Joseph. Lepré-Balain l'a montré [1]. En 1632, tout le monde en France désirait ou prévoyait

---

1. Lepré-Balain, *Vie du R. P. Joseph*, l. VII, ch. 20-21.

la guerre. Le P. Joseph lutta contre tout le monde : contre l'opinion publique, en faisant paraître ses *Memoires de quelques Discours politiques sur diverses occurrences des affaires et guerres estrangères* [1] ; contre tout le conseil royal en donnant pour la paix les fortes raisons qui, adoptées par Richelieu, sont devenues son *Advis au Roy* [2]. Mais, s'il avait réussi à faire admettre officiellement ses vues pacifiques, il n'avait pourtant pas réprimé toute opposition ni prévenu toute divergence. Servien et d'autres allaient contrarier son action en Hollande [3]. Richelieu lui-même laisserait voir plus d'une fois, avec des regrets dans son cœur, des hésitations dans sa conduite et des variations dans ses conseils [4]. Et l'on jugerait exagérée l'opposition que le P. Joseph ferait à la trêve des Pays-Bas par l'intermédiaire de Charnacé. C'est ce qu'a constaté Silhon. « Les conséquences de cette trefve, dit-il, estoient sans doute fort à craindre pour nous et pour nos alliez, mais non pas au point qu'on se le representoit à la cour et que le P. Joseph et Charnacé qui poussoient fortement à ceste roue, le figurèrent [5]. » On le voit, personne n'avait autant de motifs d'écrire le *Discours sur la proposition de trefve aux Pays-Bas* que le P. Joseph. Pour lui, c'était le moyen de défendre sa propre politique, ou plutôt de continuer à la défendre.

5° Car il avait déjà beaucoup écrit sur les rapports des Provinces-Unies avec la France, sur la nécessité de prolonger l'état d'hostilité où elles étaient avec l'Espagne depuis la fin de la première trêve en 1621. En effet, il nous a donné toutes ses vues sur cette question dans le *Discours de*

---

1. *Revue d'Histoire diplomatique*, juillet 1898, pp. 371-417.
2. G. Fagniez, *Le P. Joseph et Richelieu*, t. I, pp. 586-587.
3. G. Fagniez, *Le P. Joseph et Richelieu*, t. II, pp. 202-203, 279-280.
4. G. Fagniez, *Le P. Joseph et Richelieu*, t. II, pp. 124, 206. — Cf. les *Mémoires de Richelieu*, p. 461-464 et ses *Lettres, Instructions diplomatiques et Papiers d'État*, publiés par Avenel, t. VIII, pp. 248-268.
5. Silhon, *Esclaircissement de quelques difficultez*, cité par Bayle, article *Louis XIII*.

l'estat de tous les Princes chrestiens (mars 1624), dans le *Discours sur l'occurrence des affaires presentes* (janvier 1825), dans la *Ligue necessaire* (juillet 1625), dans la *Response au libelle intitulé Advertissement au Roy Trés Chrestien* (octobre 1625), dans le *Catholique d'Estat* (octobre 1625), dans les *Alliances du Turc* (novembre 1625), dans le *Vindiciæ Theologiæ Iberopoliticæ* (1626), etc. Cette préoccupation de faire obstacle à toute trêve entre la Hollande et l'Espagne reparaît dans la plupart des écrits politiques du P. Joseph jusqu'en 1633, nulle part cependant autant que dans les écrits de 1624-1626, alors qu'il s'agissait de reprendre une politique abandonnée depuis trois ans, de rétablir et d'affirmer l'alliance de la France et de la Hollande. Quand, en avril 1633, cette politique fut grandement menacée et que la trêve fut à la veille de se conclure, il dut, pour assurer le triomphe de ses idées, recourir à son arme ordinaire de la polémique. Non moins qu'à sa patrie, il devait à son passé de produire dans le débat le *Discours sur la proposition de trefve aux Pays-Bas.*

6º En effet, ce *Discours* développe toutes les idées politiques énoncées dans les *Discours* précédents, non seulement les idées générales qui constituent le fond même de cette polémique et comme telles ne prouvent rien pour l'identité d'auteur, mais quelques-unes assez particulières, comme l'origine toute militaire des Provinces-Unies et leur tempérament guerrier, qui leur font trouver, contre le cours ordinaire des choses, la prospérité commerciale dans le mouvement des armes. C'est presque dans les mêmes termes que les mêmes idées sont exprimées, à près de dix ans de distance. Le rapprochement est notable et significatif, comme on peut le voir par ces quelques lignes :

Le *Discours de l'estat de tous les Princes Chrestiens* avait dit : « Ceste Republique formée il n'y a guère plus de quarante ans et attaquée de si cruelles guerres dès sa naissance est creuë et s'est fortifiée dans les dangers et dans les hasards, s'estant establie et maintenue par son désespoir, comme elle fait encore aujourd'huy par son courage et ses forces, luttant sans perte et sans deschet contre celles d'Espagne, après luy avoir arraché la recognoissance de sa liberté et souveraineté [1]. »

Combien est semblable ce que nous lisons dans le *Discours sur la proposition de trefve aux Pays-Bas !* « Chacun sçait que les Provinces-Unies n'ont acquis, en conservant leur liberté, la souveraineté qu'elles possèdent, que par les armes que la necessité leur fit prendre il y a environ soixante ans... Elles n'ont receu leurs principales forces et tout leur accroissement que dans les tumultes de la guerre. » Elles sont de ces « peuples qui ont trouvé leur seureté et leur repos dans les factions de la guerre, comme les enfans dans le mouvement du berceau. [2] »

Le *Discours de l'estat de tous les Princes Chrestiens* avait dit : « Les Pays-Bas se servent de moyens extraordinaires qui espuiseroient ailleurs les plus riches provinces, et leur sont tournez en coustume comme des excès violens en habitudes et exercices de santé... La seule ville d'Amsterdam en Hollande est sur toutes admirable par les effets de son commerce et ce qu'elle vaut seule en puissance et richesse, contribuant autant que plusieurs autres ensemble aux necessitez de la guerre, qu'elle aime mieux que la paix avec l'Espagnol [3]. »

Combien semblable encore est ce que nous lisons dans le *Discours sur la proposition de trefve aux Pays-Bas !* « Veritablement c'est une chose très considerable que les arts liberaux, l'agriculture, la marchandise et tout ce qu'on dit que la paix fait fleurir ailleurs, fructifie là beaucoup mieux pendant la guerre... Pour ce qui est du commerce,

---

1. *Mercure François*, t. X, p. 77.
2. *Mercure François*, t. XIX, pp. 226, 228, 229.
3. *Mercure François*, t. X, pp. 78-79.

il s'en faut tant qu'il y ait esté moindre pendant la guerre, qu'il n'y a aucune de ces provinces qui s'oppose si formellement à la trefve que la Zelande et celles qui font profession de trafic : Ce qui monstre bien que le bruit du canon n'estonne pas leurs marchands et n'incommode pas leur negoce [1]. »

Je pourrais établir vingt rapprochements de ce genre entre le *Discours sur la proposition de trefve aux Pays-Bas* et les autres écrits polémiques du P. Joseph. Je ne le ferai pas, sachant qu'après tout ils ne peuvent guère, en raison de l'identité même du sujet, fonder autre chose qu'une simple probabilité en faveur de l'identité d'auteur. Et j'ai d'autres observations à présenter, capables, du moins je le crois, de fonder la certitude.

7° Voici d'abord une observation commune au *Discours sur la proposition de trefve aux Pays-Bas* et au *Catholique d'Estat*, observation toute religieuse dans un sujet très profane.

« Le vray Dieu que les Juifs ont nommé Roy de Salem ou de Paix est encore, dit le *Discours*, nommé par eux Dieu Sabaoth ou des armées, pour nous apprendre que le Ciel est autheur de l'un et de l'autre temps et que sans injustice nous pouvons faire la paix ou la guerre selon les occurrences [2]. »

« Les Espagnols, dit le *Catholique d'Estat*, ont des soldats qui pillent, volent et tuent comme les soldats des autres nations. C'est le malheur inseparable de la guerre. Ce sont des chastimens sur les hommes, mais ce sont chastimens de la divine Providence pour faire elever les hommes à adorer Dieu, qui s'appelle luy-mesme le Dieu des armées et le Dieu des batailles [3]. »

---

1. *Mercure François*, t. XIX, pp. 229-230.
2. *Mercure François*, t. XIX, p. 226.
3. *Recueil de diverses pièces pour servir à l'Histoire*, par du Chastelet, 1635, p. 122.

Le rapprochement est curieux !

8° C'est ensuite un principe philosophique d'Aristote, exploité de la façon la plus semblable et pour des objets très divers, en même temps dans le *Discours sur la proposition de trefve aux Pays-Bas* et dans les œuvres polémiques et spirituelles du P. Joseph.

« Comme tous les corps physiques, dit le *Discours*, ne se conservent et ne s'accroissent que par les mesmes choses qui entrent en leur première composition, *iisdem nutrimur quibus constamus*, ainsi les corps politiques ne se peuvent maintenir ni estendre que par les mesmes facultez qui leur ont donné la naissance [1]. » Ceci est pour prouver que, nées dans les armes, les Provinces-Unies ne pourront vivre que par les armes.

Le P. Joseph, dans son *Discours sur l'affaire de la Valteline et des Grisons*, veut-il prouver aux ministres espagnols qu'ils ont tort d'essayer « de defendre la Religion par guerres, par ruines et par bruslemens », c'est que, dit-il, « les Politiques affirment que les Estats se maintiennent seulement par les mesmes moyens par lesquels ils ont esté au commencement establis [2]. »

Et si le P. Joseph, dans ses *Epistres fort spirituelles*, invite ses religieuses du Calvaire, filles de saint Benoît, à imiter leur père dans sa grotte; s'il leur fait voir là « le centre où il faut entrer pour renaistre et d'où il ne faut jamais sortir », c'est, dit-il encore, que « les choses se conservent par les mesmes moyens qu'elles ont bien commencé [3]. »

Rapprochement très significatif, celui-là aussi !

9° Encore une réflexion philosophique ! Le *Discours sur la proposition de trefve aux Pays-Bas* débute ainsi : « Personne ne doute que la paix ne soit en beaucoup de façons

1. *Mercure François*, t. XIX, p. 228.
2. *Mercure François*, t. XI, p. 151.
3. *Epistres fort spirituelles du P. Joseph*, p. 141.

préférable à la guerre, puisque celle-ci ne se fait que pour obtenir l'autre et que la fin, qui est toujours la première en nostre intention, est aussi toujours plus digne et plus estimée que les moïens pour y parvenir [1]. »

Même réflexion philosophique dans les *Mémoires de Richelieu*, précisément à propos de la même question. L'ambassadeur de Hollande était venu trouver Louis XIII pour lui donner avis de la conférence de la Haye. « Sa Majesté luy temoigna sçavoir bon gré à Messieurs les Estats de la deference qu'ils lui rendoient en ceste occurrence; qu'elle auroit tousjours le plus agreable ce qui leur seroit le plus utile; que la paix est la fin de la guerre, mais qu'ils devoient soigneusement prendre garde que sous ce nom specieux de paix il n'y eust quelque guerre cachée [2]. » Dans ces deux observations finales, il n'y a rien que ne dise le *Discours sur la proposition de trefve aux Pays-Bas*. Car, l'excellence de la paix établie, il observe aussi qu' « on voit assez de guerres tellement conditionnées qu'elles doivent estre preferées à une paix desavantageuse ».

— Alors, me dira-t-on, il faut attribuer le *Discours* à Richelieu. — Oui, si Richelieu est l'auteur des *Mémoires*. Mais si, comme le pensent et l'historien de Louis XIII, M. Bazin, et l'éditeur des *Mémoires*, M. Michaud; si, comme cela est certain, la seconde partie des *Mémoires*, celle qui va d'avril 1624 à décembre 1638, est, non de Richelieu, mais du P. Joseph [3], c'est au P. Joseph qu'appartient le *Discours*, c'est le P. Joseph qui, dans ce *Discours*, comme

1. *Mercure François*, t. XIX, pp. 224-225.
2. *Mémoires de Richelieu*, p. 428.
3. C'est M. Michaud qui, dans sa *Notice sur les Mémoires de Richelieu*, nous fait connaître l'opinion de M. Bazin. D'après M. Bazin, « le récit des années qui ont précédé l'entrée du cardinal au ministère (de 1610 à 1624), est tout à fait de sa composition, » et la suite de cet ouvrage est « d'une autre plume ». « Quelle main Richelieu employait-il à cet office ? » M. Michaud, qui se pose la question, croit que, « suivant toutes les probabilités, on serait dans le vrai en y reconnaissant celle du P. Joseph, dont la mort, arrivée en décembre 1638, expliquerait fort bien pourquoi le dernier

dans les *Mémoires de Richelieu*, nous a fait parvenir un écho fidèle et immédiat des délibérations du conseil royal, auquel il assistait et où il avait l'influence que l'on sait.

10° Dans le *Discours sur la proposition de trefve aux Pays-Bas*, je retrouve deux des plus grandes autorités du P. Joseph : David, dont il propose l'exemple dans toutes les œuvres polémiques où il soutient la légitimité des alliances avec les hérétiques, et Aristote, qu'il aime à citer, même à ses Filles du Calvaire, et qu'il leur présente comme « le plus bel esprit de la nature [1] ».

11° Dans le *P. Joseph polémiste* [2], j'ai mentionné le goût très vif du P. Joseph pour les proverbes. Or, il se trouve que notre *Discours*, qui pourtant n'est pas long, en renferme deux : « Selon le proverbe, chacun voit plus clair chez son voisin que tout autre ». « Chacun joue à la fausse compagnie, comme l'on dit [3]. »

12° Le P. Joseph parle volontiers des Romains. Dans un

événement, raconté dans les *Mémoires*, est la naissance du dauphin, Louis XIV, qui eut lieu au mois de septembre précédent. »

M. Michaud, dans les notes de son édition, a fait encore une constatation bien significative. En effet, au commencement de l'année 1624, il a observé que la rédaction des *Mémoires* présente « certainement une lacune », et qu'à partir du mois d'avril de cette année-là « Richelieu cesse de parler à la première personne ». Par cette lacune, par la date du changement de personne, M. Michaud eût pu confirmer son opinion et nous prouver que c'était bien le P. Joseph qui était le continuateur de Richelieu. En effet, à ce moment-là même le P. Joseph devenait le collaborateur du nouveau ministre. M. Michaud ne l'a pas fait, estimant, comme il l'a dit dans son *Mot sur la dernière partie des Mémoires de Richelieu*, que « la recherche la plus inutile serait celle qui aurait pour but de découvrir qui a tenu la plume pour l'assemblage de ces feuilles et de ces documents communiqués. » D'autres, sans doute, jugeront cette recherche assez intéressante pour la faire, et ils arriveront, preuves en main, à rendre au P. Joseph, pour la plus grande partie, sinon pour la totalité, la seconde moitié des *Mémoires de Richelieu* (1624-1638). D'ailleurs, l'erreur à laquelle ils mettront fin aura été moins invraisemblable que celle qui, pendant plus d'un siècle, aura fait attribuer à Eudes de Mezeray la première moitié de ces mêmes *Mémoires* (1610-1624), où Richelieu tout le temps parlait à la première personne !

1. *Exhortations*, Ms. 3 du *Calvaire d'Angers*, p. 346.
2. *Le P. Joseph polémiste*, pp. 130-131.
3. *Mercure François*, t. XIX, pp. 227, 233.

Discours de 1626, l'*Advis sur l'estat present des affaires d'Allemagne*, il leur avait comparé les Espagnols. « Le Roy Philippe II, y disait-il, croit pouvoir pretendre à juste tiltre la Seigneurie des deux mondes, et les conquerir et subjuguer : Autant en disoient jadis les Romains, se vantans que les Dieux leur avoient commis l'empire de l'univers pour en pouvoir disposer à leur plaisir et distribuer les regions et provinces à qui bon leur sembloit, sans recevoir de loy que d'eux-mesmes ». — « Jadis on reprochoit aux Romains qu'après avoir rodé et envahy les terres d'autruy, ils couroient la mer, faisans butin des richesses quand ils y en rencontroient, et faisans gloire de leurs conquestes bien que steriles : Car l'Orient et l'Occident ne pouvans saouler leur convoitise, seuls d'entre les humains ils ravissoient de pareille avidité villes et pays, pauvres et riches[1]. Autant s'en peut-il dire aujourd'huy des Espagnols, la convoitise desquels estant insatiable, tout n'est pas trop pour eux. » — « Que le Roy de Danemarc vienne à succomber, et ainsy l'Allemagne subjuguée servira de marchepied aux Espagnols pour monter ou plustost de fondement ferme et asseuré pour y elever leur bastiment monarchique et triompher enfin de toute la Chrestienté. Car, comme jadis il fut predit de ceste fatale bataille entre Hannibal et Scipion, que dans ce mesme jour-là l'on verroit laquelle des deux grandes villes, Rome ou Carthage, donneroit la loy au reste du monde, il se peut dire aussi que, le roy de Danemarc entièrement vaincu, voylà l'Allemagne la proye des victorieux, et, possible, le demeurant de l'Europe. » — « La seule Carthage cousta plus de sang et de travail aux Romains au commencement que toutes leurs autres con-

---

1. Si l'on m'objecte que l'auteur de l'*Advis* ne fait ici que traduire Tacite (*Vie d'Agricola*, ch. 30), je répondrai que cette observation se tourne en preuve pour ma thèse : car l'auteur du *Discours* ne parait pas moins familier avec Tacite, qu'il cite deux fois, une fois même assez longuement (*Germanie*, 36).

questes sur les Rois et Estats de l'Asie, de l'Afrique et de l'Europe mesme [1]. »

Le *Discours sur la proposition de trefve aux Pays-Bas* ne fait pas une moindre place aux Romains. Mais cette fois ce sont les Hollandais qui leur sont comparés. « Les Romains, dit-il, ne voulurent jamais entrer en aucune capitulation avec les Tarquins, qui n'estoient point plus capitaux ennemis de leur Republique, que les Espagnols ne le sont de la Hollandoise. Et quand ils furent depuis en contestation de souveraineté avec les Carthaginois, Caton ne cessa jamais d'opiner au Senat qu'il falloit aller demolir Carthage, lors mesme qu'on deliberoit sur d'autres affaires. Ne se trouvera-t-il pas d'aussi bons patriotes en Hollande que pouvoient estre ces Romains, qui s'opposent à l'alliance des superbes Tarquins ? N'y aura-t-il point de Catons, qui donnent leurs suffrages, non pas hors de saison, mais dans une assemblée faite exprès, qu'il faut avant toute chose chasser l'Espagnol de la Flandre et achever de purger d'estrangers les dix-sept Provinces ? Ceste comparaison est d'autant plus juste que la foy Punique est la mesme que les Hollandois ont tant de fois receuë des Espagnols, laquelle, n'ayant eu qu'à traverser un filet d'eau et passer le destroit, fut bien portée par les Mores d'Afrique dans l'Espagne quand ils la conquirent, mais n'en fut pourtant pas chassée depuis, nonobstant l'expulsion des Morisques.

« Et puisque nous en sommes sur la comparaison de ces deux Republiques, je veux bien dire, à l'advantage de la Hollande, que jamais la Romaine n'eut de si favorables commencemens qu'elle. Son enfance dura deux cent cinquante ans, pendant lesquels elle pouvoit remarquer quasi l'estendue de sa domination du haut de son Capitole. Elle fut les deux cents autres de son adolescence à se rendre maistresse de l'Italie, avant que de penser aux conquestes estrangères : Là où on peut dire de celle

1. *Mercure François*, t. XII, pp. 732, 733, 737, 738-739.

de Hollande ce que la Theologie païenne enseignoit de la naissance des Dieux, qu'on ne l'a jamais veuë petite. Il n'y a guère qu'un demy siècle qu'elle a paru dans le monde, et elle a desjà planté des colonies aux extremitez de l'Asie, esloignées d'elle de tout le diamètre de la terre, ou peu s'en faut ; couru toutes les mers du Nord et du Sud, par de nouveaux destroits, et planté ses estendards en l'une des meilleures provinces de l'Amerique. Mais, puisque l'incertitude de l'avenir ne souffre pas que nous les comparions quant à la durée, nous observerons cependant que celle de la première proceda principalement de s'estre toujours maintenuë dans la vigueur de ses forces par les exercices militaires et par le travail des guerres continuelles. Estant chose considerable qu'en sept cents ans qui s'escoulèrent depuis sa fondation jusques à Auguste, le temple de Janus ne fut fermé que deux fois seulement, ce qui merite bien d'estre pesé par toutes celles qui viendront après et qui seront touchées de quelque emulation de sa grandeur et de sa gloire [1]. »

12° Ces citations paraîtront longues. Je les ai données telles, moins pour rappeler tout ce qui a été dit des Romains, de leur ambition sans mesure, de leur esprit guerrier et de leur sens politique, que pour permettre au lecteur de constater par lui-même dans le style de l'un et de l'autre *Discours* les mêmes qualités de simplicité, de rapidité, de force et d'élévation, et ainsi de reconnaître ici et là l'œuvre d'un même homme à la marque qui d'ordinaire révèle mieux que toute autre l'origine des écrits anonymes. En effet, « le style est l'homme même, » comme l'a dit Buffon.

L'homme, ici, est le P. Joseph. C'est ma conclusion.

Du reste, je n'ignore pas que tous les bibliographes attribuent ce *Discours* à La Mothe Le Vayer, soit explicitement, soit implicitement : explicitement, comme Moréri [2],

---

1. *Mercure François*, t. XIX, pp. 234-236.
2. Moréri, *Grand Dictionnaire historique*, article *La Mothe Le Vayer*.

Niceron [1], Étienne [2], Kerviler [3] et Lacroix [4]; implicitement, comme Lelong, Fontette, Feller, Larousse, la *Biographie générale* et la *Biographie universelle*, qui n'ont point fait de mention spéciale de ce *Discours* et se sont contentés de citer le *Discours de la contrariété d'humeurs*, à la suite et sous le titre duquel il avait été, avec un autre petit *Discours sur la bataille de Lutzen*, imprimé dans la première édition des *Œuvres complètes* de La Mothe Le Vayer, en 1653.

Mais, comme cela se fait trop souvent, il est clair que tous ces bibliographes se sont pleinement reposés sur la foi d'autrui et n'ont soumis à aucun examen nouveau l'affirmation de leurs prédécesseurs. De là vient leur commune et trop manifeste assurance.

Cependant l'un d'eux, M. René Kerviler, semble avoir été bien près de mettre en question l'authenticité de notre *Discours sur la proposition de trefve aux Pays-Bas*, quand il a fait sur les brochures politiques attribuées à Le Vayer, l'observation suivante : « Il est instructif, dit-il [5], de constater cette phase passionnée chez un sceptique de profession...... Ce caractère, du reste, donne une ampleur et une netteté toutes particulières à son style : les citations y sont moins prodiguées que partout ailleurs et le mouvement général est souvent voisin de la véritable éloquence. De toute l'œuvre de Le Vayer, ces opuscules sont ceux qui se lisent avec le plus de soutien et qui mériteraient le mieux les honneurs d'une réimpression ». On croirait que M. Kerviler va poser la question de l'authenticité. Non. Du reste

---

1. Niceron, *Mémoires pour servir à l'étude des hommes illustres dans la République des lettres*, t. XIX, p. 127.
2. L. Étienne, *Essai sur La Mothe Le Vayer*, Rennes, 1849, Appendice, p. 237.
3. R. Kerviler, *François de La Mothe Le Vayer*, Étude sur sa vie et sur ses écrits, Paris, 1879, p. 205.
4. *Quid de instituendo principe senserit Vayerius*, thesin proponebat L. Lacroix, Parisiis, 1890, p. 57.
5. R. Kerviler, *François de La Mothe Le Vayer*, pp. 54-55.

il vient de dire que les auteurs des brochures politiques de ce temps, bien qu'elles fussent toutes anonymes, « n'étaient pas si bien cachés qu'on ne pût facilement les reconnaître [1] ». Il n'éprouve donc pas le moindre doute. A ses yeux, le *Discours* est bien de Le Vayer. Voulez-vous savoir pourquoi? M. Kerviler vous répond : « Richelieu se connaissait en hommes ; il admira les fécondes ressources de l'esprit et de l'érudition du nouveau venu, de Le Vayer, il pensa qu'un rhéteur habitué à exposer les faces contraires d'une même question serait un excellent auxiliaire pour répondre aux brochures envenimées de Mathieu de Morgues, et lorsqu'il eut parcouru le *Dialogue d'Orasius Tubero* sur la politique, il n'hésita plus à s'attacher un polémiste aussi pénétré des doctrines de Machiavel ». D'ailleurs, M. Kerviler prend la peine de nous rappeler qu'Orasius Tubero, — pseudonyme transparent, celui-là, de La Mothe Le Vayer [2] — avait franchement intitulé son dialogue : *De la politique traitée sceptiquement*. Ainsi donc, au dire de M. Kerviler, c'est parce que Le Vayer est un érudit et un sceptique que Richelieu a fait de lui son auxiliaire et le défenseur de sa politique, et par ailleurs, d'après le même critique, les brochures politiques de Le Vayer ont plus de passion et moins de citations que tous ses autres écrits. Mais c'est une triple contradiction! Évidemment, contradiction chez Le Vayer, qui dans ses pamphlets politiques ne se ressemble plus, modérant le cours de ses citations érudites et remplaçant le scepticisme par la passion et l'éloquence! Contradiction chez Richelieu, qui confia la défense de sa politique à « un rhéteur habitué à exposer les faces contraires d'une même question », comme s'il n'avait pas fallu, au milieu des

---

1. R. Kerviler, *François de La Mothe Le Vayer*, p. 45.
2. *Orasius* vient du grec ὅρασις, *vue*, sous prétexte que les Le Vayer s'appelaient autrefois Le Voyer, et *Tubero*, du latin *tuber*, *motte*. — Du reste, les philosophes n'ont pas les mêmes raisons que les pamphlétaires politiques pour prendre des pseudonymes impénétrables.

ardentes polémiques que sa politique suscitait, apporter, plus encore que la subtile pénétration d'un sceptique, l'enthousiasme et l'entrain d'un panégyriste convaincu ! Contradiction chez M. Kerviler, qui, à douze pages de distance, nous montre dans l'auteur et dans ses écrits les qualités les plus incompatibles ! Puisque les écrits politiques de La Mothe Le Vayer ont, par leur caractère très particulier, étonné M. Kerviler, c'était le cas de poser la question d'authenticité ! Manquant du terme de comparaison que m'ont procuré mes études précédentes sur le P. Joseph polémiste, M. Kerviler ne serait peut-être pas allé jusqu'à trouver le véritable auteur de ces écrits. Mais il aurait certainement constaté que ce n'était pas La Mothe Le Vayer. Voici pourquoi.

Les brochures politiques de La Mothe Le Vayer sont, d'après M. Kerviler :

1º Le *Discours sur la bataille de Lutzen*, du 6 novembre 1632 ;

2º Le *Discours sur la proposition de trefve aux Pays-Bas*, en M.DC.XXXIII ;

3º Le *Discours de la contrariété d'humeurs qui se trouve entre de certaines nations, et singulièrement entre la Françoise et l'Espagnole*, traduit de l'italien de Fabricio Campolini, Veronois ;

4º *En quoy la Piété des François diffère de celle des Espagnols dans une profession de mesme Religion ;*

5º *Discours de l'histoire, où est examinée celle de Prudence de Sandoval Chroniqueur du feu Roy d'Espagne Philippe III et Evesque de Pampelune, qui a escrit la vie de l'Empereur Charles-Quint.*

Nous pouvons faire l'historique des trois premiers de ces écrits. Pour le moment, nous n'avons pas à nous occuper des deux autres.

« Le premier *Discours*, qui est *sur la bataille de Lutzen*, fut imprimé trois ou quatre fois dès l'an mil six cent trente trois et le second ensuite par feu Estienne Richer, qui les a inserez tous deux, l'un dans le dix-huitiesme volume de son *Mercure François*, p. 706; l'autre dans le dix-neuviesme tome, p. 224 [1]. »

En 1636, parut le *Discours de la contrariété d'humeurs* [2], accompagné des deux *Discours sur la bataille de Lutzen* et *sur la proposition de trefve aux Pays-Bas*. Une seconde édition fut donnée en 1647 [3], dans laquelle le libraire dit au lecteur : « La mediocre grosseur de ce traitté me donne envie d'y adjouster deux petits Discours (*sur la bataille de Lutzen et sur la proposition de trefve aux Pays-Bas*), tant parce que qu'ils sont tous d'un mesme autheur, qu'à cause que leur nature est assez conforme pour ce qui touche la Politique... J'ay creu, Lecteur, que vous me sçauriez bon gré de vous les donner en ce lieu et que l'autheur ne le trouveroit pas mauvais, encore qu'il n'y eust pas mis son nom. Il le supprima de mesme à la première impression du livre *De la contrariété d'humeurs*, outre qu'il fit passer l'ouvrage sur des raisons du temps pour une traduction d'italien en françois. Je veux bien vous advertir que c'est un veritable original, et que ce Fabricio Campolini, dont le titre parle, ne doit estre pris que pour une personne tout à fait imaginaire. »

Donc d'abord, nos trois *Discours* sont du même auteur. Donc ensuite, *La contrariété d'humeurs* n'est ni l'œuvre de Campolini ni une traduction d'italien. Quel est donc l'auteur ? — La Mothe Le Vayer, me dites-vous. — Mais sur quoi appuyez-vous votre opinion ? — Sur la *Dedicace* de l'édition de 1636. — En effet, il y a dans cette édition une *Dedicace* du *Discours de la contrariété d'humeurs à Monseigneur Monseigneur l'Eminentissime Cardinal duc de*

---

1. *Advis du libraire au lecteur* dans les *Œuvres de François de Lamothe Le Vayer*, 1662, t. 1, p. 191.
2. Paris, 1636, in-8°.
3. Paris, 1647, in-8°.

Richelieu, signée *D. L. M. L. V.* Lisez : *De La Mothe Le Vayer*. Mais s'en suit-il que le *Discours* lui-même soit de cet écrivain? La Mothe Le Vayer ne le donne pas du tout comme sien; il le présente comme « l'ouvrage du Veronois ». — Tant que le nom du « Veronois » était inscrit en tête de l'ouvrage, cette présentation était logique, elle était nécessaire. — Assurément, mais quand le libraire écarte le « Veronois », comme un personnage imaginaire, il se garde bien de nommer l'auteur, et pourtant, si c'était le signataire de la *Dedicace*, c'était bien l'occasion de le déclarer. Par ailleurs, était-il vraisemblable que l'auteur de ce *Discours*, qui voulait en cacher l'origine, — car enfin ce n'était pas pour rien qu'il le faisait passer par Vérone! — était-il vraisemblable que cet auteur se chargeât lui-même de dédier son œuvre au Cardinal de Richelieu, et qu'il signât sa *Dedicace* de son propre nom? Le procédé, on l'avouera, aurait été trop singulier, il aurait été trop naïf! Il nous paraît plus naturel, et bien plus habile, que La Mothe Le Vayer, dans la *Dedicace* qu'il a écrite, rende à l'auteur le même service que le prétendu « Veronois Campolini » dans le *Discours* qu'il n'a pas composé, et que, même par les moyens les plus opposés, l'un comme l'autre ne tendent à d'autre but que de dérouter la curiosité du public.

Maintenant, si l'on veut savoir pourquoi ce service a été demandé à La Mothe Le Vayer, plutôt qu'à d'autres pamphlétaires de Richelieu, plutôt qu'à Sirmond, qu'à du Châtelet, par exemple, nous répondrons : Parce que La Mothe Le Vayer était un ami des voyages et un curieux observateur des mœurs et des coutumes des peuples qu'il avait visités ; parce qu'en 1630 il avait dépeint dans les cinq *Dialogues d'Orasius Tubero* la diversité et la contradiction des opinions, des coutumes, des mœurs, des usages, et la différence des religions ; parce que pour recueillir des renseignements plus nombreux et plus certains, il se faisait parfois adjoindre au secrétariat des envoyés extraordinaires près des puissances voisines de la France. C'est ainsi qu'il visita Londres en 1627 et l'Italie en 1635. En 1629 il accompagna Bautru à Madrid et à Bruxelles [1].

Dans ces conditions, personne mieux que lui ne pouvait prêter son nom pour le *Discours sur la contrariété d'humeurs... entre la nation Françoise et l'Espagnole*. On imagina donc un Véronais, qu'on appela Fabricio Campolini. Le Vayer, dans son voyage d'Italie, avait pu faire sa connaissance. On supposa que ce Véronais avait écrit un discours sur le sujet en question. A Vérone, on était assez près des Espagnols et des Français pour les juger [2]. Alors, on pouvait croire que Le Vayer, trouvant dans ce livre un aliment à sa studieuse curiosité, l'avait mis en français et dédié au cardinal de Richelieu. De la sorte, pourvu que Le Vayer voulût bien signer sa dédicace au moins de ses initiales, on avait réalisé, en dehors du style, l'idéal d'un pseudonyme, en accumulant sur un faux nom toutes les apparences du vrai. Aussi voulut-on en faire bénéficier deux *Discours* du même auteur, le *Discours sur la bataille de Lutzen* et le *Discours sur la proposition de trefve*, parus anonymes en 1633, et on les réimprima à la suite du *Discours sur la contrariété d'humeurs* et comme ouvrages du même auteur.

— Singulière argumentation! nous dira-t-on peut-être. Parce que le style de ces *Discours* n'est pas conforme au style ordinaire de La Mothe Le Vayer, ils ne sont pas de lui! Et parce que les circonstances dans lesquelles ils ont été publiés lui sont favorables, c'est encore une raison de ne pas les lui attribuer! Il est vraiment commode de tirer de deux faits contraires une même conclusion. — Commode

---

1. R. Kerviler, *Guillaume Bautru, comte de Serrant*, pp. 30-32.
2. Le P. Joseph avait de même présenté le *Discours sur l'affaire de la Valteline et des Grisons* comme la traduction d'un original italien imprimé à Venise, et son *Advis sur l'estat des affaires d'Allemagne* comme la traduction d'un original latin imprimé en Allemagne. Le procédé lui était familier.

ou non, pourvu que le procédé soit logique, il suffit. Les deux faits sont contraires, c'est vrai ; mais ils sont aussi commandés par deux principes contraires, dans lesquels ils trouvent leur explication. D'abord, un pamphlétaire politique veut rester inconnu. Voilà pourquoi Le Vayer, qui a signé la dédicace du *Discours sur la contrariété d'humeurs*, n'est pas l'auteur de ce *Discours*. Ensuite, on peut prêter son nom, mais non communiquer son style. Voilà pourquoi, si le style de ce *Discours* n'est pas celui de Le Vayer, le *Discours* non plus n'est pas de lui. Le Vayer a trop ou trop peu fait pour que nous le croyions l'auteur de ce *Discours*. Il devait ou cacher son nom ou prendre son style ordinaire.

D'ailleurs, une fois que La Mothe Le Vayer avait accepté la paternité de ces trois *Discours*, il ne pouvait plus la rejeter ensuite, même après la mort de l'auteur, arrivée en 1638. Lorsque l'abbé de La Mothe Le Vayer donna au public le recueil des œuvres de son père en son absence, « pendant les differens voïages qu'il a esté obligé de faire à la suite de la cour, » le *Discours de la contrariété d'humeurs*, le *Discours sur la bataille de Lutzen*, le *Discours sur la proposition de trefve* y ont été insérés, et ils furent ensuite reproduits dans toutes les éditions complètes des *Œuvres de François de La Mothe Le Vayer*, de 1653, de 1656, de 1662, de 1669, de 1684 et de 1756-1759.

Cette étude a établi les conditions dans lesquelles le *Discours sur la proposition de trefve aux Pays-Bas en M.DC.XXXIII* a été composé, et les raisons que nous avons de le rendre au P. Joseph, sans plus tenir compte de l'attribution qui, jusqu'ici, en a été faite à La Mothe Le Vayer.

Il me reste à m'excuser auprès des bibliographes, mes prédécesseurs, dont je n'ai pas suivi l'opinion. Hélas ! c'est le sort de la vérité, qu'on mette longtemps à la découvrir ! Ai-je bien découvert l'origine de notre *Discours* ? Je le crois, j'en ai la certitude morale. Autrement je n'eusse pas produit cette étude. Mais je n'en suis pas absolument sûr pourtant. Car le plus souvent il en est des chercheurs dans le domaine de l'histoire, comme des flots sur les plages de l'Océan : *velut unda supervenit undam*. Un autre chercheur viendra peut-être, qui, en poussant plus loin ses investigations, fera oublier les miennes. Qu'importe ? S'il me doit en partie sa découverte, je serai assez payé de ma peine, et son exemple même m'encouragera à faire des recherches nouvelles.

Car je suis tout à fait de l'avis de M. Michaud, l'éditeur des *Mémoires de Richelieu*. En France, nous croyons beaucoup trop facilement « tout ce qui s'annonce hardiment dans un prospectus ou dans une préface ». Au moins, pour les préfaces des polémistes politiques, il est bien sûr qu'elles n'ont guère d'autre raison d'être que de voiler et de cacher les auteurs. Et pourtant l'histoire doit travailler à les reconnaître, ces auteurs si bien déguisés! Heureux qui les découvre !

CHRONIQUE

Conformément à la décision prise à la Haye et aux décisions du Comité central, le Congrès international d'histoire comparée se tiendra à Paris, en 1900.

Il aura lieu sous le patronage officiel du gouvernement français.

Son centre officiel sera au Collège de France. Mais, pour assurer tous les services, des locaux annexes y seront joints, probablement à la Sorbonne et ailleurs.

Pour la circonstance et en ce qui concerne le congrès de Paris, les membres des bureaux des divers comités français, créés pour l'organisation, se joindront, selon l'usage, au Comité central et formeront avec lui le Comité général de préparation. La nomination de ces membres est actuellement soumise à l'agrément du gouvernement français. Nous publierons leurs noms dans le prochain fascicule. M. Gaston Boissier, secrétaire perpétuel de l'Académie française, membre de l'Académie des Inscriptions, est président de ce *Comité général*; M. de Maulde est président du *Comité exécutif*, chargé de l'administration du Congrès, et composé de délégués du Comité général.

Le Comité a déjà reçu un très grand nombre d'adhésions.

Nous n'avons pas besoin d'ajouter que le Congrès de 1900, bien que naturellement conçu sur une base plus large que celui de la Haye, dont il est la suite et l'épanouissement, sera fidèle aux traditions de science et d'indépendance que lui a léguées le premier Congrès.

Les membres seront acueillis sans aucune arrière-pensée[1], sur le terrain commun de la confraternité scientifique et internationale.

1. Un journal de Munich ayant annoncé, par erreur, que le Congrès aurait lieu sous le patronage d'une société savante de Paris (la Société d'Histoire diplomatique), on a rappelé, à cette occasion que nos Congrès sont désireux de nouer avec toutes les sociétés savantes de cordiales relations, mais qu'ils ne peuvent, — naturellement, — se placer sous le patronage d'aucune d'entre elles.

Italie. — Son Excellence le Ministre des affaires étrangères d'Italie, M. le marquis Visconti-Venosta a adressé à M. le président du comité exécutif une lettre des plus bienveillantes et des plus flatteuses dans laquelle il déclare accorder son haut patronage au Congrès de 1900.

Pérou. — Le gouvernement péruvien a délégué pour le représenter au Congrès d'histoire comparée de 1900, M. le Conseiller Pradier-Fodéré, doyen honoraire de la Faculté de Lima, conseiller honoraire à la Cour de Lyon,

Hongrie. — Le comité hongrois est en voie de formation sous le patronage de l'Académie des Sciences de Hongrie.

Suède. — Le comité suédois sera présidé par M. C. T. Odhner l'éminent directeur des Archives royales de Suède. Le *Historisk Tidskrift* annonce à ses lecteurs le congrès d'histoire comparée de 1900 et consacre aux « Annales internationales d'histoire » un article de fond qui traduit exactement leur programme.

M. James Gustavus Whiteley a publié dans le numéro du mois de mai de « The conservative review », un article des plus intéressants et des mieux documentés sur le congrès international d'histoire tenu à la Haye en 1897.

COMPTES RENDUS

La campagne de Minorque, par Raoul de Cisternes (Calmann-Lévy). — Un épisode glorieux a rompu la monotonie des revers et des lâchetés qui ont fait du règne de Louis XV la honte de notre histoire : c'est la prise de l'île de Minorque qu'occupaient les Anglais et d'où ils menaçaient les côtes de France et tenaient en respect l'Espagne. Le maréchal de Richelieu s'y couvrit de gloire, un peu, ce semble, contre le gré et l'attente de ceux-là mêmes qui l'avaient chargé de l'entreprise. Mme de Pompadour qui détestait ce général l'aurait vu se perdre avec une satisfaction secrète ; si, au contraire, il réussissait, elle aurait eu la gloire de lui avoir confié le commandement malgré ses répugnances avouées. Le port Saint-Philippe, qui protège Minorque, passait alors, dit Soulavie, pour imprenable. Richelieu s'en empara cependant, et le prestige de l'Angleterre en reçut une sensible atteinte. M. de Cisternes a conté par le menu ce beau fait d'armes en s'aidant de notes nombreuses, prises dans les diverses archives, mais surtout en suivant la relation d'un officier de la flotte, le commandant Glandevez, dont le nom fort inconnu méritait un meilleur sort. Quelques extraits de chansons populaires et de poèmes légers sont piqués dans le récit.

⁂

Correspondance inédite du major-général de Martange (1756-1782), recueillie et publiée par Charles Bréard (A. Picard et fils). — Martange, qui ne s'appelait nullement Martange, mais Bouët, et qui se laissait qualifier du titre de vicomte auquel il n'avait aucun droit, fut un de ces nombreux intrigants qui vécurent aux dépens des grands au xviiie siècle. « C'est l'un des plus grands intrigants de l'Europe », disait de lui le duc de Choiseul, et Louis XV enchérissant sur son ministre, déclarait qu'il était « capable de bouleverser un royaume ». Mais, tout adroit qu'il fût ou qu'il se crût, il ne parvint jamais à rien.

De même que certains généraux très habiles ont passé leur vie à se faire battre, Martange, malgré son intrigue, vit échouer toutes les entreprises auxquelles il s'attacha. Serviteur du prince Xavier de Saxe, ambassadeur du roi Louis XV à Londres, ses missions aboutirent toujours misérablement, non par sa faute assurément, mais parce que les causes qu'il défendait étaient d'avance perdues. Quand Choiseul eut combiné laborieusement le mariage du dauphin avec Marie-Antoinette, Martange voulut se mettre à la traverse et amener d'un coup trois mariages, celui du dauphin et de son frère, le comte de Provence, avec deux princesses saxonnes, et de Madame Clotilde de France avec le jeune électeur de Saxe, et on le vit courir de Dresde à Compiègne, de Coblentz à Versailles pendant six mois pour n'obtenir qu'un échec. Plus tard, quand son grand ennemi Choiseul, tombe, et que Mme Du Barry, dont il avait cultivé l'amitié, devient toute puissante, il se croit à jamais « tiré de la bredouille »; accueilli à Marly, dînant chez M. de Beaujon, le banquier de la Cour, et chez l'abbé Terray, sa fortune semble assurée ; point. Son rêve, « bâtir un petit château, planter un parc délicieux, arranger un jardin où se puissent trouver tous les fruits et les meilleurs légumes avec des régiments de dindons, » ne se réalisa pas; tout au contraire, il dut s'en aller vivre très modestement à Honfleur, d'où on le voit fondre de temps à autre sur la cour pour y proposer quelque belle combinaison que personne n'accepte. En 1790, les feuilles du temps annoncèrent qu'il était parti « pour négocier le retour du prince ». Ce fut la dernière de ses négociations et le dernier de ses insuccès. Il mourut à Londres tout à fait oublié, à l'âge de 84 ans, en 1806.

Sa correspondance, les notes qu'il rédigea pour ses protecteurs, ou mieux ses employeurs, n'en sont pas moins intéressantes ; elles initient au manège des cours, aux dessous de mainte négociation ; il faut se représenter Martange comme un homme d'infiniment d'esprit, très perspicace, bon observateur. On trouvera dans ses lettres un tableau exact de cette période qui s'étend du moment où Choiseul entre en scène jusqu'aux hostilités de la France avec l'Angleterre qui jetèrent un dernier éclat sur la dynastie grâce aux patients efforts de Choiseul. M. Bréard a fait précéder cette correspondance d'une substantielle notice biographique et l'a accompagnée de notes intéressantes.

E. RODOCANACHI.

Bonaparte et les îles Ioniennes (1797-1816), par M. E. RODO-
CANACHI (Paris, Félix Alcan, 1899). — Les lecteurs des *Annales
internationales d'histoire* connaissent déjà la dernière partie du
beau livre de M. E. Rodocanachi [1]. Ils nous sauront gré de
résumer ici en quelques lignes les premiers chapitres de cet
ouvrage des plus intéressants. L'épisode est peu ou mal connu,
et l'auteur a su le mettre en relief d'une façon à la fois très érudite et très attrayante.

Dès le début, M. E. Rodocanachi nous montre ce qu'étaient les
îles Ioniennes, en 1797, à l'époque de la première occupation
française. Il trace un tableau charmant et pittoresque des mœurs
des habitants.

Le 16 mai 1797, les troupes françaises entraient dans Venise.
Le Sénat abdiqua : la République de Saint-Marc avait vécu.
Bonaparte résolut de s'emparer du même coup des possessions
vénitiennes sur les côtes de la Grèce. Mais l'annexion pure et
simple des sept îles aurait pu lui créer des embarras, car plusieurs
puissances les convoitaient. Bonaparte démontra à la nouvelle
municipalité établie à Venise l'utilité d'instituer dans les îles
Ioniennes un régime identique. L'expédition fut organisée sous
les ordres de Gentili. La flotte française, renforcée de quelques
bâtiments vénitiens, arriva à Corfou le 28 juin.

Widmann, provéditeur de la République de Venise à Corfou,
ignorait complètement les événements qui venaient de se passer.
Il ne sut que faire devant cette arrivée inopinée de troupes
françaises. Mais comme Gentili se présentait en auxiliaire et en
allié, Widmann accueillit avec empressement la petite armée de
Bonaparte.

Les habitants des îles laissèrent éclater leur enthousiasme. A
Zante, ce fut du délire. Les Zantiotes, voulant avant tout changer de maîtres, acclamaient les Français, ce qui d'ailleurs ne les
empêcha pas, vingt jours plus tard, de hisser le drapeau russe et
de crier : « Vive Paul Ier ! »

La nouvelle municipalité apporta des modifications importantes dans les services publics. Des fêtes symboliques eurent
lieu. Les Corfiotes remplacèrent le lion de Saint-Marc par le coq
gaulois. Mais ce bel enthousiasme ne devait pas durer.

Le traité de Campio-Formio donna à la France les sept îles
ainsi que les établissements vénitiens en Albanie. Ces nouvelles

1. Voir le fascicule du mois d'avril dernier.

possessions furent divisées en trois départements. L'administration française entreprit des réformes nécessaires. Notamment, une école primaire et une imprimerie furent créées.

Mais la France avait un redoutable voisin : Ali de Tebelem, pacha de Janina. On connaît ce trop fameux personnage. Bonaparte voulut traiter avec lui, car il valait mieux l'avoir pour allié que pour ennemi.

Le 3 octobre 1798, la guerre fut officiellement déclarée entre la France et la Turquie. Ali, pacha de Janina, se retourna contre les Français. Les pages que M. Rodocanachi consacre au massacre de Preveza sont des plus dramatiques.

Une flotte russo-turque, qui s'était déjà emparée des îles secondaires, vint mettre le siège devant Corfou. Après une longue et vigoureuse défense, la ville capitula le 3 mars 1799. La première occupation française des îles Ioniennes avait duré vingt mois, et pendant ce court espace de temps, comme le fait très bien remarquer M. Rodocanachi, les Français avaient « causé « plus de bouleversements, apporté plus d'idées, remué plus « profondément les esprits, éveillé plus de haines et conquis « plus de sympathies que les Vénitiens en cinq cents ans. »

Dans la seconde partie de son livre, — nos lecteurs s'en souviennent, — M. Rodocanachi retrace les événements qui ont marqué la création de la République septinsulaire, le retour des îles à la France jusqu'à la prise de Corfou par les Anglais en 1816.

André LE GLAY.

Le Gérant : LE GLAY.

MACON, PROTAT FRÈRES, IMPRIMEURS

PUBLICATIONS DES MEMBRES DU CONGRÈS :

Vte M. Boutry. — La question des missionnaires en Chine au xviiie siècle (communication faite au Congrès des Sociétés savantes). Paris, imprimerie nationale, 1899.

Vte M. Boutry. — Une mystification diplomatique. Les trahisons du comte Mattioli (l'homme au masque de fer, *Revue des études historiques*, juin 1899).

L'abbé L. Dedouvres. — Le Père Joseph polémiste. Ses premiers écrits, 1623-1626 Paris. A. Picard et fils. Angers, Germain et G. Grassin, [1895.

L'abbé L. Dedouvres. — De patris Josephi Turciados libris quinque. Angers, Germain et G. Grassin, 1894.

L'abbé L. Dedouvres. — Le Père Joseph et le Sacré-Cœur. Angers, Germain et G. Grassin, 1899.

L. Dubois de Lhermont. — L'organisation agricole et la sécheresse.

L. Dubois de Lhermont. — Les lois pénales protectrices de l'agriculture.

Dr Hans F. Helmolt. — Weltgeschichte. 4 Band, 1 Hälfte. Leipzig, 1899.

H. Houssaye. — 1815 (Waterloo). Paris, libr. Perrin, 1899.

Marquis Mac Swiney de Mashanaglass. — Le Portugal et le Saint-Siège. Paris, Picard, 1899.

R. de Maulde. — Les Femmes de la Renaissance. Paris, Perrin, 1899.

E. Rodocanachi. — Les aventures d'un grand seigneur italien. Paris, Flammarion, 1899.

G. Salles. — Les origines des premiers consulats de la nation française à l'étranger. In-8°, Paris, Leroux, 1896.

G. Salles. — L'institution des consulats, son origine, son développement au moyen âge chez les différents peuples. In-8°, Paris, Leroux, 1898.

E. Simson. — La non-extradition des nationaux. Saint-Pétersbourg, 1892.

E. Simson. — L'occupation d'après les principes du droit international. Saint-Pétersbourg, 1894.

Marquis-Viti Mariani. — La Spagna e la Santa Sede. Il matrimonio del re di Spagna D. Pilippo IV con Doña Maria Anna arciduchessa d'Austria, 1645-1649. Rome, 1899.

Marquis de Vogüé. — La Croix rouge maritime et la Conférence de La Haye.

M. le comte Greppi vient de publier dans la *Deutsche Revue* (septembre 1899) un fort joli article de souvenirs personnels, intitulé *Erinnerungen eines alten Diplomaten*. Cet article a trait à la première arrivée du comte Greppi à Rome (1841-1842); il ouvre une série qui sera suivie.

CONGRÈS DE 1900

Comité de l'histoire du Droit et des Institutions. — MM. GLASSON, membre de l'Académie des Sciences morales et politiques, doyen de la Faculté de Droit, *Président* ; — JACQUES FLACH, professeur au collège de France ; — GÉRARDIN, professeur à la Faculté de Droit ; — LUCHAIRE, membre de l'Académie des sciences morales et politiques ; — REVILLOUT, conservateur au Musée du Louvre, *vice-présidents* ; — A. LEFAS, docteur en droit ; — GEORGES SALLES, auxiliaire de l'Institut, *secrétaires*.

G. ALIX, professeur à l'École des Sciences politiques ; — d'ARBOIS DE JUBAINVILLE, membre de l'Académie des Inscriptions et Belles-Lettres, professeur au Collège de France ; — AULARD, professeur à la Faculté des Lettres ; — Ch. BENOIST, avocat ; — CUCQ, professeur à la Faculté de Droit ; — ESMEIN, professeur à la Faculté de Droit ; — comte de FRANQUEVILLE, membre de l'Académie des Sciences morales et politiques ; — GIRARD, professeur à la Faculté de Droit ; — GIRY, professeur à l'École des Chartes ; — Comte d'HAUSSONVILLE, membre de l'Académie Française. — JOBBÉ-DUVAL, professeur à la Faculté de Droit ; — LYON-CAEN, membre de l'Académie des Sciences morales et politiques ; — Comte de LUÇAY, correspondant de l'Institut ; — PIÉDELIÈVRE, professeur à la Faculté de Droit ; — ROY, professeur à l'École des Chartes ; — TARDIF, secrétaire de la Rédaction de la Nouvelle Revue historique du Droit ; — TERRAT, professeur à la Faculté catholique ; — VALOIS, ancien élève de l'École des Chartes ; — P. VIOLLET, membre de l'Académie des Inscriptions et Belles-Lettres, professeur à l'École des Chartes.

COMITÉ ITALIEN. — MM. le sénateur PASQUALE VILLARI, ancien ministre de l'Instruction publique, président de l'Institut royal des études supérieures de Florence ; — Le baron G. CLARETTA, membre dell'Academia delle Scienze e deputazione di Storia patria di Torino ; — Le docteur OSCAR CHILESOTTI ; — Le commandeur professeur GIACOMO GORRINI, directeur des Archives du Ministère des Affaires étrangères ; — Le sénateur comte GRECO, ancien ambassadeur ; — Le professeur ARTURO GRAF, de l'Université royale de Turin ; — Le comte NERIO DE' MEDICI, vice-président della deputazione di Storia Patria di Bologna ; — Le comte ENRICO PONZO DI SAN MARTINO, président de l'Academia di Santa Cecilia ; — Le professeur chevalier TEBALDINI ; — Le commandeur ORESTE TOMMASINI ; — Le commandeur professeur ADOLFO VENTURI, directeur de la *Galleria*, professeur de l'Histoire de l'Art à l'Université de Rome.

Pour tous renseignements on peut s'adresser aux membres du Comité faisant fonctions de secrétaires : MM. GIACOMO GORRINI, Ministère des Affaires étrangères à Rome ; — Le Dr OSCAR CHILESOTTI à Bassano.

Annales

internationales

d'Histoire

CONGRÈS DE LA HAYE

N° 5

SOMMAIRE

Des concordats, par Mgr Adolfo Giobbio. — *Réceptions d'ambassadeurs à Compiègne (XVe et XVIIIe siècles)*, par M. le comte de Marsy. — *Un effort de la France contre le commerce hollandais au XVIIIe siècle*, par M. André Le Glay — Chronique. — Comptes rendus. —

COMITÉ CENTRAL

MM. le baron J. d'Anethan de Beaufort, Beernaert, Bikélas, Browning, Burenstam, Caratheodory, de Crue, Holban, H. Houssaye, Hüffer, Lanczy, de Maulde La Clavière, Missak, Von Sicherer, Vesnitch, de Villa Urrutia, Wenevitinow, Whiteley, Le Glay, *secrétaire*.

M. de Maulde, *président*, 10, boulevard Raspail, Paris.
M. le comte de Tarade, *trésorier*, 45, rue Cambon, Paris.
Pour la Rédaction, prière de s'adresser à M. André Le Glay, 59, avenue Kléber, Paris.

MM. les Membres du Congrès sont invités à faire connaître à la Rédaction des *Annales*, pour être mentionnés, les titres de leurs ouvrages récemment parus.

Les personnes étrangères au Congrès peuvent, en adressant vingt francs à M. André Le Glay, 59, avenue Kléber, Paris, recevoir la collection complète des actes du Congrès, jusqu'à concurrence des exemplaires disponibles.

AVIS

Conformément au programme initial, le Congrès de 1900 sera un Congrès d'histoire internationale comparée, embrassant, outre les relations directes des peuples, l'histoire comparée de l'art, de la littérature, des sciences naturelles, de la religion, etc...
Les listes des divers Comités seront publiées successivement.

Afin de maintenir entre les membres un lien permanent, le comité a décidé de publier les actes du Congrès de La Haye par fascicules trimestriels.

DES CONCORDATS [1]

PAR

Mgr Adolfo GIOBBIO

PREMIÈRE PARTIE
Les Concordats d'après la Doctrine Catholique.

CHAPITRE I

NOTION DES CONCORDATS

Dès les temps les plus reculés, les différentes nations sentirent le besoin de coordonner leurs intérêts réciproques au moyen de conventions spéciales. De là, l'origine des traités publics et des accords internationaux.

D'après le sentiment commun des écrivains de droit international, le nom de traité désigne ces actes écrits, qui obligent entre elles plusieurs nations. Suivant Calvo, ces pactes se définissent : *Actes écrits qui lient entre elles deux ou plusieurs nations, soit en confirmant les obligations et les droits respectifs dérivant de la loi naturelle ou des usages, soit en y apportant des additions ou des restrictions, mais dans tous les cas en leur donnant un caractère de devoir strictement obligatoire* [2].

---

[1]. Ce travail sur les concordats a été traduit de l'italien.
[2]. Calvo. *Le Droit international théorique et pratique*, t. III, n. 1575.

Pratiquement, dans le langage commun, les susdits traités s'appellent aussi conventions.

Quelquefois, on les nomme simples déclarations, et ce nom désigne alors ces actes relatifs à des faits particuliers ou à des principes déterminés, au moyen desquels on établit une ligne de conduite que chaque partie contractante se propose de suivre.

Il y a certains traités qui, techniquement, s'appellent *cartel*, parce qu'ils ont un caractère moins solennel [1].

Je ne crois pas nécessaire de proposer les multiples divisions des traités données par les auteurs de Droit international, ce point n'importe pas à notre but. Nous observerons seulement que les concordats, *servatis servandis*, tombent précisément dans la sphère des conventions publiques.

Dès le commencement, on appelait *Concordats* les conventions destinées à régler les questions qui pouvaient s'élever entre les évêques, considérés comme seigneurs féodaux, et les communautés religieuses. Au xive siècle, le nom de concordat est employé pour toute espèce d'accord [2]. Au début du xve siècle, il s'applique principalement aux accords entre les autorités suprêmes de l'Église. Nous avons, en effet, les *Capitula concordata Constan-*

---

1. CALVO. On se sert aussi du mot *cartel* pour désigner les accords internationaux revêtus d'un caractère moins solennel, dispensés le plus souvent de la formalité des ratifications, et négociés par des agents d'un rang secondaire appartenant à l'ordre administratif plutôt qu'à la hiérarchie diplomatique. Les arrangements auxquels s'appliquent les cartels sont beaucoup plus restreints, plus spéciaux encore que les conventions; les stipulations en sont tantôt mutuelles, tantôt unilatérales, et souvent même constituent un simple échange de promesses. De nos jours, cette dénomination n'est plus guère usitée que pour les pactes entre belligérants concernant la rançon ou l'échange des prisonniers et des déserteurs militaires, ainsi que pour certains accords relatifs au service des douanes ou des postes. T. III, n. 1578.

2. CALVO. Sous l'empire de l'ancienne constitution helvétique, les traités ou arrangements particuliers conclus entre les cantons sur des questions mixtes de droit ou de juridiction intéressant les concitoyens respectifs, étaient désignés sous le nom de concordat (t. III, n. 1605).

tientia, de 1418, conclus entre le Pape Martin V et les fractions nationales du Concile.

Après la première moitié du xv⁰ siècle, le nom de *concordat* est exclusivement réservé pour désigner les accords entre l'État et l'Église[1]. Par conséquent, les concordats, considérés dans leur généralité, se pourraient définir : *Conventions entre l'Église et l'État, pour ordonner et régler leurs rapports réciproques*.

Je crois devoir donner la préférence à cette définition, si générique qu'elle soit, parce que les autres, contenant plus ou moins d'éléments dérivés de la nature que les différentes écoles attribuent aux concordats, ne sont pas uniformes. Aussi, traiterons-nous de ces définitions particulières dans l'exposé des diverses opinions sur le caractère obligatoire des concordats[2].

Nous croyons toutefois utile d'examiner en ce moment la définition que nous donne De Camillis des concordats.

Aux yeux de ce Maître, les concordats doivent être considérés comme *solemnes pactiones de limitibus auctoritatis, inter summum Pontificem et principes saeculares, initae pro moderamine status disciplinaris peculiarium Ecclesiarum alicuius regni vel nationis, ad pacem reparandam vel servandam inter sacerdotium et imperium*[3].

D'après la règle du Droit public ecclésiastique, cette

---

1. Calvo. Aujourd'hui, cette qualification n'appartient plus qu'aux traités par lesquels le Saint-Siège règle, avec les gouvernements étrangers, les rapports de l'Église catholique et de l'État, et détermine les attributions ou les droits de l'une et de l'autre, en ce qui concerne non pas les questions de foi, qui ne peuvent devenir l'objet d'un compromis, mais seulement les questions de discipline ecclésiastique, l'organisation du clergé, les circonscriptions diocésaines et la nomination aux sièges épiscopaux (t. III, n. 1605).

2. Le ch. P. Wernz donne une définition très claire des concordats. Il écrit : « Lex pontificia et civilis lata pro particulari quadam republica ad ordinandas relationes inter Ecclesiam et Statum circa materiam aliqua ratione utranque potestatem sive societatem concernentem, quae simul adiunctam habet vim pacti publici inter Sedem Apostolicam et illam rempublicam initi, et utramque partem vere obligantis ». (*Jus Decretalium*. T. I, 165.)

3. De Camillis. *Institutiones Juris Canonici*. T. I, pag. 65.

définition ne saurait être admise, en ce qu'elle repose sur un principe, sinon faux, du moins équivoque. Elle pourrait conduire à cette conclusion, que les concordats sont d'absolue nécessité, au moins *quoad materias mixtas* ; de là, naîtrait facilement cette idée, que l'État et l'Église peuvent exercer, dans ces matières, un pouvoir *aequivalenter* cumulatif, ce qui est une erreur très grave, attendu la supériorité de l'Église sur l'État, pour laquelle doit se vérifier en perfection le principe connu : *ibi incipit legislatio civilis, ubi desinit legislatio canonica.*

CHAPITRE II

ORIGINE DES CONCORDATS

Une fois exposée la notion générique des concordats, il est nécessaire d'en examiner l'origine. A cet effet, nous avons à considérer distinctement l'origine juridique et l'origine historique.

ARTICLE Ier.

Origine juridique des concordats.

Du nom d'origine juridique, nous entendons désigner les causes qui déterminent la création d'une chose quelconque, et dans la controverse présente, la recherche de l'origine juridique des concordats, c'est l'étude des causes qui conduisirent l'Église et l'État à ces conventions.

Le cardinal Agliardi [1] observe fort justement que la cause première qui donna efficacement origine à ces sortes de conventions, ce fut le déclin de l'ancienne dévotion des États chrétiens à l'égard de l'Église. Si l'État civil se considérait, tel qu'il est véritablement dans l'ordre de la Providence, comme un défenseur de l'Église à qui Jésus-Christ a confié la sublime mission de conduire les hommes à la béatitude éternelle, il est évident qu'il reconnaîtrait comme un devoir sacré de disposer ses lois en harmonie avec la législation de la société ecclésiastique, et ne trouve-

---

1. AGLIARDI. *Esame della controversia sui Concordati.* N. 2.

rait certainement dans le droit commun canonique rien de contraire au bonheur terrestre bien compris de ses peuples. Mais l'indifférentisme religieux, qui s'empara de certains princes et de presque tous les gouvernements, fit en sorte que l'Église ne fût plus regardée comme une mère, mais comme une puissance étrangère, usurpatrice et quasi ennemie, et que l'on cherchât jalousement à élever des murs de séparation entre la juridiction temporelle et la juridiction spirituelle. De là, devaient naturellement surgir des divergences fâcheuses qui, tout en causant de graves dommages à la discipline ecclésiastique, ne pouvaient éviter de porter en même temps préjudice à la tranquillité terrestre de ces États. Il en résulta le besoin d'un accord, qui se montra impérieux, spécialement à cause des matières mixtes dans lesquelles le contact juridictionnel est quasi immédiat, et où, par suite, le choc devient plus fréquent. Si l'on joint à cela la transformation subite des anciennes législations civiles, l'accès au pouvoir ouvert à ceux qui professent des religions purement tolérées, la condition de certains royaumes dans lesquels le nombre des orthodoxes est considérable, et de quelques autres où bon nombre de catholiques vivent sous le gouvernement de princes hérétiques, on s'explique ce fait qu'en nos temps bien des parties de la discipline ecclésiastique soient réglées différemment dans les diverses nations par des concordats particuliers [1].

---

[1]. Le Prof. Labis sur l'origine juridique des Concordats écrit : « Deux causes peuvent donner naissance aux concordats : 1° la nécessité, pour la bonne entente entre les deux pouvoirs, de déterminer d'un commun accord la part d'intervention ou le rôle de chacun dans les matières mixtes et douteuses ; 2° la nécessité pour le plus faible, qui est l'Église, de se relâcher d'une partie de ses droits afin de conserver le reste en paix. De là deux catégories possibles de concordats. Mais hâtons-nous d'ajouter que ceux de la première catégorie appartiennent purement à l'histoire ; tous ceux qui existent aujourd'hui sont de la seconde catégorie. A la suite d'un bouleversement social ou d'attentats du pouvoir civil qui ont jeté le trouble dans l'Église et l'ont dépouillée de ses droits, le Souverain Pontife, afin de pré-

Par conséquent, l'origine juridique, la cause qui donna lieu aux concordats, doit se ramener aux conditions particulières dans lesquelles, surtout en ces derniers temps, l'Église et l'État se trouvent au sujet de leurs relations réciproques, pour la conservation ou le renouvellement desquelles on crut opportun de recourir à de semblables transactions. Quand, en effet, les nations se mirent à se séparer de l'Église par la prétendue réforme, et que, de cette prétendue réforme, naquirent toutes ces erreurs politico-religieuses qui conduisirent à l'athéisme civil et social, l'Église trouva opportun de remédier à un tel état de choses soit par la condamnation de l'erreur, soit par le recours à quelques transactions avec les pouvoirs politiques devenus plus ou moins hostiles à l'Église.

Aussi, Olivier put-il dire en toute vérité que le concordat est « le dernier mot de la Révolution sur les rapports de l'Église et de l'État [1]. »

Article II.

Origine et évolution historique des concordats.

De tout ce que nous avons exposé sur l'origine juridique des concordats, il apparaît plus qu'évident que des conventions de ce genre ne pouvaient avoir leur raison d'être, ni aux temps où l'Église se trouvait en état de complète hostilité avec les gouvernements, ni quand elle était en parfaite harmonie avec eux.

venir de plus grands maux, de rétablir la concorde, de relever et d'organiser le culte public, accorde au chef de l'État certains privilèges, à condition qu'il s'abstiendra de tout empiètement ultérieur et respectera les droits laissés et reconnus à l'Église. Telle est l'origine commune des concordats aujourd'hui en vigueur, et c'est ce qui a fait dire que l'histoire des concordats est l'histoire des douleurs de l'Église. » *Des Concordats*. Revue catholique, t. XXXIII, p. 8.

1. Olivier. *Nouveau Manuel de droit ecclésiastique français*. Pag. 556.

Étant donnée une hostilité complète de la part de l'État, avec l'intention de détruire, si la chose se pouvait, l'Église elle-même, toute transaction, tout accord devient impossible. En ce cas, la lutte a lieu entre la foi et la superstition, la vérité et l'erreur, la lumière et les ténèbres, en un mot entre le Christ et Lucifer ; par suite, il reste absolument impossible de mettre fin à cette dissension, aucune transaction ne pouvant avoir lieu. Telle était la condition de l'Église aux premiers siècles de ses rapports avec le pouvoir civil.

De même, supposé un état de parfaite concorde entre l'Église et l'État, aucun concordat ne peut avoir lieu, l'État accordant déjà à l'Église tout ce qu'elle essaye d'obtenir de lui à l'aide de la convention qui devrait se stipuler.

Aussi, tant que l'Église vit sous sa soumission les empereurs de Rome et les rois vraiment chrétiens, ceux-ci l'ayant formellement prise sous leur protection, toute collision entre les deux autorités demeurait éloignée.

Mais, quand on voulut donner, d'une manière permanente, une forme juridique aux prétentions des rois à l'exercice de la juridiction ecclésiastique, quand en même temps commença de la part des peuples la défection de l'Église, celle-ci, pour conjurer le naufrage total et pour étouffer la lutte, crut opportun d'en venir à des transactions avec le pouvoir civil.

Aussi, a-t-on coutume de citer comme premier concordat le calixtin conclu, en 1122, à Worms, entre Calixte II et l'empereur Henri V. Il fut ensuite confirmé au Concile de Latran (1123). Ce fut de cette façon que se résolut la question des investitures.

Il serait à croire, d'après certains docteurs, que le concordat calixtin, considéré en toute rigueur, ne puisse être mis au rang des autres conventions. La raison en est que, dans ce concordat, il n'y eut de la part de l'Église aucune concession : l'Église, au contraire, y obtint ce qu'elle réclamait justement, c'est-à-dire la liberté des élections canoniques, complètement détruite par l'investiture *per annulum et baculum*.

Il est vrai que le Saint-Siège concéda à l'empereur le droit de conférer l'investiture *per sceptrum* : *electus autem regalia absque omni exactione per sceptrum a te recipiat*, et celui d'intervenir aux élections avec le pouvoir d'accéder à la *pars sanior*, en cas de discorde, *concedo electiones... in praesentia tua fieri absque simonia et absque violentia ; ut si quae inter partes discordia emerserit, metropolitani et provincialium consilio vel iudicio, saniori parti assensum et auxilium praebeas*.

Mais des concessions de cette nature ne supposent pas une vraie *remissio exercitii iuris favore principum*.

Et, en effet, pour que l'empereur puisse accorder l'investiture *per sceptrum*, il n'avait pas besoin de la permission du pape, attendu qu'il exerçait en cela un droit qui lui appartenait de par la nature même du système féodal. Aussi Godefroy de Vendôme écrit : *alia utique est investitura, quæ episcopum perficit, alia vero quæ episcopum pascit, ex iure divino habetur ista ex iure humano. Subtrahe ius humanum, possessiones amittit, quibus ipse corporaliter sustentatur. Non enim possessiones haberet ecclesia nisi sibi a regibus donarentur, et ab ipsis non quidem divinis sacramentis sed possessionibus terrenis investirentur* [1].

De même, en permettant la présence des souverains aux élections, on ne leur communiquait certainement pas le pouvoir de prendre part positivement à l'acte de l'élection elle-même ; ce qui fut accordé, ce fut le droit d'accéder en cas de discorde ; encore cette concession était-elle très limitée, étant subordonnée à la *pars sanior*.

C'est pourquoi je serais assez disposé à souscrire aux justes observations des susdits docteurs, d'après qui le droit public moderne exige dans les concordats l'idée ou d'une

---

1. Sismondi, *Op.* Tom. III, Col. 889.

concession ou d'une renonciation à un droit déterminé, relativement au mode d'en user.

Le P. Wernz rejette ces observations : *Errat De Angelis*, écrit-il, *si existimat pactum callixtinum sive Wormatiense concordatis non esse adnumerandum Etenim factum quod ibidem asserit, scilicet a Calixto II in illo concordato nullam veram concessionem factam esse imperio, est omnino falsum : asserta vero necessitas concessionis ad veram rationem concordati solido argumento non demonstratur*[1].

Au savant canoniste de la Compagnie de Jésus nous nous permettons de faire observer que les deux raisons qu'il allègue sur la théorie de De Angelis n'ont pas la consistance nécessaire pour repousser l'avis opposé. Nous avons déjà expliqué pourquoi il n'y a pas de vraie concession dans le concordat calixtin. Que maintenant l'idée de concession soit requise dans les concordats, quand on les envisage dans leur partie matérielle ou dans leur objet, cela me semble plus qu'évident, après tout ce qui a été dit de leur origine juridique.

D'ailleurs, que l'on considère chacun des concordats à part, l'idée de concession est celle qui domine, et le P. Wernz lui-même, au titre 38 *de iure patronatus*, écrit: *est tacitum quoddam concordatum atque non levium iurium in favorem laicorum facta concessio et futurorum privilegiorum principibus saecularibus datorum vera praeformatio*.

D'autres mentionnent comme concordat l'acte conclu par l'épiscopat portugais avec le roi Denys, l'an 1288.

Cette convention fut, dans la suite, confirmée par Nicolas IV dans la bulle *Nobis vero*. Mais Cavagnis observe à juste titre que « *Potius quam concordatum, est sententia pontificis qui auditis episcopis et procuratoribus regis, missis cum plenitudine potestatis, statuit quid regi conce-*

---

1. Wernz. *Op. cit.*, pag. 194.

dendum sit et quid negandum ex iis quae privilegiis vel consuetudine asserebat sibi competere [1].

Nous avons en 1418 les *concordata constentiensia*, entre le pape Martin V et les groupes nationaux du Concile, *nationes germanica, gallicana, italica, angelica, hispanica*.

Il faut rappeler que le concile de Constance se proposait un triple but: affermir la foi contre les doctrines erronées (*causa fidei*), éteindre le schisme (*causa unionis*), améliorer l'Église (*causa reformationis*.)

Or, on considérait comme matière de réforme, la réorganisation du Collège des Cardinaux, la limitation des réserves et annates pontificales, le droit de procédure, les indulgences, le droit de censure. Par suite, sur les points qui obtinrent le sentiment commun des Pères, on proposa des décrets universels de réforme ; sur ceux où par contre il y eut dissentiment, on pourvut au moyen de conventions particulières. On doit remarquer toutefois que ces conventions étaient limitées *ad quinquennium*.

En 1447, eurent lieu les *concordata principum* entre Eugène IV et les représentants de l'empire germanique, rédigés en quatre points distincts relatifs aux quatre propositions des représentants de l'Empire : *primum est ut generale concilium iu tempore locoque designando convocetur; alterum est, ut professio potestatis auctoritatis praeeminentiae generalium conciliorum.., per oratores tuos facta, tuis litteris approbetur. Tertium est ut nationi germanicae super gravaminibus opportune provideatur. Quarto et ultimo loco petimus ut quae in praeiudicium duorum principum electorum, vel in suarum ecclesiarum, acta sunt, tuae sanctitatis clementia revocentur, et in pristinum statum redigantur* [2].

Les réponses à ces quatre requêtes constituent les *Concordata Principum*.

---

1. CAVAGNIS. *Institutiones Juris publici ecclesiastici*. Vol. I, n. 649.
2. IUNGMANN. *Dissertationes selectae in historiam ecclesiasticam*. Tom. VI, disser. XXXV, n. 25.

L'année suivante (1448), eut lieu le concordat de Vienne conclu entre Frédéric III et le pape Nicolas V. Ce concordat servit de règle jusqu'en 1803 pour les affaires religieuses de Germanie.

Mais tout cela suffit pour ce qui concerne l'origine historique des concordats. Nous ajouterons seulement en note la liste des concordats que le Saint-Siège conclut aux diverses époques avec les gouvernements [1].

1. 1. Pour l'Allemagne nous avons : la bulle Callixtine de 1122 et le concordat de Vienne de 1448.
2. Pour le Portugal on rappelle les concordats de 1288, de 1516, de 1778, de 1857, de 1886.
3. Pour la France : les concordats de 1516, de 1801, de 1817.
4. Pour la Bohême le concordat de 1630.
5. Pour la Sardaigne les concordats de 1727, de 1741, de 1742, de 1750, de 1770, de 1817, de 1836, et de 1841.
6 Pour la Pologne le concordat de 1736.
7. Pour l'Espagne les concordats de 1737, de 1753, de 1851, de 1859.
8. Pour le royaume des Deux Siciles les concordats de 1741, de 1818, de 1834.
9. Pour le Duché de Milan le concordat de 1757.
10. Pour Milan et Mantoue le concordat de 1784.
11. Pour la République Italienne le concordat de 1803.
12. Pour la Bavière en 1817.
13. Pour la Prusse en 1821.
14. Pour la province Rhénane en 1821 et 1827.
15. Pour le Hannovre en 1824.
16. Pour la Belgique en 1827.
17. Pour la Suisse en 1828, 1845, 1884.
18. Pour la Russie et la Pologne, 1847, 1882.
19. Pour la Toscane, 1851.
20. Pour la République de Costa-Rica en 1853.
21. Pour la République de Guatemala en 1853.
22. Pour l'Autriche en 1855.
23. Pour le Wurtemberg en 1857.
24. Pour le Baden en 1859.
25. Pour la République d'Haïti en 1860.
26. Pour la République de Honduras en 1862.
27. Pour la République de l'Équateur en 1862, 1882, 1890.
28. Pour la République du Nicaragua et San-Salvator en 1862.
29. Pour le Monténégro en 1886.
30. Pour la République de Colombie en 1887, 1892.
31. Pour l'Ile de Malte en 1890.
32. Pour la Tunisie en 1893.

CHAPITRE III

NATURE DES CONCORDATS

L'exposé de tout ce qui se rapporte à la nature des concordats suppose avant tout l'étude de leur sujet. Il importe aussi d'en examiner l'objet, la forme, le but et l'utilité, enfin les obligations qui en découlent.

Article Ier

Sujet des Concordats.

Du nom de sujets des concordats, nous entendons désigner les personnes qui peuvent conclure ces sortes de conventions.

Or, du côté de l'Église, ces personnes sont les évêques et le Pontife romain ; du côté de l'État, celui qui est investi du pouvoir suprême.

Les évêques, comme princes ecclésiastiques, peuvent traiter avec le pouvoir civil dans les limites de leur puissance juridictionnelle. Au moyen âge, en effet, certains évêques signèrent avec différents gouvernements des conventions déterminées sur des matières ecclésiastiques : qu'il suffise de rappeler le concordat conclu, en 1288, entre les évêques du Portugal et le roi Denys, et confirmé ensuite par le pape Nicolas IV.

On peut également citer les concordats entre Guillaume V,

duc de Bavière, et l'archevêque de Salzbourg, en 1583, ainsi que ceux conclus entre l'électeur Emmanuel et l'évêque d'Ausgbourg.

Mais, dans les circonstances actuelles, on déroge généralement, dans les concordats, au Droit commun, ou bien l'on y traite des questions qui se rapportent à la nature de ce que l'on appelle causes majeures, c'est pourquoi le Pontife romain seul garde exclusivement le droit de conclure ces conventions avec les gouvernements.

Le Pontife romain par conséquent a plein pouvoir dans ces conventions, non seulement avec les gouvernements catholiques et chrétiens, mais encore avec les gouvernements infidèles; c'est, en effet, au chef suprême seul qu'il appartient de changer le droit commun ou d'y déroger, d'examiner et de décider les causes majeures.

D'ailleurs, il faut observer que l'effet de pareilles conventions est d'introduire une règle stable et déterminée de discipline, s'imposant à tous les membres d'un royaume ou d'une nation; or, comme les évêques et les autres autorités ecclésiastiques doivent être soumis à cette règle, il s'ensuit qu'elle ne saurait être introduite sans l'intervention de l'autorité suprême ecclésiastique.

Du côté de l'État, le pouvoir de conclure des concordats revient, comme nous l'avons déjà remarqué, à celui qui tient actuellement les rênes du gouvernement, cependant ce pouvoir est délégué pour l'acte pratique aux ministres plénipotentiaires, tandis qu'est réservé au chef du gouvernement le soin de ratifier ce qui a été convenu. A cette sanction du concordat doivent aussi participer les notables et les représentants du peuple, quand il s'agit d'un gouvernement établi sous la forme représentative.

Quelquefois des concordats furent conclus entre les Pontifes et les Évêques. Tels furent les *Concordata constantiensia*, entre le Pape et les prélats des groupes nationaux; tel fut ainsi le concordat de Vienne entre Nicolas V et l'empereur Frédéric III uni aux autres princes et ecclésiastiques de l'empire.

L'Église conclut aussi des concordats avec les gouvernements acatholiques. Nous en avons des exemples tout récents, soit dans la personne de Pie IX, soit dans la personne de Léon XIII actuellement régnant.

Par leur sujet, les concordats se distinguent des Pragmatiques sanctions : tandis que le sujet du concordat c'est l'Église et l'État *aequivalenter*, celui des Pragmatiques, au contraire, est l'Église seule ou l'État seul.

Ce nom dérive du latin-*sanctio* et du grec *pragma* (affaire). Il est usité particulièrement pour distinguer les ordonnances qui concernent les grandes affaires de l'État, de l'Église, des communautés, conçues dans l'assemblée et sur le conseil de nombreux et doctes jurisconsultes, ou finalement ces ordonnances que les rois et les autres princes souverains décrétaient dans une réunion composée de grands.

Beaucoup de constitutions impériales, concernant surtout les droits et les successions des électeurs de l'Empire, acquirent le nom de Pragmatique sanction, et sous ce nom elles sont enregistrées dans le Corpus de droit germanique, dans les lois impériales recueillies par Goldasto.

Article II

De l'objet des concordats.

Tout ce qui dans l'Église se conçoit comme *res*, peut, sous des conditions déterminées, devenir objet d'une convention.

Or, les *res* de l'Église sont les unes purement temporelles, les autres spirituelles et mixtes. Que les *res* purement temporelles de l'Église puissent former l'objet d'une convention, c'est chose bien évidente; mais le plus souvent dans les concordats on traite de choses spirituelles et mixtes, ce qui ouvre facilement la voie à cette question : comment les *res* spirituelles et mixtes peuvent former la matière d'un concordat. Pour éliminer toute difficulté, il faut observer que dans l'Église il y a certaines *res* d'institution divine, intimement inhérentes à elle à raison de sa nature et de sa fin, et partant immuables et inaliénables; d'autres, au contraire, ont été laissées à la libre détermination de l'Église et par suite sont modifiables suivant les circonstances de temps, de lieu, de personnes.

Or, le Saint-Siège ne peut rien céder de ce qui appartient à la première catégorie, tandis qu'une cession peut exister au sujet de la seconde.

Mais, pour comprendre bien distinctement quel est l'objet des concordats, il est nécessaire de présenter un examen analytique des concessions réciproques, ce qui équivaut à une étude comparée.

Parmi les concessions que l'Église fait à l'État, la plus grave est sans contredit celle qui regarde la nomination des évêques. Ce pouvoir a été reconnu au roi de France dans le concordat de 1516, et au premier consul dans celui de 1801, tant néanmoins qu'il serait de religion catholique. Dans d'autres concordats, il fut accordé aux gouvernements de présenter a l'épiscopat suivant différents modes propres aux divers pays.

Généralement le droit de nomination et de présentation ne se concède qu'aux gouvernements catholiques. Quand il s'agit de gouvernements hétérodoxes à l'instance de qui ont été promulguées des Bulles de circonscription, la provision aux sièges épiscopaux, pour ce qui concerne la nomination, est réservée aux chapitres, sans exclure toutefois l'intervention de l'État.

Dans le concordat seul de 1847 avec la Russie, il fut établi que le choix des évêques devrait s'effectuer *consiliis ante habitis inter Sanctam Sedem et Imperatorem.*

Dans beaucoup de concordats, l'intervention du gouvernement se vérifie aussi dans la provision des bénéfices mineurs, soit par simple concession, soit par droit de patronage. (Bavière, Espagne, Autriche, etc.)

Le Saint-Siège permet aussi la prestation du serment aux gouvernements et généralement la formule en est déterminée et prescrite dans la convention elle-même.

On y exprime aussi l'obligation imposée au clergé des prières publiques pour l'État, et quelquefois on en vient à un arrangement général en faveur de ceux qui auraient acquis injustement des biens ecclésiastiques.

Il arrive parfois que les concordats se concluent avec des gouvernements nouveaux, c'est-à-dire établis après un état social anormal. En ce cas, on demande au nom de l'autorité nouvelle la reconnaissance des droits et des prérogatives dont jouissait l'ancien gouvernement. *Sanctitas Sua recognoscit in primo Consule Gallicanae reipublicae eadem iura ac privilegia quibus apud S. Sedem fruebatur antiquum regimen.* (Concordat de 1801 art. XVI.)

Des raisons politiques exigent souvent, du côté de l'Église, la nouvelle circonscription des diocèses et des paroisses, et sur ce point on s'entend encore dans les concordats. La nouvelle circonscription des diocèses en France demeure célèbre dans l'histoire de l'Église. Par le Bref *Tam multa,* Pie VII demanda aux évêques de France une renonciation générale, pour procéder à la nouvelle circonscription: 45 évêques se démirent, mais 36 s'y refusèrent.

En résumé, les concessions que l'Église fait à l'État par les concordats regardent la circonscription des diocèses et l'érection de nouveaux, la présentation des évêques attribuée par un privilège spécial aux princes et aux chapitres, ainsi que la présentation de sujets capables, pour quelques autres dignités. Elles regardent encore les alternatives pour la collation des bénéfices, les réserves faites par les souverains pontifes, leur modification ou leur restriction, la diminution ou la remise de la partie des fruits du bénéfice à payer au Saint-Siège, sous le nom d'*Annates*, l'approbation des patronages laïques qui seraient controversables, la légitimation des ventes illicites ou usurpations de biens ecclésiastiques passés en possession d'un tiers; l'entente mutuelle sur ce point qu'on ne choisira, pour les dignités ecclésiastiques, aucune personne qui ne soit sympathique au pouvoir civil, en dernier lieu quelques règles exceptionnelles pour la connaissance des causes ecclésiastiques dans les royaumes respectifs, de telle sorte que l'appel au Siège apostolique soit au dernier degré, et l'obligation enjointe aux évêques de prêter à leur propre gouvernement le serment de fidélité.

Parmi les diverses concessions que l'Église obtient de l'État dans les concordats, nous devons mentionner en premier lieu celle qui se réfère à la religion, ou bien en ce que celle-ci est reconnue comme religion d'État ou bien en ce qu'elle est considérée comme celle qui est professée par la majeure partie des citoyens. Par suite, des droits déterminés, des privilèges spéciaux, etc., etc., sont reconnus tant à la religion catholique qu'à ses ministres.

Quelquefois on concède à l'Église la haute surveillance sur l'enseignement public, pour qu'il demeure conforme à la doctrine catholique.

Le libre exercice du culte catholique entraîne avec lui comme conséquence le droit de communiquer librement avec le Saint-Siège et par là même l'abolition du *Placet*, de l'*Exequatur*, si jamais ils ont existé; il comporte également le pouvoir de célébrer des Synodes et autres Conciles.

Dans quelques concordats, l'Église obtient aussi des exemptions, principalement pour des sujets déterminés, par exemple, l'exemption du service militaire, de la juridiction séculière. Ainsi dans le Concordat avec le Venezuela on convint : *Ecclesiasticum forum observabitur. Indulget tamen S.S. ut forum ipsum inter eos limites existat quibus hodie ex civilium legum praescriptionibus restringitur.*

Également dans les questions criminelles ecclésiastiques, on admet facilement l'intervention du pouvoir juridictionnel ecclésiastique. Dans certains pays, où le droit d'asile est conservé, on permet en outre l'érection de séminaires et de maisons religieuses pour les deux sexes.

Pour ce qui est du traitement des ministres du culte, les gouvernements promettent dans certaines conventions une portion congrue déterminée ; dans d'autres, la dotation est prise sur les revenus de l'État ; ailleurs encore, les dîmes sont restées en usage. Ordinairement, outre ces concessions, on reconnaît expressément à l'Église le droit d'acquérir, de posséder, d'administrer, etc.

En conséquence, on peut dire que, du côté du gouvernement, les concordats portent sur le libre exercice de la religion catholique, la liberté des évêques et des catholiques de communiquer avec le Siège Apostolique, la liberté laissée aux évêques et au clergé d'exercer pleinement et entièrement leur pouvoir juridictionnel et leurs fonctions comme la prédication, le culte, l'administration des sacrements ; le droit d'ériger des séminaires et autres maisons d'éducation, des immunités déterminées réelles, locales et personnelles. Le Prince s'engage à respecter et à faire respecter ces droits et cette liberté de l'Église.

On voit clairement, à cette énumération, que les concordats considérés dans leur objet sont : *conventiones inter summos Pontifices et principes, quibus Ecclesia aliquid remittit de exercitio suorum iurium favore principum, et quaedam eis concedit, habita a Statu repromissione adiutorii in reliquis vel saltem libertatis* [1].

Cependant la condition de l'Église et de l'État dans ces

1. CAVAGNIS. *Op. cit.*, n. 648

concessions réciproques n'est pas tout à fait égale et, en effet, tandis que l'Église accorde à l'État ce qui ne lui est pas dû, elle ne reçoit de l'État que ce qui lui revient déjà de droit divin. Aussi y a-t-il de la part de l'Église un véritable sacrifice, fait pour l'intérêt unique et exclusif de l'État ; du côté de l'État il ne résulte aucun dommage ; il s'engage seulement à titre humain, à conserver à l'Église ces prérogatives envers lesquelles il serait tenu d'autre part à titre divin.

Parfois néanmoins, il peut aussi se faire que les obligations assumées par l'État soient assez pesantes, en vertu de circonstances spéciales [1].

---

1. Labis sur le Concordat français de 1801, s'explique ainsi : « il s'agissait de rétablir la religion catholique : la tâche était fort épineuse et pleine de dangers pour qui osait l'entreprendre. Il fallait faire reculer la révolution qui avait emporté le clergé avec sa fortune, son influence et ses privilèges ; supprimer la constitution civile du clergé, ouvrage de l'assemblée constituante ; ajouter au budget de nouvelles charges en faveur de l'Église ; faire tomber les railleries sceptiques du dernier siècle ou imposer silence à l'incrédulité haineuse. Bonaparte était entouré d'hommes qui, presque sans exception, étaient peu disposés au rétablissement du culte ; il avait donc à contrarier vivement ses collaborateurs, ses soutiens, ses amis. On l'assiégeait de conseils de toute espèce, les uns lui conseillaient l'indifférence et l'inaction, les autres l'engageaient à se faire lui-même chef d'une Église française, d'autres enfin à pousser la France vers le protestantisme. Ces systèmes étaient soutenus par les sectateurs de la philosophie du xviiie siècle, par d'anciens jansénistes devenus prêtres constitutionnels et par tous les partisans intéressés d'une sorte d'Église nationale schismatique, par des généraux imbus de préjugés vulgaires, et par les acquéreurs des biens ecclésiastiques, alarmés à la pensée de voir revenir l'ancien clergé. Voilà autant de classes de personnes dont le premier consul devait braver l'opposition ; ajoutez-y les grands corps de la nation, en particulier le conseil d'État et le tribunat, qui exerçaient une âpre critique des actes du gouvernement, et que le Concordat surtout indignait, comme l'acte le plus contre-révolutionnaire qui se pût imaginer. Certes, les difficultés étaient très grandes. Il ne fallait rien moins que la gloire et le prestige de Bonaparte pour entreprendre et soutenir une œuvre pareille. En le faisant il a bien mérité de l'Église, et il n'est pas juste de dire que le Saint-Siège en lui reconnaissant les mêmes droits et prérogatives dont jouissait l'ancien gouvernement lui ait accordé un privilège purement gratuit. » *Op. cit.*, pag. 15.

Article III

Forme des concordats.

Les concordats ont varié de forme, selon les différentes époques. On peut néanmoins, d'une manière générale, les classer en trois catégories.

Le Concordat callixtin ou de Worms se compose de deux déclarations, au sujet desquelles les contractants s'étaient entendus précédemment : la première s'intitule *Privilegium Callixti Papae II* ; la seconde, *Praeceptum Henrici V Imperatoris*.

Les Concordats de Constance prirent la forme d'une Bulle. Tels furent aussi les *Concordata Principum*, contenus dans la Bulle d'Eugène IV, *Inter caetera*. Le Concordat de Vienne, en 1448, se trouve dans la Bulle : *Ad Sacram Petri Sedem*; celui de France, en 1516, dans la Bulle *Primitiva illa Ecclesia*; celui de Portugal, de la même année, dans la Bulle *His quae personarum* ; celui de Sardaigne, en 1727, dans la Bulle *Beati Petri Apostolorum Principis* ; celui de Pologne, en 1737, dans la Bulle *Summi Aeterni*; celui de Prusse, en 1821, dans la Bulle *De salute animarum*; celui des provinces du Rhin 1821, dans la Bulle *Provide Solersque*; celui du Hanovre, 1824, dans la Bulle *Impensa* ; celui des provinces du Rhin, 1827, dans la Bulle *Ad Dominici gregis custodiam*.

Presque tous les autres concordats ont la forme de traités internationaux.

Le Concordat d'Autriche, en effet, s'intitule dans les termes suivants : *Conventio inter Sanctitatem Suam Pium IX Summum Pontificem et Majestatem Suam... Franciscum Josephum I, Imperatorem Austriae. In nomine Sanctissimae et Individuae Trinitatis. Sanctitas*

Sua... et Majestas Sua... concordibus effecturi studiis, ut fides, pietas et omnis recti honestique vigor conservetur et augescat in Austriae Imperio, de Ecclesiae catholicae statu in eodem Imperio solemnem conventionem inire decreverunt.

Ensuite, on désigne les ministres plénipotentiaires des parties contractantes, qui, après s'être réciproquement communiqué les copies vidimées de leurs lettres de créance, s'entendent sur des articles déterminés.

Cela fait, on choisit l'époque à laquelle devra avoir lieu la ratification mutuelle, et après cette ratification, le concordat est signé et scellé par le ministre plénipotentiaire. Ensuite, le Pontife romain publie la convention au consistoire, la confirme dans une bulle et la promulgue comme loi ecclésiastique de telle nation déterminée. Enfin, le concordat est confirmé et promulgué par les chefs du gouvernement, selon les méthodes ordinaires [1].

Il peut arriver quelquefois que, dans une convention entre le Saint-Siège et un gouvernement acatholique [2],

---

1. Calvo observe : « De nos jours il est rare que les souverains traitent directement entre eux et signent personnellement les accords internationaux par lesquels ils entendent se lier ; le plus habituellement ils confient à leurs ministres et, à défaut de ceux-ci, à des délégués spéciaux appartenant à la carrière diplomatique ou à un service public quelconque le soin de les représenter, de négocier et de débattre en leur nom les clauses des traités qu'ils veulent conclure. Cette délégation fait l'objet d'une sorte de procuration appelée pleins pouvoirs : de là le nom de plénipotentiaires donné à ceux qui sont munis de ces pouvoirs.

« La négociation des traités s'ouvre d'ordinaire par la production et l'échange des pleins pouvoirs donnés respectivement aux agents qui en sont chargés et indiquant l'objet de la négociation ; elle se suit verbalement ou par échange de notes écrites ; la signature de l'arrangement sur les termes duquel les plénipotentiaires sont finalement tombés d'accord en marque le terme.

« Dans certains cas exceptionnels, et à raison du rang élevé des négociateurs ou de la légitime confiance qu'ils inspirent, la discussion détaillée d'un traité est entamée sur une simple déclaration verbale qu'elle est régulièrement autorisée de part et d'autre ; mais alors les pleins pouvoirs respectifs doivent être produits au moment de l'apposition des signatures au bas de l'accord commun. » (*Op. cit.*, t. III, § 1619).

2. Quelquefois avec les gouvernements catholiques pour les affaires reli-

celui-ci ne laisse pas à la signature du Souverain Pontife la première place. En ce cas, les articles sur lesquels on a traité sont rédigés en notes diplomatiques, et promulgués, par le Pape dans une constitution spéciale, par le gouvernement dans une loi respective.

Quand, au sujet d'un article déterminé, on ajoute des dispositions ultérieures, celles-ci prennent la forme de lettres réversales. D'après Martens [1], les lettres réversales se définissent : une pièce officielle par laquelle une cour reconnaît qu'une concession spéciale qui lui est faite par une autre, ne devra préjudicier en rien aux droits et prérogatives antérieures de chacune d'elles. Ainsi on trouve dans la forme de lettres réversales la convention additionnelle à l'article V du concordat entre le Saint-Siège et le Portugal sur le protectorat royal dans les Indes Orientales. Ces accords datent de 1887, 1889, 1891.

D'après Cavagnis, *Litterae reversales hic significant : litterae officiales quibus legati duarum potentiarum debitis muniti facultatibus earumdem nomine mutuo sese obligant, acceptando alterius promissiones. Hic modus se obligandi est minus solemnis, et abhibetur pro conventionibus partialibus, seu quae unum tantum vel pauca negotia moderantur, sed non integrum systema relationum Status et Ecclesiae. Tunc adhiberi solet solemnior formula tractatus; utraque anim pars subscribet eidem textui, etsi duplex originale condatur, ut quilibet contrahens habeat aeque authenticum documentum* [2].

---

gieuses on fait des Bulles de circonscription ; Bompard écrit à ce propos : « Les Bulles de circonscription sont actes unilatéraux dans la forme, mais qui constatent, dans leur rédaction, le consentement de l'État qu'elles concernent. Ainsi la Bulle de circonscription pour la Prusse, de 1821, dite de *Salute* sanctionnée par un ordre du cabinet du Roi de Prusse du 23 août 1821, mentionne l'approbation de ce souverain ; la Bulle pour le Hanovre, appelée *Impensa Romanorum Pontificum*, du 26 mars 1824, sanctionnée à Carlton-House par Georges IV, dit « Re collata cum serenissimo Rege Georgio IV ». Le Pape et le droit des gens, pag. 43.

1. Martens (de). *Le Guide diplomatique*, t. II, pag. 228.
2. Cavagnis. *Op. cit.*, pag. 390. Nota

Article IV

Nécessité, convenance et utilité des concordats.

C'est un principe certain et rigoureux que les concordats ne sont pas d'absolue nécessité pour bien régler les relations de l'Église et de l'État : il ne s'agit pas ici en effet de sociétés égales, mais de société diverses, *et quidem formaliter* : par conséquent, leur nature intrinsèque devrait être la règle exclusive pour déterminer et régler leurs rapports réciproques. Des principes donnés dans les traités de droit public ecclésiastique, il est facile de descendre à l'application pratique. Et c'est précisément pour ce motif que nous ne pouvons pas, comme nous l'avons observé plus haut, accepter la définition des concordats donnée par De Camillis, tandis que nous pouvons agréer la conclusion d'Hinschius entièrement semblable à la nôtre, bien que dérivée d'un principe tout à fait opposé, que nous ne saurions admettre aucunement, la subordination de l'Église à l'État.

Il ne faut pas non plus reconnaître que les concordats soient nécessaires chaque fois que l'Église veut faire une faveur à l'État ou quand État veut se montrer favorable et large à l'égard de l'Église : ces concessions n'exigent pas de convention. Nous ne pouvons pas cependant nier que les concordats soient quelquefois nécessaires et très utiles tant à l'Église qu'à l'État. Ces multiples conventions qui eurent lieu à diverses époques entre les deux sociétés ecclésiastique et civile, sont un argument bien concluant en faveur de notre assertion. Et en effet, si ces concordats n'eussent dû apporter aucune utilité à l'Église et à l'État, ils n'auraient pas assurément été conclus. La concorde et la paix mutuelle concourent à la fois au bien des deux sociétés, c'est ce qu'écrivait Ives de Chartres à Pascal II : *Cum regnum et sacerdotium inter se conveniunt, bene regitur mundus, floret et fructificat Ecclesia. Cum vero inter se discordant, non tantum parvae res non crescunt sed etiam magnae res miserabiliter dilabuntur.*

C'est en vertu de ces principes que Joly affirma, sans hésiter, que le Concordat de 1801, considéré en lui-même et suivant l'intention de ses auteurs, présentait tous les caractères d'une transaction honorable et d'une œuvre de pacification sociale et de liberté religieuse [1].

1. JOLY. *Étude historique et juridique sur le Concordat de 1801*, pag. 143.

« Il fut bien réellement une transaction, ainsi que le disent Consalvi et Talleyrand dans leur correspondance officielle. Chacune des deux parties contractantes y apparaît comme faisant au bien de la paix commune le sacrifice de quelques-uns de ses intérêts ou de ses droits, réels ou présumés. Les concessions consenties par le Souverain-Pontife dépassent de beaucoup, il est vrai, surtout en importance, celles du gouvernement de la République. Le Pape, en effet, consent à ce que la Religion soit dépouillée, sur cette vieille terre catholique de France, de son titre huit fois séculaire de Religion d'État, et des prérogatives qui en découlent; il abandonne à l'État, d'abord l'immense patrimoine de l'Église, la plus antique, la plus légitime et la plus sacrée de toutes les propriétés, et ensuite le droit extrêmement important de la nomination aux Évêchés. Que donne l'État, en échange de tous ces sacrifices ? demande Portalis. Et il répond, d'une façon charmante : « Il donne à ceux qui seront honorés de son choix le droit de faire du bien aux hommes ! » Sans doute, c'est là toute la mission de l'Église, et c'est toute son ambition. Mais en se plaçant au point de vue de l'histoire, il faut dire qu'en signant le concordat, le Gouvernement de la République rendait à l'Église catholique un immense service : il s'engageait à éteindre ce schisme fatal qui déchirait la France depuis dix ans ; il reconnaissait la Religion catholique, apostolique, romaine, comme étant celle de la très grande majorité des Français ; il sanctionnait son droit naturel à la liberté, et il restituait à l'Église le droit naturel de posséder, et à ses ministres, sous la forme d'un traitement convenable, une faible partie des biens confisqués par la Révolution. Sans doute, il faisait en tout ceci acte de simple justice ; il ne concédait pas en réalité la moindre parcelle de ce qui forme son domaine légitime ; et cependant, eu égard à l'abîme de douleurs, dans lequel gémissait l'Église de France depuis tant d'années, eu égard aux ruines morales et matérielles amoncelées par une tourmente révolutionnaire unique dans l'histoire, cette intervention bienfaisante de l'État, et ces restitutions, même imparfaites, devaient être légitimement considérées, en

Il faut toutefois considérer attentivement que, si utiles que soient à l'Église ces conventions avec les gouvernements, il ne s'agit toujours que d'une utilité relative ; l'Église en effet gagnerait bien davantage à ce que cette nécessité ne se vérifiât pas, supposé que l'État se montrât toujours disposé à assister l'Église, sans qu'elle soit obligée à en venir à une transaction ou à pactiser avec lui.

Aussi est-ce à juste titre que le cardinal Agliardi[1] fait observer qu'un concordat peut être considéré tout à la fois comme une chose odieuse et comme une chose favorable, et être pour l'Église un motif d'affliction et d'allégresse. Pour peu que l'on réfléchisse que le concordat, quel qu'il soit, est toujours une dérogation au Droit commun et une

---

Europe, et surtout à Rome et en France, comme un immense bienfait pour la société en général et pour le catholicisme en particulier.

« Cette transaction quoique plus favorable à l'État qu'à l'Église, théoriquement parlant, était donc, en réalité, très honorable pour les deux parties contractantes et pour le Chef de l'Église qui, sans rien sacrifier d'essentiel, sauvait par des concessions devenues inévitables le catholicisme en France d'une ruine à peu près certaine; et pour le gouvernement de la République, qui ne pouvait rétablir la paix au dedans et relever son prestige au dehors qu'en brisant avec les odieuses et méprisables traditions du Directoire.

« Que le Concordat ait été une œuvre de pacification sociale et de liberté religieuse, l'histoire le dit assez. Si, pendant le premier Empire, il n'a pas, sous ce double rapport, produit tous les fruits qu'on pouvait raisonnablement attendre, cela tient à des causes accidentelles, notamment aux Articles Organiques, qui en ont vicié le fonctionnement normal dès l'origine, et au caractère despotique de Napoléon Ier, qui avait fini par traiter la nation tout entière, y compris l'Église, comme un immense régiment.

« Mais qu'on le suppose débarrassé de ses entraves, et appliqué avec loyauté et bienveillance, il redeviendra, de nos jours, comme à l'aurore de ce siècle, un instrument de paix honorable entre l'Église et l'État, et de liberté féconde pour tous. En dix-sept articles, il établit avec précision les rapports des deux puissances. Respectant également le caractère et les droits de chacune, il les maintient sur le terrain salutaire de la concorde dans la distinction ; et il évite ainsi le double écueil de la confusion et de la séparation. Les droits de l'État demeurent intacts sur tout ce qui est de son domaine, et la part la plus large lui est faite en ce qui touche certaines questions sur lesquelles les deux puissances doivent nécessairement se rencontrer et s'entendre.

1. AGLIARDI. *Op. cit.*, n. 2.

exception anormale créée pour une société chrétienne qui n'en devrait pas avoir besoin si elle était parfaitement fidèle à sa mission, on devrait, à ce point de vue, tenir la convention concordataire comme une blessure douloureuse faite à l'économie générale du gouvernement spirituel établi par Jésus-Christ. Il faut néanmoins tenir compte des temps qui courent, des changements que subissent les gouvernements civils depuis plusieurs siècles, du caractère militant et essentiellement maternel de l'Église qui, tout en sachant devoir trouver pendant son pèlerinage sur cette terre des obstacles dans la poursuite de sa fin, s'accommode en même temps, autant qu'il est en son pouvoir, à la faiblesse de ses enfants pour assurer le salut de tous; il faut enfin ne pas se dissimuler les difficultés graves que rencontrent certains princes catholiques à gouverner avec le droit commun canonique, des peuples à religions différentes, spécialement, après les grandes révolutions politiques et après un régime inspiré pendant longtemps de principes et de lois hostiles à l'Église; difficultés que trouvent aussi des princes hérétiques à présider à des nations en qui le nombre des catholiques n'est pas prédominant. Pour tous ces motifs, la stipulation d'un concordat, à l'effet de rendre à l'Épouse de Jésus-Christ l'accord avec l'État et un système régulier de liberté et de dépendance plus grandes est non seulement tenue pour utile, mais encore pour nécessaire parfois; et c'est pour cette raison que les Pontifes romains, en annonçant la conclusion de ces actes, ne peuvent quelquefois s'empêcher d'en remercier vivement le Très Haut, comme d'un triomphe accordé à l'Église, et de les célébrer avec les marques de la plus grande allégresse; ainsi fit Pie VII après le Concordat de Bonaparte et Pie IX après le Concordat avec l'empereur François Joseph.

Article V

Efficacité du lien concordataire.

Sur cette question de la nature du lien concordataire, les écoles catholiques ne s'entendent pas [1]. Il faut toutefois observer attentivement que la divergence actuelle d'opinions n'a lieu qu'au sujet des concordats dans lesquels il s'agit de matières spirituelles ou mixtes; il est certain, en effet, que l'Église, quand elle fait une convention sur des questions purement temporelles, peut obliger par un véritable lien contractuel. Ainsi, par exemple, dans le Concordat entre Urbain VIII et Ferdinand II on lit ces mots : *ad quam (observationem) quaelibet pars contraveniens seu contrafaciens praecise cogi possit*. Or, dans ce Concordat on renonçait du côté de l'Église à la propriété de quelques biens temporels situés dans le royaume de Bohême, et l'on obtenait en échange l'imposition d'une taxe sur le sel.

Mais ce cas se présente rarement; on voit clairement en effet, à l'examen de chacun des concordats pris à part, que les questions agitées entre les deux pouvoirs se rapportent à des matières qui touchent plus ou moins directement l'ordre spirituel.

Or, c'est précisément sur ces matières qu'existe la différence d'opinions entre les écoles catholiques; aussi nous examinerons les théories respectives dans des paragraphes distincts, pour en dégager tous les éléments qui peuvent, après l'élimination des autres éléments, concourir à donner

---

1. Mgr Turinaz observe que la théorie contractuelle est enseignée unanimement à l'Université Pontificale de l'Apollinaire, qui est, au point de vue de l'enseignement du Droit Canon, la première Université romaine et dont les cours sont suivis par les élèves du Séminaire Pie, fondé par Pie IX.

L'opinion opposée a été et est encore enseignée à l'Université Grégorienne, qui portait, il y a quelques années, le nom de Collège Romain.

un vrai criterium juridique sur la nature du lien concordataire.

§ 1er. — *Théorie des privilèges.*

L'origine première de la théorie des privilèges doit se rechercher, d'après les affirmations de Vering [1], dans l'opinion qui se répandit en Allemagne sur le Concordat de 1448. Dans ce concordat, Nicolas V avait fait diverses concessions, spécialement en matière de bénéfices. Or, ces concessions furent considérées, suivant l'usage du temps, comme des privilèges.

Parmi les anciens canonistes, Schmalsgrueber [2] pencherait pour la théorie des privilèges. Je dis qu'il pencherait :

---

1. Vering. *Droit Canon*, t. I, pag. 683.
2. Sed dicendum Summum Pontificem, etsi non facile id facturus sit, de plenitudine tamen potestatis suae, iusta causa hoc exigente contravenire Concordatis posse............ ..... Ratio est : 1º quia Pontifex potestatem disponendi de beneficiis, ceterisque iuribus ecclesiasticis a Christo Domino immediate accepit, quam proin, nisi Papatui renuntiando, abdicare aut alii communicare non potest, quin semper penes se maiorem retineat; 2º quia quomodocumque paciscatur Papa, maxime cum sibi subdito, semper includitur haec conditio : nisi occurat causa gravis extraordinaria, ob quam aliud postulet commune bonum Ecclesiae, in ordine ad quod Concordata facta sunt, medium enim desinit esse medium, et negligi debet quando obstat fini intento; 3º quia haec Concordata, licet habeant aliquam vim pacti ut fatetur Julius III, apud Nicolarts, tamen magis sunt privilegium papale, ut teste Nicolarts, § 6, comprobavit Rota leod. canonicatus. 25 Mart. 1610 et ratio est : tum quia spiritualia sub contractum proprie dictum et commercium non veniunt, tum quia per haec Concordata Papa de iure suo potius aliquid remisit vel potius communicavit, quam acquisivit. Addidi in responsione : et si non facile id facturus sit; quod perspicue delaravit Paulus V, Const. incip. *Ex Pastorali*, edita 5 Kalen. Apr. 1618, ubi ait : nec suae unquam mentis, nec praedecessoris sui fuisse Concordatis derogare : ac propterea decernit litteras a praedecessore suo in ipsorum praiudicium obtentas pro ob-vel-sub-reptitiis habendas. Idem constat ex Const. Gregorii XIII, edita 6 Iun. 1572, ubi laudatus Pontifex ait se, sub quacunque verborum scripserit, Concordata laedere nolle. Ex quo sequitur, non censendum quod Pontifex derogare Concordatis velit per quantumcunque, etiam generales, et amplas clausulas, nisi expressam et specificam horum mentionem fecerit.

parce que la théorie de l'éminent canoniste nous semble exposée en termes insuffisamment précis et concluants.

Le cardinal Tarquini fut un vaillant défenseur de cette doctrine ; il pourrait même être appelé le Père de l'école qui suit cette théorie.

D'après lui, le concordat ne serait qu'une loi ecclésiastique particulière, promulguée pour un royaume déterminé par l'autorité du Souverain Pontife sur la demande du chef de ce pays, confirmée par un engagement spécial de ce même prince par lequel il promet de l'observer perpétuellement [1].

De cette définition, dérivent les trois conclusions suivantes :

I. Les concordats ne sont pas des contrats, mais des privilèges.

II. Les concordats ne produisent pas une obligation bilatérale, mais unilatérale.

III. La situation juridique des parties contractantes est différente soit dans l'acte de la convention, soit après la convention.

Par l'examen de cette triple conclusion, nous aurons un concept vrai et exact de la théorie que nous avons à étudier.

I. *Les concordats ne sont pas des contrats, mais des privilèges.*

Il est établi par l'histoire que ces sortes de concessions durent leur origine au droit de patronage. Quand un particulier dotait une paroisse ou un évêché, l'Église, pour témoigner de sa reconnaissance à l'égard de ce bienfaiteur, lui accordait le pouvoir de nommer le curé ou l'évêque ; cette concession était simplement un acte de gratitude de la part de l'Église et non un contrat fondé sur la justice. Telle est l'origine du droit de patronage dans l'ordre privé ;

---

1. Lex particularis ecclesiastica pro aliquo regno, Summi Pontificis auctoritate edita ad instantiam principis eius loci, speciali eiusdem principis obligatione confirmata se eam perpetuo servaturum. (Pag. 73. *Op. cit.*)

mais, à part cette concession, nous devons aussi considérer les autres analogues, comme celles qui se font dans les concordats, c'est-à-dire dans le droit public.

On lit dans ces conventions : Est concédée au roi, par exemple, la nomination ou la présentation des évêques. Or, d'après le droit canon, la nomination ou la présentation ne sont pas autre chose que le privilège appartenant au patron de pouvoir désigner une personne à un office ecclésiastique ; cela n'empêche pas néanmoins que le Pontife romain puisse légitimement, dans des cas extraordinaires, élire une personne autre que celle qui est désignée par le patron, sans lésion aucune de la justice.

En outre, il y a pour les concordats une impuissance radicale à prendre la nature d'un contrat, tout contrat supposant une aliénation. Si vrai qu'il soit que l'État puisse aliéner ses droits ou totalement ou partiellement, sans que personne n'ait le droit de soulever un doute sur la validité de cette aliénation, il n'en va pas toujours de même du côté de l'Église. Un Pape peut abdiquer le Pontificat suprême, comme fit Célestin V, mais tant qu'il reste Pape, il est impossible qu'il ne possède tout entière la juridiction ecclésiastique. C'est ce qu'enseigne le Concile du Vatican : *Ipsi in Beato Petro pascendi, regendi ac gubernandi universalem Ecclesiam a Domino Nostro Jesu Christo plenam potestatem traditam esse.* Pour cette raison, le Souverain Pontife lui-même n'a pas le pouvoir de changer cette constitution à l'Église, établie par le droit divin. Or, cette mutation aurait lieu si le Pape aliénait une part de sa puissance, en ce que celle-ci ne serait plus pleine et entière.

Il répugne donc au dogme catholique d'affirmer que les concessions, faites par l'Église en matière de droit public ecclésiastique, puissent constituer une aliénation et obliger avec la force d'un contrat bilatéral.

On ne peut pas dire que dans les concordats l'exercice seul est aliéné et non le droit lui-même. Et, en effet, on pourrait faire justement cette observation : pour quelle fin le fondateur de l'Église veut-il dans son vicaire une puissance pleine et indépendante ? Est-ce pour un simple jeu, ou plutôt pour conserver l'unité dans la société chrétienne ? Assurément, c'est pour cette seconde fin. S'il en est ainsi, il faut affirmer que, pour la même plénitude et indépendance du souverain pouvoir, non seulement le pouvoir doit être inaliénable en lui-même, mais encore son usage et son exercice [1].

Et il ne suffit pas de dire que le Pontife entend s'obliger à respecter par devoir de justice la concession faite, jusqu'à ce que l'utilité de l'Église en exige la révocation ; cette assertion n'est d'aucune valeur, et, en outre, elle est injurieuse à l'égard du Siège apostolique; elle ferait facilement supposer qu'un Pontife peut révoquer un privilège concédé sans motif aucun, ou encore par légèreté, ce qui est certainement une injure pour le Saint-Siège.

Ces observations furent faites aussi par le cardinal Tarquini dans la lettre de félicitations qu'il écrivit à De Bonald :

« Je n'ai jamais compris observe l'éminent écrivain, qu'il soit possible de faire profession de la foi catholique et en même temps de diminuer la primauté du Pontife romain en le dépouillant de la portion du gouvernement de l'Église, placée sous le régime d'un concordat. C'est assurément se faire illusion que de regarder le Chef de l'Église et ses successeurs comme n'ayant plus la liberté de retirer quand ils le jugent opportun pour le bien de l'Église, les concessions

---

1. Telle est l'observation d'Hammerstein : « Quorsum voluit Christus ut Petri successor frueretur semper plena ista potestate? Utrum ut eam ea recreationis gratia luderet ? An contra ut ei in fidei catholicae unitate et integritate ubique servanda inserviret? Hoc ultimum si concedas, concedere debebis Christum etiam usum iuris voluisse esse semper liberum, hinc inalienabilem, non solum ius ipsum. » *De Ecclesia et Statu iuridice consideratis,* pag. 217.

qu'en matière spirituelle ou en approchant, ils avaient, pour le même bien, faites à un prince et de se persuader en même temps que la doctrine catholique touchant la primauté soit sauve. Il n'est aucun catholique qui ne pense que la primauté soit un droit gracieux et un don accordé aux successeurs de saint Pierre en faveur et au bénéfice de leurs personnes. Tous tiennent, comme article de foi, que la primauté leur fut donnée comme une charge, une obligation et un précepte. Or, ce qui est donné à ce titre, on ne peut certainement s'en décharger, ni en tout, ni en partie ; mais on en est toujours responsable vis-à-vis de celui qui l'a imposé. En effet, qu'arriverait-il si en se présentant au tribunal de Jésus-Christ un pontife romain à qui serait demandé compte de son troupeau trahi ou mal dirigé, s'excusait en disant qu'il n'a pu lui donner les soins nécessaires parce que le désordre s'était introduit dans une matière qu'il n'était plus libre de régler à cause d'un concordat fait par lui ou quelqu'un de ses prédécesseurs ? Vous aviez donc vendu mes chères brebis ? lui dirait Jésus-Christ. Or, en vous donnant la charge de les paître, ne vous avais-je pas dit clairement qu'elles étaient à moi et non pas à vous ? *Pasce agnos meos.* Il est évident que ni en tout en partie, le Pape ne peut aliéner la charge qui lui est confiée du troupeau de Jésus-Christ. Mais si le Concordat devait être regardé comme un pacte synallagmatique, ainsi qu'on le dit, de telle sorte que le vicaire de Jésus-Christ ne pût jamais reprendre le gouvernement d'aucune des matières spirituelles ou en approchant, qui seraient placées sous ce concordat, à moins que le consentement de l'autre partie n'intervînt, ne serait-il pas manifeste que la matière dont il s'agit serait devenue l'objet d'une véritable aliénation, et que par conséquent la volonté de Jésus-Christ serait brisée et que la constitution de l'Église serait ruinée ?

J'ai été toujours étonné qu'il ne suffît pas d'un coup d'œil pour voir aussitôt les conséquence d'un pareil système. Si on l'admet, il sera certainement nécessaire d'admettre qu'un Pape a la faculté de restreindre le pouvoir de ses successeurs ; que le pouvoir de ses successeurs n'est pas entièrement le même que celui qui fut donné par Jésus-Christ à saint Pierre ; que le successeur dans le pontificat romain ne reçoit pas immédiatement de Jésus-Christ son pouvoir qui lui a été conféré dans la personne de saint Pierre, mais qu'il le reçoit de son prédécesseur ; qu'en comptant depuis saint Pierre jusqu'à Pie IX, actuellement vivant, environ 260 Papes, si chacun d'eux eût fait un nouveau Concordat, la juridiction des pontifes romains serait à jamais réduite à néant ; qu'une chose étant assurément certaine, savoir que tout ce qui peut être aliéné peut être prescrit, la conséquence serait que la primauté pourrait encore devenir l'objet d'une prescription, etc., etc. Or, de telles propositions sont expressément contraires aux règles de la foi, et blessent toute oreille catholique [1] ».

Les mêmes docteurs font encore remarquer qu'en reconnaissant dans les concordats la nature d'un contrat, on ferait tomber l'Église dans le péché de simonie par suite du changement d'une chose spirituelle contre une temporelle, comme si la seconde pouvait se donner en échange de la première [2]. D'où l'on conclut en affirmant que, si on considère les concordats dans leur objet, ils ne peuvent avoir la nature d'un contrat mais doivent nécessairement revêtir la forme juridique d'un privilège.

La solution de cette première question donne la solution de la seconde, à savoir si l'Église est obligée d'observer le concordat par justice ou par fidélité.

---

1. Lettre du R. P. Camillo Tarquini, de la Compagnie de Jésus, professeur de droit canon au Collège romain, à M. Maurice de Bonald, au sujet de son écrit sur le concordat de 1801.
2. RADINI TEDESCHI. *Chiesa e Stato in ordine ai concordati*, pag. 149.

2. *Les concordats ne produisent pas une obligation bilatérale, mais unilatérale.*

Si les concordats, *ratione materiae*, sont exclusivement des privilèges ou des concessions, il en résulte que leur forme et leur efficacité dépendra uniquement de celui qui a fait la concession. Or, quand un supérieur concède quelque privilège à un inférieur, il n'est pas obligé par justice de respecter ou de ne pas révoquer la concession faite : ce sera seulement par fidélité, par convenance, par gratitude, qu'il conservera tout ce qu'il aura concédé. D'où Palmieri n'hésite pas à déclarer possible le cas où le Pontife romain, en violant cette obligation, agirait mal et commettrait un péché, puisqu'il est tenu par la loi divine et naturelle à gouverner sagement les fidèles ; mais il ne devrait rendre compte de cette violation qu'à Dieu, et non pas à un homme[1].

En outre, si les concordats sont des lois particulières, promulguées par le Souverain Pontife pour une nation déterminée à l'instance de l'autorité de ce pays, l'exclusion de tout bien bilatéral en découle, et en même temps toute idée de contrat est éloignée.

Le Pontife romain, en effet, est l'unique législateur, l'unique principe effectif de la loi, son unique promulgateur ; l'autorité civile n'en est pas législatrice, ni cause coopérante : elle n'est qu'une raison déterminante et occasionnelle, en ce sens qu'elle meut et détermine le législateur à promulguer une loi désignée.

S'il en est ainsi, il s'ensuit que la position juridique de l'autorité civile qui demande le concordat est celle d'un simple sujet, tandis que celle du pontife romain est celle

---

1. Palmieri. *De Romano Pontifice.* Par II, cap. IV, pag. 483. Ed. 1.

d'un législateur ; alors toute idée de contrat est exclue de la définition même du concordat, et par suite, tout lien de justice est enlevé ; le législateur conservera la loi par fidélité, prudence, etc.

De cette considération, il résulte que le rôle des personnes qui font un concordat est juridiquement différent. C'est ce qu'il reste à démontrer dans la troisième proposition.

3. *La position juridique des parties contractantes est diverse, soit dans l'acte de la convention soit après la conclusion du contrat.*

Les parties contractantes sont le Pontife romain et le souverain. Or, le souverain pactise avec le Pontife non pas comme souverain, mais comme personne soumise au Souverain pontife considéré comme tel.

Monseigneur Radini [1] observe en effet que par rapport aux concordats on ne peut distinguer dans le prince une double personnalité, l'une privée, l'autre publique, comme le voudraient Vecchioti et Labis; tous admettent que le prince séculier revêt dans les concordats le caractère de la personne publique ; et, en outre, quiconque juge cette personnalité en catholique, doit admettre que le prince, même comme personne publique, est soumis au Pape pour ce qui concerne l'Église, la religion, le culte extérieur, en un mot les choses spirituelles, les choses qui sont en connexion directe ou indirecte avec la fin spirituelle.

Cette différence juridique des personnes contractantes confirme à merveille les propositions exposées plus haut, que les concordats ne sont pas des contrats et qu'ils ne produisent pas une obligation égale dans les parties contractantes.

1. Radini Tedeschi. *Op. cit.*, pag. 125.

Et en effet, comme un contrat bilatéral exige une parité juridique dans les contractants, et comme cette parité n'est pas dans les concordats, attendu que le Pontife est supérieur au prince, comme chef d'une société suprême, il en résulte que l'on n'y trouve pas la nature du contrat, et partant, qu'aucune obligation de justice n'en découle, mais seulement une obligation de fidélité.

Aussi Calixte III écrivait à l'empereur Frédéric III en 1457 : *quamvis liberrima sit Apostolicae sedis Auctoritas nullisque debeat pactionem vinculis coerceri, et mera tamen liberalitate nostra... concordatis ipsis locum esse volumus.*

Telle est aussi la doctrine du cardinal Satolli et du P. Desjacques [1].

Il ne faut pas croire, font remarquer ces auteurs, que le pouvoir civil fasse une faveur au Pape, en se prêtant à un concordat, ou qu'il cède à l'Église une partie de ses droits, ni encore que par cet acte il se mette avec elle sur un pied d'égalité, ni enfin que du concordat résulte pour les deux puissances une obligation égale et de même espèce ; s'il en était ainsi, cette convention ne s'accorderait avec la nature ni de l'une ni de l'autre société.

Le Saint-Siège et l'État qui ont signé une convention de ce genre, sont tenus d'y rester fidèles ; mais d'une part et de l'autre l'engagement n'est pas égal, ni de même nature ; il est approprié à l'inégalité des personnes. Dans les opérations divines, une chose peut être due à Dieu ou à la créature ; dans les deux cas, Dieu ne doit qu'à lui-même ; il se doit la manifestation de ses attributs et ce qui est dû à une créature ne l'est qu'en vertu de l'ordre établi par Dieu.

Dieu n'est redevable qu'à lui-même du maintien de cet ordre. Or l'Église tient ici-bas la place de Dieu pour les choses spirituelles. Les concessions légitimes qu'elle fait à l'État, c'est à elle-même et à Dieu qu'elle les doit, parce que les choses temporelles se réfèrent à la fin dernière qui est

---

1. SATOLLI. *Prima principia iuris publici ecclesiastici*, pag. 45 sq., 106 sq.

sa fin spéciale et sont subordonnées au bien spirituel dont elle a été chargée.

Par conséquent, les concordats ne sont en rien des contrats bilatéraux et synallagmatiques ; ils ne l'ont jamais été et ils ne pourraient l'être. Car les contrats synallagmatiques ne peuvent s'effectuer qu'entre personnes égales, au moins relativement à l'objet du contrat ; il est nécessaire que cet objet puisse appartenir indifféremment à l'une ou à l'autre des parties contractantes. Or, ces conditions ne se vérifient ni pour la matière ni pour les auteurs d'un concordat.

D'où résulte la vérité de la seconde proposition, à savoir que si les concordats obligent aussi le Pontife, cette obligation se base exclusivement sur la convenance et sur la justice, de sorte qu'il y a toujours différence de condition juridique dans les parties contractantes.

§ II. — *Théorie du contrat.*

Avant d'exposer les principes qui régissent la théorie du contrat, je crois nécessaire de présenter tout d'abord quelques conclusions admises par l'unanimité des docteurs catholiques, à quelqu'école qu'ils appartiennent ; ces conclusions sont comme les principes fondamentaux qui servent de base au Droit concordataire.

Tout d'abord, on s'accorde entièrement sur le point suivant : quelle que soit la manière dont on envisage la nature d'un concordat, celui-ci ne pourra jamais lier à tel point le Souverain Pontife qu'il soit contraint de l'observer même lorsqu'il devient contraire au bien des âmes et préjudiciable au salut éternel. Ce cas est explicitement cité comme une exception par tous les Docteurs qui admettent la théorie du contrat. La raison en est que le Pontife ne peut être susceptible d'une obligation aussi répugnante que celle qui le contraindrait à violer le mandat qu'il a reçu de

Jésus-Christ; aussi toute obligation que le Pape contracte dans un concordat contient-elle toujours implicitement cette clause dérogatoire : *nisi vergat in detrimentum animarum aut dispendium salutis aeternae*. Et, en effet, s'il est vrai qu'une obligation quelconque est regardée dans l'un et l'autre droit comme impossible quand elle est en contradiction avec la loi naturelle ou la loi divine, et si cette impossibilité de droit est comparée dans ses conditions juridiques à l'impossibilité de fait, de sorte qu'à l'une et à l'autre impossibilité on applique les axiomes « *Nemo ad impossibilia tenetur ; Impossibilium nulla est obligatio* », à plus forte raison doit-il en être ainsi pour le Pontife romain qui est le premier défenseur du droit divin et qui en vertu de sa primauté *de iure potest supra ius dispensare*.

D'ailleurs quand les concordats, par suite de circonstances nouvelles, deviennent nuisibles à la société ecclésiastique, la règle connue : « *Negotium cadit in illum casum a quo incipere non poterat* », trouve son application.

Au contraire, si un concordat vient à être nuisible au bien temporel social, le gouvernement ne peut procéder à sa dénonciation sans l'intervention du Souverain Pontife ; on devra, en tout cas, recourir toujours à l'autorité compétente ecclésiastique, qui, après avoir examiné les circonstances, jugera s'il y a lieu de conserver le concordat dans son intégrité ou bien de le modifier, ou encore de l'abroger complètement.

Tous les Docteurs catholiques admettent également que le juge compétent des conventions est exclusivement l'autorité ecclésiastique, eu égard à son excellence et à sa supériorité ; toutefois, pour éviter tout conflit, celle-ci permet l'intervention du pouvoir civil pour la solution de difficultés qui peuvent naître dans l'application pratique des concordats.

De fait, dans l'article 35 du Concordat autrichien, on convient expressément : *Si qua vero in posterum superve-*

nerit difficultas, Sanctitas Sua et Maiestas Caesarea invicem conferent ad rem amice componendam. Il existe, sur ces principes, un parfait accord.

Les divergences entre les partisans de la théorie du contrat et de celle du privilège commencent lorsqu'il s'agit de déterminer la nature de l'obligation qui résulte des concordats.

Suivant les premiers, les concordats donnent naissance à une véritable obligation bilatérale ; pour cette raison, ils peuvent être, eux aussi, appelés des contrats, d'autant plus que la condition des parties contractantes se peut considérer comme semblable à plusieurs points de vue déterminés.

Il nous faut toutefois déclarer à l'avance que ceux qui voient dans les concordats une véritable obligation de justice, n'y reconnaissent cependant pas de la même façon ou dans des termes identiques la nature parfaite d'un contrat.

Suivant quelques-uns, comme Soglia, Turinaz, il faut admettre dans les concordats la nature d'un contrat sans restriction aucune. Un contrat synallagmatique, font-ils remarquer, est une convention obligeant en justice et réciproquement les deux parties contractantes, à telle sorte que l'une d'elles ne puisse rompre la convention sans le consentement de l'autre. Or tels sont précisément les concordats, comme il ressort clairement des commentaires officiels.

Ces docteurs ne nient pas que le concordat soit un contrat spécial, mais il n'en reste pas moins un contrat. Ils observent à ce sujet que le mariage chrétien ne peut pas, lui non plus, être confondu avec les contrats ordinaires, et néanmoins personne ne pourra nier que le mariage chrétien soit essentiellement un contrat, bien qu'il ait été élevé à la dignité de sacrement et établi par là même dans un ordre supérieur.

A la suite d'autres éminents docteurs, on observe justement qu'on ne saurait attribuer au concordat la nature d'un contrat, si l'on prenait ce mot dans sa stricte signification.

Un contrat, en effet, implique quatre qualités : parité juridique dans les contractants, parité dans l'objet de la convention de telle sorte qu'il s'y trouve une mutuelle cession et aliénation ; parité juridique du lien d'obligation ; pouvoir égal des contractants pour l'interprétation de la convention. Or ces éléments ne se rencontrent pas *ad unguem* dans le concordat : le Pontife conserve toujours *ex jure divino* une supériorité vraiment juridique ; et il n'y a pas une véritable cession ou aliénation de la part de l'État et de l'Église, celui-là cédant ce qu'il devrait déjà offrir en vertu du droit natif, celle-ci ne pouvant aliéner une partie de son pouvoir. Par conséquent, la position juridique reste différente chez les parties contractantes par rapport à l'interprétation authentique du concordat.

Cependant, si l'on considère exclusivement l'égalité juridique du lien d'obligation et indépendamment de toute qualité, il n'y a aucune répugnance à admettre que le concordat puisse réclamer le nom de contrat.

La définition générique du contrat comporte « *duorum vel plurium in idem placitum consensus* » ; à ce point de vue les concordats peuvent porter le nom de contrats.

Telle est, précisément, la doctrine des docteurs de Angelis, Cavignis, etc. Bien plus, de Angelis, pour mieux affirmer sa théorie, s'exprime ainsi dans une lettre adressée au chanoine Labis : « Bien que les concordats stipulés par le Saint-Siège dans les temps modernes avec les divers gouvernements, soient, eu égard à la matière, des concessions ou privilèges, il n'en est pas moins vrai qu'à raison de la forme dans laquelle ils sont conçus et des obligations qu'ils imposent aux deux parties contractantes, on doit les considérer comme de véritables contrats bilatéraux. »

D'où découle la fameuse formule de de Angelis, les concordats sont des privilèges *quoad materiam*, des contrats *quoad formam*.

En présence des considérations faites par les partisans

de la théorie des privilèges et surtout par ceux qui font remonter les concordats à la même origine que le droit de Patronage, on fait observer que, après examen de tout ce qui a été exposé sur l'origine juridique et historique des concordats, chacun peut voir facilement si cette théorie est admissible de fait, de profondes différences séparant les concessions des concordats et celles du droit de patronage et aucun docteur ne prétendra affirmer que les nominations concédées aux souverains dans les concordats peuvent être confondues avec le droit de patronage.

On ne veut pas toutefois nier absolument l'existence d'une certaine affinité entre l'un et l'autre cas, en ce sens que le droit de patronage et les concordats supposent des concessions déterminées de la part de l'autorité ecclésiastique ; mais il ne s'ensuit pas que si une concession est un privilège, les autres le soient également, et doivent par suite exclure toute obligation de justice.

On observait encore que la théorie de contrat, tant au sens large qu'au sens strict, détruit la plénitude du pouvoir papal; pour cette raison que le Pape ne peut en disposer d'aucune façon, ni en l'aliénant, ni en le limitant, mais le doit transmettre à ses successeurs dans son intégrité.

C'est là sans contredit la plus forte difficulté contre la théorie du contrat, parce qu'il semble inclure une diminution du pouvoir pontifical. Aussi sera-t-il bon d'examiner ce point avec attention.

Pour éviter toute confusion, et afin d'exposer le tout avec la plus grande précision et clarté, on pourrait considérer l'argument des fauteurs de la théorie des privilèges dans son triple développement : 1° *le primaciat pontifical ne reste pas intègre si les concordats obligent par justice les deux parties*; 2° *le Pape ne peut imposer aucune obligation à ses successeurs*; 3° *le primaciat pontifical ne demeure pas intègre même si l'on en aliène ou si l'on en délègue le simple exercice.*

Or, contre cette triple conclusion, on affirme que :

1° *Le primaciat reste intact, malgré l'obligation de justice qui résulte des concordats pour les deux parties.*

Il importe tout d'abord de faire remarquer la fausseté de cette proposition, que tout pacte amoindrit le pouvoir du contractant : autrement, en effet, le pouvoir divin aurait également subi une diminution, par suite de la promesse que Dieu fit à l'homme de ne plus envoyer le déluge sur la terre, ce qui serait une absurdité ; et, d'autre part, il n'est pas moins rigoureusement vrai que cette promesse divine sera complètement respectée, puisqu'il est écrit : *Cœlum et terra transibunt, verba autem Dei non praeteribunt.*

Ceci établi en premier lieu, on fait observer, et à juste raison, que dans la question présente il est nécessaire de distinguer entre le pouvoir inhérent au primaciat et à l'exercice de ce pouvoir ; le premier est inaliénable, immuable, tout à fait indépendant de la volonté du Pontife, tandis que l'exercice du pouvoir dépend exclusivement de cette volonté.

En effet, celui qui accorde un pouvoir, de quelque nature qu'il soit, n'entend pas nécessairement qu'on en fasse un usage rigoureux, aveugle, constant, uniforme, et qu'on ne tienne aucun compte des circonstances et du but essentiel pour lequel ce pouvoir a été accordé. Il suit donc de là que le mode d'exercer ce pouvoir est laissé à la discrétion de celui qui en est le dépositaire, auquel il appartient d'examiner s'il doit en faire usage et de quelle manière, afin d'atteindre le but désiré. C'est une règle de la prudence la plus vulgaire et du simple bon sens ; elle doit avoir aussi son application lorsqu'il s'agit du pouvoir pontifical, de telle sorte que ce sera au Pape de juger, suivant les circonstances, s'il doit user de son pouvoir et comment il en usera[1].

---

1. Cavagnis justement observe : « Potestas Ecclesiae et Pontificis potest pluribus modis exerceri, idest Pontifex potest exercere ius suum praes-

On dira que les Papes, par les concordats, ne restreignent pas seulement l'exercice de leurs pouvoirs, mais délèguent même quelquefois l'un ou l'autre de leurs droits.

Cela est vrai, mais il est certain avant tout, comme le remarque à propos Grandclaude, que les droits qui peuvent être l'objet des concordats sont des droits déléguables soit par privilège, soit par indult ; or, que la délégation se fasse, soit par un pacte formel, soit par un privilège, ou à titre purement gracieux, il reste toujours vrai qu'il s'agit là d'une concession réelle de droits et de pouvoirs spirituels appartenait originairement au Pontife romain seul. En conséquence, les concordats portent sur des droits vraiment transmissibles, dans ce sens que leur exercice peut constituer l'objet d'une délégation [1].

On ne peut donc pas conclure à une véritable aliénation des droits imprescriptibles et inaliénables de la Primauté. Le Pape confère seulement aux gouvernements une participation stable à certains actes et à certaines fonctions qu'il exerçait ou par lui-même ou par les organes inférieurs de la hiérarchie ecclésiastique. C'est pourquoi la nature du concordat, considéré du côté du Pontife, ne s'oppose pas à ce que celui-ci puisse s'engager à l'observer par un pacte bilatéral, de sorte qu'il soit obligé, en vertu de ce pacte, de respecter par justice l'exercice régulier et normal des pouvoirs concédés ; de leur côté, le souverain et les gouvernements sont tenus par justice à garantir le libre exercice de la juridiction spirituelle dans leurs États et à procurer à

---

cribendo diversa media, eligendo inter multa, ex iis quae sunt idonea fini Ecclesiae consequendo. Si, igitur videat in concreto, etiam attenta hominum malitia, usum quorundam mediorum, quae de cetero non sunt rigorose necessaria, non esse moraliter possibilem vel saltem esse minus opportunum potest ab his adhibendis abstinere; imo potes hanc suam voluntatem declarare, imo pacto ad id se obligare; etenim pacto licet sese obligare ad id quod est proprio fini assequendo utile; atqui ex hipothesi, utile est in concreto, Ecclesiae et Pontifici renuntiare usui quorundam mediorum ; ergo licet ad id se obligare ». *Op. cit.*, n° 678.

1. Grandclaude. *Le canoniste contemporain*. Septembre 1887.

l'Église les avantages promis dans la stipulation du concordat[1].

2° *Le primaciat n'est pas amoindri, même si les concordats contiennent des concessions perpétuelles obligeant les successeurs.*

En effet, si les Papes, après avoir bien pesé toutes choses, estiment que des concessions déterminées sur l'exercice de certains droits, si elles sont accordées perpétuellement, concourent pour toujours — *rebus sic stantibus* — au plus grand intérêt du peuple chrétien, si les Pontifes prévoient, dans leur sagesse, que la restriction perpétuelle de l'exercice de pouvoirs spéciaux leur appartenant, tournera au bien universel des âmes, ils ont non seulement le droit, mais encore le devoir de conformer à cette règle nouvelle l'exercice de leur autorité, quand même elle devrait subir une modification quelconque, non pas en elle-même, mais seulement dans son développement. De même, rien n'empêche non plus que la transmission ou la délégation de droits spéciaux puisse être perpétuelle, c'est-à-dire subsister et durer tant que demeurent les concessions du passé.

D'ailleurs, ces conclusions sont admises des partisans eux-mêmes de la doctrine des privilèges, étant donné le principe : « *beneficium principis decet esse mansurum*[2] ».

---

1. AGLIARDI. *Op. cit.*, n° 30.
2. « Successores sicut succedunt iuribus accidentalibus, ex. gr. dominio acquisito ab antecessoribus, ita et oneribus iuste susceptis; est autem nomine ipsius societatis, sicut et eius nomine iura acquiruntur non autem tantum nomine personali rectorum actualium. » Il observe encore : « Societas............... quae est persona perpetua, in perpendenda utilitate sua non sistit in momento temporis, idest non considerant quid in singulis momentis ei magis utile sit, sed quod est magis utile respiciendo integram eius vitam ». Et appliquant ces principes aux concordats il continue : « Et quoniam (le Pontife Romain) videt praesentem statum socialem esse perseveraturum hinc promittit pro se et successoribus, qui ius acceperunt plenum a Christo sed gravatum quoad exercitium obbligationibus susceptis ab ante-

De plus, le fait d'admettre que le Pape ne peut obliger ses successeurs donnerait lieu à des principes faux et à des conséquences erronées.

Léon XIII, par exemple, selon ces théories, ne pourrait, pour ne pas imposer de lien à ses successeurs, conclure aucun concordat, même quand il devrait y obtenir une complète liberté pour le ministère pastoral, pour la direction des séminaires, pour l'exemption du service militaire, pour la rentrée des Ordres religieux, pour la paix de millions de catholiques. Lui, le Vicaire de Jésus-Christ, assisté du Saint-Esprit, ne pourrait, pour l'intérêt de l'Église, interpréter la volonté de ses successeurs ; il ne pourrait faire, pour l'utilité des fidèles, ce qui est tout naturellement permis au dernier des gouvernements de ce monde pour le bien de ses sujets.

Par suite, le Pape ne pourrait, en son nom ni au nom de ses successeurs, assumer la responsabilité de permettre, en Espagne et en Colombie, qu'un personnage de l'officialité civile assiste officiellement à la cérémonie religieuse du mariage et empêcher ainsi que le mariage civil vienne à s'introduire dans ces contrées.

De même aussi, si demain la France, se rendant aux avances paternelles de Léon XIII, faisait avec l'Église une paix si précieuse pour tous, l'auguste Pontife ne pourrait pas, en s'imposant à lui-même et en imposant à ses successeurs un engagement rigoureux, ajouter au Concordat providentiel de 1801, un concordat supplémentaire, par lequel tous les droits en litige seraient définitivement réglés. Mais alors, celui qui viendrait à y perdre, ce serait toujours l'Église.

A ce propos, Monseigneur Turinaz, dans son opuscule les *Concordats*, fait une très belle remarque [1] :

cessoribus, quae non opponuntur plenitudini iuris sed tantum exercitii per usum quorumdam mediorum, quae sunt in concreto minus opportuna ». CAVAGNIS. *Op. cit.*, vol. I, n° 682.

1. TURINAZ. *Op. cit.*, pag. 68.

Supposons, dit l'illustre évêque de Nancy, que l'Italie se rende aux sollicitations de Léon XIII et désire sincèrement faire la paix avec l'Église. Supposons que l'Italie soit disposée à traiter avec le Pape de la restitution de ses anciens États et à protéger et à défendre son autorité temporelle au dedans et au dehors contre toute agression ; elle se propose d'abolir le service militaire pour les ecclésiastiques, les lois de proscription contre les Ordres religieux, le mariage civil, de restituer une grande partie des biens ecclésiastiques qui ont été saisis, ou de régler cette question par des indemnités, de rétablir l'enseignement religieux dans les écoles, enfin de s'entendre avec la Papauté sur toutes les questions, avec une loyauté parfaite.

D'autre part, l'Italie demanderait au Pape de faire des concessions, et d'abord celles qui viennent d'être indiquées au sujet des biens ecclésiastiques. Le Pape admettrait l'intervention d'un membre de l'administration civile dans les conseils de fabrique, à la condition que dans le cas de défaut de ressources des fabriques, la dépense du culte serait faite par les communes ou par l'État, et il ferait d'autres concessions du même genre.

Niez-vous qu'en présence de cette situation, le Pape pourrait, dans l'intérêt de la Papauté, de l'Église et du salut des âmes et du peuple, accepter ces propositions et s'engager pour lui et pour ses successeurs, dans le sens le plus strict du mot, par une obligation rigoureuse, à maintenir ces concessions? Niez-vous que, tant que l'Italie serait fidèle à sa parole, le bien de l'Église et des Papes, but suprême de la Papauté, comme la dignité et l'honneur, exigeraient que la Papauté fût fidèle à la sienne? Vous ne le pouvez pas. Vous nieriez l'évidence même. »

Et admettons encore que ces obligations ne lient pas moins le Pontife qui s'en charge actuellement, qu'elles ne lieront ses successeurs; mais, en dernière analyse, à quoi en viennent-elles, ces obligations? A faire le bien, à procurer la gloire de Dieu et le salut des âmes. Nous pouvons donc appeler heureux ces liens, douces ces chaînes, saintes ces obligations, qu'un Pape transmet à ses successeurs, et ceux-ci ne les peuvent recevoir qu'avec joie et grande satisfaction. C'est le legs de faire le bien, c'est l'héritage du *Pasce agnos meos, pasce oves meas*, que Jéus-Christ adressa à saint Pierre et qu'il répète à tous les successeurs du bienheureux Prince des apôtres [1].

C'est donc à juste titre que l'on conclut ainsi : le primaciat n'est pas amoindri de ce que les concordats contiennent des concessions obligeant perpétuellement les successeurs du Pontife contractant.

3. *Le primaciat pontifical reste intact et ne souffre aucune lésion par l'aliénation ou la délégation de l'exercice du pouvoir.*

Cette distinction du pouvoir et de l'exercice, en soi très vraie et très juste, n'est point admise par différents docteurs en ce qui concerne les concordats.

Hammerstein [2] déclare que le primaciat ne doit pas rester intègre seulement en lui-même, mais encore dans son exercice ; ce qui ne peut se vérifier pour qui admet l'aliénation ou la délégation par le lien contractuel.

Or, ce principe pourrait donner lieu à de sérieuses difficultés. Et, en effet, le Pape ne pourrait jamais, dans ce cas, déléguer à d'autres l'exercice de son pouvoir, pour cette raison qu'une fois la délégation faite, le Pape ne serait plus complètement libre. Et qu'on ne vienne pas dire qu'il s'agit d'une délégation temporaire : car *saltem eo tempore*, la plénitude de la liberté se trouverait en défectuosité. D'ailleurs, si une délégation relativement perpétuelle venait à s'imposer, *ad servandam fidei catholicae unitatem*, le Pape,

1. AGLIARDI. *Op. cit.*, n° 30.
2. HAMMERSTEIN. *Op. cit.*, pag. 217.

sous prétexte de ne pas souffrir une prétendue limitation de sa liberté, ne le pourrait donc pas mettre à exécution ?

Et qu'on n'oublie pas que le motif principal des partisans de la théorie des privilèges pour rejeter toute obligation bilatérale, c'est que le Pape pourrait se trouver lié, même quand le concordat tournerait au détriment du bien spirituel des fidèles.

Le cardinal Tarquini, dans sa lettre du 30 novembre 1871 à De Bonald, tient ouvertement ce langage : « Je serais curieux de savoir comment les défenseurs d'un pareil système résoudraient en pratique la question qui se présenterait si, par suite d'un changement de circonstances, un concordat qui pouvait se tolérer dans les temps antécédents, devenait pernicieux à l'Église, et au salut des âmes. Le Pape, d'après eux, serait tenu d'attendre le consentement de l'autre partie contractante ; mais on sait bien aussi combien les Princes sont tenaces de leurs prérogatives ; d'où il suit que pratiquement, comme chacun le voit, ce consentement ne serait pas accordé. »

Mais les fauteurs de la théorie du contrat se permettent de rappeler que c'est une doctrine communément admise que les contrats n'obligent plus quand les circonstances sont entièrement changées, et que le but auquel ils étaient destinés vient à manquer. Que l'on fasse l'application de cette doctrine aux concordats [1].

D'ailleurs, il ne faut pas oublier qu'il arrive bien difficilement que les seules circonstances puissent, indépendamment de la volonté des parties contractantes, transformer un contrat conclu avec loyauté, prudence et sagesse, en un obstacle aboutissant à compromettre le bien d'une des deux parties. Il faut généralement attribuer ces changements à la manière d'agir d'une des deux parties contractantes, en sorte que la cause vraie et unique de la rupture se ramène

---

1. TARQUINI. Lett. cit.

à l'infidélité dans l'observation de ce qui a été convenu. Si après cela on considère avec attention que la conduite des Papes est toujours disposée pratiquement en vue d'éliminer toutes les difficultés qui pourraient se rencontrer dans l'application du concordat, il est quasi métaphysiquement impossible que le concordat puisse devenir préjudiciable à l'Église, indépendamment de la volonté des gouvernements. Nous pouvons simplifier la question par un exemple très clair.

La concession la plus importante de l'Église dans les concordats est celle qui regarde la nomination des évêques. Or, cette concession, quand le gouvernement en fait un usage digne, en nommant des sujets capables, ne peut que difficilement tourner au détriment de l'Église, puisque celle-ci obtient son but qui est d'avoir des pasteurs propres aux hautes et sublimes fonctions de l'Épiscopat.

Ceci est si vrai que dans le Concordat français de 1801, pour éviter même le danger de voir désigner un personnage moins digne, il fut stipulé que du jour où le premier consul ne serait pas catholique on procéderait à un nouvel accord : *Utrinque conventum est quod in casu quo aliquis ex successoribus hodierni primi consulis catholicam religionem non profiteretur... super nominatione ad archiepiscopatus et episcopatus, respectu ipsius, nova conventio fiet.*

Ces observations démontrent, en toute évidence, que les concessions de l'Église en matière de droit public ecclésiastique ne constituent pas une aliénation, quoiqu'elles puissent être accompagnées d'une obligation bilatérale, en ce sens que l'Église peut se lier par un vrai contrat non pas par rapport à ce qu'elle accorde, mais par rapport au mode d'user de la concession faite, tant que les circonstances légitiment cet exercice [1].

---

1. S. Alphonse note que : « quaevis promissio etiam acceptata non obligat, si postea promissum reddatur impossibile, seu valde nocivum, vel illicitum vel inutile, et generaliter loquèndo, quoties supervenerit notabilis

Il est de même absolument faux d'accuser de simonie ceux qui voient dans les concordats un bien contractuel.

Les docteurs, qui adoptent la théorie que nous examinons à présent, demandent tout d'abord pour quel motif les pontifes romains, en parlant de l'obligation des concordats, se servent de termes qui pourraient faire suspecter de simonie, si elle était possible? Mais elle n'existe vraiment que dans la pensée de ceux qui combattent la réalité du lien bilatéral dans les concordats.

Car la nature et la matière intrinsèque de la simonie consiste à apprécier les choses spirituelles ou annexes aux spirituelles, d'après les choses temporelles, comme si elles étaient appréciables à cette valeur. Or, dans les concordats, on ne fait pas proprement un échange de choses spirituelles ou annexes aux spirituelles contre quelque chose de temporel en considération du prix et de la valeur. La chose est

mutatio rerum, quae si praevisa fuisset, non fuisset facta promissio; quae semper promissio facta praesumitur sub tali tacita conditione. » (Th. Mol. L. III. Tract. V. § 720.)

Ainsi le Prof. De Angelis observe : « Quod si haec pacta successu temporis in detrimentum eiusdem Ecclesiae cederent, profecto eorum obligatio deficeret, cum res incideret in eum casum, ex quo incipere non poterat. Atque hoc non est singulare de istis pactis sed de omnibus; et a iuristis passim dicitur haec obligatio cessare ex mutatione materiae. » *Praelectiones Iuris Canonici*, t. I.

Dans le concordat conclu entre Nicolas V et Frédéric III sur la nomination aux évêchés on lit : « Et si canonicae fuerint (electiones) eas confirmabimus nisi ex rationabili et evidenti causa de dictorum fratrum (cardinalium) consilio, de digniori et utiliori persona duxerimus providendum. »

Innocent III, sur le canon d'Alexandre III, par rapport aux illégitimes, observe : « cum ea non fuerit prohibentis intentio ; qui successoribus suis nullam potuit in hac parte praeiudicium generare, pari post eum omnino eadem potestate functurus, cum non habeat imperium par in parem. »

Ainsi Victor III, par rapport à la confirmation de l'élection papale pour l'empereur, justement observe : « Neque papam neque Archidiaconum, neque episcopum aliquem seu cardinalem licite facere id potuisse: Sedes apostolica domina est non ancilla, nec alicui subdita, sed omnibus praelata, et ideo nulla omnino ratione sub iugo a quoquam mitti potest. Quod a Nicolao Papa factum esse dicitur iniuste profecto ac temere praesumptum est. Non tamen cuiusquam stultitia vel temeritate amittit Ecclesiae dignitatem suam neque vos id sentire ulla ratione debetis. »

très claire. Le Pape ne concède et ne s'engage à maintenir que des droits ou des privilèges qui se rapportent aux choses spirituelles ; quant au Pouvoir civil, il garantit le repos et la liberté de l'Église, promet de promouvoir la prospérité de la religion ; donc aussi de ce côté il est question de choses spirituelles.

Si dans quelques cas, le pouvoir civil assume l'obligation de subvenir au traitement du clergé et de fournir des secours temporels aux chapitres et aux basiliques, il le fait ou pour réparer les usurpations des autres gouvernements, ou à titre d'aumône, ce qui reste toujours dans le domaine des choses spirituelles, comme il en est des taxes payées à la Curie romaine pour les dispenses ou les privilèges obtenus. D'ailleurs, en admettant encore qu'il y ait quelque chose de matériel dans ces donations, elles peuvent être élevées par le Pontife romain à l'ordre spirituel de la tranquillité et de la liberté de l'Église, de la sanctification du nom de Dieu et de la diffusion du règne de Jésus-Christ [1].

Nous ne sommes donc en présence d'aucune espèce de simonie de droit naturel ou divin, puisque ni de l'une ni de l'autre part on n'entend faire marché des dons de Dieu pour une valeur pécuniaire ou autre bien de ce prix.

Il n'y a pas non plus simonie de droit ecclésiastique ; car, suivant la doctrine des plus grands canonistes, la simonie de droit ecclésiastique regarde seulement les bénéfices, dans le cas où par exemple on permute, où l'on renonce, où l'on transige de sa propre autorité.

Bien plus, si dans les concordats l'obligation bilatérale est source de simonie, il en est de même de l'obligation unilatérale assurée par le gouvernement.

Car enfin, pour constituer le crime de simonie, il n'est point nécessaire qu'un contrat formel intervienne ; il suffit de l'échange, de quelque nature qu'il soit, entre une chose

---

1. AGLIARDI. *Op. cit.*, n. 26.

spirituelle et une chose temporelle, si. en même temps existe la *studiosa voluntas*, comme dit saint Thomas.

Or, cet échange quelconque se vérifie également pour ceux qui veulent que les concordats soient des privilèges, n'obligeant par là même qu'une seule partie contractante[1].

Et l'on n'est pas en droit de dire que la liberté concédée par l'État à l'Église dans le concordat se peut comparer au *munus ab obsequio*.

Dans l'obligation concordataire, en effet, il manque toujours l'élément essentiel, la *studiosa voluntas*. Aucun des Pontifes ne croit acheter, au prix de ses concessions, la liberté ou la cessation d'injustes violences; il n'agit, somme toute, que dans l'unique but d'améliorer relativement la condition de l'Église.

La conclusion légitime de toutes ces observations, c'est qu'il n'y a pas lieu pour le Pontife de tomber dans le péché de simonie quand il veut s'engager à observer par justice ce qu'il a lui-même concédé dans les conventions.

Ceci posé, on ne saurait adopter la théorie du R. P. Palmieri, exposée plus haut, et d'autant plus, qu'en pratique elle pourrait donner occasion à des questions très graves ; ainsi, l'application pratique et précise d'une doctrine de ce genre consisterait en ce que le Pape aurait le droit d'abroger demain les concordats, conclus par ses prédécesseurs ou par lui-même, avec différents gouvernements ; il le pourrait

---

[1] Mons. Turinaz dit : Pour qu'il y ait crime de simonie, il n'est pas nécessaire qu'un contrat en forme et même un accord aient précédé l'échange accompli entre une chose spirituelle et une chose temporelle.

Le crime existe par le fait même de cet échange. Ainsi, celui qui sans un contrat ou un accord préalables donne ou reçoit de l'argent pour obtenir ou conférer les saints ordres, un bénéfice, un office, une dignité ecclésiastique commet certainement le crime de simonie. De plus, le contrat qui aurait précédé n'est simoniaque que parce qu'il a pour objet de tels actes. Or que les concordats soient ou ne soient pas des contrats, qu'ils imposent au Pape une obligation rigoureuse ou qu'ils ne l'imposent pas, la simonie d'après la théorie de nos adversaires, est dans les actes, dans l'exécution des concordats. Mais les Papes exécutent eux-mêmes et exigent l'exécution des concordats, donc les Papes sont simoniaques. » *Op. cit.*, pag. 77.

même sans raison, sans devoir donner à ces gouvernements la moindre explication de sa conduite et ainsi les concordats seraient abrogés validement; en d'autres termes, ils n'obligeraient plus, n'existeraient plus, et le Pape, supposé qu'il eût agi sans raison, aurait à rendre compte de sa conduite à Dieu et non aux hommes. Les gouvernements civils, au contraire, sont contraints, par une obligation rigoureuse de justice, à observer ces concordats en toute exactitude, et ne peuvent ni les rompre, ni y introduire aucun changement sans avoir obtenu le consentement du Pape.

Eh bien, ce principe établi, personne ne contracterait avec le Pape. Comme le fait remarquer Grandclaude[1], si le concordat devait être regardé comme un contrat unilatéral, qui voulez-vous qui traite avec l'Église? Un gouvernement catholique et animé des meilleures intentions, laisserait, dans une semblable hypothèse, toute liberté à l'Église, mais il se garderait bien de stipuler avec elle une convention quelconque, attendu qu'il n'en verrait pas le but. Tel gouvernement, en effet, pourrait raisonner de la sorte : les concordats, les traités se concluent pour obliger les deux parties contractantes à en observer les clauses et pour assurer l'avenir des relations entre l'Église et l'État, entre puissance et puissance. Mais quelle garantie me donnera un contrat unilatéral, qui peut tous les jours être déchiré par l'Église, tout en maintenant sans les altérer aucunement, les obligations assumées par l'État? Vous, Ministres de Dieu, vous aurez droit à la liberté de votre mandat pastoral; je vous la donne pleine et entière, mais je ne souscris pas à un concordat qui ne vous oblige pas, au même titre que moi, à son observation, et cela pour deux motifs : parce que, tant que je dirige les intérêts de mon pays je n'en ai pas besoin, et parce qu'un pacte semblable ne garantit pas du tout l'avenir des relations entre l'Église et l'État, vu que le jour où des maîtres moins dévoués que nous à l'Église pren-

---

1. GRANCLAUDE. *Op. cit.*

draient la direction des affaires publiques, leur premier acte serait de se délivrer de liens qu'ils réputeraient intolérables, comme ceux qui exigent tout sans rien assurer en compensation de ce que l'on donne.

Aujourd'hui plus que jamais les gouvernements catholiques sont rares, et par suite les relations entre la puissance civile et la puissance ecclésiastique sont de plus en plus difficiles. Eh bien ! à ces gouvernements ou indifférents ou hostiles ou imbus d'une multitude de préjugés contre le clergé et l'Église, qui oserait dire : traitez avec le Vatican, mais songez bien que les concordats signés par le Pape et par vous ne l'obligent pas lui, mais seulement vous? La réponse ne serait pas douteuse : aucun concordat ne serait plus possible et ceux qui existent déjà seraient tout bonnement brisés. L'Église en subirait des dommages incalculables, puisque l'État libre des liens inhérents aux concordats, se laisserait aller à l'arbitraire et usurperait les droits du pouvoir ecclésiastique. Si, malgré les concordats, les gouvernements se permettent tant contre l'Église, que serait-ce si les concordats, opposés par la sagesse des Papes à l'insolence de la puissance civile, venaient à disparaître? Et ils disparaîtraient de fait le jour où la doctrine du contrat unilatéral viendrait à être connue pour une doctrine du Siège Apostolique [1].

1. Telle est l'idée des hommes politiques d'aujourd'hui; Émile Ollivier écrit : « De nos jours, le Pape et le souverain temporel tranchent les questions débattues, par des conventions, dites concordats, dont le nom indique l'objet. De pareils arrangements sont la meilleure sauvegarde de la liberté des consciences ; ils ne terminent pas les difficultés d'une manière décisive et pour toujours, ils les règlent pour un temps. Quand les difficultés recommencent, on s'explique et on s'entend de nouveau. Les États modernes, s'ils sont bien inspirés, ne rejetteront pas le régime des concordats : ils y auront recours chaque fois qu'une question non prévue sera de nature à devenir une cause de trouble religieux, et qu'un désaccord se manifestera entre les dispositions de la loi canonique et celles de la loi civile.

« La seule objection contre les concordats serait dans cette doctrine..... qui réduit des actes synallagmatiques à n'être qu'un indult, un privilège toujours révocable pour le Saint-Siège, quoique toujours obligatoire pour

On voudrait en dernier lieu éliminer tout lien bilatéral, parce que le Pape dans les concordats avec un État catholique conserve toujours sa supériorité ; cette diversité juridique des personnes rend bien plus impossible encore une obligation véritable de justice enchaînant l'un et l'autre.

Au sujet de telles affirmations, on peut observer tout d'abord qu'il est absolument faux qu'entre un supérieur et son sujet il ne puisse exister une obligation égale [1].

De Lugo, reproduisant la doctrine de Molina sur les contrats, s'exprime ainsi : « *principem supremum posse contrahere cum subdito : an vero obligetur solum naturaliter, ut plures volunt, aut etiam civiliter, ut alii dicunt, est fere quaestio de nomine. Certum est principem non ita obligari ut possit a iudice vi coercitiva cogi ad observandum contractum ; postest tamen a iudice declarari principem obligatum esse ex contractu ad id praestandum...* »

Reiffenstuel ajoute : « *Quinimo adeo hoc verum est ut tametsi princeps sit solutus legibus, nihilominus is obligetur ex pacto etiam cum propriis subditis inito, adeo ut ab eo recedere non possit etiam de plenitudine protestatis prout cum aliis notat Fagnanus in C. Antigonus. Ratio est quia princeps ex pacto obligatur iure naturali ac divino.....* »

Et il est inutile de dire que ce principe n'a pas lieu d'être appliqué aux concordats pour ce motif qu'un prince catholique est toujours sujet du Pape ; de cette vérité, il ne peut

---

les princes. Les textes..... prouvent sans réplique combien cette prétention est contraire au bon sens, à la tradition, aux règles d'une sage politique...... Si cependant l'opinion, qui a été celle de Léon X, de Pie VII et de Pie IX, a été abandonnée par la Papauté, l'ère des concordats serait close, car il n'y aurait nulle part un gouvernement tellement imprévoyant, tellement dépourvu de dignité, qu'il consentît à s'obliger sans qu'on soit lié envers lui. Alors par la faute de Rome, il ne resterait plus, pour trancher les difficultés nées entre l'Église et l'État, qu'un moyen : la force, la force morale du côté de l'Église, la force matérielle du côté de l'État. « *L'Église et l'État au Concile du Vatican*, vol. I, pag. 88.)

1. De Lugo. *De Iustitia et Iure*, disp. XXII, sect. X. 280. Reiffenstuel. Ius Can. Univ., lib. I, tit. 25. n. 28.

dériver que cette autre : c'est que le Prince catholique est soumis à la juridiction et aux lois de l'Église, comme tout autre fidèle, et que le Pape est son Pasteur comme il est le Pasteur de tous les autres membres de l'Église de Jésus-Christ. Mais est-ce pour cela qu'il ne sera pas permis au Pape de concéder au Prince par exemple le privilège de nommer les évêques dans ses États ou quelque autre indult de faveur, et de s'engager par un pacte à maintenir cette concession à perpétuité, c'est-à-dire tant qu'elle ne tournera pas évidemment au détriment du salut des âmes ? D'ailleurs, comme le remarque fort à propos Labis, nous pouvons par une *fictio iuris* considérer le prince catholique non comme tel, mais comme simple pouvoir civil, et dans ces conditions il n'est pas absurde de le voir traiter avec le Chef suprême de l'Église sur les affaires religieuses, non pas en tant qu'il les envisage comme telles, mais comme conduisant au bien-être civil et à la tranquillité temporelle de ses peuples [1].

Il est bon de noter ensuite que les fauteurs de la théorie des privilèges ont recours, eux aussi, à cette fiction de droit, quant ils ont à expliquer les concordats entre le Saint-Siège et les Gouvernements hérétiques et gentils. Mais nous parlerons de ces concordats dans la suite. Quant à l'argument tiré de la nature des opérations divines et apporté par d'éminents écrivains, les adversaires se permettent de faire observer que le point fondamental dans ce raisonnement repose en ce que Dieu ne peut se lier par justice à l'égard des hommes. Or, sur cette question, les théologiens sont divisés en deux parts. Pour l'opinion affirmative, on cite [2] Bellarmin, *de justificatione*, cap. 14, 15, 17, et Suarez, *de Incarnatione*, Disp. IV ; Sect. 5 et l'opuscule VI tout

---

1. Labis. *Op. cit.*, pag. 13.
2. Bellarmino. *De Iustificatione*, cap. 14-15-16. Suarez. *De Incarnatione*, disp. IV, sect. V. On peut examiner l'opuscule : De *Iustitia qua Deus reddet praemia meritis et poenas peccatis*.

entierintitulé *De iustitia qua Deus reddet praemia meritis et pœnas peccatis*. Suarez dans cet opuscule présente cette opinion pour vraie et certaine.

En faveur de l'opinion adverse, on cite [1], Vasquez et de Lugo qui note la première opinion comme célèbre, et la seconde comme probable.

On fait toutefois observer que la première opinion est appuyée par différents textes de l'Écriture Sainte. *In reliquo reposita est mihi corona uistitiae, quam reddet mihi Dominus in illa die iustus iudex* (II ad Tim.) *Sine acceptione personarum iudicat, secundum uniuscuiusque opus* (I Petri I 17). *Non est iniustus Deus ut obliscatur operis vestri* (Hebr. VI, 10).

L'autre opinion n'offre en sa faveur aucun texte de l'Écriture et n'oppose à ceux des adversaires, selon Suarez, que quelques raisons de philosophie humaine; *rationes quaedam philosophiae humanae*.

De Lugo lui-même apporte en faveur de l'opinion opposée l'autorité d'un plus grand nombre de Pères de l'Église, et il n'en cite pas à l'appui de sa propre pensée.

Il est très vrai que la seconde opinion jouit en sa faveur de l'autorité de saint Thomas ; mais la seule autorité de l'angélique docteur ne suffit pas pour résoudre une question de ce genre, soit parce qu'elle doit être principalement résolue par l'autorité de l'Écriture Sainte, soit parce que les théologiens de l'autre opinion invoquent eux aussi et citent à leur appui des textes de saint Thomas.

Par conséquent, concluent les défenseurs de la théorie contractuelle, les arguments sur lesquels repose la théorie des privilèges n'ont certainement pas l'efficacité requise pour démontrer que l'obligation assurée par le Pontife n'est pas de stricte justice.

Je souscris pleinement à cette opinion qui reconnaît dans les concordats une véritable obligation bilatérale. Je vois

---

1. DE LUGO. *De Incarnatione*, disp. 3.

cependant que pour maintenir cette obligation, il n'est pas nécessaire d'admettre dans les concordats la nature du contrat pris dans un sens strict, par cette raison qu'il y manque toujours l'objet propre ; dans les contrats est requise la *materia apta*, et suivant tous les maîtres en Droit canonique et en Droit civil, celle-ci existe *quando agitur de re qua sit in commercio*. Or, les concessions, que supposent les concordats avec le Saint-Siège, ne sont certainement pas *res quae sint in commercio*, puisque l'on y traite *de rebus spiritualibus vel mixtis*[1].

Cette observation donne naissance à la théorie contractuelle modérée, qui exprime parfaitement dans son concept la véritable nature du concordat et se trouve résumée dans la célèbre formule de de Angelis : « *Concordata sunt concessiones ratione materiae, contractus ratione formae* ».

Si vraie que soit intrinsèquement dans son concept la formule de de Angelis en ce qu'elle nous présente la véritable nature des concordats, les termes dans lesquels elle est exprimée ne nous paraissent pas cependant avoir été heureusement choisis.

De fait il n'y a lieu à aucun doute sur la vérité intrinsèque de la formule citée ; et c'est pourquoi Cavagnis[2] observe fort à propos, *formula inducta fuerat ut exprimeretur Ecclesiam in concordatis concedere de suo, non autem principem* ; *rursus Ecclesiam non alienare sua sed concedere ita ut remaneat iudex superior* ; *sed ad exprimendam vim pacti quae supervenit concessioni, ex quo pacto reciproco concordatum assimilatur contractui bilaterali, dictum est induere formam contractus bilateralis*; et à ce sujet l'éminent professeur confirmait l'expression de de Angelis par les déclarations suivantes du cardinal Antonelli, les concordats bien qu'ils ne laissent pas d'appartenir dans leur

---

1. Tilloy. *Traité historique et pratique de Droit canonique*, vol. II, n. 3281.
2. Cavagnis. *Op. cit.*, n. 685.

objet à la discipline ecclésiastique, portent toutefois la note caractéristique de ce que l'on appelle des traités internationaux.

Donc, dans son concept, la formule de de Angelis exprime clairement quelle est la nature intrinsèque des concordats.

Je disais cependant que les termes dans lesquels elle est résumée n'ont pas été d'un heureux choix : ce ne serait pas toutefois pour la raison apportée par le cardinal Tarquini [1], mais pour un autre motif. Une nouvelle observation de Cavagnis, c'est que dans le principe, *formam informare non posse materiam sibi repugnantem*, il y a une équivoque:

---

1. TARQUINI. *Let. cit.* Comment voulez-vous, vous autres, qu'une matière au sujet de laquelle on confesse qu'à la regarder en elle-même, elle ne peut devenir l'objet d'un contrat bilatéral, mais que par sa nature déterminée elle est un privilège et une concession, puisse recevoir une forme contraire à sa nature, et par la plus étrange des métamorphoses devenir cela même à quoi sa nature répugne le plus, c'est-à-dire un contrat bilatéral ? Il n'est pas un Italien qui ne doive se souvenir ici des beaux vers du Dante dans le *Paradis*, chant I, v. 127 et suivants :

> Vero è, che come forma non s'accorda
> Molte fiate, all'intenzion dell'arte
> Perchè a rispondere la materia è sorda.....

C'est-à-dire, suivant le commentaire de François de Buti, que bien souvent la forme ne s'accorde pas avec l'intention de l'art, puisque l'art voudra faire une chose et qu'il en sera fait une autre, et il en donne la raison : parce qu'à obéir à l'intention de l'art, la matière est sourde, c'est-à-dire qu'elle est inepte et impuissante.
Vous voudriez, semble dire le poète, agir en créateur, et par le seul *fiat* de votre parole imposer à la matière inepte la forme que vous avez en tête; mais je vous annonce, moi, dit-il, que votre parole sera perdue, parce que la matière est sourde et qu'elle ne l'entend pas. Tel est, précisément, notre cas. Vous confessez que la matière des concordats, considérée en elle-même, est un privilège pur; et puis au moyen de quelques phrases, et pour ainsi dire avec un autre *fiat*, vous prétendez qu'elle doit prendre la forme d'un contrat bilatéral! Or cela est aussi possible, pour me servir de deux comparaisons du poète rappelé ici, qu'il serait possible à une rivière au lieu de descendre du sommet de la montagne jusqu'au bas, de s'élever comme une muraille, ce qui n'exigerait rien moins que la verge de Moïse; ou bien qu'il serait possible qu'un feu vif demeurât tranquillement sur la terre et s'y arrêtât sans dresser sa pointe en haut, suivant le commentaire de François de Buti, chose qui ne s'est jamais vue.

difficultas enim supponit ab auctoribus illius formulae nomen formae adhibitum esse sensu scolastico ; et quamvis et sic non deficerent responsiones, tam ne nos implicemus subtilitalibus quae non sunt ad rem, dicimus nomen formae hic adhibitum esse sensu iuridico, ad significandum concessiones factas a Pontifice, accedente mutuo pacto, aequiparari quoad plures effectus, contractibus bilateralibus, quorum vim assumunt, servatis servandis [1]. Si vraie et si juste que soit cette observation, je crois néanmoins qu'on aurait pu exprimer diversement le concept de de Angelis et de cette sorte éviter toute difficulté ; en effet, la théorie juridique exposée par de Angelis se vérifie parfaitement et sans donner lieu à aucune équivoque, si on veut reconnaître dans les concordats la nature d'un privilège conventionnel.

Ceci établi, on peut facilement en déduire que les concordats obligent par justice les deux parties contractantes.

Il en résulte que tout en maintenant l'existence d'un véritable lien *utrinque obligans*, on conserve en même temps une vraie distinction juridique entre les personnes contractantes.

Aussi, comme on le voit facilement, la théorie que j'entreprends de défendre, se sépare de la théorie contractuelle modérée au seul point de vue du principe dont il faut partir pour bien déterminer avec la plus grande précision juridique quelle doit être la nature du concordat considéré soit en lui-même soit dans le lien qui en découle ; en sorte que, tandis que les partisans de la théorie du contrat, pour maintenir dans les concordats un véritable lien juridique bilatéral, croient devoir nécessairement reconnaître en eux la nature d'un contrat dans un sens plus ou moins large [2],

---

1. CAVAGNIS. *Op. cit.*, n. 685.
2. Mons. Turinaz, rapport à la théorie contractuelle dit : « Alii denum mediam quasi viam ineunt, dicentes, concordata esse pacta sinallagmatica non stricto quidem sensu, qualia fiunt inter pares, sed sensu quodam latiori, iuxta quem praescindetur a quaestione an contrahentes sint iure pares vel non et consideratur tantum obligatio reciproca orta ex mutuo

nous jugeons suffisant, pour obtenir le même résultat, d'admettre dans les concordats la nature d'un vrai privilège conventionel; nous conservons ainsi la nature intrinsèque celle de simples concessions, et nous expliquons comment dans leur efficacité ils peuvent avoir la force de pactes internationaux.

§ III. — *Théorie des Privilèges conventionnels.*

Dans le dernier paragraphe, nous avons examiné les théories contractuelles pure et modérée. Nous avons conclu en faisant observer que la théorie contractuelle pure eu égard à la nature de l'objet de la convention n'est pas juridiquement admissible; quant à la théorie contractuelle modérée, exprimée dans la fameuse formule de de Angelis, nous avons justement noté que toute vraie qu'elle soit intrinsèquement, elle pourrait néanmoins facilement donner lieu à des interprétations équivoques, qu'il faut complètement écarter du droit; nous affirmions en conséquence qu'en reconnaissant dans les concessions concordataires la nature de privilèges conventionnels, on excluait facilement toute difficulté, tout en pouvant maintenir non seulement l'idée de concession mais encore l'existence réelle d'un lien bilatéral. Nous voulons dans le présent paragraphe examiner cette question, si les concordats peuvent être considérés juridiquement comme des privilèges conventionnels.

consensu. » Or, ajoute Monseigneur, cette opinion ne résout aucune difficulté, parce que entre elle et celle que nous défendons, il n'y a au fond qu'une différence de mots. Il importe peu, en effet, que l'on dise que les concordats sont des contrats synallagmatiques dans un sens large, si l'on admet une obligation réciproque qui vient du consentement. De quel consentement? du consentement donné par les deux parties, formulé dans le contrat et que les deux parties par conséquent s'imposent par ce contrat. » *Op. cit.*, pag. 15.

Nous le ferons en deux points distincts ; dans le premier nous verrons si les concordats sont des privilèges, dans le second s'ils sont des privilèges conventionels.

1. — *Les Concordats sont des privilèges.*

Suarez [1] définit le privilège : *privata lex aliquid speciale concedens*. D'autres docteurs veulent que le privilège soit : *concessio permanens qua contra vel preater ius commune aliquid speciale a legitimo superiore largitur*.

De ces définitions on relève facilement que quatre éléments sont requis pour constituer un privilège : 1° un élément de supériorité et d'infériorité, 2° un élément de juridiction, 3° un élément de dérogation à une loi en vigueur, 4° un élément de stabilité.

Le premier élément est dérivé des mots, *a superiore largitur*, ce qui suppose qu'entre celui qui concède et le privilégié il y a une relation d'inférieur à supérieur, car celui-là seule peut accorder un privilège qui impose aussi les lois.

Le second élément est compris dans ces mots *speciale aliquid contra vel praeter ius*; si, en effet, le privilège ne contenait *aliquid speciale*, il ne se distinguerait pas du droit commun ; aussi est-il essentiel à la nature du privilège qu'il soit ou *contra* ou *praeter ius commune*.

Suarez remarque à ce propos que, cet effet une fois supprimé, la note caractéristique du privilège disparaîtrait, puisque, comme le dit Gratien, *Neque enim aliquibus privilegia concederentur si praeter generalem legem nulli aliquid speciale concederetur* [2].

Le même Suarez note encore que l'*aliquid speciale* doit comporter une faveur : on dit en effet : qui est concédé. Or, ce que l'on concède est toujours une chose de faveur,

---

1. Suarez, *De Legibus*, lib. VIII, cap. I, n. 3.
2. Decretum Gratiani. Cap. III, dist. III.

et toujours un bien ; si c'était une charge et non pas un bienfait, on dirait : *qui est imposé*, et non *qui est concédé.*

Il est clair après cela, que cette concession est *contra vel praeter ius*, précisément parce qu'elle est *aliquid speciale* ; nous avons donc là vraiment une dérogation au droit commun, soit en tant qu'il est abrogé *pro parte*, s'il s'agit d'un privilège *contra ius*, soit en tant qu'il introduit une nouvelle manière d'agir par laquelle est exclue l'action conforme au droit commun.

Le troisième élément consiste en ce que, le privilège provenant de la volonté du supérieur légitime, tandis qu'un droit nouveau est attribué au privilégié, il résulte pour les autres l'obligation de respecter la concession accordée. Le privilège en effet, trouvant dans le législateur sa cause juridique, prend véritablement la nature d'une loi particulière puisque telle est la volonté de celui qui le concède, de placer le privilégié vis-à-vis de la loi dans une situation distincte et faire connaître également cette situation en obligeant les autres à le respecter. Par suite, il est requis dans la concession du privilège un acte de vraie et propre juridiction.

Le dernier élément importe par rapport à l'objet de la concession que l'on considère s'il peut être susceptible d'aliénation ou non ; dans le premier cas, ce serait une translation de domaine ou de quasi domaine dans le privilégié ; dans le second cas, il n'y aurait que la transmission du pouvoir d'opérer. Ainsi que le note Suarez : *si de suprema iurisdictione sermo sit quam a se non potest abdicare princeps, in privilegio non haberetur nisi commissio tantum seu delegatio jurisdictionis* [1].

Voilà donc comment le privilège est véritablement une *privata lex aliquid speciale concedens*.

Or, tels sont précisément les concordats.

Dans les concordats, en effet, quand ils contiennent des

---

1. Suarez. *Op. cit., ibid.*

concessions relatives à des matières ecclésiastiques, on trouve tous les éléments qui constituent un privilège.

Tout d'abord, on peut dire en toute vérité que le concordat est une *privata lex*. Le concordat, dûment promulgué, acquiert le caractère et l'efficacité d'une loi : c'est l'intention des parties contractantes ; mais c'est une loi *privata*, puisqu'elle n'a de valeur que relativement à des personnes et à des biens déterminés.

En outre, l'objet dans un concordat n'est pas *aliquid commune* mais *aliquid speciale*. L'*aliquid commune* serait le droit canonique en vigueur, auquel est soumise la nation qui demande la convention nouvelle. Or cette convention, sortant du droit commun soit *praeter* soit *contra*, renferme certainement *aliquid speciale*.

Il est dit en troisième lieu que le privilège doit inclure une concession, pour donner sa raison d'être à l'élément juridictionnel. Cette condition est pleinement vérifiée dans les concordats. Qui, en effet, oserait nier que dans les conventions il n'y ait pas de concessions très spéciales de la part du Saint-Siège ?

En conséquence, nous pouvons dire, sans aucune crainte de nous tromper, que les concordats sont *privatae leges aliquid speciale concedentes*.

Et la stabilité ne fait pas non plus défaut, attendu que les concordats ont une existence moralement perpétuelle comme toute autre loi, étant destinés à procurer le bien social.

J'ai dit : moralement perpétuelle, parce que les concordats peuvent subir des modifications, des abrogations etc. etc.

Il faut seulement remarquer que, comme l'objet des concordats, s'il s'agit de choses spirituelles ou mixtes, n'est pas susceptible d'aliénation, il ne peut y avoir lieu à translation de domaine ou de quasi domaine ; on transfère seulement le pouvoir d'opérer.

2. — *Les concordats sont des privilèges conventionnels.*

Tout ce que nous avons esquissé jusqu'ici concerne la nature des privilèges en général. Si nous passons maintenant aux notions spécifiques qui se rattachent aux différentes divisions des privilèges, et si nous en faisons l'application à la nature des concordats, nous verrons que ceux-ci sont spécifiquement des privilèges conventionnels, de telle sorte que, faisant descendre du genre à l'espèce la définition donnée plus haut, l'on puisse dire que les concordats sont [1] *leges privatae aliquid speciale concedentes pacto interveniente ratione cuius quodammodo censetur privilegiarius emere vel recompensare privilegium.* C'est ce qui nous reste à démontrer dans le présent paragraphe. De la définition indiquée résulte clairement la nature du privilège conventionnel.

Il existe certains docteurs qui refusent d'admettre le privilège conventionnel pour la raison suivante : la nature du contrat ou du pacte, joint au privilège, finit par anéantir celui-ci. Mais, comme le déclare fort bien Suarez, l'essence du privilège ne répugne pas à l'essence du pacte, car il n'est pas seulement nécessaire que le privilège doive toujours être concédé librement et gratuitement; ceci, en effet, ne peut être déduit de la définition qu'il est possible de concevoir ainsi [2] : *lex privata aliquid speciale concedens vel contra vel supra ius, non tamen omnino gratiose sed cum aliqua obligatione iustitiae seu recompensatione recipientis.*

De là, nous pouvons inférer les modalités du privilège

---

1. Suarez, *Op. cit.*, cap. IV, n. 6.
2. Suarez, *Op. cit., ibid.*

conventionnel : ces modalités ont rapport au sujet, au lien et à la nature même de la concession.

Généralement, dans le privilège, il faut considérer le sujet actif et passif, qui ne peut être qu'unique ; mais si une convention venait à se faire, celui qui constitue à un point de vue le sujet actif concédant devient, à un autre égard, sujet passif ou terme d'une concession ; de même, celui qui est sujet passif devient, à son tour, actif et principe efficient d'une concession déterminée.

Si le privilège n'est pas conventionnel, le lien juridique qui réside entre le sujet actif et passif se fonde exclusivement sur les bonnes dispositions subjectives du sujet qui concède ; mais, si une convention s'y ajoute, le lien juridique repose directement sur la vertu de justice.

Il en résulte ensuite que cette concession devient irrévocable et perpétuelle. Suarez note, en effet [1] : *tale privilegium, cum ex vi pacti includat mutuam obligationem iustitiae, per solam voluntatem concedentis, non potest a concedente revocari* ; *ergo de se perpetuum est.*

Cette perpétuité toutefois ne peut se prendre toujours dans un sens absolu ; si, en effet, la concession ne supporte pas une translation de domaine, la perpétuité n'est que relative. Voilà pourquoi Suarez remarque que le privilège conventionnel *per se* est irrévocable : *quia princeps tenetur servare pacta etiam cum subditis facta, quia haec obligatio nascitur ex naturali iustitia quae etiam principem obligat.* Que l'on fasse attention cependant à la particule *per se*, car Suarez continue : *Quia in casu raro in quo posset princeps privare subditum propriis rebus suis, etiam poterit revocare privilegium non obstante contractu quia eadem est vel maior ratio.* Il explique ensuite la nature de cette révocation, notant bien que *magis est declaratio quam revocatio, quia a principio intelligitur illa conditio in privilegio inclusa, etiamsi per modum contractus concessum sit, quia*

---

1. Suarez, *ibid.*

etiam alia bona subditorum intelliguntur esse hoc modo et pro talibus casibus subiecta dispositioni principis. Ces cas seraient précisément ceux qui intéressent le bien commun [1].

Or, il me semble que cette doctrine que donne Suarez du privilège conventionnel, peut très bien être appliquée aux concordats : de la sorte, si vrai qu'il soit que l'objet du concordat consiste dans de pures concessions de la part de l'autorité ecclésiastique, il n'y a néanmoins aucune répugnance, pour cette même autorité, à ce qu'elle se lie par un pacte annexé, en promettant de conserver ces concessions, comme, de son côté, s'y oblige le gouvernement civil.

Cette répugnance, en effet, si elle existait, proviendrait ou du sujet, ou de l'objet, ou de la fin. Or, du côté du sujet, elle ne peut avoir lieu, puisque le principe formel et efficient de toute convention, c'est la volonté des parties contractantes; on ne peut pas, certainement, nier l'existence de cette volonté dans le Pontife ; les documents positifs l'attestent. Par conséquent, étant donné cette volonté du Pape de se lier, nous avons le principe formel et efficient d'une convention quelconque [2].

---

1. SUAREZ, *ibid.*
2. Le professeur Moulart écrit : « Tout le monde convient qu'à la demande et à la sollicitation du pouvoir civil, le pape peut modérer l'usage de sa puissance dans les points que nous avons indiqués ci-dessus; qu'il peut en ces matières faire des concessions aux souverains temporels; pourquoi donc ne pourrait-il pas s'engager à ne pas retirer ces concessions, tant que les nécessités supérieures de l'Église ne l'y forceront pas ? Pourquoi la parole, par lui donnée, ne devrait-elle pas être tenue? Parce que, dit-on, ce qui de sa nature est une concession ou un privilège, ne peut jamais devenir la matière d'un traité bilatéral. Mais sans être tenu d'accorder une chose ou de poser un acte, ne peut-on pas s'y obliger volontairement? Les donations rémunératoires et de pure libéralité n'imposent-elles plus d'obligation à celui qui les fait, ne doivent-elles plus être maintenues? En un mot, chacun ne peut-il pas, de son plein gré et librement, s'obliger à ce à quoi indépendamment de son bon vouloir, il ne serait tenu d'aucune façon? Dans une convention l'obligation naît précisément de la volonté des parties, et non de l'objet de la convention. Encore une fois, toute l'économie de notre

La répugnance n'apparaît pas non plus du côté de l'objet. L'objet de la convention qui s'ajoute à la concession du privilège, n'est pas directement la concession elle-même, celle-ci étant l'objet direct du privilège, mais c'est *aliquid aliud*, c'est-à-dire l'obligation de conserver la concession faite, de telle sorte que le pacte surajouté se rapporte directement à la conservation du privilège, laquelle conservation provenant d'un pacte mutuel, *includit mutuam obligationem iustitiae*.

La répugnance n'existe pas non plus du côté de la fin, puisque c'est la fin elle-même de l'Église qui exige, dans les circonstances, la conclusion et la conservation de ces conventions.

Cette répugnance exclue de la sorte, il s'ensuit directement que les deux parties sont tenues, par justice, à respecter les concessions faites : l'une ne pourra rompre la con vention sans le consentement de l'autre.

En affirmant ainsi dans les concordats la nature du privilège conventionnel, on écarte la plus grande difficulté que soulève la théorie contractuelle, c'est-à-dire que le contrat surajouté entraîne la diminution du pouvoir.

Cette théorie que nous exposons ne suppose pas, en effet, d'aliénation du pouvoir papal : la raison en est que le prince *a se abdicare non potest supremam iuridictionem*, et c'est pour cela que dans la concession il y a *commissio tantum seu delegatio iuridictionis*.

Par conséquent, le concordat ne livre pas au prince le pouvoir lui-même ou une partie du pouvoir, mais il ne fait qu'en déléguer l'exercice.

Et cette délégation n'importe pas de diminution en ce

salut, nos espérances éternelles, ne reposent-elles pas sur un engagement de cette nature, que Dieu a bien voulu contracter envers nous, ses créatures? Ainsi, bien que les princes et les gouvernements n'aient pas le droit d'exiger que le pape leur accorde ces privilèges, cependant le pape, en les leur accordant, peut s'obliger à les maintenir. » (*L'Église et l'État*, p. 620.)

sens que le Pontife romain serait privé, sinon du pouvoir même, mais au moins de la plénitude du pouvoir. Les diverses manières dont le pouvoir peut être mis en acte, sont des formes accidentelles de l'exercice du pouvoir lui-même, en sorte que celui-ci demeure toujours intact et parfait dans son essence juridique.

Et qu'on ne dise pas : la plénitude du pouvoir est lésée par ce fait qu'on doit tenir pour non valide tout ce qui sera opposé à la convention intervenue, et de la sorte, votre théorie finit par tomber dans le gallicanisme. C'est l'idée exposée par le P. Wernz[1], quand il écrit : *etiam Card. Soglia illam distinctionem Barthelii, perversorum principiorum patroni, inter ligationem ipsius potestatis et usus potestatis in Romano Pontifice adoptavit. Quae asserta ligatio usus potestatis pontificiae, manentibus et nondum rescissis concordatis, si ad usum validum extenderetur, alia via induceret spuriam doctrinam gallicanorum de vi coactiva antiquorum canonum. Qui Gallicani certe suam theoriam defenderunt quandiu illi antiqui canones suum valorem retinebant; nequaquam vero etiam in illo casu quo forte canones illi legitime fuissent abrogati. Nemo autem negabit Romanum Pontificem quoad usum licitum suae potestatis posse ligari.*

Il apparaît clairement de là que la plénitude du pouvoir serait lésée non pas par la concession de l'usage, mais par l'invalidité qui frapperait tout acte contraire à l'exercice concédé.

Or, en admettant même cette invalidité, le pouvoir demeure toujours intact et parfait ; dans la concession faite, il y a eu seulement délégation de l'exercice ; si donc on vient à produire un acte contraire à la concession, sa nullité doit être attribuée non pas à l'absence de pouvoir, mais à l'absence de volonté de la part de celui qui a concédé

---

1. Wernz. *Op. cit.*, nota 126.

l'exercice même et qui a déclaré par un acte positif que tel acte serait tenu pour nul. D'où il résulte que la *ligatio* de l'*usus potestatis*, sous peine de nullité, a son principe formel dans la seule volonté du Pontife romain, signifiée expressément à la partie contractante ; ainsi le primaciat reste toujours intact soit dans son essence, soit dans son exercice[1].

On ne peut pas non plus opposer à notre théorie une autre observation du P. Wernz[2], que les *concessiones Romani Pontificis factae in concordatis non sunt confundendae cum modis concessionum ; etenim concessiones fieri possunt per pacta et etiam per privilegia ; ergo inquirendum est utrum materia illa concessionum privilegio nitatur an pacto bilaterali.*

Que *materia illa concessionum* repose sur un pacte bilatéral, cela apparaît évidemment, soit d'après le texte lui-même des concordats, soit d'après les commentaires officiels ; tant dans le texte que dans les commentaires, il est affirmé explicitement et dans les termes les plus clairs et les plus précis que les concessions faites *innituntur pacto*, si bien qu'on peut dire en toute vérité que dans les concordats il faut reconnaître la nature juridique des privilèges conventionnels auxquels vient s'ajouter l'efficacité d'un vrai contrat synallagmatique[3].

---

1. Dans le Concordat entre Léon X et François Ier, on lit: « Et sic per quoscunque iudices et commissarios, etiam causarum Palatii Apostolici auditores et praefatae romanae Ecclesiae Cardinales in quibusvis causis super praemissis, vel eorum aliquo pro tempore motis iudicari, definiri et sententiari debere, sublata eis aliter sententiandi et definiendi omnimoda facultate et auctoritate ; nec non irritum et inane, quidquid secus super iis, vel eorum aliquo a quoquam quavis auctoritate etiam per nos et successores nostros praefatos, scienter vel ignoranter contigerit attentari, decernimus. Concord. 1516. § 28.

2. Wernz. *Op. cit., ib. not.*

3. Dans le concordat conclu entre Nicolas V et Frédéric III empereur d'Allemagne, en 1447, le Pape, par rapport à la collation des bénéfices, dit : « A Kalendis Iunii proxime futuris, ipsa (ordinatio collationis beneficiorum)

En effet, tous ces documents (que nous citons dans une note), accompagnés de clauses irritantes, seraient inexplicables, si l'on n'admettait, entre les parties contractantes, l'existence d'un véritable lien juridique *utrinque obligans*.

Il faut noter, du reste, que ce lien ne peut surgir du simple fait de la concession, celle-ci étant incapable de produire un semblable effet juridique. Aussi l'existence de ce lien bilatéral ne peut-elle remonter exclusivement qu'à la volonté exprimée dans un acte ultérieur jouissant d'une existence juridique indépendante dans son concept de la précé-

currere incipiet, et durabit deinceps nisi in futuro concilio de ipsius nationis consensu contingat mutari. »

Jules III, dans la constitution du 14 septembre 1554, rappelle, invoque et confirme le concordat de Nicolas V et ajoute : « Nos attendentes concordata praedicta vim pacti inter partes habere, et quae ex pacto constant absque partium consensu abrogari non consuevisse neque debere....... » Dans ces mots on n'affirme pas que les concordats soient des contrats, mais uniquement on dit : vim pacti habere, c'est la théorie des privilèges conventionnels.

La bulle *Primitiva illa Ecclesia*, de Léon X, qui formait le concordat de 1516, convention approuvée par le concile de Latran V, contient ces propositions : « Et quia ad supradictam concordiam cum praefato Rege ...... consensimus, illamque inviolabiliter observari desideramus, illam veri contractus et obligationis inter Nos et Sedem apostolicam praedictam ex una, et praefatum regem et Regnum suum ex altera partibus legitime initi, vim et robur obtinere. » Ce langage ne permet pas d'attribuer à la convention léonine la nature d'un vrai contrat ; mais seulement l'efficacité contractuelle.

Urbain VIII, dans le concordat conclu en 1630, avec Ferdinand II, après après avoir exprimé dans des termes plus précis et plus énergiques l'obligation inviolable imposée réciproquement aux deux parties contractantes, ajoute ces mots : « quae omnia et singula supradicta contrahentes praefati quibus supra nominibus promiserunt, invicem et vicissim solemni et qua supra stipulatione interveniente, semper et omni tempore, et etiam in omnibus et singulis articulis, modoque et forma praemissis habere grata valida ac firma, attendereque, et inviolabiliter observare, et contra quidquam non facere, dicere vel venire de iure vel de facto, per se vel alium, quovis praetextu, iure vel causa, seu quaesito colore, directe vel indirecte, alias ultra praecisam praemissorum et conventorum omnium et singulorum observationem, ad quam quaelibet pars contraveniens seu contrafaciens praecise cogi possit. »

Benoît XIV, dans le concordat conclu avec Charles III, roi de Naples, (1741) s'exprime ainsi : « Son convenuti nei seguenti capitoli che dovranno dente concession et causant par là même des effets juridiquement distincts. C'est précisément ce qui a lieu dans le privilège conventionnel, lequel contient comme deux modalités complètement distinctes, si coordonnées qu'elles soient *ad invicem*. De cette distinction découleront aussi des effets différents.

Après avoir cité ces documents si importants, empruntés au texte officiel de divers concordats, il est nécessaire et opportun d'examiner si les Pontifes romains, en stipulant les concordats, ont l'intention de se lier ou bien de se maintenir libres de tout lien contractuel.

Il faut tout d'abord remarquer, à la suite du cardinal Agliardi[1], que, si les relations entre l'Église et l'État ont été déterminées par un Concordat, il importe spécialement à la diplomatie ecclésiastique d'en assurer l'observation, et d'exprimer des plaintes légitimes au sujet des violations

---

da amendue le parti per l'avvenire perpetuamente,ed inviolabilmente osservarsi, col cominciarsene l'esecuzione in tutto ciò che potrà subito e senza dilazione praticarsi. ed eseguirsi, dopo che questo presente Trattato sarà sottoscritto e ratificato. »

Le concordat de 1753 pour l'Espagne termine ainsi: La Santità Sua in fede di Sommo Pontifice e Sua Maestà in parola di Re Cattolico promettono mutuamente per se medesimi, ed in nome dei loro successori la fermezza inalterabile, e perpetua sussistenza, di tutti e ciascheduno degli articoli precedenti, volendo e dichiarando che nè la S. Sede, nè i Re Cattolici, abbiano rispettivamente da pretendere più di quello che viene compreso ed espresso nei predetti capitoli, e che si abbia a tenere per irrito e di nessun valore ed effetto quanto si facesse in qualsivoglia tempo contro tutti o alcuno degli stessi articoli. »

Dans le concordat conclu entre Pie VI et Joseph II (1784), pour Milan et Mantoue, on lit: « Quae omnia in hoc concordato amicabili contenta tam Sanctitas Sua, pro se et pro Romanis Pontificibus successoribus, quam Sua Caesarea Regia Maiestas, uti dux praedictus, pro se suisque in dictis ducatibus successoribus in omnibus et per omnia perpetuo inviolabiliter observare et observari facere se obligant. »

La bulle, *Ecclesia Christi*, relative au concordat français de 1801, contient ces mots: Omnia quae eis contenta ac promissa sincere et inviolabiliter ex nostra huiusque Sedis parte adimpletum et servatum iri, tam nostro quam nostrorum successorum nomine promittimus ac spondemus. »

1. AGLIARDI. *Op. cit.*, n. 21.

qui peuvent s'élever du côté des gouvernements civils. Aussi, la diplomatie ecclésiastique est à cet égard, du côté du Saint-Siège, le fidèle dépositaire du sens propre de ces conventions, comme elle est l'interprète légitime de la signification des formules avec lesquelles elles ont été stipulées. Et comme les Notes diplomatiques du Saint-Siège sont faites généralement avec le consentement explicite, ou au moins l'approbation postérieure du Pontife, si bien que, si l'on ne satisfait pas aux justes réclamations exprimées en son nom par la Nonciature apostolique, le Pape lui-même élève la voix dans le consistoire des cardinaux, il faut dire que la diplomatie est l'organe naturel du Pontife dont il se sert ordinairement pour faire connaître ses intentions sur les points en litige.

Si donc dans les documents diplomatiques du Saint-Siège on établit ce principe qu'un concordat a la force d'un contrat qui oblige autant le Saint-Siège que le pouvoir civil, qui est réciproque, onéreux pour les deux parties, et que le pouvoir civil ne peut le violer sans le consentement du Saint-Siège précisément parce que le Saint-Siège croit ne pas pouvoir le violer sans le consentement du pouvoir civil, notre thèse est établie : il faut maintenant apporter les preuves respectives.

Le Nonce du Saint-Siège à Turin, Monseigneur Antonucci, cardinal dans la suite, adressait au marquis d'Azeglio, ministre des affaires étrangères au Piémont, une note, datée du 28 mars 1850, dans laquelle, après avoir cité les concordats conclus entre le Saint-Siège et le royaume de Sardaigne, il faisait ces observations : chacun sait que ces traités sont comparés aux contrats, et imposent comme eux des obligations ; et si le lien provenant des pactes mérite le respect dans la vie privée, il est sacré et inviolable dans la vie publique des gouvernements et comme tel, estimé d'après le droit des nations civilisées. La foi réciproquement engagée, en garantit de la façon la plus solennelle les obligations respectives ; ni l'une ni l'autre des parties contractantes ne peut se dégager du lien de ces obligations sans le consentement de l'autre. Et c'est aussi un fait que le Saint-Siège de son côté en a scrupuleusement respecté l'observation sans donner les moindres motifs de les rompre ou de les violer.

Puis, à l'arrestation de monseigneur Franzoni, archevêque de Turin, le cardinal Antonelli envoyait au chargé d'affaires sarde une note étonnante en date du 14 mai 1850, dans laquelle il disait : quel que fût ce droit qui pouvait appartenir aux États Sardes de s'établir sous une nouvelle forme d'administration civile, il n'y avait lieu cependant, en vertu de ce droit, à aucune diminution de la valeur des sanctions catholiques et des anciennes stipulations solennelles entre le Saint-Siège et le Piémont qui en grande partie regardent justement les matières visant les réformes législatives établies. Et puisque le gouvernement du Saint-Siège se maintient dans l'observation des pactes conclus, il avait bien le droit d'attendre tout autant de l'autre partie qui s'était, en même temps qu'elle, formellement engagée. »

Il existait un motif d'autant plus grand de s'attendre à cette réciprocité que les conventions faites avaient été garanties par une réserve expresse sur la constitution fondamentale même du royaume.

Plus explicite encore est la note du même cardinal Antonelli au chargé d'affaires royal sarde, envoyée le 19 juillet 1850, dans laquelle le secrétaire d'État s'exprime ainsi sur la nature et la valeur des concordats : « Le Cardinal soussigné devrait aussi invoquer les concordats solennellement stipulés sur cet objet entre le Saint-Siège et le gouvernement de S. M. Sarde ; il ne pouvait oublier ces traités solennels dans lesquels, tandis que sont modifiés certains points de la discipline elle-même, sont établies également des règles relatives à l'exercice de certains droits, à l'observance desquelles s'obligent, chacun pour la partie qui le regarde, les deux pouvoirs suprêmes, le Pouvoir Ecclésiastique et le Pouvoir civil, dans le territoire de S. M. le roi de Sardaigne. — Si donc dans les susdits traités on n'a pas changé la nature de l'objet qui est toujours la discipline ecclésiastique et si l'on n'y fait que des modifications dans quelques points de cette même discipline, les dispositions qui s'y trouvent renfermées acquièrent, au moyen de la solennelle stipulation intervenue, une force spéciale de réciproque et plus stricte observance pour chacun des contractants; en sorte que, de ce côté ces mêmes traités, tandis qu'ils ne laissent pas d'être, dans leur objet, de discipline ecclésiastique, prennent toutefois la note caractéristique de ce que l'on appelle les traités internationaux. »

Je crois qu'on ne peut mieux résumer notre théorie.

Il est déclaré, en effet, expressément, que les concordats par leur nature, c'est-à-dire dans leur objet, ont rapport à des points de discipline ecclésiastique, et par là même ne peuvent servir de matière à aucun traité ; mais ces conventions reçoivent une efficacité contractuelle de la solennelle stipulation qui survient ; l'objet toutefois de cette stipulation solennelle n'est pas la concession elle-même ou la modification de la discipline ecclésiastique, mais l'observation de la concession même ; le cardinal Antonelli le dit expressément : on établit des règles relatives à l'exercice de certains droits, à l'observation desquelle chacune des parties s'engage. C'est la distinction que nous avons apportée nous-même, quand nous observions que l'objet du pacte surajouté au privilège conventionnel n'est pas l'objet même du privilège, mais la conservation de ce privilège.

Le même cardinal Antonelli dans une dépêche en date du 3 août 1861 au gouvernement du Wurtemberg, affirmant expressément écrire par ordre du Souverain Pontife, invoque le Concordat de 1857 conclu avec ce gouvernement, lequel concordat a le véritable caractère d'un pacte obligeant les deux parties. Pie IX lui-même dans l'allocution consistoriale du 1ᵉʳ novembre 1850, protesta contre les agissements du gouvernement sarde à l'égard du concordat conclu avec lui, et confirma la doctrine exposée par le cardinal Antonelli. Il disait : Vous n'ignorez pas qu'il importe grandement, non seulement à la religion, mais aussi à l'ordre civil et aux intérêts publics et privés, que ces conventions ecclésiastiques soient maintenues comme sacrées et inviolables ; si leur force et leur droit étaient méconnus, l'obligation des actes publics et privés viendrait à disparaître.

Dans l'allocution consistoriale du 17 décembre 1860, Pie IX protestait contre l'abolition du concordat conclu avec le grand-duc de Bade et disait : « Tous nos efforts ont été vains et nous devons nous plaindre hautement de ce qu'une convention solennelle soit ainsi abrogée, par une partie, contrairement à toutes les règles de la justice, sans le consentement de l'autre. »

En confirmation de tout ce que nous avons exposé, nous ferons allusion également à une lettre collective, publiée en mai 1871 par vingt évêques et archevêques d'Allemagne, deux vicaires capitulaires, des évêques préconisés ou élus, et un vicaire capitulaire. Il s'agit d'un document tout à fait doctrinal, rédigé d'un commun accord, pour repousser les attaques soulevées en Allemagne contre la décision du concile du Vatican.

Nous citerons tout ce qui, dans cette lettre, a rapport aux concordats, et comme nous n'avons pas pu avoir le texte original, nous publierons la traduction donnée dans *l'Univers* le 16 juillet 1871.

On y parle ainsi qu'il suit : « La direction d'une grande puissance spirituelle et morale, comme l'Église l'est aux yeux même de ses adversaires, ne peut jamais être connue avec plus de certitude que par ses actes solennels et les faits publics qui émanent d'elle. Les concordats ou traités conclus avec le Saint-Siège avec les États du dix-neuvième siècle ont éminemment ce caractère.

« Or, quelle est l'idée fondamentale? Nous y reconnaissons constamment comme un retour du Pape à la sphère purement ecclésiastique et une telle limitation des anciennes immunités, des anciens privilèges ecclésiastiques, que partout où l'on prend pour base la discipline aujourd'hui en vigueur dans l'Église, *vigens Ecclesiae disciplina*, ils cessent d'être un obstacle à l'égalité devant la loi comme on l'entend de nos jours. Il y a plus. Le Saint-Siège s'est engagé par ces traités solennels et publics à maintenir le droit qui résulte de ces conventions; il s'est donc par là dépouillé du droit d'y apporter des changements sans le consentement de l'autre partie et l'on sait par expérience que ce n'est pas lui qui rompt les traités internationaux et les concordats. »

Nous pourrions aussi mentionner la lettre doctrinale collective de l'Épiscopat suisse (en date de juin 1871), dans laquelle il est dit sur les concordats : « Dans un grand nombre de documents solennels, et en particulier dans les Concordats qu'il a conclu de nos jours avec différents gouvernements, le Saint-Siège a clairement déterminé le point de vue auquel il se place relativement à ses relations juridiques avec les États temporels et leurs gouvernements. Or, la situation prise par le Saint-Siège ne donne aux autorités civiles aucune raison de s'alarmer. En Allemagne, l'indépendance de la puissance temporelle dans les matières civiles est partout reconnue. La puissance spirituelle se renferme dans le domaine purement ecclésiastique. Les immunités et privilèges ecclésiastiques du temps passé sont ramenés à une mesure de prétentions qui ne peuvent en aucune façon faire obstacle au principe de l'égalité des droits. Par ces concordats, le Saint-Siège a établi, dans une entente réciproque avec les autorités civiles, une situation du droit public entre l'Église et l'État, qu'il n'a ni la volonté, ni la possibilité de changer de son chef. »

Pie IX, dans une lettre du 27 novembre 1871, louait et félicitait sans réserve ces Évêques, d'avoir publié ces instructions pastorales : « Riĕn, disait le Pape, ne pouvait être plus à propos et plus digne d'éloges, que cette instruction pastorale, par laquelle, en faisant briller à tous les regards l'éclat de la vérité, vous vous êtes efforcés de confirmer ce qui est faible, de consolider ce qui tombait en ruines, de remettre dans le droit chemin ce qui s'en écartait. »

Léon XIII également, dans son encyclique du 8 février 1884, *Nobilissima Gallorum Gens*, disait : « *Cum igitur pactis conventis inter sacram civilemque potestatem publice aliquid constitutum est, tunc profecto quod iustitiae interest, interest idem rei publicae, concordiam manere integram.* » Le même Pontife, dans l'encyclique *Immortale Dei*, observe encore : « *Incidunt autem quandoque tempora, cum alius quoque concordiae modus ad tranquillam libertatem valet, nimirum si qui principes rerum publicarum et Pontifex Romanus de re aliqua separata in idem placitum consenserint.* »

Également dans l'Encyclique *Officio Sanctissimo*, adressée à l'Épiscopat bavarois, le 22 décembre 1887, nous lisons ce qui suit : « *Ad Bavariam quod attinet, rationes quaedam singulares huic Sedi Apostolicae cum ipsa intercedunt, eaeque pactis conventis ratae sacratae. Eas quidem Apostolica Sedes, integre tamen religioseque ut solet, semper servavit; nihilque unquam egit quod causam querelarum ullam praeberet. Quapropter enim optandum ut utrinque stent utrobique conventa et rite observentur, tum ad verba tum magis ad mentem cam qua scripta sunt.* »

Léon XIII, dans sa lettre aux catholiques de France, datée du 16 février 1892, s'exprime au sujet du Concordat de 1801 dans les termes suivants : « Avant de terminer Notre Lettre, Nous voulons toucher à deux points connexes entre eux, et qui, se rattachant de plus près aux intérêts religieux, ont pu susciter parmi les catholiques quelque division. L'un d'eux est le concordat, qui, pendant tant d'années, a facilité en France l'harmonie entre le gouvernement de l'Église et celui de l'État. Sur le maintien de ce pacte solennel et bilatéral, toujours fidèlement observé de la part du Saint-Siège, les adversaires de la religion catholique eux-mêmes ne s'accordent pas. Les plus violents voudraient son abolition, pour laisser à l'État toute liberté de molester l'Église de Jésus-Christ. D'autres, au contraire, avec plus d'astuce, veulent ou du moins assurent vouloir la conservation du concordat; non pas qu'ils reconnaissent à l'État le devoir de remplir envers l'Église les engagements souscrits, mais uniquement pour le faire bénéficier de concessions faites par l'Église, comme si l'on pouvait à son gré séparer les engagements pris des concessions obtenues, alors que ces deux choses font partie substantielle d'un seul tout. Pour eux, le concordat ne resterait donc que comme une chaîne propre à entraver la liberté de l'Église, cette liberté sainte à laquelle elle a un droit divin et inaliénable. De ces deux opinions laquelle prévaudra? Nous l'ignorons. Nous avons voulu seulement les rappeler, pour recommander aux catholiques de ne pas provoquer de scission sur un sujet dont il appartient au Saint-Siège de s'occuper. »

Ces observations du Pontife actuellement régnant, Léon XIII, tendent absolument au même but que notre théorie. En effet, suivant le Souverain Pontife, le concordat de France est appelé pacte solennel et bilatéral, non dans ce sens qu'il soit un véritable contrat, mais uniquement par suite de l'efficacité produite par la convention surajoutée. Cette bilatéralité même a rapport non pas à ce qui est compris dans le concordat, mais plutôt à l'observation et à la conservation du pacte.

Du reste, Léon XIII exclut ouvertement l'idée de ce qui forme l'objet du concordat, quand il écrit que quelques-uns veulent uniquement conserver le concordat *pour le faire bénéficier des concessions faites par l'Église.*

Cette idée est également exprimée dans l'Encyclique *Ad extremas Orientis*, du 24 juin 1893, où on lit ces mots :

« *cum fidelissimo Portugalliae et Algarfiorum rege data acceptaque fide rite pacti sumus.* »

Il me semble qu'après tant d'attestations solennelles, on peut légitimement conclure que les concordats, bien qu'ils soient, dans l'ordre des concessions, de vrais privilèges, entrent toutefois par suite de la convention surajoutée dans la catégorie juridique des privilèges conventionnels et produisent comme tels une obligation bilatérale dans les deux parties contractantes.

En conséquence, le concordat, d'après la théorie que nous avons exposée, pourrait se définir : « *singularis lex aliquid speciale concedens vel contra vel suprà jus, pacto interveniente ex parte concedentis conservandi tales concessiones nonnulis sub conditionibus quae talem obligationem faciant licitam.* »

3. — *Examen des difficultés que l'on oppose à la théorie exposée.*

Bien que la nature du privilège conventionnel dans les concordats dût écarter toute difficulté, on pourrait au nom des fauteurs de la théorie des privilèges nous en opposer quelques-unes tirées soit de l'interprétation que nous avons faite des témoignages positifs allégués, soit d'autres documents positifs de l'examen desquels on voudrait conclure à l'exclusion de tout lien contractuel dans le droit concordataire.

On peut classer ces difficultés en deux catégories : dans la première sont comprises toutes celles qui ont rapport à l'interprétation des documents positifs allégués ; dans la seconde, sont présentés d'autres documents positifs contraires aux précédents, tendant par suite à détruire leur efficacité juridique.

Examinons ces difficultés chacune à part.

I. Les docteurs de la théorie des privilèges observent, au sujet des documents que nous avons apportés, qu'il ne faut pas confondre la substance des concordats avec leur forme accidentelle, c'est-à-dire avec les termes qui les expriment. Une chose tout à fait différente d'une autre, par sa nature, mais qui a des points de ressemblance avec elle, peut être désignée par les mêmes mots dans un sens éminent ou analogue, mais non identique; et c'est ce qui arrive quand on parle de Dieu et de l'ordre surnaturel; grâce à cette distinction, les mots de pacte, de contrat, de mutuelle obligation, de traité international, peuvent être et sont de fait appliqués aux concordats.

Nous répondons à cette observation:

1° cette distinction entre la substance d'une convention, quelle qu'elle soit, et sa forme accidentelle ou les termes qui l'expriment, est en opposition manifeste avec la nature des choses: rien n'est moins accidentel dans une convention que les termes qui expriment l'obligation qu'elle impose. Elle est aussi en opposition manifeste avec toutes les traditions de toutes les législations, de toutes les jurisprudences, de tous les tribunaux, de tous les peuples, de tous les hommes et de tous les temps.

2° Il est absolument impossible que les Papes n'aient pas employé, dans ces traités de suprême importance, des termes qui répondent parfaitement à la substance de ces traités eux-mêmes. Le dernier des hommes d'affaires qui agirait de cette manière serait très sévèrement jugé. Or, si l'on admet la théorie des privilèges, les Papes auraient fait usage de termes absolument opposés à la substance des concordats et à leur propre pensée.

3° Les Papes ne se servent pas seulement des termes de pacte, de contrat, d'obligation mutuelle, de contrat international, mais encore de termes qui expriment, de la manière la plus claire qu'il est possible, une obligation réciproque et rigoureuse de justice pour les deux parties.

4°. En outre, vouloir admettre un sens large et impropre éminent et analogue, c'est en réalité admettre un sens absolument contraire au sens naturel et littéral des expressions adoptées par les Papes, ce qui équivaut simplement à l'affirmation à la place de la négation; bien plus, cette prétendue régle d'interprétation est une injure directe au Souverain Pontife, une pétition de principe, qui conduit à la négation de l'autorité des décrets des conciles et des Papes, à l'autorité de toute loi et de tout document.

5° De deux choses l'une : ou il faut entendre ces expressions et ces textes que nous avons cités, dans le sens littéral et naturel, comme ont été toujours et partout entendues les expressions essentielles ou encore les expressions importantes de toute convention et de tout traité, et en ce cas, le débat est clos et l'opinion de ceux qui excluent tout lien bilatéral doit être absolument rejetée, ou bien ces expressions doivent être prises dans un sens large, comme le veulent les adversaires, impropre, éminent, analogue ; il faut distinguer entre la substance des concordats et les termes qui les expriment; et alors par la force des choses, il faudra accuser les Papes d'avoir méconnu, dans ces traités de suprême intérêt, les règles universelles des conventions humaines, ces règles nécessaires à l'honneur, à la sécurité des contractants, à la sécurité des relations sociales et de l'ordre social lui-même. Il faudrait encore en ce cas conclure que les Papes, en adoptant ces expressions et en méprisant ces règles sans jamais employer dans les concordats un seul mot qui n'exprimât le sens large et impropre, etc. devaient fatalement tromper les gouvernements et les peuples avec qui ils traitaient ; on devrait dire enfin qu'ils ont les trompés et les trompent sans cesse.

6. Il faut se rappeler, en dernier lieu, que nous avons démontré que les concordats sont des actes relevant de la diplomatie pontificale; il en résulte donc qu'ils doivent se conformer aux règles essentielles de la diplomatie. Or, une

des principales règles du style diplomatique exige la précision et la clarté [1].

II. On nous oppose encore d'autres documents positifs qui sembleraient exclure toute idée de lien contractuel.

On apporte tout d'abord une décision du tribunal suprême de la Rote romaine, qui déclare dans une *Leodiensi* (15 mai 1610) *quod concordata vim habent contractus vel non sunt vera; quia spiritualia non cadunt in commercium sed per viam gratiae erpediendum... vel hic erit improprie unde remanet privilegium merum.*

La décision de la Rote romaine ne détruit pas, à mon sens, la doctrine exposée; le tribunal suprême affirme, en effet, que les concordats ne peuvent avoir la force d'un contrat parce qu'ils n'ont pas pour objet des choses qui ne tombent pas dans le commerce; personne ne nie cette vérité; bien plus, c'est la raison unique et exclusive que nous avons apportée pour prouver que les concordats sont des privilèges dans leur objet; mais il ne résulte pas de là, que les concordats ne peuvent pas produire une obligation contractuelle par la volonté expresse des parties contractantes, en vertu d'une nouvelle stipulation ajoutée à la concession, comme cela a été formellement observé par le cardinal Antonelli.

Il convient d'ailleurs de faire remarquer qu'au XVIIe siècle

---

[1]. De Martens observe: « Moins que tout autre écrit, un acte diplomatique ne doit offrir rien de vague, ni de hasardé dans sa composition, mais, au contraire, aller au but par la voie directe; les idées doivent en être justes, la marche ferme et rapide, la diction correcte, les expressions claires, naturelles et précises. » Et plus loin. « En diplomatie, il ne suffit pas d'être compris; il faut encore s'exprimer avec une netteté telle, que la mauvaise foi ni la chicane ne puissent dénaturer, ni à l'aide de l'équivoque fausser le sens d'un mot ou d'une phrase, pour lui donner une interprétation forcée. Il faut donc avant tout se pénétrer de son sujet, n'y laisser aucun point obscur, et le considérer sous toutes ses faces, afin d'en saisir tous les éléments. Cette clarté dans l'ordre des idées, condition absolue de toute bonne rédaction, se répandra d'elle-même sur l'expression de la pensée, soit par le choix des termes, soit par leur enchainement. » (*Le Guide diplomatique*, t. II, p. 2.)

il n'y avait pas d'accord entre les canonistes sur la question de la nature des concordats, et c'était bien naturel, attendu que les concordats sont de date relativement récente ; aussi n'avaient-ils pas à leur disposition d'arguments péremptoires pour la solution de la question soulevée sur la nature de l'obligation concordataire.

Il n'est donc pas étonnant que la Rote romaine ait adhéré à l'opinion de ceux qui admettaient dans les concordats la nature d'un pur privilège [1].

De plus, il ne manquait pas en ce temps-là des docteurs qui reconnaissaient dans les concordats la force d'un vrai lien contractuel [2].

On nous oppose encore le Bref envoyé par Pie IX, à Maurice de Bonald [3].

« *Dilecte fili nobilis vir, salutem et apostolicam benedic-*

---

1. Vering, sur le décret de la S. Rota, observe : « Les motifs dont un tribunal appuie sa décision ne constituent jamais un principe de droit, et les sentences d'un tribunal, même de celui de la Rote, ne décident généralement que le cas dont il question ; elles n'ont pas d'autre vertu juridique. » *Op. cit.*, p. 682, nota.

2. Pichler, célèbre élève de Schmalsgrueber, sur les concordats d'Allemagne dit : « Fateor quod Papa sine gravi causa bonum publicum concernente non facile debeat, imo convenienter non possit derogare concordatis; cum non sint simplex gratia et privilegium mere gratuitum, sed pactatio et promissio acceptata, habens adiunctam clausulam de non revocando, imo contractus reciprocus cum onere, vi cuius Germani obligantur nullum ius conferendi beneficia illi reservata, et in mensibus papalibus, praetendere, item annatas solvere Camerae Apostolicae. Unde ratio posterioris partis est quia concordata non sunt simplex indultum vel privilegium, cui per clausulas generales derogari potest, sed pactatio onerosa et inducens obligationem iuris naturalis et iustitiae ac rationis ordo suadet, ut, qui a suis successoribus mandata sua servari desiderat, praedecessoris sui volontatem ac statuta custodiat. » (Can. Just. 25, qu. I.)

3. M. l'abbé Bouix posait à M. Maurice de Bonald les deux questions que voici :

1° Le gouvernement de la Défense nationale a-t-il succédé au privilège concordataire de la nomination des évêques pour les sièges vacants ?

2° Dans l'hypothèse qu'il ait succédé, le Saint-Siège n'a-t-il pas le droit de retirer ce privilège, vu l'abus qu'en ont fait les gouvernements français depuis soixante-dix ans ?

Le vicomte de Bonald, après avoir donné des explications sur la nature *tionem. Lucubrationem tuam, dilecte fili, nobilis vir, cui titulus* : « *Deux questions sur le concordat de 1801* », *perlibenter excepimus, cum et religionem peritiamque tuam commendet et oculis subiiciat nativam et peculiarem huiusmodi pactorum seu indultorum indolem, unde facile solvi queant propositae quaestionis. Gratulamur itaque tibi tuoque scripto ominamur ut qui blasphemant quod ignorant, inde tamen discant, Ecclesiam per haec conventa de rebus ad se spectantibus non aliena appetere iura, sed propria largiri. Omnia interim tibi fausto adprecantes, divini favoris auspicem et paternae nostrae benevolentiae pignus, apostolicam benedictionem tibi peramanter impertimur.* »

Le Bref du Pontife fut suivi de nombreuses lettres d'évêques et insignes personnages, qui envoyaient leurs félicitations à de Bonald.

Or, la difficulté présente peut être considérée sous un triple aspect, c'est-à-dire en soi-même, dans ses rapports avec le Bref, et vis-à-vis des compliments des évêques.

de l'Église, observait que le chef de l'Église peut seul et a seul qualité pour décider ce qui fait l'objet des deux questions ci-dessus; par conséquent le concordat n'a aucun rapport avec le contrat. De Bonald apporte, pour le prouver, les arguments que nous avons examinés dans la théorie des privilèges; il ajoute même que le gouvernement français a reconnu que le Concordat n'est qu'une concession du Pape; par suite, le Souverain Pontife pourrait le révoquer, en présence des abus dont le gouvernement s'est rendu coupable, soit dans la publication des articles organiques, soit dans les règlements sur l'acquisition des biens ecclésiastiques et l'érection des ordres religieux; d'où l'on conclut qu'il n'a existé de la part du gouvernement français, aucune protection réelle pour l'Église catholique, comme c'était leur devoir cependant; mais l'apostasie légale et officielle voilà comment les gouvernements français depuis 1801, y compris même les meilleurs, ont exécuté le Concordat et leur reconnaissance pour le Pape.

Par conséquent : 1º Le Concordat est une pure concession faite par le Pape au gouvernement français et dont il est toujours le seul maître et le juge ;

2º L'acte de 1801 ne peut être assimilé à un contrat, parce qu'il y a impossibilité radicale à ce qu'un contrat intervienne entre deux personnes, savoir : la puissance spirituelle et la puissance temporelle, agissant comme telles, dont l'une est pouvoir, l'autre sujet; dont l'une commande à l'autre, comme l'âme commande au corps; et parce qu'il y a encore impossibilité à ce que ce même contrat intervienne touchant la juridiction, c'est-à-dire un objet qui ne peut faire la matière d'une obligation. (Note de l'auteur.)

Si nous considérons en lui-même l'opuscule de de Bonald, il n'a certainement pas une force d'arguments capable de détruire l'opinion que j'ai défendue ; tous les arguments apportés par le vicomte tendent à démontrer que les concordats peuvent être révoqués *ad nutum Pontificis*, quand ils deviennent préjudiciables à l'Église. Or sur cette conclusion tous les docteurs s'entendent ; ce qu'il faudrait examiner c'est, si, *rebus sic stantibus*, les concordats peuvent être révoqués *ad nutum* ou non ; nous avons établi le contraire ; par conséquent notre conclusion demeure intègre.

On dira que le Pape a approuvé l'opuscule de de Bonald.

A ce fait de l'approbation d'un opuscule nous opposons les remarques suivantes :

1° Nous avons d'un côté des textes de concordats et des commentaires officiels, destinés à expliquer et à maintenir contre les fausses interprétations le sens, la valeur et la nature des concordats. Ces documents officiels sont nombreux, d'une clarté parfaite, unanimes à affirmer la doctrine que nous avons exposée, et il est impossible d'en citer un seul qui lui soit opposé.

De l'autre côté, il existe une simple lettre de Pie IX, non pas adressée à un gouvernement mais à un écrivain, et le texte de cette lettre paraîtrait en opposition avec tous les documents, par nous cités, et en particulier avec les affirmations officielles et solennelles de Pie IX lui-même. Or, faut-il donner la préférence aux documents officiels et d'une clarté limpide, ou à une lettre de félicitations envoyée à un écrivain?

Si l'on écoute le bon sens seul et le criterium commun, il ne peut y avoir aucun doute dans la réponse.

2° En outre les Papes, sauf quelques exceptions tout à fait particulières auxquels cas on peut affirmer qu'il s'agit d'une véritable approbation, n'ont pas l'intention absolue dans leurs lettres de félicitations, d'approuver dans un sens strict tout ce qui constitue l'objet de ces lettres. Qui oserait affirmer le contraire [1] ?

D'ailleurs le Bref de Pie IX a été jugé par presque toute la presse catholique dans un sens absolument contraire à celui que défendent les partisans de la théorie des privilèges.

Nous rappellerons à ce propos que le ministre Bavarois, Lutz, le 7 octobre 1871, fut interpellé par le député Herz sur la violation de la constitution, sous prétexte que les décrets du Concile de Vatican avaient été promulgués sans le *Placet* royal. Le 14 octobre suivant, le ministre, répondant à l'interpellation, fit allusion au Bref de Pie IX à de Bonald, affirmant que Rome considère les concordats non comme des engagements réciproques mais comme des privilèges accordés par le Pape et dont la durée dépend de son bon plaisir.

L'assertion du ministre fut contestée par divers éminents écrivains de l'Allemagne. Nous citerons entre autre le cardinal Hergenrœther et l'auteur des Remarques, publiées

---

1. Cavagnis observe justement : « Haec est epistola gratulatoria non confirmatoria doctrinae, et nihil est comparata cum documentis solemnibus allatis. Hic defectus valoris in his litteris non est ex defectu potestatis in subscribente sed voluntatis. Nam Summus Pontifex potest exercere suam potestatem vel in tota sua intensitate, vel in minori gradu, ut et praelati inferiores; non exigimus definitionem ex cathedra, sed ut actus eius afferatur tanquam argumentum decisivum, oportet habeat characteres sufficientes ad dandam theologicam certitudinem.

« Non intendit autem Summus Pontifex confirmare ut veras, doctrinas contentas in libris quos laudat, praesertim cum quaestiones agitantur in scholis catholicis ; hinc aliquando necessariae fuerunt declarationes autenticae contra eos qui nimis nitebantur his litteris. Sancta Sedes, quanvis uti possit qualibet forma in sua doctrina proponenda, tamen quando id facit, solet uti Bullis, Encyclicis et aliis gravissimis documentis datis ad episcopos, vel Decretis Sacrarum Congregationum. » *Op. cit.*, n. 673.

De Angelis aussi fait observer que : « Ipse Epistolae conceptus est directus contra falsam doctrina Van-Espenii, qui in opere : « Ius eccl. univ. », part. I, tit. 43, cap. 3, n. 8, contendit in concordatis fuisse laesa iura nativa principum praesertim in electionibus. A quoi répond très bien le Pontife ; « Ecclesiam in concordatis non aliena appetere iura sed propria largiri. » (*Praelectiones juris canonici*, t. I, Appendix.)

sous l'autorité de Monseigneur Ignace de Senestrez, évêque de Ratisbonne, qui déclarent ouvertement que le Bref adressé à de Bonald ne pouvait, malgré sa forme élogieuse, se considérer comme une approbation donnée à toutes les opinions exposées dans son livre.

Telle fut aussi l'idée soutenue par la *Correspondance de Genève*, par la *Feuille pastorale de Munich*, par la *Feuille pastorale d'Eichstaedt*.

On dira que Pie IX s'exprime avec la plus grande clarté sur la nature des concordats quand il écrit : « *oculis subiiciat nativam et peculiarem huiusmodi pactorum seu indultorum indolem.* »

C'est très vrai ; mais il n'en découle pas que Pie IX ait voulu exclure toute obligation de justice. Car cette affirmation de Pie IX, que l'on nous présente, doit être envisagée soit par rapport à l'opuscule qui en est l'occasion, soit par rapport à ce qui est contenu dans le bref lui-même.

De Bonald voulait prouver dans son opuscule que les concordats supposent toujours de la part du Saint-Siège des concessions ; cela est très vrai, et c'est pour cette raison que Pie IX, se plaçant à ce point de vue, pouvait très bien dire que l'auteur avait indiqué la véritable nature du droit concordataire.

Mais l'expression du Pontife est facilement éclaircie par les paroles suivantes : « *Ecclesiam per haec conventa de rebus ad se spectantibus non aliena appetere sed propria largiri;* » ainsi le Pontife romain expose lui-même la raison pour laquelle il donnait pour très juste la théorie de Bonald, précisément parce que dans les conventions l'Église *semper dat de suo*; mais il n'en suit pas que le Pape ne puisse s'obliger à cette donation.

En outre, de Bonald affirmait que les concordats sont révocables *ad nutum*, quand ils sont devenus source de dommages pour l'Église ou quand ils ne sont pas observés par l'État ; ceci est également très vrai, mais il ne faut pas toutefois en faire dériver l'exclusion d'une véritable obligation existant du côté du Saint-Siège, quand le concordat est *in bonum Ecclesiae* et se trouve ponctuellement observé par le gouvernement.

Quant aux félicitations des évêques, il faut remarquer qu'elles ne supposent pas une approbation formelle ; affirmer le contraire serait ne pas comprendre les intentions des évêques et la valeur de lettres de ce genre. Ordinairement, elles ont pour but d'encourager les écrivains dans leur travail, dans leur efforts et leurs généreux desseins.

Bien plus, le cardinal Agliardi fait observer que la théorie de ceux qui veulent exclure des concordats tout principe de véritable obligation, c'est la doctrine des Aulistes et des Regalistes, devenue propre aux gouvernements civils qui, fatigués de vivre en paix avec l'Église, veulent se dégager des obligations contractées envers le Siège Apostolique [1].

Avant de terminer le présent paragraphe, il nous faut donner une idée de la doctrine qu'exposent les partisans de la théorie des privilèges sur la nature des concordats avec les gouvernements acatholiques ou infidèles ; cette doctrine confirme en différents points l'opinion de ceux qui admettent une obligation bilatérale dans tout concordat.

Le cardinal Tarquini [2] examine ces concordats dans un appendice spécial et parle ainsi : « *Discrimen quod in concordatis ineundis intercedit inter catholicam atque inter haereticam aut infidelem societatem civilem, non ex eo capite repeti potest quod earum respectu indoles ac natura concordatorum diversa esse dici debeat. Cum enim eorum natura ex materia circa quam versantur eruenda sit, quae spiritualis est vel spirituali annexa, multo sane magis eius vis retinenda est cum haereticis atque infidelibus quam cum catholicis, quandoquidem graviori ratione quam catholici sunt illi incapaces cuiuslibet circa eiusmodi materiam*

---

1. AGLIARDI. *Op. cit.*, p. 23.
2. TARQUINI. *Op. cit.*, p. 79, Appendice.

administrationis ac iuris. Est igitur totum discrimen in eo quod infideles atque haeretici veritati obsistentes Ecclesiae catholicae prerogativas et auctoritatem non agnoscunt. Inde fit quod Ecclesia abstineri quidem potest a quibusvis concordatis cum iisdem ineundis sed si e re sua id est populorum saluti opportunum existimet, eadem pacisci, ita eam se gerere oportebit ut pacti speciem in iisdem retineat eaque perinde ac pacta servet. Quod si tractu temporis res eo deveniat ut circumstantiis mutatis, eadem servari sine detrimento salutis aeternae, adeoque sine peccato non possint rem primo componere mutuo consensu curabit, sin id minus succedat, a fide data merito recedet, quandoquidem eo in casu vera etiam pacta a vi sua deficiunt. »

Comme on le voit facilement, la raison pour laquelle le cardinal Tarquini admet un lien rigoureux dans les concordats avec les acatholiques et les infidèles, est empruntée à ce fait que ces gouvernements ne sont point soumis à l'autorité suprême du Pontife romain ; c'est pour cela qu'il est impossible de conclure avec eux une convention qui ait la *species pacti*.

Or, nous le demandons : comment peut-on admettre une pareille théorie si on pose comme principe que les choses spirituelles ne peuvent être l'objet d'une convention d'où résulte un pacte bilatéral, parce que ce serait un cas de simonie ?

En outre, comment cette théorie peut-elle se concilier avec le principe qui tend à exclure toute obligation bilatérale des concordats, parce qu'un lien de cette sorte diminuerait la puissance de la primauté, le pouvoir essentiel du Pontife romain ?

Faudra-t-il donc préférer que le Pape cède son pouvoir aux hérétiques et aux infidèles plutôt qu'aux catholiques ? Mais ensuite perd-il vraiment son pouvoir en traitant de cette façon avec ces gouvernements ?

De deux choses l'une : s'il le perd, il ne peut évidemment faire de semblables conventions, assumer de telles obligations ; s'il ne le perd pas, en traitant ainsi avec les hérétiques et les infidèles, pourquoi le perdra-t-il en agissant de la même manière avec les gouvernements catholiques? On admet enfin que le changement de circonstances rend ces pactes caduques, comme tout autre contrat. En ce cas, on pourrait répéter au cardinal Tarquini ce qu'il objecte à ceux qui admettent un lien bilatéral dans les concordats avec les gouvernements catholiques. Je serais curieux de savoir comment les défenseurs d'un semblable système résoudraient la question en pratique, quand, après un changement de circonstances, un concordat qui pouvait être tolérable aux temps précédents, serait devenu nuisible à l'Église et au salut des âmes.

Je conclurai, en faisant observer que l'importance de la controverse exposée égale l'importance des concordats, pour ce qui concerne leur existence dans le présent et leur possibilité dans l'avenir ; il s'agit, par conséquent, en grande partie, de l'accord ou de la séparation de l'Église et de l'État. La question des concordats est à l'ordre du jour, tant pour les gouvernements qui ont conservé quelque sentiment de justice que pour les théologiens et les jurisconsultes qui étudient les relations de l'Église et de l'État. De la solution de ce problème dépend l'avenir des concordats et par suite le maintien ou la perte de la possibilité d'un accord entre l'Église et l'État. C'est pour cette raison que le gallicanisme et le régalisme n'ont aucun rapport avec la théorie que nous avons défendue : car le gallicanisme et le régalisme entraînent, par leur nature propre, la soumission de l'Église à l'État, tandis que la concorde de ces deux pouvoirs suppose tout autre chose, c'est-à-dire que l'Église soit saine et sauve des insolences et des envahissements de l'État.

Je croirai que les fauteurs de gallicanisme et de réalisme sont plutôt ces autres qui, pour suivre et soutenir une théorie fausse et inacceptable, ouvrent la voie à l'abolition de tout concordat, et au pouvoir arbitraire et despotique d'un État complètement séparé de l'Église.

CHAPITRE IV

INTERPRÉTATION ET CESSATION DES CONCORDATS

Nous examinerons dans des articles distincts tout ce qui est renfermé dans la rubrique du présent chapitre. Comme il s'agit d'une convention, il peut facilement arriver que des circonstances spéciales en exigent une modification, et même totale quelquefois.

Article Ier.

Interprétation des concordats.

Quand une controverse vient à s'élever au sujet de l'interprétation des concordats, il faut s'efforcer de régler amicalement la question en litige ; il convient donc que l'Église et l'État, *collatis consiliis*, cherchent à éloigner tout ce qui pourrait conduire à la rupture de la convention. Voilà pourquoi, comme nous l'avons déjà noté ailleurs, dans tous les concordats se trouve cette clause : *Si qua vero in posterum supervenerit difficultas... invicem conferent ad rem amice componendam.*

Dans le cas où l'on estime impossible tout arrangement amical, l'Église peut alors donner elle-même une interprétation authentique, puisqu'elle conserve toujours le pouvoir souverain sur les choses spirituelles ou mixtes, malgré la délégation intervenue par suite du concordat.

Article II

Caducité des concordats.

Bien que les concordats aient une valeur moralement perpétuelle, ils peuvent néanmoins la perdre, quand viennent à faire défaut les éléments auxquels ils doivent leur existence juridique.

Ces éléments peuvent se ramener au pouvoir de contracter, à la volonté de s'obliger, à l'objet de l'obligation.

Quand vient à manquer un de ces trois éléments, ou bien le concordat n'existe pas, *ipso iure*, ou bien il cesse d'exister.

Il est bien évident qu'aucune convention n'est possible quand le pouvoir de celui qui contracte fait défaut ; dans cette personne, il se vérifie une impossibilité radicale à assumer une obligation quelconque.

Il y a défaut de volonté, dans le cas de violence, ruse ou erreur, etc., de la part de quelqu'une des personnes contractantes, c'est-à-dire quand se rencontrent ces causes qui *influunt in voluntarium aut penitus tollendo aut valde minuendo*. En ces cas, la volonté cessant, aucune convention ne peut être effectuée. Nous pourrions mentionner à ce propos le *Pravilegium Sutrinum*, extorqué à Pascal II par Henri V ; le pseudo Concordat de Fontainebleau, également extorqué à Pie VII par Napoléon Ier, en 1813.

La nullité de ces conventions ne doit pas seulement être attribué à la violence dont une des parties contractantes fit usage, mais encore au fait que les articles préliminaires du pseudo-concordat de 1813 contenaient des dispositions contraires à la constitution de l'Église. Quant à l'institution canonique à accorder aux évêques nommés par l'Empereur, il était établi que le Pape devait la donner dans l'espace de six mois : faute de quoi le métropolitain, ou à son défaut le plus ancien évêque de la province, serait investi du droit de l'accorder. Mais le même Pontife révoqua immédiatement cette concession dans la célèbre lettre qu'il adressa à l'Empereur, et dans laquelle il écrivait : « Comment pourriez-vous admettre un règlement tellement subversif de la constitution divine de l'Église de Jésus-Christ, qui a établi la primauté de saint Pierre et de ses successeurs, comme l'est évidemment le règlement qui soumet notre puissance à celle du métropolitain, et qui permet à celui-ci d'instituer les évêques nommés, que le Souverain Pontife aurait cru, en diverses circonstances et dans sa sagesse, ne pas devoir instituer, rendant ainsi juge et réformateur de la conduite du suprême hiérarque celui qui est inférieur dans la hiérarchie et qui lui doit soumission et obéissance ?

Quand une des parties contractantes, sans raison aucune, n'observe pas ce qui a été stipulé, l'autre partie a le plein droit de dénoncer la convention faite. C'est une règle commune de droit.

Qu'on remarque toutefois que j'ai dit : sans raison aucune ; car il peut arriver que les circonstances nouvellement survenues rendent impossible l'observation des pactes stipulés.

Pour ce cas, Moulart[1] fait les observations suivantes : La difficulté se présentant, il faut avant tout essayer de la lever à l'amiable, d'introduire, d'un commun accord, dans le concordat, les changements nécessaires ; chacune des deux puissances est évidemment tenue de se prêter à cet arrangement. Ainsi l'exige la nature même de l'acte, et cela est, du reste, formellement stipulé dans beaucoup de concordats.

Mais si les circonstances ou le mauvais vouloir de la puissance séculière ne permettait pas d'arranger la difficulté d'un commun accord, et que les concessions faites par le Saint-Siège au prince devinssent l'occasion d'abus graves et persistants dans l'ordre de la religion, il est évident

1. MOULART. *Op. cit.*, p. 640.

que le Pape pourrait et devrait résilier ses engagements, car, comme nous l'avons dit, il ne peut s'obliger que sous cette condition. En traitant avec les puissances séculières, le Souverain Pontife ne peut rien abdiquer, rien céder de sa suprématie ou de la plénitude de puissance qu'il tient de Dieu lui-même, non plus que de la suprême mission qui lui incombe de pourvoir au bien commun de l'Église universelle. Aussi n'est-ce pas sa puissance à proprement parler, mais l'usage de cette puissance qui est lié, relativement à certains actes, par les concordats. Et cet usage même n'est pas enchaîné d'une manière absolue et irrévocable. Le concordat, qui est un acte de la suprématie pontificale, a nécessairement pour fin le bien de l'Église; conséquemment, si, dans des circonstances données, loin de procurer cette fin, il produit des résultats contraires, si, dans son ensemble, il tourne au détriment de l'Église, au lieu de lui être utile, il cesse d'obliger; le Pape ne doit plus, ne peut plus même l'observer : il a le droit et le devoir de l'abroger.

Pour ce qui concerne les gouvernements, le chanoine Labis parle ainsi[1] : « Comme, dans les concordats modernes, les souverains temporels ne s'engagent généralement qu'à ce à quoi ils sont déjà obligés à d'autres titres, on ne conçoit pas que ces engagements puissent dégénérer en abus compromettants pour l'ordre public : il ne peut donc guère se présenter des cas où le pouvoir civil soit dispensé de les remplir pour cause de dommage temporel, d'autant plus que les intérêts spirituels, à raison de leur dignité, doivent l'emporter, s'ils sont en concurrence avec ceux de l'ordre temporel.

Personne, même parmi les libéraux, ne prétend que les concordats doivent cesser quand survient un changement dans les formes de gouvernement. Mais nous aurons occasion de nous occuper longuement de cette question dans la seconde partie de notre travail.

1. LABIS. *Op. cit.*, p. 30.

DEUXIÈME PARTIE

Les Concordats d'après le Droit public moderne[1].

Les théories que l'on donne dans le Droit public moderne sur la nature des concordats, peuvent être ramenées à deux catégories. Les uns admettent la théorie juridique, les autres la théorie contractuelle. Nous examinerons ce double système dans les deux chapitres suivants.

CHAPITRE I

THÉORIE JURIDIQUE

Le point fondamental de la théorie juridique, c'est la souveraineté de la législation de l'État : les concordats, en conséquence, sont comme des lois de l'État, qui, bien que conçues d'accord avec le pape, n'ont de valeur qu'en vertu de leur promulgation de la part de l'État, et dont la modification et l'abolition est en tout temps réservée au pouvoir législatif de la puissance civile. D'après cette opinion, les concordats sont des privilèges concédés par l'État à l'Église : c'est principalement la doctrine d'Hinschius et d'autres docteurs allemands comme Sohm, Thudichum, Zorn, etc. [2].

---

1. Scaduto. *Diritto Ecclesiastico vigente in Italia*, vol. I, pag. 4.
2. Hinschius. *Staat und Kirche*, I. 273 ; Sohm. *Kirche und Staat*, pag. 73 ; Thudicum. *Deutsch. Kirchenrecht*, I. 6 ; Zorn. *Kirchenrecht*, p. 434.

Hinschius, dans son ouvrage *Staat und kirche* tient ce langage : *Theoria quae asserit concordatis et bullis circumscriptionis inesse naturam contractus non videtur teneri posse non obstante magno numero eorum qui eam defendunt. Secundum ius publicum civile nostri aevi legislatio Status est omnipotens in omnibus relationibus quae intra sphœram eius in lucem prodeunt et ecclesiae christianae, quantum versantur intra limites uniuscuiusque status, huic eodem modo subiiciuntur quo singuli quivis homines et aliae quaevis corporationes.*

Aussi, l'idée de toute puissance de l'État et sa supériorité sur l'Église est le fondement de la théorie d'Hinschius.

Ce principe posé, résultent les conclusions suivantes : les concordats ne peuvent être assimilés aux traités internationaux, soit à cause de la supériorité d'un des contractants, soit à cause de l'objet qui consiste en certaines affaires intérieures de l'État au sujet desquelles il est absolument indépendant ; en second lieu, les concordats peuvent être révoqués par le prince à son gré, au moins quand ils tournent au détriment de l'État.

Telle est aussi la théorie de Geffcken ; considérant l'Église comme une société soumise aux lois de l'État, il soutient que si l'État conclut un traité avec le chef spirituel sur certains points d'ordre ecclésiastique, c'est librement et pour des raisons d'opportunité, mais sans obligation légale, parce qu'il lui paraît plus simple de négocier avec le chef qu'avec les évêques du pays. Les traités de droit des gens ne sont conclus qu'entre puissances souveraines ; or, les concordats ne sont pas conclus avec le pape en tant que souverain, mais en temps que chef spirituel. Geffcken ajoute : La guerre est la véritable sanction du droit des gens ; or, dans un différend entre l'Église et l'État, on ne peut parler de guerre qu'au sens figuré [1].

1. ENRICO GEFFKEN. *La condizione del Sommo Pontefice nel diritto internazionale*, pag. 69.

Comme il apparaît facilement, la théorie de Geffcken repose tout entière sur cette idée que la souveraineté ne revient pas à l'Église, parce qu'elle est société spirituelle. Sarwey[1] soutient la même doctrine ; il s'efforce de démontrer que les concordats n'obligent pas réellement l'État, parce qu'il ne s'y trouve aucune matière de droit privé ; quant à ce qui regarde le Droit public, l'État ne peut assumer en ce point aucune responsabilité. Cette théorie, défendue dans les chambres bavaroises et du Wurtemberg, donna facilement occasion au gouvernement de tenter une rupture des concordats.

Or, ces théories ne peuvent être admises en aucune façon attendu la fausseté du principe d'où elles procèdent[2].

Le savant Hammerstein, dans son ouvrage *De Ecclesia et Statu iuridice consideratis*, fait les considérations suivantes au sujet de la théorie d'Hinschius : Cette sphère, dans laquelle l'État est dit tout-puissant, *aut est sphaera iuris, aut sphaera geographicae extensionis. Si intelligitur spharae iuris sensus est : Status potest ea omnia quae sunt intra limites iuris ipsius. Hoc utique est verissimum, neque ab ullo in dubium vocatur, nemo enim plus aut minus potest quam revera potest. Sed tunc idipsum ostendendum erit de quo agitur, scilicet, dominationem omnimodam super ecclesiam versari intra limites sphaerae statuum.*

Si, au contraire, on entend du nom de sphère une extension géographique, la pensée d'Hinschius mise en pratique suppose d'après Hammerstein : *in territorio regni Borussiae gubernium sine institiae lesione quoscumque homines ad libitum decollare vel vivos comburere vel pecuniam eorum ad libitum sibi sumere potest ; gubernium enim Borussiae est omnipotens. Mira sane iurisprudentia, cui quid respondeamus profecto non habemus !*[3].

1. Sarwey. Sur la nature juridique des concordats. *Revue de Dove pour le droit eccl.*, t. II, pag. 437 ; t. III, pag. 267-269.
2. Hubler. Même Revue, t. IV, pag. 118 et suiv.
3. Hammerstein. *De Ecclesia et Statu iuridice consideratis*, pag. 211.

Étant donné la fausseté du fondement, il en résulte que les conclusions de cette théorie sont également erronées.

On affirmait tout d'abord, au nom d'Hinschius, que les concordats ne peuvent être comparés aux traités internationaux, à cause de la supériorité de l'État : autrement, disait-on, l'État aliénerait son indépendance; *ad summum*, comme le remarquait Hinschius en dernier lieu, on pourrait y reconnaître une forme extérieure des contrats, mais en rien une véritable forme juridique, vu la disparité des personnes contractantes.

Pour détruire cette conclusion fausse, il faut se demander si la prétendue indépendance de l'État à l'égard de l'Église est mise en avant par un État catholique ou un État acatholique. S'il s'agit d'un État catholique, il doit, précisément parce qu'il est catholique, reconnaître sa subordination à l'Église; nous ne parlons, il est vrai, que d'une subordination indirecte, mais c'est toujours une subordination. C'est pourquoi dans les concordats, il ne se fait d'aliénation d'aucune indépendance, mais on y détermine seulement la manière d'agir selon cette dépendance qui doit nécessairement exister du côté de l'ordre temporel dans ses rapports avec l'ordre spirituel. Si, au contraire, il s'agit d'un État acatholique, il faut comme Cavagnis le suggère fort justement, se poser cette question : Cet État regarde-t-il l'Église comme une société parfaite ou comme une société imparfaite[1]?

Si primum, potest cum ea contrahere sicut cum alia potentia; hinc sicut pro utilitate subditorum contrahit conventionem ex. gr. commercialem cum alia natione, ita pro utilitate spirituali aliquorum saltem subditorum, contrahit cum Ecclesia, Religionem enim considerat ut utilem vel reapse vel saltem in opinione subditorum catholicorum.

Reapse, si admittat necessitatem alicuius religionis etsi

---

1. CAVAGNIS. *Institutiones juris publici ecclesiastici*, t. I, pag. 418, n. 687.

se incompetentem agnoscat ad eam determinandam quae exclusive vera sit.

In opinione saltem subditorum catholicorum, si le gouvernement, tout incrédule et athée qu'il soit, admet *populos indigere cultu religioso, religionemque plurimum posse ad homines in officio continendos.*

Si secundum, gubernium acatholicum habeat ecclesiam ut societatem imperfectam tunc adhuc contrahit cum ea non modo eam considerando ut perfectam in opinione fidelium et eis morem gerendo pro bono pacis, sed etiam quia obligatio contrahi potest a persona perfecta cum alia imperfecta (etsi habeantur quaedam differentiae in eo interpretando et iudicando) sicut contrahit Status cum societate ex. gr. industriali.

D'ailleurs beaucoup d'entre les libéraux eux-mêmes rejettent la doctrine d'Hinschius, principalement à cause du doute qu'il exprime lui-même sur la question de savoir si l'État en contractant avec l'Église part vraiment de cette idée que l'Église est vis-à-vis de lui *una civitas.*

Friedberg [1] ajoute qu'on devrait tenir cette idée comme impolitique : quand l'État, dit-il, conclut un traité avec le Pape, il doit nécessairement penser avoir devant lui un sujet capable de contracter. Et de fait, tous les États qui ont signé des concordats, ont eu réellement cette idée : c'est prouvé non seulement par l'histoire de toutes les négociations préparatives des concordats, mais encore par les remontrances des États alors que les concordats venaient à être violés du côté du Pape. (On pourrait toutefois demander à Friedberg quand donc ce cas s'est présenté.)

Hinschius, en outre, en mettant en doute si un État est autorisé à reconnaître l'Église comme un sujet de droit quasi international, montre qu'il oublie la pratique courante en vigueur depuis des siècles. Il conteste enfin aux princes

---

1. FRIEDBERG-RUFFINI. *Trattato di Diritto Ecclesiastico Cattolico ed Evangelico*, pag. 223.

qui concluent des concordats le pouvoir de lier par des concordats leurs droits souverains sur l'Église. Mais on peut opposer que dans tous les traités internationaux qui règlent les rapports intérieurs des États contractants, il existe une semblable limitation des droits souverains.

Hinschius soutient que les contrats sont seulement possibles entre des sujets coordonnés. Or, au contraire l'Église est assujettie à l'État, et le Pape n'est le chef suprême de l'Église existant dans le territoire de l'État, qu'autant que celui-ci le permet. Par conséquent, l'Église n'est pas coordonnée à l'État et par suite incapable de contracter avec lui.

Je ne crois pas exact, avant tout, d'affirmer que le contrat présuppose une coordination. L'État convient avec un de ses employés du maintien de sa charge : c'est un pacte avec un subordonné. Et, d'autre part, il est établi également que l'État lui-même peut par des traités internationaux lier sa souveraineté par rapport à des sujets ou à des objets auxquels celle-ci s'étend. Il ne fait pas autre chose, quand il conclut un concordat avec un Pape, relativement à ses droits souverains sur l'Église; puisque, partant d'un concept certainement blâmable politiquement, il voit devant lui un sujet coordonné à lui-même. Aussi, l'État ne fait par là rien de non valide, comme ferait celui qui contracterait avec un prodigue interdit; ce qui est d'autant plus vrai que l'Église constitue juridiquement une unité, que le Pape est reconnu de tous les États, non seulement comme chef de l'Église suprême de leur territoire, mais de toute l'Église catholique.

A la théorie de Geffcken, que dans les concordats il s'agit de matières ecclésiastiques et pour cette raison concernant l'intérieur de l'État, nous opposerons encore ce que dit à ce propos Cavagnis [1] : « *Negotia religiosa sunt interna regno ratione personarum concedo, ratione materiae et auctoritatis societatis a civili distinctae, independentis et*

---

1. Cavagnis. *Op. cit.*, n. 693.

superioris, et ea negotia afficiunt cives non prout cives sunt, saltem directe et primario, sed prout membra societatis religiosae. Ergo hoc sensu iuridico seu specifico, attendendo naturam auctoritatis civilis, negotia religiosa sunt ei externa, est auctoritas religiosa.

Quod si consideremus personas, utique sunt internae regno ; sed sub respectu religioso dependent ab auctoritate religiosa quae etsi moretur extra regnum est tamen eidem interna quia praeest tum principi tum populo ; sed est superior ; hinc falsum est in hoc principem esse independentem : est unice independens in negotiis internis ratione materiae et personarum, sed non materiae. »

Quant à cette assertion du même Geffcken, que la guerre ne saurait être adoptée par l'Église comme moyen de régler ses différends, et que pour cette raison, les questions ecclésiastiques demeurent des causes d'ordre intérieur, nous y répondrons que, quand bien même la guerre serait l'*ultima ratio* du droit des gens, elle n'est pas la seule, autrement où serait la défense juridique d'un petit État contre les prétentions d'un État plus grand et plus fort?

Aussi, reste-t-il toujours au Pape d'autres moyens pour faire triompher sa cause et respecter ses droits. Geffcken ajoute que les moyens temporels font toujours défaut au Saint-Siège ; c'est faux, car, observe Imbart-Latour : elle n'est pas dénuée complètement de ces moyens matériels, et du reste leur diminution et leur emploi ne sont pas limitatifs[1].

A la théorie de Hübler et de Sarwey, nous opposerons avec Vering[2], que les principes dogmatiques que professe l'Église catholique, les conditions mêmes de son existence, ne lui permettent pas de se subordonner au pouvoir de l'État en matière ecclésiastique, et quiconque est attaché à l'Église catholique ne saurait reconnaître un État moderne

1. IMBART-LATOUR. *La Papauté en droit international*, pag. 93.
2. VERING. *Droit Canon*, pag. 690, note.

qui soit la source de tout droit, même dans le domaine intérieur de l'Église. A ce point de vue, il n'y aurait plus d'Église catholique, et par conséquent, plus de concordats avec elle. Il fut un temps, il est vrai, où les représentants du pouvoir ecclésiastique possédaient une suprématie politique sur les autres États temporels; mais alors même on maintenait le principe imprescriptible de la distinction de l'Église et de l'État, du pouvoir spirituel et du pouvoir temporel; on admettait en principe le point de vue de la coordination des deux puissances.

Nous ne croyons donc pas avec Hübler, que la nature des concordats varie selon les idées et les points de vue de chaque époque; nous la tenons pour immuable. Quand on dit que les lois elles-mêmes, expression de la volonté générale, ne sont pas irrévocables, à plus forte raison les contrats, nous n'admettons cette comparaison qu'autant que le changement a lieu d'une façon naturelle et légitime.

De même en effet que la loi ne peut être abolie par l'arbitraire des individus, un traité ne saurait être annulé par la volonté d'un seul contractant; ce serait nier les droits de l'autre partie.

A ce point de vue, la lutte que soutient l'Église en faveur des concordats en tant que traités est une lutte pour son existence même, et cette existence elle ne l'a pas reçue de l'État, mais de son fondateur Jésus-Christ, avec la mission d'enseigner tous les peuples à toutes les époques.

CHAPITRE II

THÉORIE DU CONTRAT

Le point de départ de la théorie contractuelle est la coordination de l'État et de l'Église.

Cette théorie est admise par différents écrivains. Nous donnerons d'abord l'opinion du professeur Bluntschli et d'Hermann, ancien président du haut conseil évangélique prussien [1].

Les traités religieux, conclus entre les divers États et la papauté romaine comme chef et représentant de l'Église catholique romaine, ne sont pas des traités internationaux dans le sens propre du mot, parce que le pape les conclut non comme souverain d'un pays, mais comme chef de l'Église, et qu'il n'y a qu'une des parties qui soit gouvernement contractant; dans l'autre partie c'est l'Église qui contracte.

Les concordats ont cependant de l'analogie avec les traités internationaux, en ce sens que ce sont deux puissances essentiellement indépendantes qui en qualité de personnes publiques, s'accordent entre elles sur des objets de droit public.

Ceci posé, nous ne pouvons comprendre comment Bluntschli affirme que la rupture des concordats dépend du bon plaisir des hommes d'État; il ne faut, ajoute l'illustre

---

[1]. BLUNTSCHLI-HERMANN. *Dictionnaire politique*, t. V, pag. 737 et suiv.

professeur, appliquer qu'avec précaution les principes des traités internationaux aux concordats, parce que l'Église n'a pas à son service le moyen que fournit le droit des gens, et que le moyen qu'elle pourrait tirer de son autorité religieuse ne sont pas réglés par ce droit. Sans doute, continue Bluntschli, les concordats devraient être considérés comme obligeant les deux parties ; mais cette obligation est encore plus restreinte que celle qui résulte des traités internationaux, soit à cause de la nature des États et des progrès qui s'y accomplissent, soit à cause de la nature de l'Église. Généralement, ce ne sont que des dispositions réciproques et temporaires.

L'État, en faisant un concordat, ne renonce pas plus à la faculté qui lui appartient de régler le droit que l'Église ne renonce à celle de tracer des prescriptions religieuses. Les défenseurs du point de vue ecclésiastique revendiquent pour l'Église le droit de se décharger, pour des motifs religieux, des obligations de conscience qui résultent des traités antérieurs, et à ce point de vue correspond le droit pour l'État de dénoncer les traités, de les abandonner pour des raisons politiques et par le devoir qui lui incombe de veiller au bien de son peuple.

La théorie de Bluntschli est en partie conforme à la vérité et en partie erronée.

Il est très vrai que les concordats ne se peuvent comparer tout à fait à des traités internationaux : mais ceci même est uniquement en faveur de l'Église et non pas de l'État.

Cavagnis [1] le dit : *Verum est concordata cum principe catholico proprie aequiparari non posse contractui internationali, sed tota differentia est in favorem Ecclesiae, quia conventio internationalis est inter iures pares, concordata inter iure dispares, conveniente Ecclesiae superioritate* [2].

---

1. Cavagnis. *Op. cit.*, n. 698.
2. Calvo. Les concordats ne sont pas, à proprement parler, des traités

. Aussi, nous abondons complètement dans le sens de Bluntschli au sujet de l'analogie qui existe entre les concordats et les traités internationaux.

Mais il est absolument faux que l'État puisse à son gré résilier le concordat pour des raisons politiques et par suite du devoir qui lui incombe de veiller au bien de son peuple.

. Et en effet, le but des concordats étant toujours ou de modifier quelques points de la discipline de l'Église, ou d'établir des règles opportunes pour l'exercice de certains droits, ou de définir et de déterminer les limites de cette protection et de cette défense que l'Église réclame à juste titre des princes et particulièrement des catholiques, il résulte qu'il est absolument faux de vouloir que les accords avec le Saint-Siège sur les points de discipline puissent dépendre, quant à leur valeur, des modifications successives que chaque État croit devoir introduire dans son régime intérieur au fur et à mesure des changements de temps et de circonstances : on ne peut lier les lois ecclésiastiques à la variabilité des organisations politiques, pour leur en faire suivre les vicissitudes. Les lois de la discipline ecclésiastique sont bien différentes des institutions séculières ; et quoiqu'elles soient, de par leur propre nature, susceptibles de changements en certains points, leur mutabilité toutefois ne peut pas ne pas être d'une toute autre nature que celle à laquelle sont sujettes les institutions du siècle, toujours assujetties à la condition variable des vicissitudes humaines. Un État, spécialement s'il est catholique, ne peut pas, dans le changement de l'ordre politique, se dispenser du devoir

---

internationaux, attendu que l'Église ne saurait être considérée comme une nation ; il est difficile, toutefois, de ne pas les ranger dans la catégorie des accords diplomatiques ordinaires, puisque, d'une part, ils sont conclus entre deux autorités souveraines étrangères, qui combinent leur action et stipulent sur un terrain mixte dans le but de prévenir les causes de froissement, et que, d'autre part, ils passent par toutes les formalités consacrées pour les autres traités, depuis la négociation jusqu'à l'échange des ratifications. T. III, n. 1605.

de maintenir intègres les lois de la discipline ecclésiastique, précisément parce que l'Église est de divine institution, une société parfaite et indépendante, et seule juge de sa propre discipline.

Aussi, un État catholique ne pourra jamais prétendre à être indépendant de l'Église, sous quelque rapport que ce soit, et spécialement s'il s'agit de questions religieuses, comme il arrive de fait dans les concordats. Par conséquent, ces conventions étant ordonnées à une fin éminemment spirituelle, ne peuvent être dénoncées sous le prétexte d'un dommage temporel.

Que si vraiment un dommage temporel résultait de l'observation du concordat, ce serait l'occasion de mettre en pratique ce qu'écrivait Alexandre III à l'archevêque de Ravenne : « *Si quando aliqua tuae fraternitati dirigimus quae animum tuum exasperari videntur, turbari non debes..... qualitatem negotii pro quo tibi scribitur diligenter considerans, aut mandatum nostrum reverenter adimpleas, aut per litteras tuas quare adimplere non possis, rationabilem causam praetendas ; quia patienter sustinebimus si non feceris quod prava nobis fuerit insinuatione suggestum* [1].

Quant à ce qui concerne les gouvernements acatholiques, nous dirons à Bluntschli que, s'il admet dans les concordats la nature d'un contrat international *saltem analogice*, cette analogie doit être maintenue tant que les conventions conservent leur existence juridique ; et comme cette existence dépend exclusivement dans son origine de la volonté des deux parties contractantes, elle ne devra cesser qu'au moment où cette cause viendra à manquer dans toute son intégrité. Telle est la doctrine de Grotius : « *Falsum est contractus Regum leges esse ; nam ex legibus nemini ius adversus regem nascitur, ideo si eas revocet nemini facit*

---

1. Decretales D. Gregorii Papae IX.

iniuriam. At ex promissis et conventionibus ius nascitur : contractibus ligantur contrahentes tantum; legibus subditi omnes. Possunt tamen quaedam esse mixta ex contractibus et legibus, ut contractus cum vicino rege, qui simul pro lege publicetur, quatenus ei inserat quae subditis observanda sunt. »

Nous apportons, pour confirmer nos assertions, la célèbre note envoyée par le cardinal Antonelli[1] au gouvernement de Würtemberg en date du 3 août 1861.

1. Note du cardinal Antonelli :
A Sua Ecc. Sig. Barone Hügel, ministro degli affari esteri di S. Maestà il Re di Wurtemberg.
Dal pregiatissimo foglio trasmessomi da V. E. in data 12 giugno decorso ebbi ad apprendere la risoluzione adottatasi dalla Camera dei Deputati di codesto regno di considerare come non obbligatoria la convenzione antecedentemente conclusasi dalla S. Sede con S. M. il re del Wurtemberg agli 8 aprile 1857, e la successiva revoca dell'ordinanza regia dei 21 dicembre concernente l'esecuzione del concordato. Conobbi poi dal medesimo ufficio di V. E. l'ordine emanatosi da S. M. di elaborare un nuovo progetto da sostituirsi non solo alla legge già proposta, ma all'intera convenzione già pubblicata, il quale dovrebbe essere discusso dalle camere ad oggetto di regolare in via legislativa le relazioni della Chiesa con lo Stato.
Appena mi giunnse una tale communicazione io mi feci un dovere di metterla sotto gli occhi del S. Padre. Non posso dispensarmi dal farle notare quale penosa impressione producesse un tale annunzio nell'animo di S. S. il quale con aver dato mano alla conclusione del Concordato nutriva fiducia di aver rimosse le difficoltà altre volte sollevatesi, e di esser giunto ad assicurare alla Chiesa ed allo stato un era di pace e di concordia perfetta. Vedendo pertanto deluse le sue speranze, e sentendosi d'altronde obbligata dal sacro dovere di Capo della Chiesa cattolica di opporsi contro un atto col quale si é recata offesa ai diritti ed alla libertà della Chiesa non meno che al decoro delle alte parti contraenti, mi ha dato ordine di comunicare senza ritardo all'E. V. le seguenti proteste ed osservazioni nella certezza ch'esse sarebbero apprezzate convenientemente dal governo reale.
Nel farsi luogo alle trattative per la conclusione del Concordato il Governo reale da un lato, e la S. Sede dall'altro ebbero la ferma exrisoluta intenzione di devenire ad un atto completo a mezzo del quale si regolassero le relazioni fra la Chiesa e lo Stato ed avesse il vero carattere di un contratto bilaterale. Cio resta meglio dimostrato e dalla nomina dei rispettivi plenipotenziari, ai quali furono date le istruzioni per le trattative, da compiersi, e meglio dalla forma stessa dell'atto sottoscritto da ambedue i plenipotenziari, e quindi ratificato nei modi di uso dalle due alte parti contraenti. E perché anche dopo la sottoscrizione fosse anche meglio costatata l'indole del

D'après les théories libérales des gouvernements modernes, les concordats doivent cesser quand un changement radical intervient soit dans les gouvernements, soit dans le Saint-Siège.

Ce changement radical dans le gouvernement aurait lieu si la forme de régime était modifiée; dans l'Église, ce changement se serait vérifié au moment de la définition du dogme de l'infaillibilité pontificale.

C'est la théorie de Friedberg, facilement adoptée par le gouvernement autrichien en 1870.

Le 2 août 1870, la *Gazette officielle* de Vienne publiait

---

contratto medesimo tanto la S. Sede quanto il reale governo iniziarono in conformità degli accordi l'esecuzione di alcuni punti tra quelli ch'erano stati convenuti.

Dimostratosi pertanto che la convenzione in parola ha il carattere deciso di un contratto bilaterale V. E. vorrà senza meno convenire che il medesimo non potrebbe perdere la sua forza ed il suo valore per una decisione emessasi da uno dei corpi deliberanti dello Stato il quale di propria autorità e senza intendersi con l'altra parte stipulante ha creduto di annullarlo e di averlo come non avvenuto.

Né a difesa di un tal operato della Camera di Würtemberg potrebbesi invocare l'obbligo imposto a S. M. il Re dalla legge fondamentale dello Stato, la quale richiede il consenso della Camera pel cambiamento delle leggi vigenti. La S. Sede non ha mancato di tener conto a suo tempo di una tale obbligazione, ed a guarentire appunto la responsabilità che pesava sul Sovrano non si é ricusata d'inserire nella convenzione l'art. 12, ed ha senza rilievi accettato le riserve sovrane apposte all'atto della ratifica. Però queste riserve nulla toglievano di forza al consumatosi contratto ne l'avrebbono potuto distruggere per intero in certi casi che potevano verificarsi, ma dovevano solo sospendere l'esecuzione di quei soli punti fino a che le Camere nei modi costituzionali non avessero coordinato la civile legislazione con gli accordi presi con la S. Sede.

V. E. poi non potrà disconvenire che nell'atto delle trattative la S. Sede senza mancare ai dovuti riguardi verso S. M. la di cui lealtà le era e le é ben nota, non potea richiedere, e molto meno discutere del modo come il Governo sarebbesi adoperato perchè l'occorrente revoca potesse effettuarsi e dovette ritenere fino d'allora che il Governo medesimo avrebbe trovato un modo conveniente ed efficace onde ottenere dalle Camere il progettatosi mutamento delle leggi.

Limitatosi poi il ricorso alle Camere per le sole leggi soggette a cambiarsi e per le quali erasi dalla S. Sede accettata la riserva, V. E. ben comprenderà quale sorpresa non dovesse suscitarsi nell'animo di S. S. lorchè cette note : Plusieurs délibérations ont eu lieu dans les ministères à propos de la déclaration de l'infaillibilité du siège pontifical, et elles ont abouti à cette conclusion qu'on ne pouvait pas maintenir plus longtemps le Concordat passé avec S. S. Pie IX et publié par la Patente impériale du 5 novembre 1855, par conséquent, qu'il fallait l'abroger. En conséquence, Monsieur le Chancelier de l'Empire a fait les démarches nécessaires pour notifier au Saint-Siège la suppression formelle du Concordat, et Sa Majesté catholique et apostolique a chargé Monsieur le Ministre de l'instruction publique et des cultes de préparer pour le Reichsrath les projets de lois devenues nécessaires pour modifier les prescriptions encore en vigueur de la patente royale

ebbe a conoscere che la Camera lungi dall'accontentarsi di prendere in esame i soli punti contrarii alle leggi esistenti, pretendeva invece che tutta la convenzione anche nei punti non compresi nelle leggi venisse dichiarata di nessun valore.

Dati tali riflessi da cui risulta il buon diritto della S. Sede, e l'impossibilità di accordarsi con la risoluzione presasi dalla Camera, il S. Padre ritiene che sarà fatta giustizia a suoi reclami, rispettandosi i già pattuiti accordi. Che se poi il S. Padre dovesse avere il dolore di veder respinte le sue domande e tenersi ferma la presasi risoluzione, in questo caso mi trovo costretto a dichiararle in suo nome che dovrebbe la stessa S. S. ritenersi esonerata dagli impegni contratti col celebratosi accordo, intendendo altresì come divenute di niun valore ed effetto le concessioni con esso fattesi al governo medesimo e conseguentemente non potrebbe a meno di farsi sentire a Mons. Vescovo di Rottemburgo che ne tragga norma per esercitare in tutta la estensione come i diritti che gli sono proprii per divina istituzione, così tutti gli altri che gli appartengono secondo la disciplina generale della Chiesa approvata dalla S. Sede pel regolare adempimento del commessogli pastorale ministero. Su quanto poi V. E. ha voluto indicarmi intorno al modo di regolare equivalentemente le relazioni della Chiesa con lo Stato, non posso a meno di non manifestarle l'obbligo che mi corre di protestare altamente a nome di S. S. contro le disposizioni che fossero per prendersi, non potendosi giammai tollerare che dalla potestà secolare vengano emesse leggi sopra materie ecclesiastiche, e si determinino i diritti spettanti alla Chiesa quasi che questa non abbia per propria natura inerenti quei diritti che dipendono dal suo essere di società perfetta ed indipendente dal potere civile. E tanto più si ha ragione di reclamare dappoichè non solo si propone ora di assoggettare la Chiesa alle leggi che fossero per emanarsi ma si sottopone eziandio a tutte quelle mutazioni che possono derivare dalla natura del sistema rappresentativo esistente nel Württemberg.

du 5 novembre 1855, ayant pour objet de régler la situation de l'Église catholique en Autriche d'après les lois fondamentales de l'État, en tenant compte des faits historiques. Le 10 Août, le même journal contenait une courte lettre autographe, adressée par l'Empereur, le 30 Juillet 1870, au ministre des cultes, M. de Stremayr, un extrait d'un projet de ce même ministre sur la suppression du Concordat, envoyé le 25 Juillet à Sa Majesté Apostolique, et une dépêche en français, envoyée le 30 juillet par le comte de Beust à M. Palomba, secrétaire d'ambassade à Rome, pour qu'il dénonçât le Concordat.

Nous donnons quelques extraits de ces deux dernières pièces. Dans la dépêche ministérielle, on lit :

« Les derniers décrets du concile proclamant le dogme de l'infaillibilité pontificale n'ont pu être envisagés par le gouvernement impérial et royal qu'avec un sentiment de profonde et légitime préoccupation. Ils résument en effet, en leur donnant une consécration solennelle, des principes dont l'application doit nécessairement altérer la base sur laquelle ont reposé jusqu'ici les rapports de l'Église avec l'État. Armé d'une autorité nouvelle, qui le revêt d'une sorte d'omnipotence, le Souverain Pontife est institué juge suprême en matière de foi et de morale, lorsque ces matières reçoivent, en même temps, des définitions qui les étendent fort au delà du domaine réservé sans contestation à la compétence de l'Église. Un accroissement aussi considérable de la puissance dont le chef de l'Église est le dépositaire, oblige les gouvernements à déployer plus de vigilance et d'énergie pour maintenir intacts leurs propres droits en face de ceux qui sont revendiqués sous l'égide de ce pouvoir. Les doctrines promulguées par le Concile placent les relations de l'État avec l'Église sur une base toute nouvelle, puisque celle-ci étend le cercle de sa compétence et concentre en même temps, dans la personne du Pape, tout le pouvoir qu'elle prétend exercer. Un changement aussi radical bouleverse toutes les conditions qui ont présidé jusqu'ici au règlement des rapports entre l'État et l'Église. C'est cette dernière qui prend l'initiative d'un acte d'une aussi grande portée, et, en agissant ainsi, elle se place sur un terrain où il ne reste qu'à la suivre en déclarant que les conventions conclues sous l'empire de circonstances toutes différentes ne peuvent plus être considérées comme valables. On ne peut, sans inquiétude, entretenir de rapports avec un pouvoir qui se constitue lui-même comme un pouvoir sans limites et sans contrôle. Il est vrai que l'infaillibilité pontificale ne doit s'étendre qu'aux matières de foi et de morale, mais il est évident que celui qui ne peut faillir revendique pour lui seul le droit de juger ce qui relève de la foi et de la morale, et qu'il décide, par conséquent, seul des limites de sa compétence. »

Et l'on concluait : « Le gouvernement impérial et royal se borne donc à rentrer dans sa pleine liberté d'action, afin d'être armé contre l'ingérence éventuelle du pouvoir de l'Église, tel qu'il est constitué par les décrets du dernier concile. Le changement qui s'est effectué dans la personne d'une des parties contractantes ainsi que dans les conditions qui existaient de part et d'autre lors de la conclusion du concordat, donne au gouvernement le droit dont il use de regarder cet acte comme annulé. Ses stipulations sont, en effet, devenues pour la plupart inexécutables, tant leur caractère se trouve modifié. Par exemple, les droits et les prérogatives de l'Église catholique, que l'article 1er promet de protéger, acquièrent un sens nouveau et une portée toute différente du moment où l'infaillibilité pontificale est prononcée. Les doctrines et la discipline de l'Église dont il est question dans l'art. 34 entrent à présent dans des voies toutes nouvelles. Le serment de l'évêque autrichien qui, selon la formule admise dans l'art. 20, jure fidélité à l'empereur, perd sa signification réelle, s'il ne doit plus avoir de valeur que celle qui lui est reconnue par le Pape. »

Dans le rapport fait à l'Empereur le 25 Juillet, on lit le passage suivant : « De quelque manière que l'on veuille définir la nature du droit des concordats, que l'on veuille les considérer comme des traités effectifs ou comme des lois de l'État et de l'Église d'un contenu élaboré de commun accord, ou comme une sorte d'arrangement international, ou de quelque autre manière, il faut toujours les considérer comme des actes au moyen desquels on détermine le droit, soit par mode de traité, soit par mode de conventions semblables aux traités. La relation réciproque des deux parties contractantes y est établie sur une base objective, et il y est tracé une ligne de droit, au choix libre de l'une et de l'autre partie. Mais cette essence du concordat, envisagé comme acte de limitation et d'obligation réciproque, vient d'être atteinte au vif par cette prérogative du Pape, récemment promulguée.

Le pouvoir ecclésiastique a donc, au-dessus de ce pouvoir terrestre dont l'extension est déterminée par la décision du Pape, qui seule fait autorité, toute la plénitude de droits pour conserver, interpréter et rompre le traité suivant son propre bon plaisir ; il n'y a plus, comme il faut qu'il arrive dans tout traité, droit vis-à-vis de droit, mais droit vis-à-vis d'une volonté illimitée et sans contrôle. C'est absolument le même cas que si, dans les rapports de droit commun, un contractant revendiquait pour lui le droit exclusif d'interpréter le contrat. La science des lois enseigne qu'un pareil contrat est nul.

Il est clair que le Pape demeure toujours lié pour l'avenir dans les contrats de nature provenant de droit privé, et que la conclusion sur de nouvelles bases de conventions du domaine des concordats n'est pas exclue comme impossible. Mais il est incontestable que le concordat, déjà conclu de la façon qui a été exposée, a perdu sa base et son efficacité, par suite de la récente définition et de ses conséquences. On arrive au même résultat, si l'on considère le concordat au point de vue international.

Dans tous ces traités est supposée, suivant les principes de droit reconnus, la condition tacite que les circonstances restent les mêmes, — *rebus sic stantibus*. Or, les relations entre l'État et l'Église ont été essentiellement changées par la proclamation du dogme nouveau.

Car enfin, quel changement de conditions pourrait être plus considérable ? laquelle pourrait donner plus de droit à la rescission, que celui qui a été suscité par le dogme défini nouvellement ?

Une des deux parties contractantes a été changée : au lieu d'avoir l'antique et historique pouvoir ecclésiastique limité, il s'en est introduit un nouveau, illimité et illimitable. Le pouvoir avec lequel on pactisait et que l'État pensait bien à lui pendant qu'il se liait à ce pouvoir, se proclame seul juge infaillible, précisément dans ces matières au sujet desquelles on aurait dû acquérir des droits envers lui. Voilà vraiment une *causa gravis, justa et rationabilis*, qui déjà, au moyen âge, suivant les vues des canonistes et des scolastiques de ce temps, autorisait à résilier le concordat.

La suppression du concordat était donc motivée, d'après les documents cités plus haut, par ce fait que la définition de l'infaillibilité pontificale modifiait substantiellement le concordat ; par suite, il ne restait plus qu'à le dénoncer. De fait, le premier projet de loi que M. Stremayr présentait à la Chambre des députés, le 27 Juin 1874, était conçu dans les termes suivants : « La patente du 5 novembre 1855 est supprimée dans toute son étendue. »

L'absurdité de la théorie défendue en pratique par le gouvernement autrichien est de soi bien évidente. En effet, la définition dogmatique de l'infaillibilité pontificale n'est pas une doctrine nouvelle, ni un nouveau privilège, ni un nouveau pouvoir, mais une simple déclaration, bien que solennelle, de tout ce qui est contenu dans les divines Écritures et dans la tradition perpétuelle de l'Église, au sujet de ce privilège, promis et accordé par Jésus-Christ à saint Pierre, dont le Pontife romain est le successeur et l'héritier, à qui, par conséquent, est accordée la même prérogative [1].

D'ailleurs, de ce que le Pontife romain est infaillible dans les choses de foi et de mœurs, il n'en peut pas davantage violer la foi donnée, ni enfreindre les obligations contractées, puisqu'il est toujours soumis au droit naturel, qui oblige à l'observation des pactes conclus, dans le mode et la forme avec lesquels ils ont été conclus. Le droit positif divin, d'où dérive le privilège divin de l'infaillibilité, ne s'oppose certainement pas au droit naturel et ne l'altère en aucun point. Le Souverain Pontife, après la définition de l'infaillibilité, ne peut pas ne pas rester la même personne qu'il était avant la définition vis-à-vis des gouvernements et par rapport aux concordats et aux pactes conclus avec eux.

Est également absurde et dénuée de fondement cette assertion que dans les présentes circonstances on ne pourra plus conserver des relations avec un pouvoir dont la puissance se trouve présentement illimitée. Il est difficile de comprendre comment par la définition de l'infaillibilité, le Pape a obtenu présentement un pouvoir sans limites, alors qu'il est limité par le droit naturel et le droit positif divin. La définition dogmatique de l'infaillibilité (qui en effet n'a donné et ne donne aux Papes aucune nouvelle prérogative mais déclare seulement et expose ce dont il a toujours joui) a tout autre chose pour objet et ne regarde que le magistère suprême qu'il possède sur l'Église entière, et par suite, n'augmente ni ne diminue, même momentanément, ce pouvoir qui lui revient du primaciat de suprême judiriction dans le gouvernement disciplinaire de l'Église elle-même, en vertu de laquelle il pourra toujours, comme par le passé et pour le meilleur

---

[1]. Cavagnis. *Op. cit.*, n. 696.

bien, régler et disposer suivant les circonstances de lieux, de temps et de personnes, l'usage de la puissance ecclésiastique et le mettre en harmonie, autant qu'il lui sera possible, avec le pouvoir civil à l'aide de pactes et de conventions réciproques,

Au reste, chaque fidèle sait bien que, quand l'Église catholique élève à la dignité de dogme une vérité quelconque, elle ne crée pas ce dogme, mais déclare simplement que telle vérité, déjà reconnue de l'Église elle-même, a été révélée par Dieu et se trouve contenue dans le dépôt de la foi.

Quant aux exemples apportés par de Beust sur l'art. 1 et 20 du concordat autrichien, nous observerons que la prétendue inexcusabilité n'existe point, puisque dans l'art. 1 il s'agit du devoir rigoureux et de l'obligation indéclinable de tout État catholique de conserver et de protéger la religion catholique, apostolique et romaine, obligation qui n'étant pas imposée par le Pontife romain, ne peut être enlevée par son autorité, ni être diminuée, ni altérée, puisque les droits et les prérogatives dont jouit la religion, ne naissent pas du droit humain variable, et ne reposent pas sur lui, mais proviennent des dispositions divines expliquées et déterminées dans les canons.

Quant au serment que les évêques ont à prêter au souverain, il n'a aucun rapport avec le dogme de l'infaillibilité, à moins qu'on ne veuille absurdement supposer qu'on puisse donner à la formule de serment un autre sens que celui qu'elle présente avec tant de clarté, admettant ainsi que le Pape par son infaillibilité n'est pas soumis lui-même au droit naturel et divin sur qui est basée la formule du serment.

Il sera à propos de rappeler ce qu'en 1874 Pie IX écrivait à ce sujet à l'Épiscopat autrichien : « *Silentio praeteriri nullo modo possumus gravissimam iniuriam quae ipsa harum legum propositione infertur Nobis ipsis et huic Apostoli-*

cae Sedi, nec minus Vobis, Dilecti Filii Nostri et venerabiles Fratres, ac toti populo catholico istius imperii. Conventio nimirum inter Nos et serenissimum Imperatorem anno 1855 inita, ac ab eodem catholico principe solemni sponsione munita totique imperio instar publicae legis promulgata, nunc Imperii comitiis declaranda proponitur tanquam omni prorsus ex parte abrogata et irrita, idque nulla cum hac Apostolica Sede tractatione praegressa, imo et iustissimis nostris expostulationibus plane contemptis. Haec profecto, iis temporibus quibus fides publica adhuc valuit, ne tentari quidem potuissent; nunc vero in hac tristissima rerum conditione et tentantur et perficiuntur. Contra hanc solemnis pacti conventi violationem coram vobis, Dilecti Filii Nostri ac Venerabiles Fratres, iterum protestamur; multo vero magis interno animi Nostri dolore denunciamus ac reprobamus iniuriam illam toti Ecclesiae illatam, dum et huius concordati abrogationis et ceterarum connexarum legum causa et excusatio audacter refertur ad definitiones revelatae doctrinae ab oecumenico Vaticana Concilio editas, atque haec ipsa catholica dogmata impie appelantur innovationes et commutationes doctrinae fidei et constitutionis Ecclesiae catholicae. Equidem si qui sunt in Austriaca ditione qui nefariis eiusmodi commentis catholicam fidem abiiciant, eam retinet ac profitetur cum gloriosis avis suis totaque imperiali domo, augustissimus princeps, eam retinet ac profitetur longe maxima pars populi, cui leges feruntur talibus commentis innexae. »

L'absurdité des motifs allégués par le gouvernement autrichien est clairement démontrée par Cavagnis, qui observe fort bien que par la susdite définition il ne s'est introduit dans l'Église aucune modification : *Nam concilia non condunt veritates dogmaticas sed declarant*; *ergo infaillibilitas et suprema potestas non sunt datae summo Pontifici a concilio vaticano, sed a Christo Domino, et concilium tautum haec definitive declravit*. D'où conclut l'éminent écrivain : « *omnes norunt S. Sedem semper exegisse et ante concilium aticanum plenam obedientiam suis decretis ea parte fidelium* ; *definitiones concilii non minuisse eius efficaciam, sed confirmasse* ; *status autem conquiri posset si concessis seu agnitis S. Sedi quisbusdam iuribus per concordatum, ea in peiopem conditionem devenisset per definitionem concilii quia non tam efficax esset praestandis quae praestare deberet in favorem status, sed cum efficacior facta sit nullum detrimentum exinde capit.* »

Du reste, quelle fût la véritable intention du gouvernement autrichien, l'ex-ministre Ollivier le dit expressément[1] : En Autriche, M. de Beust se déclare épouvanté des conséquences du nouveau dogme. Oubliant que le memorandum français et les observations de son gouvernement n'ont été porté que sur le *schema de Ecclesia*, non sur celui de l'infaillibilité, il présente le vote de ce dernier comme fait au mépris des remontrances que les gouvernements n'avaient pas présentés ; il en conclut qu'un changement s'est opéré dans la situation de l'une des parties signataires du concordat de 1855, que dès lors cet acte est frappé de caducité et il en notifie l'abrogation au Saint-Siège (30 juillet 1870). Du reste, il ne s'oppose pas à la libre promulgation de la constitution et ne tente pas de soumettre les évêques au *placet regium*. L'infaillibilité n'était qu'un prétexte d'en finir avec un concordat trop favorable à Rome, maintes fois entamé déjà depuis que le parti libéral était aux affaires (loi du 1er déc. 1867 et du 25 mars 1868) et dont M. de Beust ne savait comment se débarrasser tout à fait.

Les concordats ne peuvent pas cesser davantage, quand se produit un changement moins radical, dans la forme du gouvernement.

Cette théorie fut aussi discutée dans les chambres autri-

---

1. OLLIVIER. *L'Église et l'État au Concile du Vatican*, t. II, pag. 404.

chiennes ; on voulait dénoncer le concordat, parce que c'était un contrat conclu avec un gouvernement absolument différent de celui qui actuellement réglait les destinées de l'empire.

En cette circonstance, le comte de Thun recommandait cette théorie aux ministres des finances pour délivrer l'État de tous les engagements précédemment contractés.

La fausseté de cette théorie est bien manifeste quand on considère que les concordats, comme tout autre traité public, regardent la société elle-même au nom de laquelle ils sont conclus; or, comme la société est une personne morale perpétuelle, tout ce qui se rapporte directement à elle, devra avoir une perpétuité morale identique ; pour ce motif, les traités internationaux ne perdent pas leur existence juridique, quoiqu'il intervienne un changement de la forme de gouvernement. Il faut en dire autant des concordats.

En jugeant la question sous cet aspect, on voit clairement que l'Église peut conclure des conventions spéciales avec des gouvernements de fait, c'est-à-dire avec ces gouvernements qui sont illégitimes dans leur origine. Cavagnis[1] note fort bien : « *Gubernia de facto, etsi non habeant ius possidendi supremam auctoritatem, tamen donec eam possident, iure procurant quae tendunt ad publicam utilitatem inter quae sunt concordata.* » Aussi quand aura *été faite* la restauration du légitime souverain, les conventions conclues devront être conservées comme ordonnées au bien public; *ad summum*, on pourrait éliminer les dispositions qui auraient pu devenir contraires au nouvel état de choses.

A tort, Ollivier prétend que le Pape Pie VII, en signant le concordat de 1801, avait consacré la chute des Bourbons du trône de France, et qu'il fallait rechercher en ce fait le plus grand avantage obtenu par la

---

1. CAVAGNIS. *Op. cit.*, n. 695.

révolution française dans la personne de son représentant. Si la conclusion du concordat a exercé une influence quelconque sur la situation des divers partis en France, il est indubitable que le Pape n'a pas voulu se mêler aux vicissitudes intimes de la politique. En reconnaissant le nouveau pouvoir, il ne voulait pas résoudre la question de la légalité ou de la légitimité de ce pouvoir. Et à ce propos M. de Broglie [1] observe que la reconnaissance d'un gouvernement par le Pape n'ajoute rien au devoir général imposé à tous les chrétiens de respecter les lois de leur pays et d'obéir, en choses justes, aux pouvoirs établis, etc. Aussi le Saint-Siège a traité avec le tsar après le partage de la Pologne, et au lendemain de Sedan, avec le nouveau souverain des provinces qui nous étaient enlevées. Mais ces relations indispensables de l'Église avec les conquérants n'obligent pas les fidèles des pays conquis à faire le sacrifice de leurs souvenirs et de leurs espérances.

Avant de terminer définitivement ce que nous avons exposé sur le Droit concordataire, nous croyons utile de donner une idée des théories concordataires de juristes politico-religieux du nouveau royaume d'Italie.

Terenzio Mamiani [2] affirmait que les concordats reposent sur une ambiguïté perpétuelle de juridiction et de principes, qui donne naissance à des difficultés incessantes et à des énigmes insolubles au sujet de la délimitation des deux pouvoirs, dont la nature et la compétence n'est pas encore définie, ou que chacun définit suivant ses intérêts et contrairement à l'autorité rivale. C'est ce qui fait donner aux concordats le nom de longs traités.

Conformément à ces principes, un éminent homme politique [3] de notre temps écrivait au sujet les concordats, que

1. M. DE BROGLIE. *Le Correspondant*, 25 novembre 1882.
2. TERENZIO MAMIANI. *Teorica della Religione e dello Stato*, chap. II, § 2.
3. *Le Condizioni della Stato e la pace religiosa in Italia. Pensieri di un uomo politico*, pag. 39.

du premier qui se fit à Worms en 1122, entre Henri V et le Pape Callixte II pour résoudre la question des investitures, jusqu'au dernier stipulé par Léon XIII avec l'empereur d'Allemagne, les concordats présentent une série de transactions entre l'État et l'Église destinées à régler l'exercice des deux pouvoirs, à fixer les limites des droits et des privilèges réciproques. Sont de fait des pactes qui consacrent la confusion des deux pouvoirs, qui entretiennent leur jalousie et leur rivalité, les craintes de chacun de ne pas être supplanté par l'autre. De là, les précautions, les pactes, les restrictions, les synodes, les conciles, les relations des dignitaires ecclésiastiques avec Rome, la publication des bulles et des brefs pontificaux, l'exécution des actes du Saint-Siège, la nomination des évêques et des abbés, les appels contre les abus du clergé, la possession et l'administration des biens ecclésiastiques, les immunités personnelles et réelles, et enfin les services du culte et l'instruction religieuse.

Suivant Cadorna[1], avec l'Église ou avec son autorité suprême, c'est-à-dire avec le Souverain Pontifical, il ne peut y avoir lieu de la part de l'État, à aucun concordat ou à d'autres conventions ou conciliations juridiques, parce que la première condition pour conclure un contrat c'est la personnalité juridique des deux contractants; ensuite, pour avoir un traité public, la puissance publique est requise : celle-ci manque dans l'Église. Aussi Cadorna trouve absurde que l'État traite avec l'Église sur des matières juridiques, de même que ce serait une insolence dans l'État de prétendre que le Pape n'accordât pas d'indulgences pour plus de cinquante années.

Il est également intéressant de voir ce qu'affirme[2] Berthelet sur les concordats; cet écrivain prétend que les con-

---

1. CARLO CADORNA. Il principio della rinascenza e uno strascico del Medio Evo, ossia la Conciliazione-Transazione.
2. GIOVANNI BERTHELET. *La Conciliazione*, pag. 80.

cordats durent leur origine à ce fait que l'Église ayant absorbé au fur et à mesure les fonctions et les droits de l'État, les gouvernements, pour mettre un frein à l'action envahissante du pouvoir ecclésiastique, durent s'armer contre ses ingérences, et, pour éviter des luttes fâcheuses, se résolurent aux concordats.

On voit facilement que la théorie de Cadorna est intimement liée à la théorie juridique de l'école allemande protestante, que nous avons déjà examinée; aussi nous croyons inutile de répéter nos réflexions, déjà suffisament exposées; nous observerons seulement que l'exemple apporté par Cadorna est mal choisi, car le temps des indulgences importe peu à l'État; tandis qu'il gagne aux autres dispositions religieuses, par exemple, aux empêchements matrimoniaux.

Quant à Berthelet, nous lui ferons observer que son assertion demande à être prouvée. Non, les concordats ne doivent pas leur origine aux ingérences du pouvoir ecclésiastique dans le domaine du gouvernement civil, mais il faut plutôt proclamer le contraire. Les concordats ont pris naissance des prétentions des gouvernements auxquelles l'Église, dans diverses circonstances, fut obligée de céder pour éviter de plus grands maux. Du reste, après tout ce que nous avons dit sur l'origine juridique des concordats, l'assertion de Berthelet se présente avec une note évidente de fausseté!

Enfin les assertions de Mamiani, répétées par un homme politique italien, sont injurieuses non seulement pour l'Église mais encore pour l'État, en ce qu'elles font supposer que l'Église et l'État ont pour base, dans leurs rapports réciproques, la ruse, l'intrigue et tout ce qu'il y a de plus méprisable dans le monde[1]. Mais Ollivier n'hésite pas à affirmer que le concordat est en effet le pacte de l'Église avec la société nouvelle, la réconciliation du passé et de

---

1. CECILIO. *La Conciliazione. Osservazioni, pensieri di un umo politico sui*, pag. 24.

l'avenir, un gage de paix et de liberté ! L'acte est parfait, il ne contient ni lacune ni empiètement. Que ne s'y est-on rigoureusement attaché! il n'aurait plus existé de question religieuse et les troubles d'idées que nous avons traversés nous eussent été épargnés ! Par malheur, depuis 1801, il n'y a pas de gouvernement qui n'ait professé de respecter le concordat et qui dans sa pratique, dans ses lois, n'en soit sorti, pas un qui ne l'ait exalté et qui n'ait porté la main sur ses principes essentiels [1].

Nous terminerons cette étude en rappelant les principes qu'exposait le très sage Pontife Léon XIII dans l'admirable Encyclique *Immortale Dei* :

« *Deus humani generis procurationem inter duas potestatis partitus est, scilicet ecclesiasticam et civilem, alteram quidem divinis, alteram humanis rebus praepositam. Utraque est in suo genere maxima : habet utraque cersos quibus continuatur terminos, eosque sua cuiusque natura causaque proxime definitos; unde aliquid velut orbis circumscribitur in quo sua cuiusque actio iure proprio versetur. Sed quia utrumque imperium est in eosdem, cum usuvenire possit, ut res una atque eadem, quamquam aliter et aliter, sed tamen eadem res ad utriusque ius iudiciumque pertineat, debet providensissimus Deus, a quo sunt ambae constitutae, utriusque itinera recte atque ordine composuisse. Quae autem sunt a Deo ordinata sunt. Quodni ita esset funestarum saepe contentionum concertationumque causae nascerentur; nec raro sollicitus animi, velut in via ancipiti, haere homo deberes, anxius quid facto opus esset, contraria iubentibus finis potestatibus, quarum recusare imperium salvo officio non potest. Atqui maxima istud repugnat de sapienta cogitare et bonitate Dei qui vel in rebus physicis quamquam sunt longe inferioris oerdinis, tamen naturales vires causasque invicem conciliavit mode-*

---

[1]. OLLIVIER. *Du Concordat et de la Séparation de l'Église et de l'État*, pág. 571.

rata ratione et quodam veluti concertu mirabili, ita ut nulla earum impediat caeteras, cunctaeque simul illuc, quo mundus spectat convenienter aptissimeque conspirent. Itaque inter utramque potestatem quadam intercedat necesse est ordinata colligatio; quae quidem coniunctioni non immerito comparatur, per quam anima et corpus in homine copulantur. Qualis autem et quanta ea sit, aliter iudicari non potest nisi respiciendo, uti diximus ad utriusque naturam, habendaque ratione excellentiae et nobilitatis causarum; cum alteri proxime maximeque propositum sit rerum mortalium curare commoda, alteri caelestia ac sempiterna bona comparare, quidquid igitur est in rebus humanis quoquo modo sacrum, quidquid ad salutem animarum cultumve Dei persinet sive tale illud sit natura sua sive rursus tale intelligatur propter causam ad quam refertur, id est omne in potestate arbitrioque Ecclesia; cetera vero quae civile et politicum genus complectitur rectum est civili auctoritati esse subiecta, cum Jesus Christus iusserit quae Caesaris sint reddi Caesari, quae Dei Deo.

RÉCEPTIONS D'AMBASSADEURS
A COMPIÈGNE
(XVe-XVIIIe siècle)

Par M. le Comte de MARSY.

Les cérémonies publiques étaient, au moyen âge et aux siècles derniers, dans une petite ville de province, des distractions plus grandes encore que de nos jours. On voyageait peu, on ne lisait guère davantage ; aussi, tout le monde était-il en rumeur à l'annonce de quelque belle procession, de la représentation d'un mystère ou d'une exécution capitale. Qu'était-ce donc quand la venue d'un souverain ou d'un grand personnage venait rompre la monotonie de la vie ordinaire, ou quand la nouvelle d'un succès militaire ou celle de l'heureuse issue de négociations longtemps poursuivies parvenait par un de ces messagers dont la rapidité nous étonne toujours, quand on pense aux moyens de locomotion et à l'état des routes à ces époques ?

Compiègne était cependant une ville privilégiée à cet égard, car depuis Charles le Chauve elle n'avait cessé d'être une résidence royale, et les souverains y faisaient de fréquents et parfois longs séjours.

Des recherches dans les archives de la ville et dans d'autres dépôts nous ont permis de recueillir un certain nombre de détails intéressants sur les entrées royales, sur les séjours de grands personnages, sur les négociations de traités, sur les cérémonies qui accompagnaient la proclamation de ces traités [1], et sur d'autres fêtes publiques.

Nous avons pensé que ces renseignements pourraient offrir quelque intérêt pour les membres du Congrès d'Histoire diplomatique de La Haye, et nous avons détaché de nos notes celles qui sont relatives aux séjours et aux passages d'ambassadeurs. Ce n'est pas de la grande histoire, ce ne sont que les petits côtés du récit de faits que nous laissons à d'autres le soin d'étudier, pendant que nous boirons les vins d'honneur, mangerons les confitures, les noisettes et les pâtés de venaison [2], et que nous suivrons les grands personnages dans les rues ou assisterons aux *Te Deum*.

Nous avons dû, pour ne pas dépasser certaines limites, faire un choix dans les notes que nous avons recueillies et que nous espérons plus tard publier *in extenso*; aussi nous bornerons-nous à présenter ce qui concerne les réceptions faites aux ambassadeurs étrangers qui n'ont fait que traverser Compiègne et à ceux qui, venus dans notre ville pour y négocier quelque traité, ont été appelés à y faire un plus long séjour.

1480

L'entrée dont nous avons le récit le plus ancien et aussi le plus complet est celle d'un « cardinal de Rome, neveu et

---

[1]. Nous avons publié quelques-uns de ces derniers documents dans le *Bulletin de la Société de l'Histoire de Paris et de l'Ile-de-France* (t. VII, 1880), sous ce titre : *Cérémonies faites à Compiègne pour la célébration de traités de paix (1544-1698)*.

[2]. Voir : *L'alimentation à Compiègne. Les pâtissiers à Compiègne*, par A. BAZIN. Compiègne, 1897 (publication de la Société historique de Compiègne).

légat de notre Saint Père le Pape », qui revenait de Péronne, accompagné de plusieurs clercs et évêques et de cent ou cent vingt chevaux.

Ce cardinal, neveu de Sixte IV, et qui devait, lui aussi, porter la tiare, était Julien de la Rovère, élevé au trône pontifical en 1503, sous le nom de Jules II.

Voici en quels termes le registre des délibérations rapporte son entrée :

Au devant duquel les officiers du Roy, gens de la justice, les officiers et gouverneurs de la ville [1] et plusieurs bourgeois allèrent à cheval en nombre de LX à L chevaulx, jusques à Margny où il estoit descendu, ainsi que lui fut fait la révérence par la bouche de Me. Jehan Thibault, conseiller de la ville dont ledit légat fut fort content et fist bonne responce.

Aussi vindrent au devant de lui, jusques au dehors de la porte du Pont, les cordeliers et jacobins non revestuz; les religieux et abbé de Saint-Cornille et les prebtres séculiers tous revestus en chappes, jusques au tappecul de la porte du Pont, où ilz le reçurent et firent la révérence et baisèrent la croix. Et d'illec au long de la rue du Pont qui estoit tendue de costé et d'autre jusques à la pantière [2] de l'église de Saint-Cornille qui aussi estoit tendue où, illec, il descendit de dessus sa mule ; lui fut osté son chapeau rouge et vestu une grant chappe d'escarlate rouge et habit de cardinal. Et, en cest estat, s'en entra à l'église où il fist son oraison et fist la bénédiction. Et, après, s'en alla et fut mené par le cloistre emmy la court de l'abbayye en l'ostel abbacial où il fut logé. A Saint-Pierre [3] fut logé l'évesque... [4]

Et, assez tost après, les gouverneurs de la ville, avecques le lieutenant de Monseigneur le bailly [5], ledit Maistre Jehan Thibault [6] et aultres vers ledit légat, le bien venant, et lui présentèrent ung muy de vin vielz qui a cousté X lt. ; item deux muis

1. Ce terme de gouverneurs ou gouverneurs attournés reviendra souvent; il désigne les trois membres qui composaient l'administration municipale. Le gouverneur militaire, nommé par le Roi, prenait le titre de capitaine.
2. La pantière était l'enceinte de l'abbaye de Saint-Corneille.
3. Prieuré curial dépendant de l'abbaye de Saint-Corneille.
4. En blanc.
5. Le bailli de Senlis.
6. Député de la ville de Compiègne aux États-Généraux de Tours en 1469.

d'avainne de XLVIII s.; item XII torches pesans chacune livre et demie de VIII s. la pièce, et VI flambeaux pesans deux livres de cire, et pour le tout, XLV l. XII s. Et soit noté que audit légat ne fut porté la paelle ou ciel devant lui parce qu'il arriva plus tost que on n'avoit dit et fut l'on si hasté de aller au devant de lui que il fut obmis [1].

On voit par d'autres pièces, qu'on avait eu — ce qui n'était sans doute pas inutile — le soin d'enlever les boues des rues sur le passage du légat.

1516

Au mois de juillet 1516 passa par Compiègne Mgr de Ravenstein, Philippe de Clèves, accompagné des autres ambassadeurs de Flandre. La ville lui fit de larges présents de vin et lui présenta une feuillette de vin de Beaune et douze lots de vin blanc. Mme de Ravenstein eut pour sa part une demi-queue de vin de Beaune.

A son retour de la cour, M. de Ravenstein fut encore honoré de seize lots de vin [2].

1529

Le vendredi 21 juin 1529, François Ier, qui était arrivé le mardi précédent, quitta Compiègne avec plusieurs princes, seigneurs et dames, et « Monsieur le duc de Suffort (Suffolck), en ambassade de Engleterre, pour aller à Noyon, Han et Saint Quentin, convoyer et conduire

---

1. Archives de Compiègne. BB. 6, f° 114.
2. Ces mentions étant seulement relevées dans les comptes triennaux, il n'est pas possible de fixer la date exacte du passage des ambassadeurs.

Madame la Régente à bel et noble train, qui a entrepris d'aller à Cambrai, où Madame Marguerite de Flandres se doit trouver pour traiter la paix, comme on dit [1] ».

1539

Après la paix signée avec François Ier, Charles-Quint, allant d'Espagne en Flandre, fit demander au roi de passer par la France et lui envoya à Compiègne dans ce but un ambassadeur, Adrien de Croy, comte du Rœulx, gouverneur et capitaine général de l'Artois.

René Macé, dans son poème sur le voyage de Charles-Quint, annonce en ces termes cette mission :

> Et a durer de ce faict la mémoire
> Ahannera ; le monde en est heureux.
> Mesmes a bon jour vint le comte du Roeulx
> En asseurer le Roy dedans Compienne :
> Le Roy en veit la maladie sienne
> S'en affoiblir : un message plaisant,
> Cogna je là, est moult de bien faisant [2].

1552

En décembre de cette année, Henri II, qui se trouvait à Compiègne, ly reçut l'ambassadeur de Sienne, Claudio Tolomei. — Nous n'avons aucun renseignement local à ajouter sur cette cérémonie à ceux que le baron de Ruble a donnés dans son édition de Montluc.

1. Archives de Compiègne, BB. 18, f° ij.
2. *Voyage de Charles-Quint par la France*, poème historique de René Macé, publié par Gaston RAYNAUD. Paris, A. Picard, 1879.

Le discours de Tolomei, prononcé en italien, fut imprimé immédiatement à Paris, chez C. Estienne. Il en existe des traductions françaises et latines contemporaines [1].

1554

C'est encore cette année l'entrée d'un légat du pape que nous avons à enregistrer, et avant son arrivée, le 5 mars 1553 (1554 n. s.), une assemblée se tient à l'Hôtel de Ville pour en régler le cérémonial. Présidée par le lieutenant du bailli de Senlis, elle se compose des procureur et avocat du roi, des trois gouverneurs, de D. Pierre le Moyne, religieux, de plusieurs avocats, de Giles Gambier, élu, etc.

Est conclud que les gens d'église iront au devant de Monseigneur le Légat et dudit sieur de Grez jusques à la porte et les officiers du Roy et autres gens d'apparence iront pareillement au devant de luy jusques à quelque quart de lieue, et luy fera la harangue Me Pierre Lagnier [2], tant à la réception que à la présentation de ce qu'on luy vouldra porter, qui sera de deux quarts d'ypocras blanc de clar et autres vins en pots et en pièce, de dragée en quatre boettes et si sera faicte une XIIe de torches, soit jour ou non pour porter derrière luy, sauf à augmenter ou diminuer selon que l'on en sera adverty [3].

---

1. Voir notre Bibliographie compiégnoise, n°s 52 et 52 *bis*.
2. Pierre Lagnier, avocat à Compiègne, était, en sa qualité d'érudit, naturellement désigné pour porter la parole au nom de sa ville natale. Après avoir étudié le droit à l'Université de Toulouse, il avait publié un recueil de sentences tirées de Cicéron, plusieurs fois réimprimé de 1541 à 1552. (Voir notice sur Pierre Lagnier, par C. Méresse, *Bulletin de la Société historique de Compiègne*, t. II, p. 97, 1875.)
3. Archives de Compiègne. BB. 22, f° 34.

1556

Les libéralités faites par la ville aux ambassadeurs et autres illustres personnages qui traversaient Compiègne n'étaient, il faut l'avouer, pas toujours faites de son plein gré, et, après avoir enregistré dans son compte les 35 livres 9 sols 6 deniers tournois dépensés pour la réception faite au comte de Lalain, ambassadeur de l'Empereur auprès du Roi, lors de son passage au mois de mars 1555 (1556 n. s.), et de sa revenue en avril suivant, le receveur a soin d'ajouter que ce « don et présent a été fait suivant les lettres du Roi [1] ».

1597

Le 24 juin 1597, le registre des délibérations du corps de ville mentionne en ces termes la réception de frère Bonaventure Calatagirone, sicilien :

Ce jourd'huy est arrivé ung cordellier italien, général de tout l'ordre, ambassadeur du Pape, qui s'en allait trouver le Roy à Paris pour traicter de la paix avec l'Espagnol.
Dieu nous donne la grace de l'obtenir de noz jours.
La ville l'ayant salué en corps où estoit M. de Briges, chevalier du Saint-Siége de Rome [2], maître Jehan Coffin, advocat de la ville, les gouverneurs lui ont présenté six bouteilles de vin d'Orléans prises à Saint-Martin [3].

Six bouteilles de vin, prises chez un tavernier, c'était peu.

1. Archives de Compiègne. CC. 43, f° 307.
2. Lieutenant du capitaine de Compiègne.
3. Archives de Compiègne. BB. 24, f° 1. Voir *Mémoires de Bellièvre*, p. 413.

1597

Le dernier des légats dont nous trouvons la réception est Alexandre de Médicis, qui fut élevé à la papauté le 1er avril 1605, sous le nom de Léon XI, et mourut le 27 du même mois.

Voici, d'après les registres des délibérations, le récit de son entrée à Compiègne :

Le lundi XXe jour d'octobre Ve IIXxx XVII, sur les dix heures du matin est arrivé en ceste ville de Compiègne par la porte de Pierrefons et logé en la maison Mre Jehan Seroulx, advocat du Roy[1] le Révérendissime et Illustrissime prince M. le cardinal de Florence [en blanc.] de Médicis, légat en France de notre Saint père le Pape, auquel ont esté faicts les honneurs par Messieurs du Clergé en habits sacerdotaux et l'ont esté recevoir près le Moslin de Sainte-Perrinne aux Sablons; et Messieurs de la Justice et gouverneurs de ville et plusieurs habitants à la porte de Pierrefons, où il se seroist arresté estant dans sa litière pour entendre la harangue qui lui a esté faite en latin par M. Jacques Loisel[2], et luy, de sa part, auroit donné responce sur tous les pointz de ladite harangue et aussy en latin. Et par icelle, usa de ces mots, entre autres choses : *Gaudete et sperate pro pace*; louant grandement les habitans de là ville de ce qu'ils avoient toujours esté bons catholicques et de l'église romaine, sans eulx retirer de l'obéissance du Roy, et seroit allé à l'église Saint-Cornille, où fut chanté le *Te Deum*; et d'icelle à l'église Saint-Jacques[3] qu'il trouva fort belle. Et, estant à son disné, lui fussent présentées [en blanc.] douzaines de bouteilles de vin de

---

1. La famille de Seroux, encore représentée à Compiègne, a fourni de nombreux membres au corps municipal, ainsi qu'un major de la ville. Leurs maisons ont servi, à de fréquentes reprises, à loger de grands personnages de passage à Compiègne.

2. Jacques Loisel, seigneur des Granges, lieutenant du bailli de Senlis à Compiègne.

3. Principale église paroissiale de la ville.

la Croix d'Or[1] et plusieurs fruitz. Et partit ledit jour pour s'en aller à Saint-Quentin, conduict par M. de Palloiseau[2] et sa compagnie[3].

1598

La discussion des conditions du traité de Vervins, qui mit fin à la guerre entre la France et l'Espagne et ses alliés, devait avoir lieu à Compiègne.

Les officiers de la maison de Henri IV étaient venus dans cette ville afin de s'entendre avec les gouverneurs attournés et les diverses autorités au sujet des mesures à prendre pour loger les ambassadeurs et leur suite. Mais ces projets ne tardèrent pas à être modifiés, et c'est à Paris qu'eurent lieu définitivement les conférences et la signature de la paix.

Les archives de Compiègne renferment une volumineuse correspondance échangée à ce sujet, et que nous nous contenterons de signaler.

1624

Cette année, les États-Généraux de Hollande envoyèrent des ambassadeurs extraordinaires pour demander des secours au roi Louis XIII contre la maison d'Autriche.

Deux envoyés dont les noms ne nous sont pas connus, furent reçus à Compiègne, et le 10 juin 1624 fut signé un

1. Hôtellerie fort renommée, dans laquelle descendit Louis XI, et qui n'a été démolie que vers 1860.
2. Claude de Harville, marquis de Palaiseau, capitaine de cinquante hommes d'armes, capitaine de Compiègne et gouverneur de Calais.
3. Archives de Compiègne, BB. 24, f° 1 g.

traité qui porte le nom de traité de Compiègne, et par lequel le Roi accorda aux Hautes-Puissances, pour les années 1624, 1625 et 1526, des subsides qui formaient un ensemble de trois millions deux cent mille livres [1].

1625

Après le mariage d'Henriette-Marie de France avec Charles Ier, célébré par procuration à Notre-Dame de Paris par le duc de Buckingham, la Cour vint à Compiègne accompagner la malheureuse princesse qui allait s'embarquer à Boulogne.

Un état détaillé nous fait connaître les logements qui furent assignés aux ambassadeurs d'Angleterre et à leur suite, et Laporte, dans ses Mémoires, nous a donné un récit complet de l'entrée de la reine d'Angleterre à Compiègne.

Ajoutons-y ce détail emprunté à un journal attribué à Robert Arnauld d'Andilly :

Le 4 juin 1624. « M. le mylord des Hayes, comte de Carlisle, ambassadeur extraordinaire d'Angleterre touchant le mariage, était arrivé à Compiègne fort accompagné et y avait eu audience le lendemain, où il mit le genou en terre devant Madame, mais non devant les reines [2]. »

1635

Le séjour des ambassadeurs de Suède auprès de Louis XIII, à Compiègne, qui eut pour résultat la signature du traité

---

1. VATOUT. *Souvenirs historiques des résidences royales. Château de Compiègne*, p. 325, et en Appendice, p. 575, le texte du traité.
2. *La vérité sur les Arnault*, par VARIN, t. I, p. 245.

d'alliance dit traité de Compiègne, est un de ceux sur lesquels nous possédons les renseignements les plus étendus.

Les négociateurs étaient, pour la France, Richelieu, Charnacé, Bouthillier, Servien et le Père Joseph, et pour la Suède, Oxenstierna et Grotius, alors ambassadeur de Suède à Paris.

Le récit détaillé que j'ai donné, il y a une vingtaine d'années, des faits qui ont précédé la signature de ce traité, me semble inutile à reproduire, et je me borne à y renvoyer [1]

1764

Nous aurions aimé à terminer ces notes par le récit de la réception des ambassadeurs de la République de Gênes, venus signer à Compiègne, le 7 août 1764, un premier traité négociant la cession à la France de l'île de Corse, cession qui ne devint définitive que par le traité de Versailles du 14 mai 1768; mais, à cette époque, le corps municipal avait perdu son importance; il n'y avait plus de gouverneurs attournés élus par l'assemblée des habitants, un maire ayant acheté son office les remplaçait, aussi n'eut-il plus à venir saluer les envoyés de la puissante République. Ceux-ci, conduits directement au Palais, discutèrent avec le duc de Choiseul, dans le cabinet de Louis XV, les stipulations relatives à l'occupation des principaux points de l'île par les troupes françaises.

---

1. *Oxenstierna et Richelieu à Compiègne (traité de 1635).* Paris, K. Nilsson, 1878, in-8. (Extrait de la *Picardie.*)

UN EFFORT DE LA FRANCE
CONTRE LE COMMERCE HOLLANDAIS

AU XVIIIe SIÈCLE

Par M. André Le GLAY

Des *Mille et une nuits d'une ambassadrice de Louis XIV*, ce livre si remarqué de M. de Maulde, on peut faire ressortir un épisode curieux de l'histoire commerciale de la France.

C'est au début du XVIIIe siècle. Un effort va être tenté pour arracher aux trafiquants hollandais le monopole du négoce avec les riches contrées de la Perse. Marseille est merveilleusement située pour lutter avec Amsterdam, et c'est un marseillais à qui va être confiée la mission d'aller à Ispahan jeter les bases d'une entente commerciale entre la France et la Perse.

Il fallait, comme le fait très bien remarquer M. de Maulde, une certaine audace pour tenter pareille aventure; mais notre marseillais, M. Fabre, à qui revient tout l'honneur de cette grande pensée, ne manquait pas d'audace. Il n'avait fait, d'ailleurs, que reprendre une idée de Richelieu, et puis il avait pour collaborateur et associé une femme, une parisienne.

I

En 1702, Mlle Marie Claude Petit, fille d'une blanchisseuse de Moulins, tenait un tripot, rue Mazarine, à Paris. Elle avait vingt-sept ans «, et à ce tournant de vie, nous dit son historien, elle plaisait moins par sa beauté, assez ordinaire, ce semble, que par son expérience, par son talent à s'emparer des cœurs : ses manières engageantes et pleines de rondeur n'étaient pas celles d'une duchesse, elles sentaient leur quartier latin ; mais on trouvait une bonne fille, intelligente, habituée aux pas difficiles et sachant payer de sa personne : pourtant pas une évaporée ; elle savait compter en même temps que donner, art complexe et divin à cette époque-là. Elle possédait quelques économies, qu'elle ne devait qu'à ses labeurs. Elle avait même su économiser et garder quelque peu de son capital primitif d'enthousiasme, et elle y joignait l'audace acquise, avec la foi dans l'étoile, ce don précieux que rien ne remplace et qui seul fait les grandes destinées, pour peu que le vent souffle bien ».

Voilà, n'est-il pas vrai, un bien joli crayon de l'héroïne de ce roman diplomatique. Comme toutes les spéculations humaines, la diplomatie a ses romans, ses drames et ses comédies. Elle est ondoyante et diverse ainsi que l'homme dont elle reflète les passions. Mais son rôle consiste justement à dissimuler ces passions sous un voile de subtilité, de bon ton et de politesse.

M. Fabre appartenait à une famille de gros négociants marseillais dont le commerce s'étendait à Paris et jusqu'en Orient. En 1675, il s'était mis à la tête du comptoir de Contantinople et devint « député de la nation ». La maison Fabre communiquait avec le Palais de France ; le commerçant se trouvait donc en relations constantes avec l'ambassadeur de Sa Majesté chrétienne. Il se frottait à la diplomatie. En 1685, à la mort de M. de Guilleragues, ambassadeur de France, M. Fabre reçut de M. de Signelay, ministre de la marine, la mission de réclamer au gouvernement ottoman un bateau français capturé par des Tripolitains. Cette mission était peu importante, mais elle suffit à M. Fabre pour prendre le titre d'agent, se faire valoir, se rendre indispensable, vanter ses succès et ses mérites avec cette faconde méridionale qui amplifie, qui élargit tout. Il fit tant et si bien qu'à Versailles les ministres furent convaincus de son habileté diplomatique. D'ailleurs, il était plus que personne persuadé de ses talents.

Il écrivit de nombreux rapports et mémoires. Il put, mieux qu'aucun diplomate de carrière, discuter sur la question d'Orient. En 1692, M. de Chateauneuf envoya le commerçant diplomate en Hongrie, en qualité de drogman à l'état-major ottoman. M. Fabre fit la connaissance d'un M. de Ferriol, ancien mousquetaire qui, d'aventure en aventure, avait fini par échouer au service du prince Rakoczy. Ils conspirèrent ensemble contre M. de Chateauneuf ; conspiration peu méchante, des gasconnades tout au plus. Ils répandirent le bruit que l'ambassadeur du Roi chrétien s'adonnait aux pratiques turques, portait une robe et se coiffait d'un turban. La plaisanterie eut du succès, Louis XIV prit la chose au sérieux ; sa dévotion fut choquée. M. de Chateauneuf fut rappelé et M. de Ferriol, protégé par les bureaux, fut nommé ambassadeur du Roi auprès du Grand Seigneur.

M. Fabre se réjouit de la nomination de son ami. Il revint à Constantinople, mais pour y trouver des ennuis. Si la diplomatie lui avait procuré quelques succès faciles, elle n'avait pas fait marcher les affaires de son commerce. Ses dettes s'étaient accrues, et ses créanciers ignoraient cette vertu qui s'appelle la patience. Le spectre de la faillite hantait son sommeil. Il partit pour la France, laissant là ses créanciers, sa femme légitime et ses enfants.

M. de Ferriol, en ami dévoué, ne révéla pas la situation déplorable du négociant. Il prit sa famille sous sa protection. D'ailleurs, l'ambassadeur avait beaucoup remarqué Mme Fabre, et la porte de communication qui reliait la maison Fabre au Palais de France resta ouverte après le départ de l'infortuné commerçant.

La discrétion de M. de Ferriol permit à M. Fabre d'arriver à Paris avec tout son prestige. C'est ainsi que nous le voyons en 1702 rue Mazarine, séduit non par les murailles sévères de l'Institut, mais par les charmes et les économies de Mlle Petit.

M. Fabre avait alors cinquante ans. C'était un bon gros méridional réjoui, plein de vie et d'entrain, le cœur sur la main, tout en dehors, intime avec chacun, grand hableur, croyant toujours que *cela* était arrivé et possédant le talent de le faire croire aux autres ; au fond très souple ; prompt à l'enthousiasme, toujours prêt à aller de l'avant.

La nature exubérante de M. Fabre pourrait paraître incompatible avec les habitudes diplomatiques. Évidemment, on aurait tort de le comparer à Talleyrand, au Talleyrand du Congrès de Vienne. C'était plutôt Tartarin diplomate. Mais il se sentait fort capable de conduire une ambassade en pays lointain ; il avait fait partager cette opinion non seulement à Mlle Petit, mais encore aux ministres. Il exposa ses plans d'une manière si claire, si attrayante, qu'au mois de janvier 1703 il reçut l'avis officiel de sa mission. L'évêque de Babylone devait lui être adjoint comme ambassadeur auxiliaire.

Mlle Petit était du voyage. Elle avait signé un papier par lequel elle s'engageait à suivre son ami partout où il irait, et à l'assister de ses soins sans prétendre à aucune rétribution. Elle était bien décidée à exécuter cet engagement, à la lettre. « En bonne néophyte, nous dit son historien, Mlle Petit croyait à la vertu des protocoles. »

II

Si les circonstances donnèrent à l'ambassade de M. Fabre les allures d'un roman, je dois dire que cette mission fut étudiée et préparée avec tout le sérieux possible. Les bureaux des Affaires Étrangères n'ont jamais plaisanté, et si la diplomatie offre parfois quelques aperçus gais, prend souvent la tournure d'une comédie, c'est toujours malgré elle.

De nombreux dossiers furent compulsés. La poussière recouvrant les relations d'anciennes ambassades, les mémoires politiques, religieux ou commerciaux concernant l'Orient, fut scrupuleusement secouée. Le plan était très simple. M. Fabre devait s'assurer en Perse de débouchés pour quelques-unes de ces industries de luxe dont la France avait le monopole, telles que l'horlogerie, la bijouterie, la miroiterie, les lames de sabre, les tissus, etc. Cette exportation, combinée avec une importation de perles fines, d'étoffes brochées, de soies et de laines brutes, permettait d'opérer un bénéfice considérable : 100 pour 100 au bas mot. Mais le but véritable de l'ambassade, le but secret, était d'établir un comptoir français sur le golfe Persique, afin d'avoir la clef des Indes et de la Perse.

L'ambassadeur de France à Constantinople, consulté sur le programme commercial de l'ambassade, se hâta de donner un avis défavorable, cela va sans dire. M. de Ferriol avait de bonnes raisons — mais des raisons toutes personnelles — pour tâcher de contrecarrer une ambassade officielle en Perse. De sa propre autorité, il avait envoyé auprès du Chah un commerçant nommé Billon, et il comptait retirer gloire et profit de ces négociations dirigées par lui au mépris de toutes les règles diplomatiques. Le Chah avait fort bien reçu Billon, lui avait prodigué les meilleures assurances, mais en fin de compte, il avait réclamé un ambassadeur régulier.

En dépit des assertions de M. de Ferriol, les calculs du ministère étaient d'une rigoureuse exactitude. Les français pouvaient arriver à monopoliser la fructueuse industrie des caravanes, puisque, d'après de vieilles capitulations, la Turquie accordait aux sujets du Roi très chrétien et à ses protégés une remise de 2 pour 100 sur le tarif général des droits de douane. Ainsi donc, une caravane française passant par l'Asie-Mineure avait un avantage très sérieux sur toute autre caravane européenne.

Le Chah Hussein professait une véritable admiration à l'égard de Louis XIV ; toutes ses sympathies allaient vers la France, et la France semblait le dédaigner en s'obstinant à n'envoyer auprès de lui aucun représentant officiel. Les envoyés des autres nations affluaient en Perse, rivalisant d'éclat. Un ambassadeur hollandais était venu avec quatre éléphants blancs et les plus riches présents. Le pape avait, en 1700, envoyé l'évêque d'Ancyre. Le 4 juillet 1703, au moment même où M. Fabre préparait son départ, entrait dans Ispahan une ambassade polonaise, sous la conduite d'un jésuite, le P. Zabodzki, accompagné par deux autres religieux, un novice, un tambour, deux trompettes, dix lanciers et un porte-étendard. Toutes ces ambassades commençaient à agacer les persans, et la seule qu'on eût désiré ne venait pas.

Les bureaux continuaient à étudier la mission de M. Fabre avec une sage et prudente lenteur. Le marseillais ne quittait pas le ministère. Il ne tarissait pas sur toutes les histoires de Constantinople ; jamais on n'avait vu un homme qui connût l'Orient aussi bien. M. de Ferriol, de plus en plus enfoncé dans une opposition systématique, ne craignit pas de dévoiler la situation de M. Fabre et d'apostropher tout le monde, y compris le ministre, dans les termes les moins diplomatiques. « C'était à croire, dit M. de Maulde, que Mme Fabre cessait son rôle de bon génie. »

M. de Pontchartrain fut inébranlable.

Le ministère s'occupa bientôt des présents que devait emporter avec lui le chef de la mission. On n'imaginerait pas une ambassade sérieuse, surtout pour l'Orient, arrivant les mains vides. Les objets choisis consistaient en tapisseries, pendules, montres, flacons, pièces d'étoffes riches et bizarres, vases et girandoles en cristal de roche, portrait du Roi en manteau royal. Le traitement de M. Fabre fut fixé à 18.000 livres par an, et le marseillais avait eu l'habileté de se le faire attribuer longtemps avant son départ. Mlle Petit, comprenant que son rôle ne devait pas commencer encore, se tenait dans l'ombre ; toutefois elle ne cessait de défrayer le futur ambassadeur. Ses économies y passèrent. Je me hâte de dire que M. Fabre, en homme correct, remit à son amie un bon de 8.000 livres, payable un mois après leur arrivée à Ispahan.

Enfin, le 24 juillet 1704, M. Fabre reçut sa lettre de créance signée par le Roi ; le 31, M. de Torcy lui remit, selon la règle, une épître pour l'*Attamadoulet*, autrement dit pour le premier ministre. Le 5 août, l'ambassadeur eut son passeport, et le 20 les présents du Roi lui furent remis. Il partit pour Marseille. Il enthousiasma ses compatriotes ; tous les fils de famille voulurent le suivre. On aurait dit une nouvelle Croisade ! M. de Pontchartrain ordonna à M. Fabre de n'emmener avec lui que les personnes absolument nécessaires à l'ambassade. Les fils de famille restèrent chez eux.

L'ambassadeur de Louis XIV s'embarqua à Toulon sur le *Toulouze*, vaisseau de haut bord, commandé par M. de Turgis. Le 2 mars 1705, le navire leva l'ancre, accompagné par le *Trident*. Mlle Petit se rendit à bord sous un déguisement masculin qu'elle ne tarda pas à quitter. Le 3 avril, le *Toulouze* arriva en rade d'Alexandrette. L'ambassade devait y prendre terre pour se rendre à Alep, et de là gagner la Perse.

M. Fabre débarqua avec sa suite composée de 53 personnes. Rien ne manquait à l'ambassade pour lui donner tout l'éclat désirable : l'élément religieux était représenté par un carme et par un jésuite ; le commerce par deux négociants de Marseille, MM. Marot et Prat ; les Beaux-Arts, par un ingénieur-dessinateur qui devait lever des plans et prendre des dessins. L'arrivée de cette brillante ambassade fit quelque bruit dans cette misérable bourgade d'Alexandrette, composée alors de quelques cahutes. M. Fabre consentit à recevoir la visite officielle du corps diplomatique représenté par deux malheureux vice-consuls : celui d'Angleterre et celui de Hollande. L'agha fournit des chevaux et des mulets ; la caravane se mit en marche, serpentant le long de la montagne, escortée par un peloton de trompettes et par cent cavaliers turcs. Bientôt elle atteignit Antioche ; M. Fabre contempla les restes de la colonne au sommet de laquelle saint Siméon stylite vécut.

D'après les instructions que le ministre lui avait remises, M. Fabre devait voyager incognito, et se donner tout simplement pour un marchand français se rendant aux Indes, à Surate. Mais notre Marseillais, qui était possédé du démon épistolaire quand il ne parlait pas, avait écrit depuis longtemps déjà en Syrie. On l'attendait. Il eut toutes les peines du monde à empêcher qu'on ne lui fît une réception triomphale dans Alep. Les hauts personnages, le corps diplomatique, la « nation » voulurent aller à sa rencontre. Il refusa ces honneurs et, le 17 avril, il entra dans la ville, sans bruit, par le côté des cimetières. Mais il ne pouvait passer inaperçu ; il ne lui était pas possible d'arrêter l'enthousiasme des français ni l'effusion de ses amis, car il avait des amis dans tout l'Orient.

Le consul de France à Alep, M. Blanc, était un vieux fonctionnaire rébarbatif, au tempérament bilieux, qui s'était fait un cloître du consulat, et du protocole une religion. Il hébergeait M. Fabre et Mlle Petit. Ceux-ci furent promptement grisés par les effluves capiteuses de l'Orient, et par l'accueil trop démonstratif des français. M. Fabre allait partout, chez le pacha ou chez les hauts fonctionnaires turcs, sans un interprète; Mlle Petit circulait dans les rues d'Alep le visage découvert. Ce fut un scandale énorme. Jamais on n'avait vu une ambassade afficher un tel mépris de toutes les lois de l'étiquette. M. Blanc hasarda quelques timides et diplomatiques représentations; il en fut pour sa diplomatie. La demoiselle mit le branle-bas dans le consulat. Elle organisa des réceptions, tenant cercle jusqu'à une heure avancée de la nuit. Les français d'Alep accoururent à ces réceptions, et, avec eux, de nombreux indigènes. Un soir, elle dansa devant ses invités un pas du quartier latin, accompagnée par un tambour et par un flageolet. M. Blanc se voila la face; le haut clergé, les capucins, les carmes déchaussés furent unanimes dans leur réprobation. Les bons pères se renseignèrent, et comme ils ont généralement du flair, ils ne tardèrent pas à savoir beaucoup de choses sur la vie de M. Fabre et sur Mlle Petit.

L'ambassadeur de Louis XIV se disposait à quitter Alep, lorsque le pacha lui déclara qu'il ne pouvait aller plus loin sans une autorisation spéciale du gouvernement ottoman. Cette pénible déclaration fut entourée des formes les plus diplomatiques et les plus polies; elle n'en jeta pas moins le trouble dans l'âme de M. Fabre. On le devine aisément, les autorités turques avaient été circonvenues par les religieux et par le consul. M. Fabre écrivit à M. de Ferriol; M. Blanc, de son côté, en référa par devoir à son chef hiérarchique, mais en n'omettant aucun détail. M. de Ferriol n'était pas fâché de voir que son ancien ami rencontrait des difficultés. Il ne se pressa pas de les aplanir; au besoin, il les aurait suscitées. Pour la forme, l'ambassadeur porta l'affaire devant le grand vizir. Celui-ci répondit en témoignant une sollicitude excessive pour la mission française. Les routes de l'Asie-Mineure étaient très dangereuses, et le gouvernement turc ne voulait pas prendre la responsabilité de laisser cette ambassade de 53 personnes s'engager sur des chemins infestés de brigands. Cette sollicitude était trop belle pour être vraie. En effet, dans le courant du mois d'août, le grand vizir déclara sans ambages à M. de Ferriol que la Porte ne voulait pas consentir à laisser M. Fabre continuer sa route. Le Grand Seigneur ne voyait aucun avantage pour le Divan à favoriser l'établissement d'un transit franco-persan au détriment des caravanes turques. L'ambassadeur protesta, mais sans conviction.

A Versailles, le ministère s'était ému de l'aventure. Une dépêche fort précise fut expédiée à M. de Ferriol pour lui ordonner d'insister de la façon la plus formelle. Cette lettre se croisa avec une missive de M. de Ferriol par laquelle il mandait l'insuccès de ses démarches. Notes, audiences, rien n'y avait fait; et il laissait entendre au ministre qu'il n'était pas disposé à renouveler ses tentatives. Après le refus catégorique qu'il avait essuyé, sa dignité lui faisait un devoir de ne pas continuer ses négociations. M. Fabre avait une grande âme, et ce fut avec la plus complète sérénité qu'il rendit compte de sa mésaventure à Versailles. Son imagination lui faisait voir là-dedans une vaste intrigue anglo-hollandaise, protégée par les turcs. D'ailleurs, la chose avait son bon côté. L'Europe allait, par tout ce bruit, connaître le but précis de l'ambassade; s'il y avait des obstacles, ne valait-il pas mieux les aborder de suite, et que la France affirmât son intention bien arrêtée de se créer un débouché commercial vers la Perse et les Indes? En attendant, M. Fabre demandait des distractions à l'archéologie. L'ingénieur-dessinateur avait levé les dessins de Palmyre et d'Héliopolis; il y avait ajouté des notices qui prouvaient que rien ne lui était étranger.

Mais si l'archéologie constituait un passe-temps fort

louable, ce n'était pas une solution. En se prolongeant, la situation ne fit qu'empirer. Les religieux ont d'habitude un grand sens diplomatique et du jugement. Les moines d'Alep montrèrent qu'ils manquaient totalement de l'un et de l'autre. En voulant empêcher le scandale de se propager en Orient, ils ne firent que l'augmenter. Le Père gardien de la Terre-Sainte, en sa qualité de curé de la paroisse catholique d'Alep, tenta une démarche auprès de M. Fabre. Au nom de la religion, de la morale, de la patrie et de la famille, il lui fit de respectueuses représentations. Le révérend père exhiba ensuite un billet de Mlle Petit, billet d'un goût très douteux. Le religieux se retira sous une menace de coups de bâton. En désespoir de cause, le clergé employa la voie diplomatique, et demanda à M. Blanc de faire rembarquer Mlle Petit *manu militari*. Le consul avait reçu de Versailles l'ordre de donner aide et protection à tous les membres de l'ambassade ; il ne pensa pas que cette protection devait s'étendre jusqu'aux moyens violents. Tout ce que le digne consul put faire, ce fut d'empêcher Mlle Petit de se promener dans les rues d'Alep vêtue en amazone et coiffée d'un chapeau à plumes pour fêter la naissance du duc de Bretagne. Rien ne pouvait calmer la jovialité et la bonne humeur de la demoiselle. Tous les soirs on jouait, on riait, on chantait, on dansait. L'austère consulat était devenu une succursale du tripot de la rue Mazarine. Et il n'y avait rien à dire. A toutes les observations, la bonne dame répondait qu'elle se ferait musulmane. M. Blanc finit cependant par obtenir qu'elle quittât le consulat. Le scandale redoubla ; les orgies et les excès provoquèrent de regrettables bagarres dans les rues. On voulait lapider l'ambassadeur du roi et sa compagne ; la police dut intervenir, et le pacha donna une escorte à M. Fabre. Les religieux frémissaient d'indignation. Ils menacèrent Mlle Petit des foudres de l'Église. Elle répondit qu'elle attendait les excommunicateurs de pied ferme et le pistolet à la main. Les missionnaires s'adressèrent à Mme Fabre ; la pauvre femme répondit qu'elle priait le ciel de faire cesser ce scandale.

Les contingences humaines ne paraissaient faire aucune impression sur l'âme de M. Fabre : il planait. Et cependant à cette lamentable situation, se joignaient les plus graves embarras d'argent. Les deux marseillais de l'ambassade, MM. Marrot et Prat, contractèrent sur leurs marchandises un emprunt de 5.000 piastres, à gros intérêts, pour lui venir en aide. M. Fabre craignait que le bruit de tous ces ennuis n'arrivât jusqu'à Versailles, avec des commentaires désobligeants. Le 20 août, il écrivit au ministre et entra dans des détails que jusqu'alors il avait jugé trop mesquins pour être racontés. Il lui répugnait d'aborder ces misères. Il accusait M. de Ferriol et aussi un jésuite de Constantinople, le R. P. du Moustier, à qui on avait refusé la permission de suivre l'ambassade. Mais ces justes doléances terminées, il se hâtait de passer à des idées plus élevées. Il parlait en termes enthousiastes de la réception que lui préparait le Chah. Il renseignait le ministre sur l'ambassade persane à Constantinople, conduite par le khan de Nakchewan, sur les incursions des Kurdes en Anatolie, sur les affaires maritimes et militaires. Ce diable d'homme n'oubliait rien ; il voyait et savait tout.

Le sieur Billon, cet ambassadeur imaginé par M. de Ferriol, avait obtenu toutes les facilités pour passer en Perse. La politique de M. de Ferriol apparut alors à Versailles dépouillée de toute équivoque. Le ministre lui manda une dépêche courte, précise et de bonne encre. L'ambassadeur de France comprit ; sans tarder, il reprit les négociations. Au mois de février 1706, elles se terminèrent par un nouvel échec.

M. de Ferriol en était là, lorsqu'il apprit avec stupéfaction que M. Fabre et Mlle Petit se trouvaient à Constantinople. Bravant tous les dangers, ils s'étaient, un beau matin, enfuis d'Alep avec leur suite. Quelle odyssée ! Je ne m'attarderai pas à vous raconter le séjour des voyageurs à Rhodes. Lisez dans le livre de M. de Maulde, le rapport que M. Lambert, consul de France, adressa le 4 mars 1706 à M. de Ferriol. Tout est minutieusement relaté, depuis les ronflements sonores de M. Fabre qui empêchaient Mlle Petit de dormir, jusqu'aux vantardises de cet ambassadeur marseillais assoiffé de gloriole. A Samos, M. Fabre, à bout de ressources, dut laisser ses hommes et ses bagages sous la garde de son neveu Jacques. Puis il arriva à Constantinople toujours suivi par sa fidèle compagne. Ils allèrent chercher refuge à l'ambassade persane ; ils y passèrent plus d'un mois, bien cachés, à l'abri de M. de Ferriol et des créanciers. De sa retraite, M. Fabre expédia, les 8 et 12 mars, des dépêches à Versailles. Il avait toujours des nouvelles plein ses poches. L'Angleterre venait d'accréditer comme ambassadeur, à Ispahan, M. Prescot, directeur de la Compagnie des Indes, riche négociant protégé par les jésuites. Il affichait la plus sereine tranquillité. Son départ pour la Perse allait s'effectuer prochainement, et dans les meilleures conditions ; l'ambassadeur persan, un grand seigneur qui voyageait avec sept cents personnes, lui était très dévoué et mettait toute sa suite à la disposition de l'ambassade française, qui arriverait ainsi à Ispahan avec le plus brillant éclat. Tout allait pour le mieux ; M. Fabre était un précurseur de Pangloss.

Les deux réfugiés quittèrent prudemment Constantinople ; ils traversèrent le Bosphore afin d'attendre l'ambassadeur du Chah à Scutari. L'ambassade française, [voyageant de concert avec le khan de Makchewan, atteignit bientôt la frontière de Perse, sans difficultés. M. de Ferriol eut une crise de rage en voyant M. Fabre lui glisser entre les mains comme une couleuvre. Il exhala sa colère dans sa correspondance officielle. Il lança contre son ancien ami les traits les plus envenimés. Et Mlle Petit ! Elle était bien drapée, la pauvre femme ! Mais l'excellente Mme Fabre ne croyait pas à toutes ces vilaines choses. Elle continuait à correspondre avec son mari, et lui envoya à Erzeroum leur fils aîné Joseph, âgé de quinze ans.

A Versailles, il y avait une autre chose sur laquelle on ne transigeait jamais : la question de protocole et de decorum. M. Fabre, lui, s'inquiétait fort peu de cette question si grave : il était impénitent. Mais que faire ? M. de Pontchartrain ne pouvait que gémir. Le roi s'intéressait à cette ambassade, et puis, si on le rappelait, il faudrait en envoyer une autre à grands frais. Il était dit que dans cette affaire, tout le monde perdrait la tête et sortirait des voies saines de la diplomatie. Le ministre écrivit de Marly, le 19 mai 1706, à M. de Ferriol une lettre comme les bureaux n'en avaient jamais vu. Il menaçait M. Fabre des peines les plus sévères s'il ne renvoyait pas Mlle Petit sur-le-champ. Mais l'ambassadeur et sa compagne se trouvaient hors des frontières turques ; M. de Ferriol ne pouvait plus les atteindre.

M. Fabre s'était fait un ami du khan de Nakchewan ; celui-ci malheureusement était fort mal avec Aldelmassin, khan d'Érivan, où les deux ambassades arrivèrent bientôt. Aldelmassin recevait les envoyés étrangers qui allaient à Ispahan. Lorsque la mission française se présenta, il rédigea et expédia son rapport habituel.

En somme, l'ambassadeur de Louis XIV arrivait en piteux équipage : sans escorte, sans bagages. Et pourtant il savait combien le faste et l'éclat sont choses nécessaires pour réussir en Orient. C'est alors que pour dissimuler sa misère, il déploya toute sa finesse de marseillais, et des trésors de diplomatie. Il présenta Mlle Petit « comme déléguée des princesses de la maison de France » ; il laissa entendre que sa suite se composait de cinq cent cinquante personnes dont quatre-vingts gentilshommes, et que ses bagages contenaient les plus riches présents. Et il disait ces choses avec bonhomie, simplement, sans avoir l'air d'y toucher. D'ailleurs, M. Fabre et Mlle Petit comprirent que leur prestige avait besoin d'être relevé. Ils abandonnèrent toutes leurs fantaisies et s'adjoignirent un aumônier, le Père Mosnier, jésuite, en mission à Érivan. Cela fut d'un excellent effet. L'ambassadeur avait eu l'habileté de naviguer si adroitement entre les deux khans ennemis, que tout en restant l'ami de l'un, il s'était intimement lié avec l'autre. Aldelmassin, M. Fabre et Mlle Petit ne se quittaient plus; on prétend que la parisienne avait exercé son charme fascinateur sur le vieux khan. C'est probable, mais, en tous cas, si cela était bien féminin, ce n'en était pas moins de la diplomatie, et de la bonne. Cinquante jours après son arrivée à Érivan, M. Fabre reçut la reconnaissance de sa mission. L'ambassade allait se mettre en route, lorsque le khan, pour fêter ses hôtes, eut l'idée de leur offrir une partie de chasse. Voilà le grain de sable qui arrête les plus hautes destinées. En rentrant, M. Fabre fut pris d'une fièvre violente. Il vit de suite la gravité de son mal, et se fit transporter chez Aldelmassin, qui l'entoura des meilleurs soins. La maladie fit d'effroyables progrès; et le pauvre ambassadeur se débattait, consumé par le feu de la fièvre. Le père Mosnier lui offrit les secours de la religion; il ne voulut pas en entendre parler. « Et le 16 août 1706, dit M. de « Maulde, le chef de l'ambassade très chrétienne expira « ainsi en athée, sur le seuil de sa terre promise, dans les « bras de Mlle Petit, de son neveu et du jésuite épouvanté. »

III

Cette mort jeta le désarroi parmi les membres de l'ambassade. Les Français se ruèrent sur le jeune Fabre, qui tenait les clefs des bagages. On allait se battre à côté du cadavre encore chaud. Mlle Petit eut un beau geste. Elle s'empara des clefs, et se proclama chef de l'ambassade au nom des princesses de France. Les gens de la suite protestèrent en déclarant qu'ils ne reconnaîtraient pour chef que le jeune Fabre ; le pauvre enfant pleurait, et demandait à retourner chez lui. Le P. Mosnier fit remarquer que l'ambassade avait un autre chef tout désigné, l'évêque de Babylone. Le religieux fit porter le cadavre à Egmiasin, couvent arménien situé à trois lieues d'Érivan. M. Fabre repose maintenant, en face du mont Ararat, « à l'endroit même, nous dit M. de Maulde, où Noé célébra son premier sacrifice, découvrit son premier cep de vigne ».

Le khan d'Érivan ne fit aucune difficulté pour reconnaître Mlle Petit. D'ailleurs M. Fabre l'avait présentée comme l'un des chefs de l'ambassade. Les propos malveillants allèrent leur train ; mais l'ambassadrice promit la bastonnade à quiconque se permettrait la moindre critique; comme exemple, elle fit jeter en prison le sieur du Hamel, son maître d'hôtel, qui avait tenu des propos inconvenants. Les gens de la suite se turent.

Dans le même temps arrivait la caravane laissée à Samos. Mais dans quel état ! Elle était conduite par un nommé Sufer. Celui-ci, aux trois quarts ivre, demanda à parler à M. du Hamel. On lui objecta que le maître d'hôtel était en prison. Sufer courut à la citadelle, délivra son ami, et le ramena triomphalement à l'ambassade. Aldelmassin prit fort mal la chose. Il envoya la force armée réclamer le prisonnier. Les français se barricadèrent et, de la terrasse, tirèrent sur la troupe persane. Le P. Mosnier se précipita et cria qu'on allait rendre le maître d'hôtel ; mais sa voix se perdit au milieu du tumulte ; un officier et un soldat persans tombèrent mortellement frappés. Peu s'en fallut qu'un massacre général ne s'ensuivît. Enfin la troupe arrêta tout le monde, y compris le P. Mosnier.

Mlle Petit parvint à fléchir le khan ; les Français furent mis en liberté. Mais pour venger ses deux morts il exigea deux têtes. Sufer, et un autre furent exécutés, et pendant quarante-huit heures leurs restes sanglants ornèrent la porte de l'ambassade. Le P. Mosnier avait écrit en secret à l'évêque de Babylone pour lui faire part de la situation et lui demander quelles étaient ses intentions. Le prélat était un saint homme, doux, bon et timide. L'idée de se mettre à la tête d'une ambassade l'émut étrangement. Il répondit au P. Mosnier en lui donnant les meilleures raisons du monde pour refuser l'honneur qui lui était offert. Mais il mit tout en œuvre pour entraver les projets de Mlle Petit. La réponse de l'évêque n'étonna pas le P. Mosnier. Il demeura auprès de l'ambassadrice, en attendant les événements.

Lorsqu'il apprit la mort de M. Fabre, M. de Ferriol ne put retenir sa joie. Il prit immédiatement ses mesures ; il expédia son homme de confiance, un nommé Michel, âgé de vingt-huit ans, avec ses instructions et ses pouvoirs. Ce Michel était encore un marseillais. Après trente jours de marche, il arriva à Erzeroum. Il se tint caché dans un village où le P. Richard, un jésuite fort distingué, vint le voir en secret. Le religieux lui recommanda de ne pas trop se fier au khan d'Érivan, qui subissait plus que jamais le charme de Mlle Petit. Michel passa mystérieusement la frontière de Perse et arriva tout d'une traite à Egmiasin, là où reposait M. Fabre. Sans tarder il dépêcha un courrier à Érivan pour demander au P. Mosnier de venir le voir. Mais le jésuite ne vint pas, et Michel apprit qu'afin de lever toutes les difficultés Mlle Petit avait admis la reconnaissance du jeune Fabre comme ambassadeur, et que l'ambassade, suivie du P. Mosnier, s'acheminait vers Ispahan d'un pas tranquille et officiel. Michel partit comme une flèche. Il prit par le plus court, évita Érivan et arriva à Nakchewan ; l'ambassade s'y trouvait. Michel eut de suite un entretien avec le P. Mosnier. Le jésuite n'approuva pas le projet du marseillais, projet qui consistait à enlever Mlle Petit de vive force. Le religieux conseilla la prudence. La jeune femme était reconnue par les persans, et le charme qu'elle exerçait sur eux était si grand qu'elle n'aurait qu'un mot à dire pour réduire ses ennemis. Michel partit et arriva à Tabriz, la ville grande et superbe, le centre cosmopolite et commercial de la Perse. Sa première visite fut pour les capucins. Il trouva dans le supérieur, le P. Pierre, un collaborateur dévoué. Ils décidèrent d'agir de suite. Michel expédia à Ispahan un manifeste pour dévoiler les hauts faits de Mlle Petit et pour prier le Chah de ne pas admettre cette aventurière à sa cour. Puis il assembla tous les capucins et se proclama le chef de l'ambassade. Cette déclaration fut notifiée au khan de Tabriz ; mais ce fonctionnaire avait des ordres pour protéger Mlle Petit.

L'ambassade arriva bientôt à Tabriz. Le khan prétexta une indisposition pour ne pas donner de suite audience à Michel. On ne saurait croire à quel point les maladies jouaient un rôle dans l'ancienne diplomatie. Il y aurait tout un livre à faire sur la pathologie diplomatique. — Le khan reçut néanmoins Iman-Qouly bey, le drogman de Mlle Petit. Celui-ci s'empressa de dire que Michel n'était revêtu d'aucun titre officiel. Le khan fut si persuadé qu'il désira qu'Iman-Qouly-Bey assistât à l'audience de Michel. Celui-ci paya d'audace, et déclara que depuis longtemps déjà le Roi de France l'avait nommé à la place de M. Fabre révoqué pour cause d'inconduite. L'éloquence de Michel ne parvint pas à convaincre le khan.

Mlle Petit était lasse physiquement et moralement. La mort de M. Fabre l'avait démoralisée ; elle mettait de côté toute idée de grandeur et ne songeait plus qu'à rentrer dans ses déboursés. Pour commencer elle tenta un rapprochement avec Michel ; elle lui fit demander l'hospitalité. Il ne put refuser, et pendant plusieurs jours les deux ennemis vécurent côte à côte sur un pied de politesse. Michel triomphait : il tenait sa proie. Comme il était sur le point de partir, il demanda au khan deux faveurs : d'entraver la marche de Mlle Petit, et de faire procéder à l'inventaire des bagages de M. Fabre. Le fonctionnaire persan pensa qu'il pouvait sans inconvénient accéder à cette dernière demande. En ce qui concernait la première, il laissa flotter sa réponse dans une de ces vagues subtilités dont les orientaux ont le secret. Michel, entouré du P. Pierre et du P. Mosnier, reçut les officiers persans et fit appeler Mlle Petit. L'agent de M. de Ferriol lui intima l'ordre de demeurer à Tabriz, et déclara qu'on allait procéder à l'inventaire des bagages. La demoiselle éclata ; avec ses grands gestes habituels elle traita Michel comme il le méritait. Très en colère, elle retroussa ses jupes et releva ses bas d'un geste furibond. Puis elle jeta à la face des capucins son éternelle menace de se faire musulmane. Enfin, comme argument suprême, elle braqua son pistolet sur Michel et sur les religieux. L'inventaire se fit au milieu d'un indescriptible tumulte. Michel fit jeter Mlle Petit à la porte, et, de suite, prit la plume pour raconter ce haut fait à M. de Ferriol.

Bientôt le jeune marseillais quitta Tabriz « avec les présents de Louis XIV, les gens et les papiers de l'ambassade. » Mlle Petit demeura seule, n'ayant plus rien que l'amitié des fidèles persans.

Vers la fin de l'hiver Michel atteignit Quashin. Il s'occupa de mettre un peu d'ordre dans les cadeaux du Roi, qui, à force d'être ballottés sur les grandes routes de l'Asie-Mineure, avaient besoin de réparations. Il envoya des émissaires à Ispahan avec un nouveau factum contre Mlle Petit. Justement il venait d'apprendre que le khan de Tabriz laissait la route libre à la demoiselle. Les envoyés revinrent d'Ispahan. On faisait dire à Michel d'attendre à Quashin le passage du Chah. Michel attendit, mais au lieu du Chah, il vit arriver Mlle Petit, telle qu'une harpie diplomatique attachée à ses pas.

Mais Michel avait d'autres soucis. Les religieux d'Ispahan

le prévinrent que l'annonce du passage de la cour à Quasbin n'était qu'un leurre, et que l'attamadoulet n'était pas disposé à lui reconnaître la qualité d'ambassadeur. Et toujours cette femme qui du haut de sa position inexpugnable semblait le narguer! Quelle blessure cruelle lorsqu'il vit sa rivale appelée à la cour, y rester deux jours comblée d'honneurs, tandis qu'on lui intimait l'ordre de quitter Quasbin et de regagner au plus vite la frontière turque.

Michel se regimba; il partit à la rencontre du Chah. Il le trouva campé à quatre-vingts lieues de Quasbin. Fièrement, au nom de Louis XIV, il demanda une audience. Mais il jouait de malheur. Le souverain était en pèlerinage, et quand il s'occupait des choses d'en haut, il ne pouvait prendre souci des affaires de la terre. Avec la plus exquise politesse, on engagea Michel à regagner Quasbin. On lui donna une escorte de quarante hommes, peut-être pour lui faire honneur, sûrement pour être certain qu'il s'en irait. Les persans avaient au plus haut degré cet art de douce persuasion doublé d'une volonté très nette, très énergique.

Arrivé à Quasbin, Michel reçut la visite du khan. Celui-ci fut charmant, rempli d'égards. Il causa avec une grâce infinie, mais il laissa percer une douce ironie en affirmant que les honneurs donnés à Mlle Petit s'adressaient à la France. Bref, le résultat de cette conversation fut que Michel eût à retourner à Érivan. Le pauvre ambassadeur versa ses chagrins dans le sein de l'évêque de Babylone; celui-ci, pris de remords pour sa conduite vraiment trop couarde, accourut à la rencontre de Michel. A Tabriz il trouva Mlle Petit. Mais ce n'était plus la brillante ambassadrice qui portait fièrement à travers l'Orient l'étendard de la diplomatie française. La pauvre femme n'en pouvait plus. Michel, de son côté, avait perdu sa belle assurance. Une entente entre les adversaires semblait possible; et les religieux, avec cette souplesse qui les caractérise, s'employèrent à la réconciliation, comme ils avaient formenté la rupture. Pour se débarrasser de la demoiselle, Michel était décidé à lui accorder tout ce qu'elle voudrait. Les prétentions de Mlle Petit étaient d'ailleurs très modestes, elle ne demandait qu'à être remboursée de ce que lui devait M. Fabre : 12.200 livres. Michel lui remit un acompte de 500 écus, et des lettres de recommandation. Accompagné de l'évêque de Babylone, il se mit en marche. La première personne qu'ils rencontrèrent en arrivant à Érivan, ce fut Mlle Petit. Toujours elle ! Michel donna à son ennemie des lettres pour les capucins de Tiflis, et une escorte. Elle partit : il respira. En somme l'agent de M. de Ferriol n'avait pas fait un pas ; il se retrouvait à Érivan, son point de départ, comblé de politesses et d'égards, il est vrai, mais dans la situation la plus fausse. Le ministère français ne voulait pas l'accréditer officiellement, et la cour d'Ispahan s'obstinait à ne pas le reconnaître.

Michel en était là, lorsqu'il reçut une lettre de M. de Pontchartrain, datée du 26 janvier 1707. Au lieu de l'accréditer, la dépêche ministérielle lui donnait l'ordre de revenir à Constantinople, en adressant un mémoire sur l'avenir du commerce français en Perse. A Versailles, on venait d'apprendre la mort de M. Fabre. La mission de celui-ci avait causé trop de déboires pour qu'on fût tenté de recommencer avec un jeune homme sans argent, sans expérience, et d'une valeur morale relative. M. de Ferriol apportait dans toute cette affaire une passion extraordinaire. Il profita d'une dépêche un peu vague de Versailles pour écrire à Michel : « Allez votre chemin ». Au lieu de revenir, comme le ministre le lui prescrivait, il exécuta l'ordre de son chef, et adressa à M. de Pontchartrain un rapport, où, sans rire, il disait qu'au point où en étaient les choses, il ne pouvait abandonner la mission. Pendant toute une année M. de Ferriol insista de la façon la plus vive pour obtenir la créance de son protégé. Il agita devant le ministre le spectre sinistre de Mlle Petit. A l'entendre, la demoiselle était capable de tout. Elle pouvait ruiner pour jamais l'influence française en Orient. Quand il parlait d'elle, l'ambassadeur du Roi extravaguait complètement. « Les khans des frontières perdent l'appétit pour elle », écrivait-il. Malgré tout, Michel restait cloué sur place. Le P. Ricard avec une douce malice le comparait à Charles XII.

IV

Le ministre, obsédé par l'insistance de M. de Ferriol, finit par accorder la créance de Michel. Elle fut signée à Versailles le 4 août 1707, mais elle ne lui parvint qu'à la fin de février 1708. La mission confiée au jeune marseillais consistait à liquider les affaires de M. Fabre, et à ramener Mlle Petit. Dans le même temps, Michel reçut l'avis que la cour persane se décidait enfin à le reconnaître. Le 18 mai, il fit son entrée dans Ispahan accompagné par les autorités, les jésuites et les carmes. Le 7 juin, il fut reçu en audience solennelle. Des dîners d'apparat furent donnés en son honneur : les persans firent grandement les choses. Michel se hâta de combler les vides qu'il y avait dans les présents de Louis XIV : notamment toutes les lorgnettes avaient disparu.

Le protégé de M. de Ferriol triomphait ; un nuage cependant assombrissait son triomphe : en somme, il avait l'ordre de ne rien faire. Mais le marseillais ne s'arrêterait pas pour si peu. L'opinion émise par son patron que tout arrangement commercial avec la Perse était impossible, opinion avec laquelle il avait été nourri, aurait pu aussi le gêner. Mais à quoi donc servirait la diplomatie si elle ne devait couvrir tous les changements d'idées, et dissimuler toutes les inconséquences que l'homme, variable dans ses passions et dans ses appétits, peut avoir avec lui-même? Au fond, le Chah avait un grand désir de s'unir avec la France. Mais, Michel, dans les entrevues qu'il eut avec les hauts fonctionnaires, n'osa aborder que la question commerciale. Les conférences se multiplièrent à l'infini. Il était difficile de s'entendre, les persans s'obstinant à parler politique, et Michel négoce. On arriva enfin à conclure une sorte de transaction baroque et compliquée : « Le Chah accordait aux « français, à titre d'essai, l'exemption d'impôts pendant « cinq ans, mais limitée à une valeur totale de 300.000 piastres « et au transport de 250 chameaux ». Cette vague convention ne pouvait donner aucun résultat pratique. Mais enfin Michel avait un traité ; il fit chanter un *Te Deum*. Les fêtes se succédèrent dans « La Rose fleurie », comme les poètes persans, entre autres le fameux Saadi, appelaient Ispahan. Michel fut comblé d'aménités. On lui fit attendre la signature des conventions, il y eut bien des tiraillements pour la rédaction définitive du traité ; mais tous ces ennuis étaient tellement enguirlandés ! Enfin, le 23 octobre, Michel eut son audience de congé. Le Chah lui donna un sabre enrichi de diamants, et une lettre pour Louis XIV.

A Versailles, les exagérations de M. de Ferriol et de l'évêque de Babylone au sujet de Mlle Petit avaient porté leurs fruits. Le 21 mars 1708, le ministre écrivit à l'ambassadeur pour lui donner l'ordre d'expédier immédiatement « la Petit » à Marseille. M. de Ferriol lui donna l'hospitalité, trop heureux de tenir enfin sa proie.

Dans toute comédie où le principal rôle est tenu par une femme, nous trouvons la vieille scène de la séduction : l'ennemi réduit, amené à merci, humble et amoureux. C'est dans cet état que nous voyons le farouche M. de Ferriol quelque temps après l'arrivée de Mlle Petit au Palais de France. Dans la correspondance de l'ambassadeur on assiste à cette transformation psychologique : dans les premières dépêches, la demoiselle est traitée avec un injurieux mépris ; puis le ton s'adoucit ; et à mesure que le charme de la femme opère, les angles s'arrondissent ; le diplomate laisse percer une émotion qui n'a rien de diplomatique. Enfin, quand Mlle Petit s'embarqua sur une frégate du Roi, elle fut traitée avec les plus grands égards. Mais d'autres tribulations l'attendaient à son arrivée en France !

Michel s'acheminait vers la Turquie, lorsqu'il apprit de fâcheuses nouvelles. Son pauvre traité, obtenu avec tant de peine, faisait mauvaise impression à la cour persane. Quoique impraticable, cette convention était battue en brèche par le parti anti-européen. Le marseillais arriva à Constantinople pour voir l'ambassade de France livrée aux plus déplorables désordres, et M. de Ferriol donner des signes d'aliénation mentale. Michel n'hésita pas : le 24 avril 1709, il s'embarqua, portant son traité et la lettre du Chah pour Louis XIV. Il voulait arriver à Paris au plus vite. D'après ses calculs, Mlle Petit devait être en France, et il avait encore peur de cette femme ! Après bien des aventures sur mer, Michel arriva enfin à Toulon le 1er septembre. Il courut à Marseille. Mlle Petit, débarquée le 9 février précédent, avait été immédiatement conduite au *Refuge*, où le gouverneur la tenait sous un double verrou.

Mais la célébrité de la demoiselle avait percé les murs de la prison. Les grandes dames de Marseille forcèrent la porte du *Refuge* pour aller voir cette femme extraordinaire, dont les aventures charmaient les imaginations comme un conte vivant des *Mille et une Nuits*.

Malgré ses malheurs, Mlle Petit sentait encore en elle un vieux fonds d'énergie ; sous la cendre de ses illusions couvait un feu qui devint incendie à l'annonce de l'arrivée de Michel. Elle comprit qu'elle allait avoir de nouveaux coups à parer ; elle rassembla ses forces, bien décidée à obtenir justice. Et de fait, on n'avait jamais pu prouver ces fameuses dilapidations dont on l'avait accusée. Au contraire, elle avait englouti dans l'expédition diplomatique de M. Fabre son petit pécule : 12.200 livres. En somme, cet argent avait été dépensé pour le service du Roi. Michel lui-même avait reconnu la créance.

Le destin qui semblait protéger Mlle Petit avait fauché tous les adversaires de M. Fabre, les siens, par conséquent. M. Blanc était mort ; et sa fin avait été la cause des plus graves dissentiments entre les moines d'Alep, qui en étaient venus à s'excommunier réciproquement. M. de Ferriol avait eu un transport cérébral, et la folie qui le guettait s'était emparée de lui. On dut le garrotter, et M. des Alleurs fut nommé à sa place. C'était la ruine de Michel, qui n'avait que son patron pour tout appui. Il ne représentait rien par lui-même, et il ne pouvait pas se prévaloir d'un succès. Il comprit que, seul l'écrasement de Mlle Petit relèverait sa fortune. Il la traîna devant le tribunal de l'Amirauté de Marseille sous les plus effroyables accusations. Mais du fond de Constantinople s'éleva une voix pour défendre Mlle Petit et accuser M. de Ferriol et Michel. Cette voix était celle de Mme Fabre, qu'on ne s'attendait certes pas à voir dans cette affaire, car si quelqu'un avait eu réellement à se plaindre de Mlle Petit, c'était bien elle.

Le procès changea de face, et, en 1713, Mlle Petit sortit de prison lavée de toutes les accusations portées contre elle. A ce moment-là, l'idée de M. Fabre, qui avait fait son chemin, fut reprise. L'abbé Richard, un missionnaire d'Erivan, parvenait à décider la cour d'Ispahan à envoyer un ambassadeur vers Louis XIV. Mehemet-Riza bey, choisi pour cette mission, portait des propositions exactement semblables à celles contenues dans les instructions données à M. Fabre. L'ambassadeur persan arriva en France pour assister à la mort du Roi-Soleil ; il partit sans avoir pu entamer la moindre négociation.

Tel est le résumé du roman diplomatique que fit naître une pensée très juste, très patriotique et d'excellente politique; c'est une page très curieuse dans l'histoire des relations internationales; et sachons gré à M. de Maulde de l'avoir mise en relief avec toute la science d'un historien et, qu'il me permette de le dire, avec le style d'un homme d'esprit.

CHRONIQUE

Amérique. — Le gouvernement des États-Unis vient d'achever la publication de la première série des annales de la guerre civile. Cette collection de documents, intitulée « Official Records of the union and confederate Armies », remplit plus de cent volumes et contient les rapports officiels des mouvements des armées, la correspondance à cet égard, les dépêches et les ordres. Les documents sont classés conformément aux campagnes et en ordre chronologique ; les documents des fédérés et ceux des confédérés se trouvent les uns à côté des autres. Il y a, d'ailleurs, une série de cartes dans une trentaine de volumes. Beaucoup de plans de batailles sont des fac-simile de ceux dont les généraux se servaient. Le ministère de la guerre a déjà commencé une série nouvelle qui contient des documents se rapportant aux prisonniers de guerre.

Une autre publication officielle qui a paru dernièrement est une étude approfondie de l'arbitrage par M. Bassett John Moore, ancien sous-secrétaire d'État. L'ouvrage est intitulé, « History and Digest of the International Arbitrations to which the United States has been a Party. »

Le savant auteur y a ajouté le texte des traités dont il s'agit et aussi des commentaires historiques et juridiques sur l'arbitrage international ancien et moderne. C'est un ouvrage très utile pour les historiens et pour les diplomates.

A l'Université Johns Hopkins, il y aura des conférences spéciales sur des sujets d'un intérêt international. En novembre, M. Whiteley a fait un discours sur les Archives et les travaux du Congrès international d'Histoire diplomatique de La Haye ; et en janvier il y aura un discours sur la Conférence de la Paix par M. Holls, un des délégués américains à cette conférence.

COMPTES RENDUS

Bonaparte en Italie, par M. Félix Bouvier (Léopold Cerf). — L'œuvre de M. Félix Bouvier est de celles qui marquent dans une existence ; il a dû y consacrer bien des veilles, et pourtant elle ne sent pas l'huile, elle sent plutôt la poudre. L'auteur, dans sa préface, fait profession d'écrire simplement, impartialement ; il s'est mal tenu parole à lui-même, et nous l'en louons. Il parle de façon brillante d'actions qui l'ont été éminemment et avec feu d'événements fulgurants. Ce n'est pas à dire que sa passion l'entraîne, mais l'on ne saurait conter sans vie une si vivante histoire, et, comme le prétendait Verlaine, « faire des vers émus très froidement ». Quelle époque fut plus belle d'enthousiasme que celle-là. Les soldats de Bonaparte croyaient très sincèrement qu'ils allaient, en cueillant des lauriers, émanciper les peuples d'Italie ; M. Bouvier le croit aussi. Bonaparte, ce nous semble, ne pensait pas de même, et l'événement lui donna raison. La liberté n'est pas un bien qui se donne mais qui se prend. L'étranger n'a jamais apporté qu'un peu plus de servitude. L'Italie de 1805 regrettait sans nul doute l'Italie de 1795. Mais, au point de vue intrinsèque, la campagne qui la délivra des Autrichiens fut belle. « C'est l'art mis en action dans ce qu'il a de plus sublime, » a dit Marmont. De l'avis des meilleurs juges, c'est celle des campagnes de Napoléon qui appelle le plus la réflexion étant la plus étonnante par l'exactitude des calculs, la correction dans les mouvements, la connaissance profonde des hommes et des choses. Si les piètres officiers généraux, que nous voyons si ridiculement empêchés devant un ennemi bien inférieur en nombre, et dont la ténacité maladroite n'a d'égale que l'impéritie, avaient quelque peu étudié les habiles manœuvres du général Bonaparte dans un pays tout aussi difficile et contre un ennemi autrement redoutable, l'histoire n'aurait peut-être pas à enregistrer l'une des plus merveilleuses rencontres que la Némésis des peuples ait concertées. Cette campagne a eu ses chantres et ses historiens, voire ses détracteurs; la liste en est longue à faire frémir un auteur moins résolu que M. Bridier, qui a déjà donné des études fortes et minutieuses. Il a tiré de ces éléments la substance, confronté les textes, redressé les erreurs; il a compulsé les sources connues ou jusqu'à lui inconnues, ou inemployées, et, la lumière faite sur les grands événements comme sur les menus détails, il a pris la plume pour ne la quitter qu'après avoir tracé 750 pages d'un texte menu. Je ne saurais dire qu'on lise son livre tout d'une haleine; mais, par fraction, on arrive à son terme tout surpris d'y être sitôt, et après en avoir goûté la scrupuleuse, la méticuleuse exactitude, on se sent pris par la chaleur du récit, le dramatique des situations, et bientôt on sait grand gré à l'auteur de son abondance et de sa profusion qui n'est pas de la confusion. Il faut le féliciter d'avoir eu la pensée d'entreprendre cette œuvre et la belle persévérance de la mener à bien. On écrira d'autres histoires de la guerre d'Italie, on l'appréciera de toute autre façon que M. Bouvier, car c'est le mérite de l'histoire d'être changeante comme la femme et féconde en surprises, on n'en parlera point plus consciencieusement.

(Plusieurs cartes très complètes se trouvent à la fin du volume.)

E. RODOCANACHI.

*
* *

Christine de Suède et le cardinal Azzolino. — Lettres inédites (1666-1668) avec une introduction et des notes, par le baron DE BILDT, ministre de Suède et de Norvège à Rome (1 vol. in-8°. Plon, Nourrit et Cie, Paris, 1899).

La reine Christine de Suède est une des figures les plus énigmatiques de l'histoire. On a porté sur elle les jugements les plus divers, empreints tantôt d'une excessive sévérité, tantôt d'une trop grande indulgence. Le portrait vivant, réel, impartial de Christine reste à faire. La tâche de l'historien est assurément très difficile. Dans son existence fiévreuse et agitée, la reine de Suède n'a rien créé; elle n'a laissé après elle aucune œuvre qui permettrait d'étudier son caractère, d'analyser ses pensées et ses actes.

La publication de M. le baron de Bildt a donc une importance capitale. Elle jette une lumière nouvelle sur l'âme de Christine. Les lettres particulières de la reine au cardinal Azzolino pendant les années 1666-1668, tirées des archives du marquis Azzolino de Florence, constituent une série de documents de premier ordre. M. de Bildt a encadré ces lettres d'une introduction savante et de notes du plus haut intérêt.

Après son abdication et sa conversion au catholicisme, Christine — on le sait — se fixa à Rome. Elle se lia d'amitié avec le cardinal Azzolino qui fut, lors de ses voyages, son plus fidèle et son plus intime correspondant.

Par testament, elle avait institué le cardinal son légataire universel. Lorsqu'elle mourut à Rome le 19 avril 1689, Azzolino fut immédiatement mis en possession de tous les papiers de la reine. Pour obéir aux termes du testament, l'ami de Christine détruisit toutes les lettres qui avaient un caractère privé. Il est à présumer que le cardinal commença par faire disparaître ses propres lettres. Puis il prit dans ses archives particulières la correspondance de la reine, qu'il détruisit en suivant l'ordre chronologique. C'est pourquoi les lettres que Christine écrivit à Azzolino pendant son premier séjour hors de Rome (1656-1658) et pendant son voyage en Suède et à Hambourg, de 1660 à 1662, n'existent plus.

La mort surprit le cardinal au milieu de son œuvre de destruction ; il mourut en effet quelques mois seulement après la reine. Les lettres de Christine, pendant son séjour à Hambourg et son voyage en Suède au cours des années 1666 à 1668, sont restées au complet, et cela forme encore un ensemble fort important.

Il serait difficile d'analyser en quelques lignes cette volumineuse correspondance. Si, de ces lettres intimes, la physionomie de Christine se détache plus vivante et plus humaine, la reine de Suède en ressort un peu amoindrie. Nous la voyons, il est vrai, toujours intelligente, s'adonnant à la science avec passion, spirituelle quelquefois, capable de bien juger les hommes et les choses, mais à côté de cela intrigante, vaniteuse, agitée, remplie de son *moi* : en un mot, une névrosée égoïste.

Prodigue hors de propos, elle a dans tout le cours de sa vie des embarras d'argent auxquels l'ordre et la sagesse de son fidèle ami ne peuvent pas toujours remédier. Ambitieuse sans envergure et sans suite dans les idées, elle entasse projets sur projets. Elle va jusqu'à poser sa candidature au trône de Pologne après l'abdication de Jean-Casimir.

Le bel ouvrage de M. le baron de Bildt est non seulement précieux par les documents qu'il donne, mais encore il est attachant par la façon savante, claire et précise avec laquelle ces documents sont présentés.

A. L. G.

Rapports des nonces de Paris et de Vienne (1685-1688), avec documents complémentaires publiés par M. Max Immich (commission badoise d'histoire). (Heidelberg, 1898.)

C'est par une introduction merveilleuse de clarté que débute le livre de M. Max Immich. Nous sommes en 1684. L'empire allemand est en danger. Les Turcs, à l'est, rentrent en campagne, et les tribunaux français, à l'ouest, arrachent chaque jour des parcelles de territoire. Léopold d'Autriche ne peut mener deux luttes de front : il signe une trêve de vingt ans avec Louis XIV. Huit mois après, la mort de l'Électeur Palatin devait amener une rupture. La duchesse d'Orléans, sœur du défunt, recueillait la succession allodiale, et il était tout indiqué que Louis XIV soutiendrait chaudement les intérêts de sa belle-sœur. Partout on entrevit de suite une guerre qui mettrait d'accord la duchesse et son colégataire le prince de Neubourg qui recevait le Palatinat et les dignités. Mais nulle part on ne fut plus inquiet qu'à Rome et c'est ici que M. Immich devient révélateur. Nous ne savions pas jusqu'à présent quel rôle énorme et prépondérant le Saint-Siège avait joué dans cette succession. Nous ne savions pas qu'un pape, Innocent XI, dominé par une idée unique : débarrasser à jamais la chrétienté des infidèles, allait énergiquement conjurer le danger pendant trois ans. Il faut que les armées françaises laissent les armées allemandes achever le grand œuvre.

Sous le titre : *la préhistoire de cette guerre, dite guerre orléanesque*, qui devait pourtant éclater en 1688, l'auteur a réuni 270 lettres qui nous apprennent tout cela. Ces lettres sont en italien ; quelques-unes en allemand, quelques autres en français. Rien n'est plus curieux que de lire cette correspondance active des nonces de Paris et de Vienne avec Rome. Ils ont causé « avec le roi », « avec l'empereur », « hier avec l'impératrice qui est convaincue », « la paix est chose décidée », « le pape est pris pour arbitre », « espérances déçues », « Louis XIV menace », etc.

Ces lettres ont été trouvées à Rome, à Paris, à Vienne, à Bologne, à Berlin par les chercheurs infatigables que sont MM. Immich et de Weech. Des notes rendent les textes compréhensibles.

Enfin chaque lettre est précédée de quelques lignes qui en résument le contenu dans un allemand clair et précis. M. de Weech qui eut l'idée de cette publication et M. Immich qui l'a si parfaitement comprise peuvent compter sur la reconnaissance de ceux qui pensent et lisent.

René JAUDON.

<div align="center">**</div>

Correspondance politique de Guillaume Pellicier, ambassadeur de France à Venise (1540-1542), publiée sous les auspices de la Commission des Archives diplomatiques, par M. TAUSSERAT-RADEL (Félix Alcan, Paris, 1899).

La correspondance politique de Guillaume Pellicier, ambassadeur de France à Venise, publiée par M. Tausserat-Radel, forme le huitième volume de l'inventaire analytique des Archives du Ministère des affaires étrangères. Cette correspondance commence le 2 juillet 1540 et se termine au mois de septembre 1542.

Les dépêches de Guillaume Pellicier sont des plus importantes, non seulement au point de vue historique mais encore au point de vue littéraire, en raison de l'influence que Venise exerça sur le mouvement humaniste du xvie siècle.

Avant de devenir ambassadeur de François Ier, Guillaume Pellicier était évêque de Montpellier. C'était un savant et un lettré. Son ambassade fut fertile en événements. Le prélat diplomate les raconte avec art et non sans agrément. Les luttes sanglantes dont la Hongrie était le théâtre, l'expédition malheureuse de Charles-Quint contre Alger, les influences mystérieuses mises en œuvre en Italie pour accroître le crédit de la France, la prise des forteresses du Frioul, tout cela est dépeint sous les couleurs les plus vives.

L'ambassadeur avait noué à Venise des intrigues secrètes. Il ne reculait devant rien pour avoir des intelligences dans tous les rangs de la société. Ses menées lui aliénèrent peu à peu la sympathie que le gouvernement vénitien lui avait tout d'abord témoignée. Sa situation devint intolérable; il dut fuir après avoir vu son palais assiégé par la force publique.

M. Tausserat-Radel a encadré la correspondance politique de Guillaume Pellicier d'une introduction et de notes du plus haut intérêt et d'une rare érudition.

*
* *

Les derniers temps du siège de la Rochelle (1628). Relation du nonce apostolique, par E. RODOCANACHI (Paris, Alphonse Picard et fils, 1899).

Mgr Guidi, évêque de Cervia, nonce apostolique en France, renseignait exactement le Saint-Siège sur les péripéties du siège de la Rochelle. La papauté suivait avec le plus grand intérêt les divers épisodes de cette lutte. Le gouvernement pontifical craignait que Louis XIII ne se dégoûtât d'une opération qui menaçait d'être longue et qui l'éloignait de ses plaisirs habituels. Tous les efforts du pape tendaient à retenir le roi sous les murs de la Rochelle.

Le 30 mai 1628, le nonce quitta Paris pour aller rejoindre l'armée. Il arriva au camp le 9 juin. Il voulait suivre de près les événements de cette dernière lutte du catholicisme contre le protestantisme. Jusqu'à la reddition de la Rochelle, Mgr Guidi fit rédiger un journal des différentes péripéties de ce siège mémorable.

C'est cet important document que M. Rodocanachi a tiré des archives vaticanes et dont il nous donne une traduction annotée d'une façon très savante. Dans une substantielle introduction, M. Rodocanachi commente les lettres que le nonce écrivit à son gouvernement avant son départ pour la Rochelle ; et ce commentaire complète très heureusement la relation d'ailleurs fort intéressante de Mgr Guidi.

A. L. G.

Histoire des constitutions de la Provence de 510 à 1200, par M. Fritz KIENER (Dyksche, Leipzig, 1899).

M. Kiener est un chercheur encore au début de sa carrière, — il le dit lui-même — qui est venu interroger les bibliothèques et les archives de Marseille, de Carpentras, d'Arles et d'Avignon, sur tous les points obscurs non éclaircis par ses devanciers. Il croit avoir dit le dernier mot sur la matière, parce qu'il n'a laissé derrière lui aucune pièce inexaminée. Son labeur n'a d'ailleurs pas été ingrat, et il a glané de belles gerbes qui, disséminées dans les annotations et dans un appendice, servent à relier des faits jusqu'alors isolés. L'historien est toutefois le premier à constater que son œuvre n'a pas atteint l'absolu, que trop de matériaux manquaient pour combler toutes les lacunes. A son titre, M. Fritz Kiener est resté implacablement fidèle, et c'est un pur cours de droit administratif, qu'il nous offre. Son cours comprend quatre parties, correspondant aux quatre réformes qui vinrent tour à tour modifier la Provence de 510 à 1200. Nous aurons donc quatre chapitres ainsi intitulés : Organisation de la Provence sous les Ostrogoths, — sous les Mérovingiens, — sous les Carolingiens, — enfin, l'établissement des Consulats. Terminons en disant que chacune de ces leçons est encadrée de réflexions qui soulignent nettement les causes économiques et politiques de ces transformations.

René JAUDON.

Le Gérant : LE GLAY.

PUBLICATIONS DES MEMBRES DU CONGRÈS

Vte M. Boutry. — La question des missionnaires en Chine au XVIIIe siècle (communication faite au Congrès des Sociétés savantes). Paris, imprimerie nationale, 1899.
Vte M. Boutry. — Une mystification diplomatique. Les trahisons du comte Mattioli (l'homme au masque de fer, *Revue des études historiques*, juin 1899).
L'abbé L. Dedouvres. — Le Père Joseph polémiste. Ses premiers écrits, 1623-1626. Paris, A. Picard et fils. Angers, Germain et G. Grassin, 1895.
L'abbé L. Dedouvres. — De patris Josephi Turciados libris quinque. Angers, Germain et G. Grassin, 1894.
L'abbé L. Dedouvres. — Le Père Joseph et le Sacré-Cœur. Angers, Germain et G. Grassin, 1899.
L. Dubois de Lhermont. — L'organisation agricole et la sécheresse.
L. Dubois de Lhermont. — Les lois pénales protectrices de l'agriculture.
L'abbé Ferret. — La Faculté de théologie de Paris et ses plus célèbres docteurs. — Moyen âge : 4 vol. in-8°, Paris, Picard, 1894-1897. — Époque moderne : 1 vol. in-8°, Paris, Picard, 1899.
Dr Hans F. Helmolt. — Weltgeschichte. 4 Band, 1 Hälfte. Leipzig, 1899.
H. Houssaye. — 1815 (Waterloo). Paris, libr. Perrin, 1899.
André Le Glay. — Les origines de l'alliance franco-russe. Paris, 1897.
André Le Glay. — Une intervention en Crète. Paris, 1897.
André Le Glay. — La France sous Louis XII (*Revue encyclopédique*, 1899).
Dr A. Marki. — Elisabeth, reine de Hongrie. In-4°, Budapest, société Franklin, 1899.
Dr A. Marki. — Les Longobards en Hongrie. In-8°, Clausenbourg, 1899.
Dr A. Marki. — Les chroniques notables du moyen âge. In-8°, Budapest. Société Franklin, 1899.
Dr A. Marki. — Histoire de la Révolution hongroise en 1848-49. Gr. in-8°, Budapest Société Atheneum. 1898. (Tome X de l'histoire de la nation hongroise)
Marquis Mac Swiney de Mashanaglass. — Le Portugal et le Saint-Siège. Paris, Picard, 1899.
R. de Maulde. — Les Femmes de la Renaissance. Paris, Perrin, 1899.
E. Rodocanachi. — Les aventures d'un grand seigneur italien. Paris, Flammarion, 1899.
G. Salles. — Les origines des premiers consulats de la nation française à l'étranger. In-8°, Paris, Leroux, 1896.
G. Salles. — L'institution des consulats, son origine, son développement au moyen âge chez les différents peuples. In-8°, Paris, Leroux, 1898.
E. Simson. — La non-extradition des nationaux. Saint-Pétersbourg, 1892.
E. Simson. — L'occupation d'après les principes du droit international. Saint-Pétersbourg, 1894.
Marquis-Viti Mariani. — La Spagna e la Santa Sede. Il matrimonio del re di Spagna D. Pilippo IV con Doña Maria Anna arciduchessa d'Austria, 1645-1649. Rome, 1899.
Marquis de Vogüé. — La Croix rouge maritime et la Conférence de La Haye.

M. Léon MOREL, professeur au Lycée Louis-le-Grand, membre du comité français d'histoire littéraire pour le Congrès de 1900, vient de publier sous ce titre : *Poèmes divers d'Alfred Tennyson*, une traduction en vers français d'œuvres choisies de Tennyson.

M. Jules LÁNCZY a publié dans le *Siècle* de Budapest un rapport très important sur le Congrès de La Haye.

CONGRÈS DE 1900

COMITÉS DE PARIS (suite). — *Comité de l'histoire des sciences.* — M. G. BERTHELOT, sénateur, secrétaire perpétuel de l'Académie des sciences, *président honoraire*. — M. PAUL TANNERY, directeur de la Manufacture des Tabacs de Pantin, *président*. — M. le docteur DURBAU, bibliothécaire de l'Académie de Médecine; M. ANDRÉ LALANDE, professeur de philosophie au Lycée Michelet, *vice-présidents*. — M. le docteur SICARD DE PLAUZOLES, *secrétaire*.

Membres : MM. ANATOLE DE BARTHÉLEMY, membre de l'Institut. — Dr PAUL BERGER, professeur à l'Académie de Médecine. — RAPHAEL BISCHOFFSHEIM, député, membre de l'Institut. — S. A. le prince ROLAND BONAPARTE. — MARCEL BRILLOUIN, maître de Conférences à l'École Normale. — Dr BRISSAUD, professeur à la Faculté de Médecine. — Dr CAPITAN, professeur à l'École d'Anthropologie. — G. DARBOUX, membre de l'Institut, doyen de la Faculté des Sciences. — Dr A. DASTRE, professeur à la Faculté des Sciences. — Dr GARIEL, professeur à la Faculté de Médecine. — ALBERT GAUDRY, membre de l'Institut, professeur au Museum. — Dr HAHN, bibliothécaire de la Faculté de Médecine. — FRÉDÉRIC HOUSSAY, maître de Conférences à l'École Normale. — Baron HULOT, secrétaire général de la Société de Géographie. — Colonel LAUSSEDAT, membre de l'Institut, directeur du Conservatoire National des Arts et Métiers. — STANISLAS MEUNIER, professeur au Museum. — S. A. S. le prince de Monaco. — A. DE MORTILLET, professeur à l'École d'Anthropologie. — Marquis de Nadaillac, correspondant de l'Institut. — S. A. R. le prince HENRI D'ORLÉANS. — Dr POZZI, sénateur. — D^r CH. RICHET, professeur à la Faculté de Médecine. — Colonel DE ROCHAS D'AIGLUN, administrateur de l'École Polytechnique. — JULES TANNERY, sous-directeur de l'École Normale Supérieure. — P. VIDAL DE LA BLACHE, professeur à la Faculté des Lettres.

Comité de l'histoire de la Musique. — MM. CAMILLE SAINT-SAENS, membre de l'Académie des Beaux-Arts, *président d'honneur*. — M. BOURGAULT-DUCOUDRAY, professeur d'histoire de la Musique au Conservatoire national de Musique, *président*. — JULIEN TIERSOT, bibliothécaire au Conservatoire National de Musique, *vice-président*. — ROMAIN ROLLAND, professeur de l'histoire de l'Art à l'École Normale supérieure, *secrétaire*. — CAMILLE BELLAIGUE, critique musical de la *Revue des Deux-Mondes*. — CHARLES BORDES, directeur de la *Schola cantorum*. — JULES COMBARIEU. — MAURICE EMMANUEL. — HENRY EXPERT. — ALEXANDRE GUILMANT. — CHARLES MALHERBE. — VINCENT D'INDY.

COMITÉ HONGROIS. — MM. JULES LÁNCZY, professeur à l'Université royale de Budapest, *président*. — ANTOINE ALDÁSY, de l'Université royale de Budapest, *secrétaire*. — ALADAR BALLAGI, professeur à l'Université royale de Budapest. — Le R. P. REMIGIUS BÉKEFI, professeur à l'Université royale de Budapest. — EDMOND BONEZ, conseiller au Ministère des Cultes et de l'Instruction publique. — LADISLAS FEJÉRPATAKY, professeur à l'Université royale de Budapest, conservateur en chef à la Bibliothèque du Musée national hongrois. — Mgr GUILLAUME FRAKNÓI, évêque titulaire d'Arbe, inspecteur général des musées et des bibliothèques. — EMERIC HAJNIK, professeur à l'Université royale de Budapest. — JOSEPH HAMPEL, professeur à l'Université royale de Budapest, conservateur en chef du cabinet d'antiquités du Musée national hongrois. — ERNEST KAMMERER, député, inspecteur en chef de la Galerie nationale. — ARPAD KÁROLYI, vice-directeur des Archives impériales et royales de Vienne. — HENRI MARCZALI, professeur à l'Université royale de Budapest. — ALEXANDRE MARKI, professeur à l'Université royale de Kolozsvár. — Le chevalier LÉOPOLD OVÁRY, archiviste aux Archives du royaume de Hongrie. — JULES PAULER, directeur en chef des Archives de Hongrie, vice-président de la Société d'Histoire de Hongrie et président de la IIe section de l'Académie hongroise. — EMERIC SZALAY, directeur du Musée national hongrois. — LOUIS THALLÓCZY, directeur des Archives du Ministère impérial et royal des Finances à Vienne. — COLOMAN THALY, député, vice-président de la Société d'Histoire de Hongrie, président de la commission historique de l'Académie hongroise.

Le Comité hongrois a été constitué par la Société d'Histoire de Hongrie.

Annales

internationales

d'Histoire

CONGRÈS DE LA HAYE

N° 6

SOMMAIRE

Le grand Électeur. — Aperçu de sa politique (1667-1688), par M. Jean du Hamel de Breuil. — *Une lettre de Georges III, roi d'Angleterre à Kia K'ing, empereur de Chine (1804)*, par M. Henri Cordier. — *Relations commerciales entre la Hollande et les villes de la Somme au moyen âge et au xviie siècle*, par M. Vayson. — *Relations commerciales et agricoles entre la Hollande et la province d'Aulnis aux xviie et xviiie siècles*, par M. E. L. Rodin. — *Vœu relatif à la modification des monnaies*, par M. de Laigue. — Comptes rendus.

COMITÉ CENTRAL

MM. le baron J. d'Anethan, de Beaufort, Beernaert, Bikélas, Browning, Buhenstam, Caratheodory, de Crue, Holban, H. Houssaye, Hüffer, Langzy, de Maulde La Clavière, Missak, Von Sicherer, Vesnitch, de Villa Urrutia, Wenevitinow, Whiteley, Le Glay, *secrétaire*.

M. de Maulde, *président*, 10, boulevard Raspail, Paris.

M. le comte de Tarade, *trésorier*, 45, rue Cambon, Paris.

Pour la Rédaction, prière de s'adresser à M. André Le Glay, 59, avenue Kléber, Paris.

MM. les Membres du Congrès sont invités à faire connaître à la Rédaction des *Annales*, pour être mentionnés, les titres de leurs ouvrages récemment parus.

Les personnes étrangères au Congrès peuvent, en adressant vingt francs à M. André Le Glay, 59, avenue Kléber, Paris, recevoir la collection complète des actes du Congrès, jusqu'à concurrence des exemplaires disponibles.

AVIS

Afin de maintenir entre les membres un lien permanent, le comité a décidé de publier les actes du Congrès de La Haye par fascicules trimestriels.

LE GRAND ÉLECTEUR

APERÇU DE SA POLITIQUE
(1667-1688)

Par J. du HAMEL de BREUÏL.

Dans les derniers jours de l'année 1678, régnait à Ratisbonne, aujourd'hui si morne et secondaire, le plus vif émoi. Perruques majestueuses, cuirasses étincelantes, traînes purpurines, fraises godronnées, chaînes de diamants, somptueux carrosses, que précèdent ou flanquent de royales escortes; toutes les pompes et magnificences, tous les hauts personnages du Saint-Empire sont là, et défilent graves, silencieux. Tristement ils convergent vers le vieux palais, où s'assemble le corps germanique pour d'importantes résolutions. En effet, les conjonctures sont fâcheuses. La guerre de Hollande, commencée en 1672, et qui ébranla toute l'Europe, languit, et va finir. Sur terre, sur l'Océan, Versailles triomphe. Le Roi-Soleil vient d'imposer l'humiliante paix de Nimègue à Messieurs des États, à la cour de Madrid (août-septembre 1678), et, suivant Voltaire[1], la France est au comble de sa gloire; le nom de ses généraux imprime la vénération. Donc, que doivent faire l'empereur et le Saint-Empire romain, eux aussi maltraités? Tenir campagne davantage, ou suivre l'exemple des Hollandais et de l'Espagne? Qu'en pensent Leurs Excellences, MM. les Électeurs, princes, États de la Germanie?

---

1. *Siècle de Louis XIV*, chapitre XI.

« Traitons ! » répondit une vaste clameur, « traitons sans
« retard ! sinon, l'électeur de Brandebourg, victorieux des
« Suédois, qui ont infructueusement soutenu la cause
« Française, conservera sa récente conquête de Poméranie,
« et alors quel petit prince sera en sûreté ? quelle ville libre
« à l'abri de cette envieuse puissance (*invidiosa potentia*) ? »

Plus vibrant encore (*calidissime omnium*), le comte de
Neubourg s'écria : « La paix avant tout ! la paix n'importe
« laquelle (*pacem talem qualem*) et que César prenne garde
« aux convoitises du Brandebourg, de cet État suspect à
« tous, et particulièrement (*imprimis*) redoutable pour lui,
« et son auguste maison ! [1] »

L'empereur Léopold s'empressa de suivre les fougueux
avis de ses liges. Il y eut d'autant moins de peine que la
Hofburg lui tint le même langage : « Sacrée Majesté, en
« cas de prolongation de la guerre, l'électeur de Brande-
« bourg gardera ce qu'il vient de ravir aux alliés scandinaves
« du roi très chrétien, d'où, pour lui, une énorme augmen-
« tation de puissance, pleine de périls pour tous. D'ailleurs
« peut-on compter sur ce prince ? qui dit qu'il sera fidèle, et
« que, dans son désir de conserver définitivement la Pomé-
« ranie, il ne passera pas dans le camp français ? il ne délais-
« sera pas l'empereur et l'empire ? [2] » Et les conseillers
de Léopold ajoutent en termes peu flatteurs pour l'ami de
Berlin : « Nul prince ne varia autant que lui [3] ». D'ailleurs,
ce n'est pas seulement à Vienne, à Ratisbonne, qu'on redoute
Hohenzollern. Les ambassadeurs vénitiens sont unanimes
à en médire. D'après Battista Nani [4], « personne ne sut
jamais aussi bien trafiquer de son vote et de son amitié ».
Suivant Aloïs Molin [5], « l'intérêt et seul l'intérêt domine

---

1. WAGNER, *Historia Leopoldi Magni*, t. I, p. 483 (Ratisbonae comitia et Neoburgici oratio).
2. *Ibidem*, p. 482 (Caesaris deliberatio : pro pace rationes).
3. « Nemo Germaniae principum saepius mutavit. »
4. « Mercantare la sua amicitia, e il voto. »
5. « Brandenburgh..... e l'interesse più, che l'affecto dominando quel principe. »

« dans l'électeur de Brandebourg ». Au dire de Juanne Morosini, « c'est un homme sans foi [1] ». Plus sévère encore, Francesco Michiele déclare « qu'à l'inconstance des pensées, « l'électeur joint sans cesse l'infidélité des promesses [2] ». Cet avis, le grand pensionnaire de Witt le partage [3]. Non moins dur, Leibniz prétend que notre personnage n'eut jamais qu'une devise : « J'appartiens au plus donnant [4] ». Enfin « c'est le plus fin renard de l'empire », si nous en croyons le chevalier de Gremonville [5], qui représente Louis XIV à Vienne. Qu'avait donc fait Frédéric-Guillaume, dit le grand électeur, pour provoquer un tel déchaînement de méfiances et d'aversions? pour qu'on ait préféré la paix avec l'exigeant Louis XIV à une prolongation de la guerre, où l'appui de Berlin eût, peut-être, réparé foule de disgrâces? De plus, que fit, dans le passé, la maison de Hohenzollern? car il n'y a pas que Frédéric-Guillaume qui soit en butte aux soupçons, aux acerbes jugements de l'Europe, la politique de ses aïeux compte également des détracteurs : certains échos de Ratisbonne, de sanglantes allusions à la province de Prusse [6],

1. « Si dubia fede. »
2. « Prencipe (Brandemburgh) che all' incostanza de suoi pensieri unisse l'infedella delle sue promessi. » — Comme les précédentes, cette citation est extraite du savant ouvrage de M. de Fiedler, ancien vice-directeur des Archives Impériales d'Autriche : *Relationen der Botschafter Venedigs über Deütschland und Oesterreich im Siebzehnten Jahrhündert*, ou *Fontes rerum austriacarum*, t. XXVII.
3. O. KLOPP, *Das Jahr 1683*, p. 64.
4. *Ibidem.*
5. Dépêche du 28 juillet 1672.
6. « Nam si ad Borussiam, Marchiam, Magdeburgum, Cliviam, Mindam, « Halberstadium, totam Pomeraniam (il possédait déjà l'Ultérieure) « adjiceret Brandeburgicus..... » — WAGNER, *Historia Leopoldi*, t. I, p. 483 (Ratisbonae comitia) — Borussia, Po-Russia, et, plus tard, Prusse, pays situé « derrière la Russ » (affluent du Niémen), ou, suivant une autre étymologie « près des Russes ». — Brandebourg (Branniborg), ancienne forteresse païenne, qui s'élevait au milieu des bois et des marécages de la Havel, et donna son nom à la contrée. — Marchia (Marche de Brandebourg), comprenant cinq provinces : Altmark (Vieille Marche), sur la rive gauche de

à toutes les entreprises qui, par degrés, la placèrent sous le sceptre de MM. de Brandebourg, ne nous permettent pas d'en douter. Au début du xvi° siècle (1525), régnait sur le Brandebourg le margrave-électeur, Joachim, ou le Nestor [1], fils de Jean le Cicéron, qui, délaissant Spandau, fixa sa résidence à Berlin. Cependant, plus à l'est, en Prusse, un autre Hohenzollern, Albert, fils du margrave d'Anspach-Baireuth, avait le titre et les prérogatives de grand-maître de l'Ordre Teutonique. Brusquement, celui-ci renonça au manteau, embrassa le luthéranisme, et, sécularisant le territoire de l'Ordre, en fit sa propriété personnelle. Mais des représailles sont à craindre. Aussi, le voyons-nous recourir au plus opiniâtre ennemi des chevaliers teutoniques, Sigismond, roi de Pologne, qui, par le traité de Cracovie, fieffa, moyennant redevances, la Prusse inférieure à l'ancien grand-maître, devenu duc héréditaire. La conduite d'Albert souleva d'unanimes murmures, car c'était placer des terres allemandes sous un suzerain slave. C'était au point de vue féodal, et à part toute considération religieuse, une évidente félonie. L'exaspération fut si vive qu'on lui infligea un mémorable châtiment : la mise au ban de l'empire. Cette sentence, la plus grave, la plus flétrissante de toute la constitution germanique, ayant été rendue par la chambre impériale [2], le duc en Prusse perdit aussitôt ses droits, privilèges,

l'Elbe; Mittelmark (moyenne Marche), sur la rive droite; Vormark, au nord; Ueckermark, sur l'Uecker; et Neümark, ou Nouvelle Marche, à l'est, au delà de l'Oder. — Marchia peut également s'appliquer au comté de la Marck (voir ci-après). — Magdeburgum (Magdebourg) sur l'Elbe; archevêché, sécularisé par la paix de Westphalie, et attribué (1648) à l'électeur de Brandebourg; aujourd'hui, chef-lieu de la province prussienne de Saxe. — Minda (Minden), au confluent du Weser et de la Bastau; évêché donné à l'électeur par la paix de Westphalie; maintenant ville du royaume de Prusse, régence et chef-lieu de cercle. — Halberstadium (Halberstadt) sur l'Holzemme, évêché que la paix de Westphalie ajouta aux possessions de Frédéric-Guillaume, et dépendance présente de la régence de Magdebourg; chef-lieu de cercle.

1. Le Magicien (autre surnom). Il prédit, d'après une légende, que les Hohenzollern parviendraient à la dignité royale.

2. Ou Camera, qui siégea d'abord (1495) à Francfort-sur-le-Mein, puis

et dignités; après l'avoir proscrit, on le trompeta, suivant l'usage, d'une extrémité à l'autre de l'Allemagne; on l'afficha aux murs des cathédrales, églises, abbayes, et moindres sanctuaires. L'ambassadeur de son nouveau suzerain, le roi de Pologne, venu à Francfort[1] pour la foire (*Francfordia nuper in nundinis*), y contempla le terrible arrêt, qui s'étalait en immenses majuscules[2]. Albert, à la vérité, n'aura cure de ces colères. Il est parvenu à son but. Il pense que l'adage « *beati possidentes* » vaut mieux que l'honneur, et délie des plus solennels serments. Certes sa postérité fut malheureuse. Atteint de démence, et incapable de gouverner, son unique fils végéta quarante ans pour s'éteindre sans hoirs mâles. Néanmoins, la maison de Hohenzollern n'y perdit pas, car l'idiot trouva de prévoyants tuteurs, et finalement des héritiers dans les électeurs de Berlin : Joachim l'Hector, fils du Nestor, Jean-Georges, Joachim-Frédéric, et, plus tard, Jean-Sigismond, qui réunit (1618) le duché de Prusse à l'Électorat.

Le petit-fils de Jean-Sigismond, Frédéric-Guillaume, si maltraité à Ratisbonne, compléta l'œuvre d'Albert par des moyens qui surpassaient ceux du grand-maître en finesse et en déloyauté. Il intervint dans la guerre que se firent Suédois et Polonais, de 1635 à 1660, dictant, tour à tour, ses lois à Stockolm, à la République, mais au prix de quelles défections! Par les traités de Kœnigsberg et de Labiau (janvier-novembre 1656), il transporta de la Pologne à Charles X Gustave de Suède son hommage pour le duché de Prusse, et reçut, en récompense de cette éclatante félonie,

---

(1530) à Spire, et enfin (1689-1806) à Wetzlar, près Coblence. Célèbre par la solennité et la lenteur de ses procédures. Quand elle fut à Spire, on disait : « Lites Spirae spirant, sed numquam exspirant. »

1. Sur l'Oder.
2. Vienne, archives de l'Ordre Teutonique. — Philipson, dit Sleidanus, de statu Religionis et Reipublicae commentarii, Strasbourg, 1555. — Neüe Auflegung des erneüerten Berichtes vom Preüssischen Abfalls (anno 1627), dürch Meres zu Druck erlassen, Würzburg, 1701.

le titre de duc souverain. Toutefois, gare à Jean-Casimir!
La vengeance lui sera d'autant plus facile qu'une coalition
de l'empereur, de la Russie et du Danemark menace Frédéric-Guillaume. Elle sera pleine et entière, car la Prusse
est isolée du Brandebourg, complètement enclavée dans les
terres Polonaises. Qu'imagina donc le grand électeur? Il
manqua soudain de parole à Charles X Gustave, retourna —
nouvelle félonie ! — à Jean-Casimir, et conclut avec lui
(septembre 1657) le traité de Wehlau, complété à Bromberg,
en novembre suivant. Aux termes de ces conventions,
solennellement ratifiées (3 mai 1660) par la paix suédo-polonaise d'Oliva, Frédéric-Guillaume devenait duc souverain, possesseur de la Prusse, *jure supremi dominii*.
Lui et ses descendants mâles et légitimes n'auront « plus
de compte à rendre d'elle qu'à Dieu [1]. » Les états de Prusse

1. Waddington, *Acquisition de la Couronne de Prusse par les Hohenzollern*, p. 1. — Dernier rejeton mâle du sang des Vasa, d'abord jésuite et cardinal, Jean-Casimir, ou Casimir V, est relevé de ses vœux par Innocent X, pourvu, en outre, des dispenses pour épouser Marie de Gonzague, veuve de son frère Wladislas VIII. Roi de Pologne en remplacement de ce dernier, il émet des prétentions sur la couronne de Suède, engage contre Charles X Gustave une guerre désastreuse, cède au vainqueur, par la paix d'Oliva, l'Esthonie, l'île d'Oesel, et presque toute la Livonie. Mort (1672) abbé de Saint-Martin de Nevers; a prédit en termes mémorables le démembrement de la République :
« Le Moscovite et le Cosaque se joindront au peuple, qui parle la même langue qu'eux, et s'approprieront le Grand-Duché de Lithuanie. Les confins de la Grande Pologne seront ouverts au Brandebourg, et, au milieu de ce partage de nos États, la maison d'Autriche ne laissera pas échapper l'occasion de porter ses vues sur Cracovie ». — Tige des rois de Deux-Ponts, et allié aux Vasa par les femmes, Charles X Gustave remplace sur le trône de Suède la célèbre Christine, fille de Gustave-Adolphe, qui l'avait désigné comme successeur. Ne régna que six ans (1654-1660), mais vainquit toujours. En dehors de sa guerre avec Jean-Casimir, il s'attaqua au Danemark, et obtint la Scanie, le Halland et la Blékingie. — Koenigsberg (Regiomontium; Mons Regis), sur la Pregel; fondée par l'Ordre Teutonique; capitale du Duché de Prusse, à l'époque d'Albert le Grand Maître, et de Frédéric-Guillaume, le Grand Électeur; plus tard deuxième résidence Royale. Depuis la réorganisation de 1877, chef-lieu de la Prusse dite Orientale : 600 kilomètres de Berlin. — Labiau (Labiavia) sur la Deine; petite ville de la Prusse Orientale. — Wehlau, autre localité de la Prusse Orientale, fondation de l'Ordre Teutonique, au confluent de l'Alle et de la Pregel. — Bromberg, ancienne

protestèrent ; mais on étouffa leurs impuissantes doléances, et, à l'avenir, vassal de l'empereur pour ses états allemands, souverain indépendant avec tous les droits royaux, dans son duché de Kœnigsberg, l'électeur de Brandebourg jouera en Europe un rôle nouveau.

Déjà on s'explique, qu'éclairés par ces faits, bien des pays de l'Europe fussent sans estime pour les Hohenzollern, sans confiance dans l'électeur-duc. Mais l'est et la province de Prusse n'ont pas été les seuls théâtres de la turbulence, des intrigues de Frédéric-Guillaume. Jetons un regard sur le Rhin ; voyons l'attitude du Brandebourg à l'époque des guerres de Dévolution et de Hollande, qui contraignirent l'Espagne à la paix d'Aix-la-Chapelle ; le corps germanique, Vienne, Madrid, et La Haye à celle de Nimègue. Nous comprendrons mieux les rancunes de Ratisbonne contre Berlin, et toutes les défiances qu'inspire le grand électeur. Elles étaient d'autant plus fondées, qu'après comme avant Nimègue, celui-ci restera fidèle à ses errements, insensible aux dures remontrances de 1678.

I

AVANT NIMÈGUE

(1667-1679)

Lorsqu'en 1667, la guerre de Dévolution fut près d'éclater, les diplomates du roi très chrétien durent, pour prévenir un plus vaste embrasement, faire assaut de promptitude et de finesse. Car ces hostilités, qui, suivant la juste remarque de

Ascaucalis, en polonais Bydgoscz ; chef-lieu de régence sur la Brahe, affluent de la Vistule (Posen). — Oliva, sur le golfe, et à 10 kilomètres nord-ouest de Danzig. (Prusse orientale). Les Cisterciens y eurent longtemps une célèbre abbaye.

M. Mignet [1], donnèrent le branle à tout le règne de Louis XIV, risquaient fort de ne pas demeurer un conflit franco-espagnol, mais de provoquer l'intervention de l'empereur, beau-frère et héritier du roi catholique, qu'une entreprise sur les provinces flamandes de sa branche madrilène offensera certainement. Sans doute, du Danube au Rhin, la distance est longue et les obstacles foisonnent. Pour atteindre ce fleuve, jadis qualifié de « rue des prêtres [2] », à cause de ses trois archevêques électeurs, des principautés ecclésiastiques, de la foule d'opulentes abbayes qui, de Constance à Utrecht, le bordaient sans lacune ; pour gagner ce bassin fameux, auquel le précédent surnom, malgré la Réforme, et de mémorables abjurations, sied encore, il faut que l'empire y consente, livre passage à l'armée de Léopold. Mais tout prouve que l'empereur et le corps germanique s'entendront, qu'ils donneront ensemble, et d'ici peu, aux Pays-Bas. Ne font-elles pas partie du cercle de Bourgogne, les Flandres si convoitées ? Ne sont-elles pas placées dans les cadres, et sous la protection de Ratisbonne ? Saint-Germain le sait ; aussi va-t-il vivement se créer des liaisons, associer divers princes tudesques, notamment ceux qui gardent les passages du Rhin, à ses projets, et, paralysant l'empereur par l'empire, fermer d'avance à Montecuccoli la route des pays espagnols.

Au premier rang des potentats, qu'il importe de détourner de Madrid et de Vienne, figure, en sa qualité de riverain de la « rue des prêtres », l'électeur de Brandebourg. Souverain de lisières, la plupart petites, très espacées, mais gênantes à tous, Frédéric-Guillaume confine au Niémen, et, vers l'ouest, au Rhin, qui arrose son duché de Clèves. A l'amont de ce fleuve, que M. de Lionne veut interdire aux Autrichiens, voici ses domaines de La Mark : entre eux

---

1. *Négociations relatives à la Succession d'Espagne sous Louis XIV*, Introduction, p. LVIII.
2. *Pfafen-Gasse*, mot attribué à l'empereur Maximilien.

et le courant, nous ne découvrons qu'une bande chétive, facile à contenir. Les possessions rhénanes de Frédéric-Guillaume ne sont pas les seules dont se préoccupe la cour de France : entre Weser et Ems, à l'extrémité nord du cercle de Westphalie, auquel appartiennent Clèves et La Mark, il y a Minden et Ravensberg [1], deux enclaves importantes. Certes, en cas de marche sur Bruxelles, ou Mons, les troupes de l'empereur ne remonteront pas si haut ; toutefois, éventualité non moins fâcheuse, la grande plaine septentrionale frissonne déjà. Des prises d'armes y sont à craindre ; par degrés, elles s'étendront jusqu'au Rhin. Pour les prévenir, conjurer à temps la ligue, qui secourra les Espagnols, au centre, en queue, quelques défections sont indispensables. De là (13 mai 1667) une pressante lettre de Louis XIV à l'électeur. Elle lui annonce l'entrée des troupes royales dans les Pays-Bas catholiques, et sollicite l'assistance doublement précieuse de Son Altesse.

Avant de faire connaître la réponse de Frédéric-Guillaume, considérons l'extraordinaire fortune des Hohenzollern. Qu'il est loin le temps où ces obscurs principions, ces petits burgraves végétaient au hasard, erraient à la recherche des plus modestes abris ! Voilà deux cent cinquante ans qu'un contemporain de nos Valois, que le prédécesseur de Dent de Fer a délaissé sa bourgade franconienne ; que procédant d'une manière sordide, judaïque, Frédéric Ier devint M. de Brandebourg : il y a moins de trois siècles — 1415 — que ce nomade, créancier de l'empereur

1. Clèves, ville et duché, celui-ci subdivisé jadis en trois cercles : Clèves, Wesel, Emmerich, districts actuels de la province de Düsseldorf. — Échu aux Hohenzollern par mariage de Jean-Sigismond avec Anne de Clèves. — Limites : Zütphen, au Nord ; la Gueldre, à l'Ouest et au Sud ; les territoires de Cologne, et de Münster, la Mark, à l'Est. — La Mark, comté du Saint-Empire, partagé par la Roër en deux parties : Hellweg et Sauerland ; Limites : Münster, les duchés de Berg et de Westphalie ; apporté également par Anne de Clèves. — Ravensberg, comté Westphalien (capitale Bielfeld) ; troisième apport d'Anne.

Sigismond [1] pour la somme de quatre cent mille ducats, reçut, au lieu d'espèces, les Marches électorales, et aujourd'hui de grands États, le roi de France, comptent avec sa descendance éparse de la Baltique à la Belgique. Quoique brisée, aux trois quarts incomplète, la ligne partant de Berlin fait déjà mine de se réunir, et, si l'on n'y veille, elle prendra une redoutable ampleur. De nouveau, le nord s'est soumis à la règle que lois et dynasties viennent de l'ouest, ou du sud. Mais les margraves n'oublient pas leur berceau. Ils rêvent toujours à Hechingen, et au pays franco-souabe, d'où ils sortent: à la région qui avoisine les sources du « père » Rhin, et de la « mère » Danube, où se dresse le Zollernberg; près de laquelle apparaissent l'Helvétie, et le mont Habsbourg [2]. S'allongeront-ils davantage? Vont-ils prendre complètement pied dans la rue des prêtres? ou faudra-t-il d'abord s'arrondir sur la Vistule, l'Oder et l'Elbe? On ne sait encore, mais — point certain — ils dureront, et grandiront, car ce sont les Capétiens germaniques. Depuis Albert l'Achille et l'Ulysse [3], ils suivent la coutume d'aînesse,

1. De la Maison de Luxembourg; né en 1366, † le 9 décembre 1437. Fut d'abord roi de Hongrie, et défait par les Turcs à Nicopolis (1396), malgré l'assistance du comte de Nevers (Jean sans Peur), et de Le Maingre de Boucicaut. Erra misérablement, vint à Paris (1415), après son élévation à l'empire, et y fit acte de souveraineté, en conférant la chevalerie à Signet, de Carcassonne : la scène eut lieu au parlement, où Sigismond occupait le trône royal. Petit-fils de Jean l'Aveugle, roi de Bohême, tué à Crécy, et fils puîné de l'empereur Charles IV, qui, au moment de mourir, fit le partage de ses états héréditaires, laissant la Bohême à Venceslas, et à Sigismond le margraviat de Brandebourg. — Sigismond réunissait, disent ses contemporains, « les vices les plus monstrueux, aux vertus les plus respectables »; époux de Barbe de Cilly « la Messaline allemande ».

2. Le Zollernberg, cône isolé qui accompagne la Rauhe-Alpe, est presque à égale distance du Neckar et du Danube; une lieue d'Hechingen; château. « Comme les Habsbourg, les Hohenzollern sont de souche souabe. » (Himly, *Histoire de la formation territoriale des États de l'Europe centrale*, t. II, p. 2.)

3. Ou le Renard allemand, surnoms que méritaient sa bravoure et sa prudence; auteur de la « dispositio Achillea », loi domestique, qui sera la principale force de la maison de Brandebourg. — Albert a gagné sept batailles, et résisté seul, un jour, à seize ennemis; troisième fils de

peu répandue dans l'empire. « Les maisons de Saxe, de
« Brünswick, de Hesse, le Palatin, partageaient, » — c'est
Frédéric-Guillaume lui-même, qui nous l'apprend — « et
« s'émiettaient sans cesse [1] », tandis qu'un, inaliénable et
indivisible, l'électorat de Brandebourg se transmettait de
mâle en mâle, et, par ordre de primogéniture, avec ses acces-
sions. Cette loi domestique, sauvegarde de la race, et que
n'avait pas le reste de l'Allemagne, était sacrée, et dès l'âge
de 18 ans, tout Hohenzollern y jurait obéissance [2].

Revenons à Saint-Germain. Les visages respirent le dépit.
Berlin a parlé (5 juin 1667), et son langage ne satisfait guère.
L'électeur redoute une guerre funeste pour la chrétienté;
il n'a d'autre espoir que dans la générosité du roi de
France, qui se contentera sans doute des satisfactions
que les Espagnols ne manqueront pas de lui accorder; il
sera heureux si, par son entremise, il peut contribuer
promptement à cet heureux résultat, etc. Louis XIV devine
une arrière-pensée. La réserve de M. de Brandebourg ne
proviendrait-elle pas des inquiétudes que lui cause la
candidature au trône de Pologne de princes de la maison
de Bourbon? Effectivement, Jean-Casimir, le rival malheureux de Charles X Gustave, veut abdiquer, et, projet que
n'ignore pas Berlin, il souhaite pour successeur le Grand
Condé, ou son fils Enghien. L'âme de cette intrigue, probablement suspecte à l'électeur, car il entrevoit sur son flanc
oriental une France Baltique, en perpétuelle amitié avec
Saint-Germain, est Marie de Gonzague [3], femme de Casi-

Frédéric Ier, qui acheta les marches de Brandebourg à l'empereur Sigismond; frère et successeur de Frédéric II, ou Dent de Fer; frère également
de Frédéric le Gros, et de Jean l'Alchimiste, margrave de Baireuth. Né en
1414; † 1486, père de Jean le Cicéron.

1. Frédéric-Guillaume s'exprimait dans ces termes à l'évêque Burnet.
(Voir Droysen, Geschichte der preüssischen Politik, le volume intitulé :
Acktenstücke zür Geschichte König Friederichs (p. 160).

2. *Himly*, II, p. 15.

3. Fille de Charles, duc de Nevers, et sœur de la première princesse
Palatine. Née en 1612, † en 1667. Constante amie des religieuses de

mir, et sujette du roi très chrétien. M. Millet [1], ministre de Louis XIV à Berlin, reçoit donc pour première instruction de rassurer Frédéric-Guillaume : l'appui qu'on accorde aux Condé est purement moral. Aucune troupe n'ira en Pologne protéger leur candidature. En revanche, plaise à Son Altesse d'interdire tout passage à l'empereur. Frédéric-Guillaume répond d'une manière évasive : « Mes états ne sont pas sur la route que prendront les Autrichiens, — si cependant ils passent de force, je m'inclinerai, faute d'éléments de résistance, et crainte de plus graves mésaventures ». — Louis XIV, qui comprend que l'électeur se dérobe, insiste, et sacrifie M. le prince comme M. le duc. Ni l'un ni l'autre ne briguera la succession de Jean-Casimir. Bien mieux ! Sa Majesté promet de soutenir la candidature du duc de Neubourg [2], le favori de Berlin. Cette fois Frédéric-Guillaume est ému aux larmes. Tant de condescendance le rend muet, lui fait perdre le fil de ses idées. De la Dévolution, des projets de Louis XIV sur les Pays-Bas, plus un mot ! Mais il considérera les efforts de Saint-Germain en faveur de Neubourg comme autant de marques bienveillantes envers sa propre maison. Cependant à Vienne, à Ratisbonne, au marquis de Castel-Rodrigo, gouverneur de Bruxelles, M. de Brandebourg tient un langage tout autre : il ne dissimule nullement sa haine contre Louis XIV ; il prêche la croisade

Port-Royal. C'est à sa suite que Marie-Casimire d'Arquian passa en Pologne, où elle épousa Sobieski.

1. Guillaume Millet de Jeurs ; maréchal de camp (1652) ; commissaire général auprès des troupes que le prince de Modène conduisit à Candie (1660) ; gouverneur (même année) de Châteaurenaud et de Linchamps. — Fonctions diplomatiques : fait (1664) le personnage d'un voyageur en Pologne, où il seconde l'ambassadeur Lumbres ; envoyé extraordinaire à Berlin (1667). — En fin de carrière : sous-gouverneur du Dauphin, et du duc d'Orléans; lieutenant-général de Brouage et d'Aunis.

2. Neubourg ou Nouveau-Palatinat, ancienne principauté immédiate, bornée par le Palatinat, la Bavière, la Souabe, et aujourd'hui incorporée à la Bavière. Appartint successivement à la maison de Palatinat-Neubourg, à la maison de Palatinat-Sulzbach, et à celle de Palatinat-Deux-Ponts. Le candidat de Frédéric-Guillaume était Palatin-Neubourg.

espagnole. Que l'empereur intervienne sans crainte ; Berlin le laissera passer, et détachera des troupes sur le Rhin. Vienne, l'empire et le roi d'Espagne ont-ils besoin d'un généralissime, Frédéric-Guillaume s'offre de bon cœur. A peine prévenu de ces menées, M. Millet s'élance au palais, où de nouvelles larmes l'attendent. Décidément Son Altesse a la fibre sensible, et, pour emblèmes, le cyprès et le caméléon : « Rumeurs absurdes, mensonges odieux ! » se borna-t-elle à gémir, « je suis incapable de si noirs manèges. » — Le ministre Millet ne crut pas les protestations théâtrales de M. de Brandebourg. Il connaissait trop parfaitement son interlocuteur, auquel « il n'a guère ouï dire de vérités ». Une dépêche à M. de Lionne[1] l'atteste « dans le dernier secret ». De plus le représentant de Louis XIV n'ignore pas que le comte de Mansfeld, et le margrave de Bade, l'un envoyé de Vienne, l'autre du roi catholique, sortent de Berlin, et qu'en tapinois Frédéric-Guillaume leur fit bon accueil ; que rendez-vous sous Bruxelles est pris pour le 15 octobre. Mais comment rompre le coup ? M. de Lionne va nous l'apprendre en un langage savoureux et subtil. Premier point, Son Altesse électorale entend-elle tirer des avantages de la guerre franco-espagnole ? Ils seront plus sûrs et solides à soutenir le roi très chrétien que la cause contraire. En effet, qu'offre l'Espagne ? Trois choses, n'en déplaise à Mansfeld et à Bade, ces mystérieux voyageurs si gentiment dépistés : pour un secours de quatorze à quinze mille hommes, conduits par l'électeur en personne, la remise du duché de Gueldre en antichrèse[2] ; et pour un détachement de douze mille mercenaires, le même gage, à condition que

1. Du 18 janvier 1668.
2. Geldria, Gelderland, ou duché de Gueldre, pays confinant au Zuiderzée et, vers le Sud, au Rhin. Une partie accéda (1579) à la confédération des Provinces-Unies, l'autre resta aux Espagnols. Cette dernière section fut partagée (1814) entre les Pays-Bas et la Prusse, qui possède présentement la ville de Gueldre (Geldern).

Frédéric-Guillaume fournisse, quoique non belligérant, passages et quartiers. De plus, il tolèrera la levée du cercle de Westphalie. Dans la première hypothèse, l'engagement de Gueldre équivaut à une cession définitive, vu les grosses sommes que le roi catholique reconnaît devoir à M. de Brandebourg, et ne remboursera jamais. Dans le second cas, Gueldre n'est engagé que provisoirement, car on donne un modique prix des mercenaires, et sitôt les doublons reçus, dehors M. de Brandebourg! Enfin, détail que n'oublie point Louis XIV, le roi catholique fait espérer des récompenses aux amis de l'électeur, notamment à certain Schwerin[1] inscrit pour une terre de dix mille écus de rente. Nous connaissons les offres de Madrid. Mais, sous la plume de Lionne le tentateur, qu'elles sont plus séduisantes celles du roi très chrétien! Frédéric-Guillaume veut-il s'agrandir? qu'il seconde vivement Saint-Germain, et prenne les Espagnols à revers. Sa récompense sera non seulement Gueldre, mais la Kampen royale, mais tout le pays situé par delà les villes de Malines, Aerschoot et Diest, bref le cours complet du Rupel[2]. Craint-il que le morceau soit démesuré? qu'il s'adjoigne son compère, le duc de Neubourg, auquel les possessions du roi catholique font grande envie. A deux on taille plus facilement en plein drap. Quant aux frais de guerre, que les princes n'en aient souci : la munificence de sa très chrétienne majesté se charge de ces bagatelles. De si attrayantes propositions n'empêchent point, d'ailleurs, Saint-

---

1. Otto von Schwerin, d'illustre famille poméranienne, répandue en Courlande, Mecklembourg, Pologne et Suède, né à Wittstock (1616), mort en 1679. Président du Conseil secret, et premier ministre.

2. La Kempen, ou Campine, s'étend aujourd'hui sur la province d'Anvers, le Limbourg, et le Brabant hollandais. — Malines (Mechelen, Mechlirid), sur la Dyle et le canal de Louvain à l'Escaut; archevêché métropolitain; 20 kilomètres N.-E. de Bruxelles. — Aerschoot et Diest, villes du Brabant, cette dernière au confluent de la Demer et du Bever. — Formé à Rumpst, à 7 kilomètres N.-O. de Malines, par la réunion de la Dyle, de la Senne et de la Nethe, le Rupel se jette dans l'Escaut en face de Rupelmonde (Flandre-Orientale).

Germain de rester fidèle à ses vues sur la Pologne; plus que jamais Neubourg est son candidat. Et enfin « ledit sieur électeur » a-t-il trop de répugnance à se déclarer ouvertement contre l'Espagne, veut-il simplement « moyenner » que le cercle de Wesphalie reste neutre, refuse passage aux Autrichiens? le roi de France (que de tendresse!) « prendra les « mêmes engagements ci-dessus, et si la fortune lui sou- « rit, il remettra aux dits deux princes les terres préci- « tées », non à titre de misérable antichrèse, mais telles que l'Espagne les possède aujourd'hui. Lionne clôt par le baron de Schwerin, qui n'a pas coutume de rien conseiller à son maître qu'il n'y trouve son compte particulier. Donc à M. Millet de lui faire entrevoir quelque grâce. Pölnitz n'est pas non plus à dédaigner. Aussi qu'on s'en occupe [1]. M. Millet comprit à merveille; la conquête de Schwerin lui semble une adroite tactique. Mais il importe de l'étendre au baron de Blumenthal; sinon elle serait moins profitable. Toutefois que « monseigneur de Lionne », ne prenne aucune estime; qu'il remarque plutôt que « ledit Blumenthal, gendre de Schwerin, est fort décrié parmi les gens de bien, ainsi que son beau-père, sur sa probité [2] ». Quant au chiffre des gratifications, Lionne est perplexe. L'Espagne ayant offert dix mille écus à Schwerin, on ne peut lui promettre moins. Mais si on lui promettait beaucoup plus, cinquante mille écus par exemple, les affaires du roi de France n'iraient-elles pas meilleur train? Va donc pour cinquante mille une fois payés [3]. Cependant l'offre des dix mille avait déjà produit leur effet. Schwerin, dont la joie ne peut se décrire, embrasse presque les genoux de Millet; il assure le roi très

1. Lionne à Millet, Saint-Germain, 12 août 1867. — « Pölnitz montra toujours », d'après Lionne (même dépêche), « un grand zèle pour la couronne de France. » Lionne ajoute : « Il ne vous sera pas inutile ». — Le nom de Pölnitz est assez célèbre; un autre, né en 1692, mort en 1775, laissa de curieux mémoires.
2. Millet à Lionne, Berlin, 14 septembre 1667.
3. Lionne à Millet, Paris, 22 novembre 1657.

chrétien de son inaltérable dévouement, de sa filiale obéissance, mais surtout qu'on verse recta, — c'est-à-dire le jour même où s'échangeront les ratifications. Du coup, voilà Lionne au regret de s'être tant avancé, et rognant ferme : « Sa Majesté croit et tient pour infaillible, monsieur Millet, que vous vous serez bien gardé de faire l'offre des cinquante mille, puisque l'affaire, sans cela, marche d'elle-même, et que ledit baron s'en contente de dix mille..... »[1]. Il ne faudra hausser la paye que progressivement et si le très mobile Schwerin retourne aux Espagnols, mais par contre donner quelque monnaie à d'autres, qui pourraient croire qu'on les dédaigne: « C'est pourquoi Sa majesté jugeant que la chose est encore en son entier et sur le pied des dix mille écus déjà promis, elle vous donne maintenant le pouvoir dont vous n'userez qu'autant que vous le jugerez nécessaire, de promettre une seconde somme de dix mille écus audit baron, ce qui fera en ce cas-là vingt mille pour lui, et de promettre aussi une troisième somme de dix mille écus à distribuer comme vous l'estimerez à propos aux autres ministres de l'électeur, tels que Meinders, Gneisenau et Pölnitz déjà nommé »[2].

Cette fois, la partie était sérieusement engagée, et Frédéric-Guillaume bien circonvenu. Mais, à l'extrême surprise de Saint-Germain, il ne se soucie pas d'agrandissements : le conseil de faire main basse sur l'est des Pays-Bas le laisse froid. Fort à propos, il dégage ainsi M. de Lionne de promesses gênantes, qui, avant toute défaite de

---

[1]. Dépêche du 26 novembre 1667.
[2]. *Ibidem*. — Meinders, originaire de Ravensberg (1630) † en 1695, successivement anobli par l'électeur et par l'empereur. Parti de très bas, et n'ayant que son mérite pour appui, il devint un grand personnage; un des familiers de Frédéric-Guillaume. Intelligence ouverte ; envoyé habile ; sage administrateur. — Gneisenau, et non Neidhart-Gneisenau (famille à laquelle appartenait le feld-maréchal, contemporain de Napoléon Ier, et de Blücher). — Blumenthal (Christophe-Gaspard), gendre de Schwerin, et membre du Conseil secret, depuis 1661, passait pour bien connaître la cour de France, où il fut souvent envoyé.

Madrid, attiraient dans le bassin de l'Escaut une domination rivale de la nôtre, et dont l'accomplissement eût peut-être rendu inefficace la guerre de Dévolution. Une neutralité conditionnelle lui semble la meilleure des attitudes. Quoique préférant l'offensive, Louis XIV. n'y contredit pas. Reste à régler la satisfaction de Son Altesse électorale. Elle sera double. Plus que jamais Frédéric-Guillaume exige une bonne et sincère union quant aux choses de Pologne, et que Louis XIV abandonne ses anciennes erres, favorables à messeigneurs de Condé ou d'Enghien, pour concourir à la promotion du sérénissime duc de Neubourg. Il y a longtemps que Saint-Germain était instruit de cette aversion de l'électeur contre la maison de France. On l'attribuait à la crainte que Varsovie ne se laissât conduire par le roi très chrétien. Mais l'électeur a d'autres motifs d'appréhension : il n'ignore pas l'indignation que sa conduite à l'égard de Jean-Casimir, ses fourbes durant la guerre de Suède causent toujours en Pologne. Condé ou Enghien serait, pense-t-il, un roi patriote, désireux de venger son prédécesseur, d'anéantir avec le duc en Prusse, les traités de Wehlau et de Bromberg ; tandis que Neubourg succédant à Jean-Casimir, à cause « de l'affinité qui existe entre ledit seigneur duc et la cour « de Berlin, celle-ci garderait une plus étroite correspon- « dance pour le salut de ses états de Kœnigsberg, et autres « de ses terres, voisines du royaume de Pologne ». Louis XIV en convint. Après Neubourg, c'est l'argent que Frédéric-Guillaume aime le mieux ; ce sont de belles espèces qu'il réclame, à l'exemple de ses ministres. Effectivement, les circonstances le contraignent de pourvoir à sa sûreté, et « sans quelques subventions de la générosité du roi », il ne pourrait entretenir assez de troupes. Le soupçonneux Lionne n'est pas du même avis : « Il y aurait, Monsieur Millet [1], tant de choses à répliquer

---

1. Paris, 22 novembre 1667.

« à une exposition de cette nature que, pour le bien faire,
« il faudrait employer trente pages d'écriture. Je vous dirai
« seulement, en peu de paroles... que quand l'électeur dit
« qu'il a besoin de s'armer plus qu'il n'est, cela ne peut aller
« directement que contre le roi, puisqu'il ne voudra pas
« avancer, je m'imagine, qu'il ait à craindre du côté des
« Espagnols en l'état où sont leurs affaires..... » Les
défiances de Saint-Germain étaient d'autant plus légitimes
qu'à l'heure même où Frédéric-Guillaume s'abouchait avec
nos diplomates, loin de battre froid aux cours de Madrid et
Vienne, « cet électeur, et lui seul, voulait mettre les autres
« en train contre le roi ! » Particularité qui ne l'empêche,
d'ailleurs, « de bondir », lorsque Millet a l'indiscrétion de
lui demander si de telles rumeurs méritent créance. Néanmoins, et crainte de pis, Lionne s'incline : « Sa Majesté
« vous donne le pouvoir » — écrit-il à Berlin [1] — « de
« payer règlement audit électeur un subside de 100 mille
« écus par an, tant que durera cette guerre, pour lui
donner plus de moyens de maintenir ses troupes. » M. de
Brandebourg s'avouera-t-il enfin satisfait ? Tout juste, car
indépendamment de la rémunération politique, il convoite
des épingles pour ses menus : « M. de Pölnitz m'a dit en
« confiance que le chagrin de M. l'électeur contre nous
« provient du mépris que le roi semblait avoir toujours fait
« de lui, qu'on lui avait fait espérer bien des grâces, dont
« on ne s'était pas souvenu ; et que jamais sa majesté ne
« l'avait distingué des autres princes par quelques marques
« obligeantes de son amitié ; que son altesse électorale n'est
« pas intéressée, mais que quand sadite Majesté ne lui
« aurait fait présent que d'une épée, M. l'électeur s'en se-
« rait senti obligé [2]. » Ainsi s'exprime le représentant de
Louis XIV auprès de la cour de Berlin. Mais à trompeur
trompeur et demi ! Nos anciennes connaissances, Schwerin,

1. Paris, 22 novembre 1667.
2. Millet à Lionne, 7 décembre 1667.

Meinders et Pölnitz, sont alléchées par les promesses de Lionne ; leurs collègues, Somnitz et Iéna, tendent également la main. Leur avidité est si pétulante qu'ils se font de mutuelles confidences, que Schwerin se découvre à Pölnitz, « avec lequel il n'a pas toujours été lié ». Cette frénésie de lucre, ce désir de complaire au roi très chrétien, eurent de burlesques résultats : Quand il fallut signer avec M. Millet, les ministres de Frédéric-Guillaume oublièrent tous la clause des subsides, et le cadeau du maître. En effet, les neuf articles du traité de Cologne-sur-Sprée [1] ne visent que Neubourg, l'assistance française et la promesse de M. l'Électeur d'observer dans le conflit, qui s'élève entre Madrid et Saint-Germain, une neutralité favorable au second. Des récompenses de Son Altesse, pas un mot. Lionne radieux se hâte de dépêcher à Berlin et d'y faire comprendre que l'escamotage est irréparable. A peine d'encourir l'épithète de rustre ou de fâcheux, M. de Brandebourg devra oublier ses prétentions pécuniaires, les assurances antérieures, et n'en pas concevoir de dépit. « Sa majesté promet aussi de votre prudence, monsieur « Millet, que vous vous serez bien gardé de dire un mot « des cent mille écus... que vous aviez pouvoir d'accorder « à M. l'Électeur pour l'entretien annuel de ses troupes, « puisque vous aurez vu que, sans faire entrer sa majesté « dans un si pesant engagement, les choses ne laissaient « pas de s'avancer... » Si cependant Frédéric-Guillaume marque du déplaisir : « Coulez, Monsieur Millet, à son « altesse qu'ôter la couronne de Pologne à un prince du sang « de sa majesté peut bien tenir lieu, et même au centuple, « de tout ce que Berlin nous aura promis... » On compte

---

1. Signé, le 15 décembre 1667, entre Millet, Somnitz et Iéna, ratifié le 1ᵉʳ février suivant. — Cologne-sur-Sprée ou Neu-Koeln, en face de Berlin ou Koeln (lat. *Colonia*), autrefois distincte de la capitale, et réunie vers 1700 à cette dernière. Berlin et Cologne jouissaient, avant les Hohenzollern, de libertés presque républicaines, qu'on abolit progressivement.

sur le tact de Millet pour faire avaler au margrave cette détestable couleuvre. Il le faudra, car ce n'est pas fini ; elle a une queue écailleuse : « Quant à ce que M. de Pölnitz, » reprend Lionne, « vous a dit confidemment que M. l'élec-
« teur s'était cru négligé par la France parce que sa majesté
« ne lui avait jamais donné la moindre marque d'estime,
« bien qu'elle lui eût promis de grandes gratifications, et
« que, pour ainsi dire, il se serait contenté d'une épée,
« je ne sais pas si M. l'électeur ne compte point pour lui ce
« qu'on a donné à madame sa femme : il n'y a pas encore
« deux ans que sa majesté envoya à feu madame l'électrice,
« qui était alors à Clèves, un régal, le plus beau peut-être
« que jamais roi ait fait à une princesse. Il consistait en un
« fil de perles acheté à Amsterdam 10 mille écus, et en tout
« l'ameublement complet d'une chambre, qui valait bien
« 100 mille francs..... [1]. » Par contre, les ministres et confidents de Frédéric-Guillaume furent rétribués, et cela s'explique : n'avaient-ils pas pris sous leur sauvegarde le trésor du roi très chrétien ? « Quand vous m'aurez envoyé
« de l'argent », mande Millet à Lionne [2], « je mettrai 10 mille
« risdales, ou de quoi les recevoir, entre les mains du rési-
« dent de Neubourg, lequel intrigua fort dans nos inté-
« rêts..... Il m'a déclaré qu'il donnerait sur cette somme
« 6 mille écus au baron de Schwerin..... Je me suis pro-
« posé d'en donner 14 mille audit baron, afin de former les
« 20 mille tant d'une part que d'autre. J'essaierai néanmoins
« de n'en donner que 12 mille, afin de faire cadrer cette
« somme au double de ce que donne M. le duc de Neubourg,
« et ainsi aux autres à proportion, à savoir : 2 mille écus au
« chancelier Somnitz, autant au sieur Iéna, et les mille
« donnés au beau-père de M. Meinders ; de manière que,
« supposé que je donne 14 mille au baron de Schwerin, il
« restera mille écus de la somme de 20 mille, et si je n'en

1. Paris, 23 décembre 1667.
2. Le 22 février 1668.

« donne que 12 mille, il en restera 3 mille. Mais je crois
« utile en même temps de donner un petit régal de vaisselle
« d'argent, ou mille écus à son choix au lieutenant général
« Goltz, qui a si dignement servi le roi ici..... » Au tour
de Pölnitz, et de Meinders : « M. le duc de Neubourg a
« régalé ces messieurs quand ils traversèrent son état, allant
« à Paris, où je ne doute point que l'on fera de même. Au
« besoin, si vous n'y contredisez, je diminuerai, afin de les
« récompenser, la gratification du baron de Schwerin [1]..... »
La sollicitude de M. Millet est, d'ailleurs, immense ; elle
n'oublie personne. Même le greffier du plumitif, lequel,
comme les autres, desservit son maître, recevra une poignée
d'écus : « Le secrétaire, qui a écrit le traité, espère quelque
« chose ; je lui donnerai le moins que je pourrai sur les 2 mille
« risdales restant ; cela ne passera pas 300 [2]..... » Le traité de
Cologne-sur-Sprée eut bien des suites. Grâce à ses articles 6
et 7, par lesquels l'électeur de Brandebourg promettait d'interdire, chez lui, quartiers, passage, levées, et de contraindre
le cercle de Westphalie à pareille attitude, l'empereur Léopold
fut nettement coupé des Pays-Bas, et sa branche ibérique
à dure épreuve. La guerre de Dévolution éclata, et vainqueur en Flandre (juin-août 1667), Louis XIV réduisait,
six mois plus tard, la Franche-Comté. Nulle protestation
ne s'éleva. D'autre part, frappée d'impuissance, et mal
conduite, la cour de Vienne s'égarait. De ténébreuses
négociations furent entamées avec Saint-Germain, et deux
traîtres, Aüersperg et Lobkowitz y jouèrent, un rôle honteux. De guerre lasse, et trompé, l'empereur consentit au
démembrement de la couronne d'Espagne. Un demi-siècle
avant la mort du dernier Habsbourg madrilène, France et
Autriche se partagèrent secrètement ses dépouilles, comme
s'il n'existait plus [3].

1. Le 22 février 1668.
2. *Ibidem*.
3. Mignet, *Négociations relatives à la Succession d'Espagne sous Louis XIV*,
t. II, p. 323 et suiv. — O. Klopp, *Das Jahr 1683*, p. 28 et 39.

Cependant le ciel de Louis XIV s'altère. La Haye, Londres et Stockolm ressentent la plus « terrible jalousie ». Une triple alliance est en formation. Bientôt [1] elle sera signée de Witt, Temple et Dohna. Subissant avec courroux la paix d'Aix-la-Chapelle (2 mai 1668), et les hauteurs de Van Beuninghen, le roi très chrétien restitua la Comté. Une autre ère s'ouvre : l'Espagnol semble disparaître pour quelque temps des préoccupations de Saint-Germain, et La Haye devenir l'objet exclusif de sa haine. Il importe de châtier le Grand Pensionnaire, qui est l'âme de la coalition, et de porter à ces fiers bourgeois, qui contrarient les desseins de la France, un coup mortel. Rompre l'alliance conclue par de Witt, et noyau de toutes les ligues ultérieures, détacher, sans retard, la Grande-Bretagne, et Stockolm, des Provinces-Unies, isoler l'adversaire pour mieux l'anéantir, sera donc le premier soin de Lionne : après, « on ira voyager en Hollande ». Ici, comme précédemment, l'électeur de Brandebourg peut rendre d'utiles services : aussi, à peine signée la paix d'Aix-la-Chapelle, les diplomates de Louis XIV lui prodigueront faveurs et promesses. Décembre 1669 [2] vit éclore un nouveau traité. Cette convention resserre étroitement les liens qui unissent déjà Louis XIV à Frédéric-Guillaume. Elle complète l'œuvre de Cologne, et prépare la transition des anciens aux futurs projets. En cas de conflit avec le roi catholique, d'infractions par Saint-Germain à l'odieuse trêve d'Aix-la-Chapelle, M. de Brandebourg devait seconder les troupes royales. Six mille hommes d'infanterie, quatre mille chevaux opéreront aux Pays-Bas. Solde et entretien sont à la charge de Louis XIV, qui s'engage, en outre, à payer 400 mille écus de subsides au margrave, en dix ans, et par termes déterminés, et à lui faire céder en toute souveraineté les villes et forts de Gueldre, Venloo et Rure-

1. Le 23 janvier 1668.
2. *Ibidem*, Mignet, p. 286.

monde [1]. M. de Lionne revient, on le voit, à son idée favorite ; il désire que Frédéric-Guillaume s'installe solidement aux portes de nos conquêtes ; seulement ce n'est plus le bassin de l'Escaut, c'est la Meuse qu'il lui assigne. De son côté, aigri de l'échec de Neubourg, auquel les Polonais préférèrent Koributh pour roi, l'électeur se prêtera volontiers à une entreprise contre Madrid : il y voit une compensation à ses déboires de Cracovie. Enfin — dernière particularité — l'expérience l'a rendu prudent, et sa diplomatie exige les subsides, qu'elle oublia — on sait pourquoi — à Cologne-sur-Sprée. Ces clauses paraissent à première vue un stérile anachronisme, puisque c'est aux seules Provinces-Unies qu'en veut maintenant Saint-Germain. Leur haute importance ne fait pourtant pas de doute, car elles expriment les arrière-pensées de Louis XIV, et nous découvrent le véritable but de la guerre de Hollande. Si le roi très chrétien brûle d'abaisser MM. des États, il n'est pas uniquement mû par la rancune. Il prétend mieux parvenir à l'annexion des Pays-Bas espagnols, dont La Haye s'improvisa la protectrice ; et, loin de renoncer à Bruxelles, ses diplomates se bornent à faire un circuit, à passer par le Zuiderzée. La preuve, ce sont les auxiliaires, dont s'assure déjà leur prévoyance ; c'est le traité de 1669 avec Berlin, qui n'aura son entier effet qu'à la destruction des Provinces-Unies. D'ailleurs ne croyons pas que le nouveau pacte soit dépourvu de toute utilité présente, puisqu'il mettra le Brandebourg en goût, lui fera souhaiter d'autres ouvertures. Bientôt Frédéric-Guillaume sera si alléché que, sans attendre l'époque où elles menaceront le roi catholique, ses armes vont se tourner contre la Hollande. Voilà les espérances de Louis XIV. Sous leur empire, Fürstenberg

1. Venloo, ancienne ville hanséatique, sur la rive droite de la Meuse, aujourd'hui possession hollandaise. — Ruremonde, au confluent de la Roer et de la Meuse ; forteresse espagnole jusqu'en 1716 ; après, chef-lieu de la Gueldre autrichienne, dépendance du département français de Meuse-Inférieure, enfin ville hollandaise.

arrive à Berlin, et y développe tout un plan, qui ne concerne plus les Pays-Bas espagnols. Qu'apprit ce voyageur au margrave? La ferme intention de Louis XIV d'assaillir prochainement MM. des États, les desseins conformes de Charles II d'Angleterre et sa conversion au catholicisme. A Londres, à Saint-Germain, ajoute Fürstenberg, on compte fort sur l'appui de Son Altesse : en conscience, elle ne peut le refuser, car quelle magnifique occasion de reprendre les places du pays de Clèves, si arbitrairement détenues depuis la guerre de Trente-Ans, par leurs hautes puissances les seigneurs États Généraux? Mais, au grand dépit de l'envoyé français, Frédéric-Guillaume fait la sourde oreille. Lui, qu'on croyait, depuis la convention de décembre 1669, un fidèle et inébranlable allié du roi très chrétien, il frémit, et se cabre à la nouvelle que Louis XIV veut terrasser un État protestant; il est plus sensible à ce péril qu'au recouvrement de ses places. En outre, deux faits le frappent : la conversion probable du roi d'Angleterre, et l'inertie de Vienne, ses complaisances pour Louis XIV. Y aurait-il en négociation quelque ligue catholique, une entente contre la Réforme? M. de Brandebourg l'appréhende, et l'éloquence de Fürstenberg, d'autant plus persuasive que Louis XIV la rente de 25 mille écus [1], ne parvient pas à le détromper. Ainsi s'exprime Frédéric-Guillaume en 1670 [2]. Vite Louis XIV écrit à Londres : plaise au roi Charles II de différer son abjuration ! Berlin en prend ombrage [3] ! Puis nouvel effort pour entraîner l'électeur ; départ de M. de Verjus [4], au commencement de 1671, avec mission de

1. MIGNET, *Négociations relatives à la Succession d'Espagne sous Louis XIV*, t. II, p. 325.
2. *Ibidem*, t. III, p. 288.
3. O. KLOPP, *Der Fall des Hanses Stuart*, t. I, p. 269.
4. Louis de Verjus, comte de Crécy, né, en 1629, d'un conseiller au Parlement, mort en 1709; un des plus avisés négociateurs du xviie siècle; académicien, libelliste. Il eut de vifs démêlés avec Lisola, le fameux diplomate autrichien, dont les écrits : *Le bouclier d'état et de justice*, et *La sauce au Verjus*, émurent tant Louis XIV et Louvois.

conclure le pacte, que Fürstenberg proposa vainement. Verjus resta trois semaines aux bords de la Sprée. Frédéric-Guillaume ne lui parut pas mieux disposé. Le malheureux sort de ses coreligionnaires l'attriste, et Schwerin, Meinders, partagent son émoi. Peut-être leur gracieux maître restera-t-il neutre entre Français et Hollandais : c'est tout ce que ceux-ci promirent au comte de Crécy [1].

Louis XIV ne se tint pas pour battu ; en février 1672, nous trouvons auprès de l'électeur un troisième plénipotentiaire, le comte de Saint-Géran [2]. Ses objurgations furent pressantes, enflammées, et il le fallait, car la guerre est imminente.

« Le monstre de la Triple-Alliance » a vécu. Non seulement l'Angleterre marchera contre les Provinces-Unies, mais Stockholm — que Berlin le sache! — entre en danse. Sa mission consiste à brider le corps germanique, à maintenir les princes allemands, qui se déclareraient pour la Hollande. M. de Brandebourg ira donc au-devant de cruels déboires, s'il seconde les ennemis du roi très chrétien. A l'inverse, est-il son allié? Buderich, Rheinberg et Orsoy, Emmerich, Rees et Wesel [3], toutes les villes du duché de Clèves, qu'occupent des garnisons hollandaises, reviendront à leur souverain légitime. Néanmoins, Frédéric-Guillaume balance, s'esquive. Il ne veut ni conclure un traité de coopé-

1. Mignet, t. III, p. 289-290.
2. Bernard de La Guiche, comte de Saint-Géran, de la Palice, et de Jaligny, lieutenant général, chevalier des Ordres, et plénipotentiaire à Florence, Londres et Berlin. Petit-fils du maréchal de la Guiche, et soustrait au moment de sa naissance (1641), il eut un procès fameux à soutenir pour recouvrer son état. C'est le Saint-Géran dont parlent la marquise de Sévigné et Saint-Simon. En lui a fini la branche de La Guiche-Saint-Géran.
3. Buderich (Bluscher), 4 kilomètres S.-O. de Wesel, défendue par les Français en 1813. — Rheinberg (Rhinberg), 40 kilomètres N. de Düsseldorf, souvent pris, et assiégé. — Orsoy, sur la rive gauche du Rhin, démantelé en 1672. — Emmerich, 7 kilomètres N.-E. de Clèves, port de commerce, et, aujourd'hui encore, place forte. — Rees, régence de Düsseldorf, et chef-lieu de cercle. — Wesel (anc. Aliso), forteresse et port franc, au confluent de la Lippe et du Rhin.

ration, ni même promettre de rester neutre. Son motif, nous le connaissons, et il le donne avec plus d'emphase que jamais : la crainte de voir succomber une république protestante et amie. Mais le madré Saint-Géran en suppose d'autres, qui sont sans doute les vrais : une vive animosité contre l'archevêque de Cologne et l'évêque de Münster, jointe à l'espoir de s'agrandir aux dépens de ces deux alliés de Louis XIV [1]. Fin de mars, la cour de France rappelait brusquement son ministre, dont l'échec est hors de doute. D'après le compte qu'il rendit à Pomponne, M. de Brandebourg agit au plus mal : se détourne-t-on de Clèves pour le ménager? le Betuwe, qui attendait Turenne, devient inaccessible, à cause des grandes eaux du Wahal et des difficultés que présente une attaque de front; parce que les forteresses hollandaises vont tirer en écharpe, couvrir Tholhuys [2], empêcher toute marche parallèle au Rhin intermédiaire. Marche-t-on sur Clèves? Son Altesse prétextera qu'il y a violation de territoire, et jettera le gant. Les diplomates du roi très chrétien étaient encore au-dessous de la vérité. Ils ignoraient qu'à peine Saint-Géran pourvu de ses passeports, Frédéric-Guillaume manda secrètement Amerongen, l'envoyé hollandais, et conclut (26 avril 1672) une alliance formelle avec les États généraux. D'après ce traité, qui fut, comme celui de 1664, paraphé à Cologne-sur-Sprée, l'électeur promettait aux Hollandais un secours de vingt mille hommes, qu'il commandera lui-même, et les États payaient moitié de la solde, moitié de la levée [3]. Frédéric-Guillaume fit mieux encore ; il dépêcha secrètement

---

1. Mignet, *Négociations relatives à la Succession d'Espagne sous Louis XIV*, t. III, p. 691.

2. Ou maison du Péage. C'est là, non loin de l'endroit où le Rhin se subdivise en trois branches, le Leck, le Wahal et le Rhin intermédiaire, que Louis XIV passera dans quelques mois. — Le Betuwe (Betaw), ou île des Bataves, enserré par les trois bras du Rhin (Gueldre).

3. Mignet, *Négociations relatives à la Succession d'Espagne sous Louis XIV*, t. III, p. 694.

à Vienne. L'envoyé lui touche de près ; c'est son beau-frère, d'Anhalt [1]. Louis XIV fonçait dans le duché de Clèves en même temps qu'Anhalt arrivait à la Hofburg. Tournant les Provinces-Unies, et l'infranchissable Wahal, ses troupes faisaient vigoureusement à droite, puis enlevaient sans coup férir, du 3 au 11 juin, les forteresses rhénanes, où flotte le drapeau Hollandais, bien qu'elles appartiennent à M. de Brandebourg. Aussitôt d'Anhalt s'écrie, conformément aux prévisions de Saint-Germain, que la France viole d'une façon flagrante le territoire germanique, et qu'il est du devoir strict de l'empereur de secourir son vassal. Ce langage manquait de toute sincérité : si Louis XIV porte la guerre dans le pays, de Clèves, à qui la faute, en effet? à l'électeur, et à lui seul, car ne l'oublions pas, Saint-Géran, comme ses prédécesseurs, venait de proposer à Berlin une alliance contre la Hollande. Elle était avantageuse, puisque loin de livrer Clèves au roi très chrétien, elle mettait Frédéric-Guillaume à même d'en chasser les intrus. Pourtant, il la rejeta! — Les premiers discours d'Anhalt émurent peu l'empereur. L'année précédente (1er novembre 1671), Vienne avait promis à Louis XIV de rester neutre, et un changement d'attitude, une intervention en faveur de MM. des États ne lui sourit guère. La guerre sera longue, croyait Léopold; elle prendra au moins vingt-cinq ou trente ans, pendant lesquels les meilleurs moyens de la France se consumeront, et la maison d'Autriche se rétablira [2]. Soudain arrivent d'incroyables nouvelles : prise

---

1. Anhalt-Dessau (Jean-Georges II, prince d'), colonel suédois; prit part aux guerres de Charles X Gustave contre la Pologne et le Danemark; passa (1659), en Brandebourg, et devint successivement général de cavalerie, statthalter des Marches, feld-maréchal (1670). Époux d'Henriette-Catherine de Nassau, belle-sœur de Frédéric-Guillaume ; père de Léopold (der alte Dessauer), qui combattit brillamment, sous Frédéric II, et organisa l'infanterie prussienne. — Georges d'Anhalt était « aussi sage que vaillant » (Frédéric II); il avait, en outre, beaucoup de mérite comme négociateur. Né en 1627; † en 1693.
2. Mignet, *Négociations relatives à la Succession d'Espagne sous Louis XIV*, t. IV, p. 11.

des villes du Rhin, passage du grand fleuve, invasion de la Hollande, succès foudroyants des armées françaises ; muets de stupeur, les conseillers de Léopold avouent unanimement que le roi très chrétien a triomphé, et avec un rare éclat ; « qu'il a soumis en moins de jours « son adversaire, que les États généraux n'employèrent « d'années à établir l'union de leurs provinces [1]. » Aussitôt Anhalt rentre en scène, et déclare très froidement « que si Sa Majesté Impériale délaisse Clèves, Son Altesse « de Berlin s'alliera au roi de France, et obtiendra, en « échange de son concours, un lambeau des Provinces-« Unies et des Pays-Bas espagnols [2] ». Ce langage augmenta l'effarement qui régnait à Vienne, et contribua fort à soulever contre Louis XIV une grande partie de l'Europe. Il contenait effectivement une sommation à l'adresse de l'Autriche, et une divulgation de nature à faire tressaillir Madrid, et les puissances amies de l'Espagne. L'empereur était obligé de prendre la défense des Hollandais, et du pays de Clèves, de modifier immédiatement sa politique, sinon l'électeur de Brandebourg embrassait la cause de Saint-Germain, « et alors », suivant une juste remarque [3], « com-« ment courir au-devant du torrent, qui menacera l'Alle-« magne? quelle digue lui opposer? » Quant à l'Espagne, les paroles d'Anhalt furent un véritable trait de lumière. Le roi catholique sut où tendait réellement son frère de France, et que la défaite des Hollandais sera le prélude de nouvelles entreprises contre les Pays-Bas. Sur ce point, aucun doute, car le second acte du drame et les rôles sont tout prêts; souvenons-nous des mystérieuses écritures de 1669, passées entre Louis XIV et M. de Brandebourg. Monterey, le gouverneur de Bruxelles, fournira donc quelques troupes au Prince d'Orange ; de plus, Madrid

---

1. Le chevalier de Gremonville à Louis XIV, Vienne, 30 juin 1672.
2. Pufendorf, *De rebus gestis Frederici Wilhelmi Magni*, liv. XI, § 51.
3. Attribuée au ministre Schwartzenberg.

adjure l'empereur de joindre ses forces à celles de Berlin, et de prendre parti pour les Hollandais. Quatre cent mille écus sont mis à la disposition de Léopold, « et ce n'est pas de trop », ajoute le représentant du roi catholique, « puisque, « sous trois mois, les Français seront devant Vienne, à moins « d'un grand effort, ou qu'on n'élève Louis XIV roi des « Romains [1] ». Ému par les menaces du Brandebourg et les exhortations de Madrid, auxquelles Berlin n'était pas étranger non plus, l'empereur décida d'armer et de s'unir à Frédéric-Guillaume. Transporté de la bonne nouvelle, Anhalt reprit le chemin de son pays. Quelques jours plus tard (23 juin 1672), il signait avec Goessen, ministre d'Autriche, un traité d'alliance défensive, d'après lequel, les parties contractantes s'engageaient à maintenir la paix de Westphalie, à combattre ses perturbateurs, et à réunir chacun douze mille hommes avec tous les équipages nécessaires. A la mi-juillet, l'infatigable Anhalt reparut à Vienne, et les ratifications s'échangèrent. Jusqu'ici, il n'était question que d'un pacte défensif, de la sauvegarde du territoire germanique. Louis XIV se flattait encore de restreindre le conflit, et que Vienne et l'Allemagne limiteraient leur intervention aux affaires de Clèves, sans prendre la cause de MM. des États. Ses illusions durèrent peu : Frédéric-Guillaume, qui tenait tous les fils de la coalition naissante, dépêcha en Hollande, suppliant le stathouder de faire ferme, l'assurant que l'heure du salut approchait. L'électeur disait vrai : la semaine suivante (25 juillet), Vienne et les États généraux conclurent un traité qui ne laissait plus aucun doute sur le but de l'alliance austro-brandebourgeoise, et ne la réduisait pas à la simple protection du territoire germanique. Par ce traité, Hollandais, Allemands, Autrichiens opéreront de concert ; sitôt la jonction de l'empereur avec les soldats de M. de Brandebourg, la république versera deux cent mille

1. Gremonville à Louis XIV, 30 juin 1672.

rixdales, sans préjudice des subsides mensuels, et il lui faudra l'assentiment de Vienne et de Berlin pour négocier avec le roi de France[1]. La convention de juillet 1672 donnait à MM. des États de puissants alliés : l'empereur, une grande partie de l'Empire, sont du nombre. L'Espagne ne court pas encore aux armes. Néanmoins, elle aussi partage le sentiment de Frédéric-Guillaume, et témoigne à la Hollande une faveur, à Louis XIV une haine, bien faites pour réjouir l'École de Potsdam. — Ces nouvelles remplirent la cour de France d'inquiétude, et le comte de La Vauguyon[2] fut envoyé à l'électeur. Ses instructions se bornaient à un point : sommer Frédéric-Guillaume de rester neutre, et, en cas de refus, le menacer de la colère royale. Un tel langage différait profondément, on le voit, des mielleuses paroles de Saint-Géran, « que Berlin serait à cette heure si aise d'entendre[3] ». Aujourd'hui, il n'est plus question de faire du margrave le souverain seigneur des forteresses clévoises, où les Hollandais campèrent si longtemps ; fi de son alliance ! les succès du roi très chrétien ont trop changé la face des choses, et que M. de Brandebourg ne se permette plaintes ou remontrances, « car le sieur comte de La Vauguyon lui
« représentera fortement que Sa Majesté s'étant rendue
« maîtresse avec justice de ces places sur les Hollandais,
« ledit sieur électeur ne peut trouver étrange qu'elle y
« exerce la même autorité qu'il y souffrait à une puissance
« étrangère dans l'empire, ou ennemie de la France[4] ».
La Vauguyon ne fit que toucher barre à Berlin, et vint rendre compte. Louis XIV était dans ses camps du Rhin,

1. MIGNET, *Négociations relatives à la Succession d'Espagne sous Louis XIV*, t. IV, p. 88-89.
2. André Bethoulat de Fromenteau, comte de La Vauguyon par sa femme, (Marie Stuer de Caussade de Saint-Megrin, descendante des princes de Carency, et veuve de Barthélemy de Quélen), chevalier des ordres, conseiller d'État, ambassadeur. Se tua (1688) dans un accès de démence.
3. Louis XIV au comte de La Vauguyon ; camp de Rhinberg, 7 juin 1672.
4. *Ibidem.*

où il apprit que Frédéric-Guillaume se bornait à promettre l'envoi de Krokow, un des plus beaux parleurs de la diplomatie électorale. Krokow expliquera au roi, avec l'onction qui le caractérise, les véritables sentiments de Son Altesse. Cependant — et, chose plus sérieuse, d'après La Vauguyon — les troupes du margrave se massent entre la Lippe et l'Holzemme. Louis XIV renvoya (24 juillet) son plénipotentiaire à Berlin. Le voyage fut long, accidenté. Il dura près d'une quinzaine. Enfin La Vauguyon est introduit pour la seconde fois. Frédéric-Guillaume, que la goutte tourmente, gardait le lit. Sommé durement de replier ses soldats, et de rester neutre, puisque sa très chrétienne Majesté n'en veut pas à l'empire, il prit de l'humeur, tonna contre les si mauvais traitements de la France, qui faisait démolir les villes du pays de Clèves, et l'empêchait d'envoyer M. Krokow; finit là-dessus l'audience, déclarant qu'il assemblerait son conseil [1]. Deux jours après, Anhalt, Schwerin et leurs collègues avisaient La Vauguyon que ses propositions étaient communiquées à l'empereur, et que de la réponse de Vienne dépendait celle de Berlin ; jusque là, en respectueux allié des Habsbourg [1], l'électeur ne peut que se précautionner. C'était une nouvelle défaite. Louis XIV ne s'en paya point, et Turenne franchit le Rhin. Quant à Frédéric-Guillaume, il quitte Potsdam, et le voici sur la route d'Halberstadt, où l'attendent ses troupes. Avant de partir, il reçut La Vauguyon en audience de congé. L'entretien fut vif et marqué d'incidents comiques. L'électeur circulait à grands pas, l'air tout enflé. Soudain il s'arrête, observe au Français qu'il fait bien chaud, et l'entraîne dans une salle voisine, d'où Dohna le tirait bientôt pour lui faire voir les beautés de la maison. Ils parcoururent une espèce de ménagerie. « J'y trouvai, » mande La Vauguyon, « l'agré-
« ment proportionné à tout le reste [2] ».

1. La Vauguyon à Pomponne, Berlin, 7 août 1672.
2. La Vauguyon à Pomponne, Halberstadt, 2 septembre 1672.

Alea jacta est! la campagne de 1672 commence. Impériaux et Brandebourgeois sont en route vers le Rhin. Leur jonction aura lieu dans l'évêché d'Hildesheim [1]. La lenteur de cette marche concentrique favorise singulièrement Turenne, qui vient de passer le Rhin à Wesel (10 septembre). Parti, le 29 août, du pied du Fichtelberg [2], Montecuccoli n'arrivait à destination qu'une quinzaine plus tard. Quant à Frédéric-Guillaume, il faisait, par jour, une lieue ou une lieue et demie. Pourquoi si peu de célérité? à cause des méfiances du feld-maréchal et de sa cour, des arrière-pensées de l'électeur. Pour sa part, Vienne sentait vivement le péril, où d'autres l'entraînent, et combien le rôle qu'on lui fait jouer est ingrat. Rappelons-nous que l'empereur Léopold n'aime guère les États généraux, et le voilà contraint de leur porter secours! De son côté, Berlin sera-t-il ferme? ira-t-il droit et à fond, lui qui a voulu, imposé la rupture? Nullement! Frédéric-Guillaume a moins à cœur de combattre Louis XIV que d'envahir certains évêchés, et de prendre Münster, et Hildesheim, auxquels « il fait l'amour » depuis longtemps [3]. En février, Saint-Géran constatait déjà cette « démangeaison », que les politiques autrichiens trouvent étrange et raillent. Nous en voyons la preuve dans les piquantes confidences que l'ambassadeur Gremonville reçut au moment, où Montecuccoli quittait « Egra [5]. M. de Brandebourg fait le fanfaron. Il prétend « être l'arbitre des affaires. » Et une autre fois : « M. de Brandebourg fait le cheval échappé. A la pre-
« mière nouveauté, Montecuccoli le laissera seul [4] ». On fut jusqu'à dire à Gremonville : *che bisognava la pace* (il

1. Hennepolis; annexé successivement à la Westphalie (1807), au Hanovre (1815), à la Prusse (1866); fondation de Charlemagne.
2. Littéralement, monts des Sapins; ils s'étendent entre la Bavière, la Saxe et la Bohême; le Böhmerwald et le Jura franconien s'en détachent.
3. Le chevalier de Gremonville à Louis XIV, Vienne, 14 septembre 1672.
4. Le chevalier de Gremonville à Louis XIV; dépêches des 2, 26 septembre, 2 octobre 1662.
5. Ou Éget; cheb, en tchèque. Ville de Bohême, sur la rivière de ce nom. Vallenstein y fut assassiné.

faut maintenir la paix). Mais les violentes injonctions de Frédéric-Guillaume, Turenne qu'on signale sur la Lahn, et ses devoirs de chef de l'empire ne permettaient plus à Léopold d'éviter une rupture.

En présence d'adversaires si désunis, de l'électeur qui flotte et randonne, qui égare les impériaux à plaisir, du soupçonneux Montecuccoli, toujours aux aguets, et plein d'éloignement pour son allié, Turenne était à l'aise. On s'explique qu'avec seize mille hommes il en tint quarante mille en respect; l'inaction des coalisés qui, à la mi-octobre, stationnaient encore près de Giessen, et sous Friedberg [1]; pourquoi leurs généraux errèrent six semaines entre Wesel et Mayence — deux points séparés par un écart de soixante-cinq lieues, — sans échapper aux Français, ni franchir le Rhin ; l'insuccès de Strasbourg, dont le pont saute à la barbe du margrave, et ses zigzags pour revenir en face de Weisenau [2]. Le 23 novembre, Montecuccoli et Frédéric-Guillaume sont enfin passés, mais continuent à se faire échec. Au lieu de piquer droit à travers l'électorat de Trèves, de rejoindre vivement Guillaume d'Orange, qui côtoie la Meuse, nouveaux détours de M. de Berlin! mêmes perplexités du feld-maréchal, chaque jour plus sombre et circonspect! Partout Turenne les prévient, les repousse : impossible de dépasser Prüm [3], ni d'atteindre la Hollande. Quant à une deuxième tentative sur l'Alsace, elle serait certainement plus stérile que la première. D'ailleurs l'hiver redouble ; intempéries et privations éclaircissent les Austro-Brandebourgeois : il faut battre en retraite, repasser le Rhin. Turenne suit son adversaire, et, malgré les frimas, le presse, le traque au

---

1. Hesse. — « A peine Montecuccoli et l'électeur sont-ils ensemble, » dit le duc d'Aumale, « la discussion s'engage, les conférences de conseillers et de généraux se succèdent » (*Histoire des Princes de Condé*, t. VII, p. 354).
2. Une portée de canon de Mayence.
3. Ou Pruym, chef-lieu de cercle, sur la Prüm, affluent de la Sure.

delà de la Lippe et du Weser, enlève à M. de Brandebourg Minden et Ravensberg, puis fond jusqu'à l'extrémité de la Westphalie. Du coup, ceux d'Allemagne se disloquent : les soldats de Léopold pour reprendre la route de Franconie et de Bohême [1], les Brandebourgeois pour cantonner à la porte d'Halberstadt; tous croyant que « c'est un rêve ». Enfin, le renard disparaît ; pantelant, victime de ses artifices, Frédéric-Guillaume rentre à Berlin (mars 1673).

En avril, coup de théâtre ! Imitant la nature, qui se renouvelle, et dépouillant le vieil homme, le revoici francophile ! Commencée aux premières feuilles, cette étonnante conversion était définitive avant la mi-juin. A Saint-Germain, Pomponne, d'ordre de Louis XIV, Strattmann, pour le compte de l'électeur, jetèrent (10 avril) les bases d'une convention, que le roi très chrétien ratifia, sept semaines plus tard, au camp de Wossem [2]. Malgré ses défaites, Berlin obtint d'extraordinaires avantages ; ils n'eussent pas été plus grands après victoire. Louis XIV ne se bornait pas à rendre Minden, Ravensberg, et toutes les conquêtes septentrionales; l'électeur recevait les places rhénanes de Wesel, Emmerich, Gennep, etc., dont la Hollande lui dispute la souveraineté. On lui accorde une indemnité de 800 mille livres, et si quelques princes allemands se plaignent des ravages du Brandebourg, Saint-Germain les désintéressera, ou leur imposera silence. Moyennant quoi, Frédéric-Guillaume devient le fidèle et bon allié de son vainqueur. Les traités franco-brandebourgeois d'avril et juin 1673 causèrent une surprise générale. Il paraissait inexplicable que Louis XIV victorieux fît don au margrave de ces forteresses, tant de fois offertes avant la guerre, pour prix d'une alliance contre MM. des États, et constamment dédaignées.

1. « Montecuccoli n'avait pas été heureux dans la campagne qui vient de finir..... Avait-il été gêné par son association avec le Grand Électeur?..... » (*Ibidem*, Le duc d'Aumale, p. 418).
2. Près de Maëstricht.

gnées. Le roi de France oubliait donc que, courroucé des hauteurs et de la mauvaise foi de M. de Brandebourg, il enjoignit à ses diplomates de ne plus agiter cette question? bien mieux! de convaincre Frédéric-Guillaume que les villes d'Emmerich, Gennep, et autres, étaient irrévocablement perdues pour la maison de Hohenzollern? Ne se souvenait-il pas des fières paroles de La Vauguyon, vieilles à peine d'une année : « Nous sommes « entrés sans vous dans le pays de Clèves; nous y resterons « malgré vous. [1] » La clause concernant les subsides est aussi fort étrange. Pourquoi accorder 800 mille livres à un vaincu, alors que, six ans plus tôt, dans un temps où Frédéric-Guillaume n'avait pas encore fait acte d'hostilité, Lionne refusait d'en promettre 100 mille? Enfin, l'article premier, par lequel Saint-Germain s'interpose entre pillard et pillés, passe toute imagination; grâce à lui, le déprédateur, l'ennemi de la France, aura l'impunité, mais les représailles sont défendues à ses victimes! On dirait vraiment qu'en dépit de ses victoires Louis XIV appréhende toujours l'électeur, ou que Frédéric-Guillaume reçoit la récompense de services secrets. L'inconstance du margrave égale, d'ailleurs, l'apparente longanimité du roi très chrétien; lui, le boute-feu de la ligue, qui anima l'Espagne, contraignit l'empereur à prendre les armes, supplia La Haye de tenir bon, il les délaisse après les avoir poussés aux extrêmes. Il sacrifie à Vossem ses causes les plus chères : la réforme et l'intégrité de l'empire. Aussi ne nous étonnons pas de l'émoi de Vienne, et du courroux de Guillaume d'Orange, s'écriant : « Mon oncle s'est déshonoré[2]! »

1. V. supra.
2. Krampich à l'empereur, La Haye, 12 mars 1673 : « Der Kürfürst von Brandenbourg hat hübel procedirt, seine Ehre in die Schanze geschlagen, den Betrag mit uns schändlich gebrochen » (Paroles textuelles du Stathouder) Vienne, Archives impériales. — Frédéric-Guillaume, électeur de Brandebourg, épousa en premières noces Louise-Henriette de Nassau, sœur de Guillaume II, le père du stathouder.

Toutefois, que Léopold, que le stathouder se rassurent : Frédéric-Guillaume ne tardera pas à leur revenir. Au fond, l'empereur n'en a jamais douté, et quand ils furent plus calmes, ses ministres le laissèrent entendre. Quoique prévenu, Louis XIV resta incrédule. Il ne pouvait admettre tant de versatilité. Cette défaillance, qu'annonce le judicieux Gremonville [1], était pourtant facile à prévoir. Sur la Sprée, on sait prendre le vent ; or, Saint-Germain ne l'a plus en poupe ; il l'a debout. Malgré l'accord de Vossem, la guerre allait croissant ; l'empereur, et Guillaume d'Orange rivalisaient d'activité. Quarante mille hommes de troupes fraîches ont débouché du Boehmerwald, s'avançant vers la Hollande et les frontières françaises (août-septembre 1673). Débarrassé de M. de Brandebourg, et redevenu lui-même, Montecuccoli contiendra Turenne. Il le faisait repasser en Alsace, et, par une sourde contre-marche, portait les Autrichiens devant Bonn, qui capitula le 12 novembre, et où d'Orange renforça le feld-maréchal. Premier et cuisant souci pour Frédéric-Guillaume : sur la fin de 1673, les généraux de Louis XIV n'ont plus pied dans l'empire, ni en Hollande, et leurs vainqueurs sont les trahis de Vossem. Autres surprises plus cruelles : Louis XIV est abandonné de tous ses amis, et les neutres murmurent. D'heure en heure, la ligue, l'orage grandit. Le Saint-Empire remue, et tire l'épée. Léopold fait alliance séparément avec Münster, Brünswick et Lunébourg : ensuite avec Trèves, Mayence et le Palatin : autant de confédérations, d'étaux difficiles à rompre. Voici le Danemark et l'Espagne en courroux : l'Espagne qui se souvient des anciennes menaces de Berlin : « Si nous passons aux « Français, nous obtiendrons « partie des Pays-Bas [2]. » La Grande-Bretagne elle-même ne veut pas rester l'amie de Saint-Germain ; Charles II et les Provinces-Unies signent à

---

[1]. Gremonville à Louis XIV, 24 mai et 1ᵉʳ juin 1673.
[2]. V. *supra*.

Londres leur réconciliation (février 1674). Enfin, à Louis XIV de justifier sa devise : « *Nullius impar* » ; il ne lui reste que la Suède et M. de Brandebourg. L'électeur jugea cette partie trop inégale. Conformément aux prévisions de Vienne et de Gremonville, il va donc la quitter sans aucun scrupule. Le 1ᵉʳ juillet 1674, treize mois après ses solennels serments de Vossem, Frédéric-Guillaume signait avec l'empereur un traité offensif. Sa souplesse tenait du prodige. En deux ans, Berlin avait poursuivi quatre projets, et varié trois fois : excitant d'abord les haines, imaginant la grande alliance pour écraser Louis XIV, et surtout ravir les principautés ecclésiastiques de Münster et d'Hildesheim ; se vendant à la France, quand de rudes échecs, la plus méritée des invasions, eurent fait taire ses appétits ; et maintenant, il la dédaigne ! Oublieux des signalés services qu'il en reçut, le Brandebourg repasse au premier rang de la coalition. D'ailleurs est-il seul coupable ? Des diplomates français n'auraient-ils pas contribué à cette défection ? A Ratisbonne, tandis que Gravel priait, suppliait la Diète de rester neutre, notre obligé de Vossem faisait le mort (octobre 1673—mai 1674 [1]). Gravel devait exiger plus. Aux Carmes de Cologne, durant le stérile congrès que provoqua la Suède, Courtin, Barillon-Damoncourt et le duc de Chaulnes [2] manquèrent également de clairvoyance. L'élec-

1. « L'électeur de Brandebourg s'abstenait d'intervenir depuis son dernier traité. »
(MIGNET, *Négociations relatives à la Succession d'Espagne sous Louis XIV*, t. IV, p. 311.) — Robert de Gravel, sieur de Marly, plénipotentiaire en Prusse, ministre à Ratisbonne, envoyé en Bavière (1668). — Père du marquis de Marly, ambassadeur en Suisse (1684) ; frère de l'abbé de Gravel, ministre à Mayence (1674).
2. Fils d'Honoré d'Albert, seigneur de Cadenet, et premier duc de Chaulnes ; duc de Chaulnes lui-même, après son frère aîné ; lieutenant général ; chevalier des ordres ; lieutenant aux chevau-légers du roi ; ministre plénipotentiaire à Cologne (1673) ; et trois fois ambassadeur à Rome (1667, 1670, 1689). — Honoré Courtin, ambassadeur en Angleterre sous Charles II, négociateur de la paix de Bréda, intendant, doyen du Conseil d'État. Sa fille, Mᵐᵉ de Varangeville, fut la mère de la maréchale de Villars. — Paul Barillon, marquis de Branges, frère de l'évêque de

teur se déroba outrageusement ; symptôme grave ! ses députés furent les organes du tiers parti (juin 1673 — février 1674). Et les plénipotentiaires de Louis XIV n'y prirent garde [1].

Mais quittons Cologne et son abbaye ; la mitraille fait rage aux bords du Neckar et du Rhin. A Sinzheim (16 juin 1674), Turenne bat deux lieutenants de l'empereur, Caprara, Charles IV de Lorraine ; à Enzheim (4 octobre), il ramène les mêmes, augmentés du généralissime Bournonville [2]. Néanmoins, alerte ! ses reconnaissances signalent un troisième flot ; c'est l'électeur : marche hésitante et oblique, coupée de fréquents arrêts. Sont-ce des gens qui vont à la parade, ou, de mauvais cœur, au combat ? Qu'importe ! Très vive fut l'alarme, et Louis XIV convoqua l'arrière-ban [3]. Au lendemain des effusions de Cologne, ces transes prêtaient à rire, et, malgré leurs inquiétudes, Vienne, La Haye, Madrid, et le roi de Suède, s'en égayèrent. Cependant, grossis de M. de Brandebourg, — ils sont soixante mille, — les impériaux

Luçon, et de l'intendant Morangis, fut, plus tard, ambassadeur à Londres. La Fontaine lui dédia l'apologue sur « le Pouvoir des Fables ».

1. « Louis XIV consentit à ce que l'électeur de Bavière, l'électeur de Brandebourg, etc., avec lesquels la Suède voulait former un tiers parti en Allemagne, envoyassent des députés à Cologne. »
(MIGNET, *Négociations relatives à la Succession d'Espagne sous Louis XIV*, t. IV, p. 275-276.)

2. Feld-maréchal autrichien ; vice-roi de Catalogne, et de Navarre ; capitaine général des provinces basques ; chevalier de la Toison d'Or, Alexandre de Guines, duc de Bournonville, comte d'Hénin-Liétard, baron de Capres, et de Houlefort, servit l'empereur à deux reprises : de 1642 à 1650, et de 1672 à 1675. Il servit également l'Espagne, et y mourut. Son fils, Alexandre III, épousa Marie-Victoire d'Albert de Luynes, et sa petite-fille, le duc de Duras. — Ambroise, un des frères du feld-maréchal, fut pair de France, chevalier d'honneur d'Anne d'Autriche, gouverneur de Paris, et Marie-Françoise, fille d'Ambroise, duchesse de Noailles. — Bournonville, ou Brunonville, du surnom de son premier seigneur, Guillaume de Guines, dit le Brun, localité boulonnaise (canton de Desvres), et duché-pairie. — Hénin-Liétard, ville, et seigneurie artésienne (arrondissement actuel de Béthune), que Philippe II, d'Espagne, créa comté (1582). Apport d'Anne de Ranchicourt, qui épousa (1535) Guy de Bournonville. — Philippe IV, roi d'Espagne, ayant érigé en principauté, sous le nom de Bournonville, la seigneurie de Bughenhaut (Brabant), le feld-maréchal s'intitula duc et prince (1658).

3. MIGNET, t. IV, 294-295.

prennent l'offensive, passent le Rhin ; et à Lingolsheim [1], concentration générale, Turenne reculant devant l'homme auquel il tint, en 1672, le pied sur la gorge. Detwiller [2], solide position entre Saverne et Haguenau, reçoit les Français : dix mille fantassins, huit mille chevaux. Si les confédérés y marchent tous, nous aurons probablement une écrasante défaite. S'ils se divisent, les uns harcelant Turenne, les autres — dessein de Bournonville — pour fondre à travers les Vosges sur la Champagne et Paris, que de ravages! quel coup incalculable ! et comment ne pas s'y attendre ? leurs enfants perdus tiraillent par delà les montagnes ; une récente escarmouche a failli nous enlever Lunéville. Néanmoins, le maréchal français garda le plus superbe calme : « Je suis persuadé, » écrit-il fièrement [3], « qu'il vaudrait mieux pour le service « de Sa Majesté perdre une bataille qu'abandonner l'Al-« sace. » Turenne avait raison ; et d'ailleurs une mésintelligence d'excellent augure règne chez l'ennemi. Lorsque les Brandebourgeois arrivèrent à Lingolsheim, l'accueil fut plus froid que de saison. D'étranges événements venaient d'agiter la Pologne, Hohenzollern d'y tremper, et ils étaient contraires aux désirs de Vienne et de Ratisbonne. Un piast [4], Sobieski, avait, sur les conseils du grand électeur et du Grand-Turc, brigué et obtenu le trône, que Léopold, que le Corps germanique destinaient au prince de Lorraine, neveu du duc Charles IV, ou à Neubourg, jadis l'idole de Berlin. L'avènement d'un roi de Pologne, qui parle et agit « en sujet de Louis XIV [5] », ne sera pas le seul motif de discorde ; les impériaux voulaient donner, mais Frédéric-Guillaume a soif de repos, craint le froid ; il veut bara-

1. 6 kilomètres de Strasbourg.
2. 2 lieues de Saverne.
3. 8 août.
4. Ou indigène.
5. V. notre travail : *Sobieski et sa politique*, Revue d'histoire diplomatique, année 1893, n° 4, p. 485.

quer. D'où protestations, zizanie complète. Aux ordres succédèrent les contre-ordres, des mouvements désordonnés, la plus belle incohérence. Turenne rayonne, et Louis XIV respire. Décidément l'ennemi est incorrigible; le voilà retombé dans ses fautes de 1672 : M. de Brandebourg entrave Bournonville, comme autrefois Montecuccoli. Un instant, les confédérés feignirent de remonter la Mossig, puis de chercher Turenne derrière la Zorn ; mais ce n'était qu'un feu de paille auquel le vicomte n'eut pas à riposter. Après une puérile démonstration contre Wasselonne [1], lasse de ses tours et détours, la « grande « armée » rétrogradait en amont de Lingolsheim ; les intrigues, les menaces de Frédéric-Guillaume ont atteint leur but : elle cantonne.

Que voulait donc M. de Brandebourg ? Nuire à Vienne, dont l'ascendant l'irrite. L'intérêt l'avait détaché de Versailles ; maintenant il l'éloigne de la coalition, qui d'ailleurs, la cruelle, blâme certaines convoitises du cher allié. Ce magique soulèvement de l'Allemagne ; ces enthousiastes cris de : « Vive Léopold ! vivent les Habsbourg ! » ; peuples et princes, qui revêtent fiévreusement l'écharpe impériale ; l'aigle à deux têtes devenu le symbole des libertés, des revendications germaniques, serait-ce la revanche de la guerre de Trente Ans? Léopold Ier recouvrerait-il la suprématie, qui échappa jadis à Mathias et aux Ferdinand ? Hohenzollern et l'ombre de Gustave-Adolphe en tressaillent. D'autre part, plus se prolonge l'inaction des impériaux, moins s'accomplit leur désolant projet de rendre l'Alsace à la maison de Habsbourg (*Alsaciam Austriacam reddere*[2]) ; et plus Frédéric-Guillaume, qui la désire, aura jeu sûr. Pour faire des menées, pour s'enraciner sans bruit, on est si bien, l'hiver !

1. Wasslenheim (cercle de Molshsim).
2. WAGNER, *Historia Leopoldi*, t. I, p. 359 : « Infelicis expeditionis germana causa. »

En attendant, grande neige; et nos ennemis sommeillent le long de l'Ill[1]. L'étendue de leurs quartiers, qui commencent à Benfeld, et, vers le sud, dépassent Altkirch[2], est surprenante. Au centre, à Colmar, sa bonne ville, M. de Brandebourg trône et festoie. Il affecte la morgue, le faste d'un comte souverain d'Alsace[3], et Mme l'Électrice daigne tenir le cercle[4]. Somnitz, Meinders l'avaient précédée, ou la suivront. Berlin, tout Potsdam sont à Colmar. Que là-haut, entre Souffel et Zorn, Turenne demeure coi, et, en avril, foi de margrave, les Alsaciens changeront de maître. Mais le trouble-fête s'ébranle, fidèle à sa maxime : « Tant qu'il reste un soldat « de l'empereur en « Alsace, un homme de guerre français « n'a pas le droit « de se reposer. » Favorisé par les trames de M. de Brandebourg, et la quiétude de tous, il décampe, passe les Vosges à la Petite Pierre[5]. Cette retraite simulée ménage bien des déboires aux dormeurs de l'Ill, à la cour de Colmar.

Dès qu'elle fut sur le revers occidental des Vosges, et en Lorraine, l'armée française, loin d'hiverner, tira au Sud. Malgré frimas et rafales, elle s'avance, appuyée aux montagnes, son rideau; traverse gorges et ravines; enjambe la Sarre (4 décembre), puis (6 et 9), la Moselle, la Mortagne Longeant la Haute-Moselle, frôlant l'extrémité du pays de Lure, Turenne laisse sur sa gauche le ballon de Giromagny, tombe à Valdoie[6], et, le surlendemain, dans la trouée de Belfort. Il était sorti d'Alsace pour y rentrer, après une marche de quarante lieues, qui dura vingt-sept jours, et mieux la reprendre. L'ennemi recule effaré; le vicomte se

---

1. Affluent du Rhin; arrose Mulhouse, Schlestadt, Benfeld, Strasbourg.
2. Chef-lieu de cercle; ancienne dépendance du comté de Ferrette.
3. Le duc d'Aumale, *Histoire des Princes de Condé*, t. VII, p. 587.
4. Frédéric-Guillaume était veuf, depuis 1667, de Louise-Henriette de Nassau, et remarié à Dorothée de Hoslstein-Glücksbourg.
5. Ou Lützelsstein, 20 kilomètres N.-N.-O. de Saverne, au pied du Mont-Altenbourg.
6. 4 kilomètres de Belfort.

jette à sa poursuite, lui enlève Brünstatt et un régiment : Frédéric-Guillaume n'apparaît [1]. A Mulhouse, la cavalerie de Bournonville fait tête, est houspillée ; M. de Brandebourg reste invisible.

Nous voici devant Colmar. Les impériaux occupent une respectable position en forme de triangle ; leur droite s'appuie à la Fecht [2] ; leur gauche à l'Ill ; un profond ruisseau, le Logelbach, barre leur front, hérissé de retranchements. Y compris ses renforts, Turenne n'a que 30 mille soldats ; ce chiffre, l'adversaire le dépasse encore de 20 mille ; néanmoins d'admirables manœuvres, digne couronnement d'une telle campagne, la désunion des confédérés, et l'attitude de Frédéric-Guillaume donneront la victoire au maréchal. Bataillant de front, Lorges et le gros des Français semblent en vouloir à Colmar, tandis qu'une colonne filait de côté, par le val de Saint-Grégoire. Turenne la guide en personne. Elle saute la Fecht, et suit les contreforts orientaux des Vosges. A ce moment, le jour baissait ; l'inquiétude gagne quelques confédérés. « A Turckheim ! », crie le duc de Lorraine [3]. « A table ! », réplique Frédéric-Guillaume, qui vient de perdre son fils [4], et désireux de noyer ce chagrin. Lorraine voyait juste. Si on l'eût écouté, le vicomte, empêtré dans les gorges et les vignes, manquait sa diversion. Mais la sérénité de M. de Brandebourg rassure les impériaux ; quelques bataillons sont seuls détachés ; ils ne peuvent faire obstacle au maréchal, enfin maître du pont de Turckheim, et de celui d'Ingersheim [5]. Sa colonne débouche, reparaît deçà la Fecht. Maltraités, pris en queue, les Allemands fléchissent, s'entassent sous Colmar ; violons, clique-

---

1. « Il se concentrait sous Colmar » (MIGNET, t. IV, p. 297).
2. Affluent de l'Ill (rive gauche).
3. « Seul le duc de Lorraine signalait l'importance de Turckheim. Il ne fut pas écouté. » *Ibidem*, le duc d'Aumale, p. 593.
4. Charles-Émile, mort le 7 décembre 1674.
5. Cercle de Ribeauvillé. — Turckheim (Thuringenheim), 6 kilomètres ouest de Colmar ; ancienne ville impériale.

tis de verres cessent brusquement : la panique avait gagné le dîneur, qui trousse bagage, à l'insu de Bournonville [1]. Entre minuit et une heure, les troupes brandebourgeoises étaient déjà loin ; à l'aube sonna l'assemblée générale, et le reste des impériaux prit la direction du Rhin. Telle fut cette bataille de Turckheim (5 janvier 1675), et cette campagne, « où on ne sut jamais », déclarent les ambassadeurs vénitiens, « pour qui Frédéric-Guillaume « combattait vraiment, car c'était la mobilité même [2] ». Tous ses efforts avaient tendu (*maxima elluxit sollicitudo*) à contrarier les vues de l'Autriche sur l'Alsace, et pourtant il manque son but ; grâce à Turenne, il ne régnera pas entre les Vosges et le Rhin [3].

Frédéric-Guillaume a repassé le Rhin, et cantonne tout morose en Franconie (janvier 1675). Son repos sera court, car les Suédois se décident à remplir leurs engagements envers Louis XIV. D'énormes subsides, s'élevant à près de neuf cent mille écus, des gratifications secrètes au grand chancelier et au grand connétable, vaincront les répugnances de Stockolm, qui, financièrement, était aux abois ; le roi Charles XI l'avoue, « la rougeur sur le front », à notre ambassadeur, Isaac de Feuquières [4]. Déjà Wrangel est en action, et dans les terres de M. de Brandebourg. Si le Scandinave eût marché droit à Berlin, c'en était fait des Hohenzollern. Mais, infidèle aux leçons de Gustave-Adolphe, il avance, puis hésite, recule, et s'éparpille. Dispersées derrière la Havel inférieure, et mal sur leurs gardes, ses forces ne soupçonnent pas l'approche de l'ennemi. Aussi-

---

1. « Turenne arriva dans le temps que l'électeur de Brandebourg, et les autres généraux se mettaient à table » (VOLTAIRE, *Siècle de Louis XIV*, chapitre XII). — « L'électeur donna le premier l'ordre de charger son bagage ; à minuit, il quittait Colmar. » (Le duc d'Aumale, p. 596.)
2. Relations de Juanne Morosini (1674), et de Francesco Michiele (1677) ; *Fontes rerum austriacarum* p. 160 et 190.
3. WAGNER, *Historia Leopoldi*, t. I, p. 359.
4. Feuquières à Louis XIV, dépêches de juillet et d'août 1674.

tôt. Frédéric-Guillaume, qui avait cru son dernier jour arrivé, reprend une vigueur surhumaine ; il décampe de Schweinfurt[1], traverse le Thüringer-Wald, et descend l'Elbe, qu'il franchit, au point où ce fleuve coule parallèlement à la Havel ; puis, d'un bond, se porte en face Rathenow. Situation périlleuse : il a une rivière en tête, l'Elbe à dos, et prête le flanc d'un bout à l'autre ; nulle ligne de retraite : l'instruction consiste à joindre l'ennemi, et à lui passer, coûte que coûte, sur le ventre. Wrangel, qui ne l'a pas écrasé entre la Havel et l'Elbe, alors que c'était si facile, lui dispute mollement le pont de Rathenow. Frédéric-Guillaume passe, après une courte résistance, et les Suédois sont, non seulement délogés du bord droit de la Havel, mais coupés (25 juillet 1675). Revenus de leur panique, ils cherchent à se rallier plus au Nord, dans la direction du Rhyn, mais l'électeur y met obstacle. Pendant que sa cavalerie bat les routes qui relient la Havel inférieure à la Havel supérieure, disperse convois et détachements, il s'acharne contre l'aile principale, en retraite sur le Havelland. Près de Hakenberg, dans un défilé, qui touche aux marais du Rhyn, l'armée scandinave tourne visage. Elle compte encore sept mille fusils, quatre mille chevaux et trente-huit canons. De plus, un secours, arrivé par mer, la grossira dans quelques heures. Frédéric-Guillaume n'a que treize canons et six mille hommes, qui viennent des frontières de France, marchent depuis cinq mois, et endurèrent toutes les injures atmosphériques. Néanmoins, comment hésiter ? treize lieues à peine séparent les Suédois de Berlin. Le combat s'engage, et Wrangel ne se maintient pas. Sa droite est tournée, hachée, perdant 2.000 hommes : M. de Brandebourg n'avait que 500 morts. Le lendemain, il mena tambour battant son vaincu jusqu'au centre des

---

1. La Devona des Romains ; aujourd'hui, ville bavaroise.

marécages du Havelland, et, près de Fehrbellin [1], les Suédois se débandèrent complètement : déroute qui entraîna celle de la puissante arrière-garde, envoyée de Stockolm (28-29 juin 1675).

La bataille de Fehrbellin est, dans les annales des Hohenzollern, un fait important; Frédéric II la qualifie de « premier point de leur élévation ». Elle eut pour conséquences l'évacuation instantanée des cinq Marches de Brandebourg, et la fuite des Scandinaves jusqu'à Wismar, d'où ils cinglèrent sur Malmœ (Scanie). Le fruit de leur expédition, les infortunés l'avaient, en quelques semaines, tout perdu : de la presqu'île du Havelland, des environs de Berlin et Spandau, les voilà refoulés dans le Mecklembourg! jetés à la mer! Ces défaites furent suivies d'autres : la flotte hollandaise, commandée par Tromp; Juhl, l'amiral danois, se montrèrent simultanément, et, en automne, la Poméranie citérieure était attaquée par eau et par terre. Les hostilités se ralentirent, quand le froid apparut; mais, au printemps de 1676, les îles d'Usedom et de Vollin, Anklam et Demmin, tombèrent dans la possession de l'électeur et des escadres de secours [2]. Cependant, la diète de Ratisbonne

1. Au confluent des deux bras du Rhyn, dans le lac Ruppin; 53 kilomètres N.-O. de Berlin.
2. On appelait Poméranie citérieure, ou antérieure (Vorpommern), la Poméranie en deçà de l'Oder, et Poméranie ultérieure (Nachpommern), celle qui était au delà. Depuis les traités de Westphalie, la Poméranie citérieure, et les îles voisines de Rugen et d'Usedom, faisaient partie de la Poméranie suédoise. La Poméranie suédoise comprenait, en outre : Gollnow-sur-Ihna, Stettin, Garz-sur-Oder, Damm et l'île de Wollin, territoires qui, géographiquement, dépendaient de la Poméranie ultérieure, possession de M. de Brandebourg, mais que la paix d'Osnabrück attribua néanmoins à Stockolm. Cette paix enfin donnait à la Suède l'embouchure de la Peene, de la Swine, de la Divenow; la terre de l'un et de l'autre côté adjacente; l'Oder, à partir de Stettin, jusqu'aux points où il forme la Swine et la Divenow, c'est-à-dire tout le Pommerische-Haff, et, plus à l'est, le Frische-Haff. Par le Frische-Haff, Stockolm commandait le golfe de Danzig; et, par les trois embouchures, le golfe de Poméranie. — Le Frische-Haff (Habus), lagune de 95 kilomètres, isolée presque complètement de la Baltique par une bande de terre, dite Frische-Nehrüng;

déclarait Charles XI ennemi de l'empire, et Frédéric-Guillaume briguait de nouvelles alliances (Münster, Lunébourg, etc.). Ne croyons pas, d'ailleurs, que M. de Brandebourg soit captivé par sa guerre de Suède au point de perdre de vue le Rhin et la Moselle. Il suivait attentivement le mémorable duel de Turenne et de Montecuccoli ; il avait appris le coup de canon de Salzbach, qui priva la France d'un de ses plus grands capitaines (27 juillet 1675), et les progrès de Louis XIV en Flandre ; la reddition de Condé, Bouchain, Valenciennes et Cambrai. Vauban forme son pré carré ; Orange ne réduit pas Maëstricht, mais, dans l'empire, la coalition remporte des succès. Créqui succombe à Konz-Saarbrück, et Charles V de Lorraine se révèle l'illustre successeur de Montecuccoli au siège de Philippsbourg, où Dufay capitule (octobre 1676). De part et d'autre on commence à souhaiter la paix, et le congrès de Nimègue s'ouvre (juin 1676) : congrès, qui n'empêcha nullement le canon de tonner, deux ans, et davantage.

A l'arrivée des plénipotentiaires de M. de Brandebourg, Somnitz et Blaspiel[1], un curieux incident surgit. Frédéric-Guillaume, leur ayant défendu de se séparer et enjoint de considérer la légation comme une et indivisible, les représentants de Louis XIV, d'Estrades, Croissy, d'Avaux, affectèrent de ne parler qu'à Somnitz, et de le traiter d'Excellence, à l'exclusion de son collègue ; d'où protestations. Le maréchal d'Estrades en référa au roi très chrétien, lequel

---

plusieurs rivières y tombent. — La Divenow, bras oriental de l'Oder, se détache du fleuve, à son embouchure dans le Pommerische-Haff, et sépare l'île Wollin du continent ; la Swine, bras septentrional de l'Oder, sépare l'île Wollin de l'île d'Usedom. — La Peene, rivière du Mecklembourg et de la Poméranie citérieure, tombe à Peenemünde (4 kil. du Pommerische-Haff) dans le bras occidental de l'Oder ; leurs eaux réunies séparent l'île d'Usedom de la terre ferme. — Anklam, port de la Baltique, 4 kil. E. du Frische-Haff. — Demmin, sur la Peene, et au confluent de la Trebel et du Tollensee.

1. Ou Blaspeil, né au pays de Clèves ; l'empereur Léopold le créa baron ; † en 1681.

répondit : « Il n'y a pas de fondement à ce que les ambas-
« sadeurs de Brandebourg allèguent ; et faites connaître que
« je puis bien donner des règles, mais que je n'en prends de
« personne sur terre [1]. »

Durant les pourparlers de Nimègue, la grande alliance tint conseil à Wesel-sur-Rhin ; cette forteresse mi-brandebourgeoise, mi-hollandaise, dont l'occupation amena notre rupture avec Frédéric-Guillaume. Le prince d'Orange devait s'y rendre ; mais, obligé de faire tête à Philippe d'Orléans, et encore meurtri de sa défaite de Cassel, il envoya un de ses intimes, le grand pensionnaire Fagel. Avec Fagel se rencontrèrent : le duc de Neubourg, l'ambassadeur de Danemark, le lieutenant-amiral Tromp, les députés de Cologne et Trèves, ceux du Palatin et de l'évêque de Münster, enfin M. de Brandebourg. Que de raisons avait, d'ailleurs, Frédéric-Guillaume d'accourir à Wesel ! La coalition s'assemblant chez lui, il pouvait s'en croire le chef momentané ; après ses longs mois de batailles septentrionales, il reprenait langue au Sud, où ses nouveaux soucis trouveront un auditoire compatissant. C'était l'époque de la fervente amitié de Sobieski pour Louis XIV ; poussé par Versailles, Jean III, à l'élection duquel Frédéric-Guillaume et les Turcs avaient, nous le savons, contribué [2], remerciait mal Berlin, et, d'accord avec le Divan, ne songeait qu'à attaquer l'empereur et l'empire. Malgré ses victoires sur Mohammed IV, Varsovie venait même de conclure une paix honteuse [3], dans le dessein d'envahir la Prusse, cette ancienne dépendance des Jagellons. Heureusement pour Frédéric-Guillaume, ni Turcs ni Polonais ne donnèrent, car il était broyé. « MM. des Estats » intervinrent énergiquement. « Ils ont écrit une

---

1. FLASSAN, *Histoire de la Diplomatie Française*, t. III, p. 433-435.
2. V. *supra*.
3. La paix de Zurawna (16 octobre 1676) ; Voir *Sobieski et sa politique*, Revue d'histoire diplomatique, année 1893, n° 4, p. 501.

« grande lettre à Sa Majesté polonaise, par laquelle
« ils la supplient de ne pas porter ses armes contre
« l'électeur de Brandebourg, leur allié, parce qu'ils se
« trouveroient obligez, contre leur inclination, de l'assister,
« selon le traicté fait avec lui... » Et le Danemark !
« Il est arrivé du roi de Danemark un envoyé avec une
« lettre pressante pour le roy de Pologne à peu près dans
« les mêmes termes [1] ».

Frédéric-Guillaume reprit, joyeux, le chemin de Poméranie. Son voyage de Wesel l'avait soulagé d'un immense poids : Sobieski ne sera pas — rôle qu'il désirait tant — le destructeur de la chrétienté ; et, même, de ce jour, il en devint progressivement le médiocre champion. Ses revers continuant, la Suède va encore perdre Stettin : siège meurtrier, qui commencé fin d'août, durait toujours à la Noël de 1677. Les campagnes suivantes mirent Frédéric-Guillaume au rang des plus illustres guerriers : débarquement à Rügen, et conquête de cette île (septembre-octobre 1678) ; chute de Greifswald en novembre ; les Suédois définitivement chassés de l'Allemagne ; enfin, la fantastique expédition de Tilsitt et de Riga. Horn, le nouveau chef des Scandinaves, s'était massé en Livonie, terre suédoise depuis la paix d'Oliva. De cette plate-forme, il tenta un coup de main sur le duché de Prusse ; pays isolé des autres possessions de l'électeur, et non défendu. Mal il s'en trouva ! Sitôt atterri, sitôt repoussé ! et impossible de gagner le large, les bandes de Frédéric-Guillaume sont déployées et hurlent. Affolé, Horn s'engage sur le Kürische-Haff ; la lagune est profondément gelée ; elle portera bien ses bataillons, et qui oserait les suivre au-dessus de tels abîmes ? Vain espoir ! l'électeur débouche, l'épée haute et la voix rauque ; sa cavalerie est en traîneaux avec le canon, l'infanterie allonge le pas, puis folle chasse. La glace craque : hommes,

---

1. Voir *Sobieski et sa politique*, p. 504.

bêtes, s'abattent, se relèvent sanglants; un épais givre fausse piques et mousquets; les poudres mouillent; cependant personne ne recule! C'est le dieu Odin ; ce sont ses hippogriffes, ses ours géants, qui volent au carnage. Commencée sur les flots de la Baltique, la poursuite s'arrêta, une première fois, à Tilsitt, aux bords du Niémen, pour continuer en terre ferme et ne cesser qu'à la porte de Riga (janvier 1679). Horn ramenait moins de deux mille hommes; le reste est englouti, ou jonche les côtes. Bagages, chevaux, bouches à feu ont disparu dans la tempête. Stockolm n'est plus puissance germanique, et toute une page du traité de Westphalie tombe en lambeaux.

Frédéric-Guillaume — il faut le reconnaître — venait d'égaler Turenne et Montecuccoli ; ces coups foudroyants, cette sauvage vaillance contrastent avec ses anciennes allures, et les hésitations, qui furent, en 1672 et 1674, si fatales à l'empereur. Cela se conçoit : il n'oscille plus entre Versailles et Vienne ; il combat *pro domo sua*, pour la possession même de Berlin, et avec d'autant plus d'âpreté que l'épieu scandinave lui effleura le cœur; et la domination de la Baltique, le *dominium maris Baltici*, que Danemark, Suède et Pologne se disputent, depuis des siècles, ne vaut-elle pas quelques efforts? n'a-t-elle pas des avantages, auprès desquels l'Ouest, la rue des Prêtres pâliront longtemps? Faut-il ajouter une secrète envie de devenir roi? de refaire la monarchie vandale? intentions, où l'Autriche, et deux perspicaces, Wallenstein, le ministre Hocher ont déjà entrevu de nouvelles amertumes[1]? Mais, halte ! les courriers de Nimègue sont désespérants ; Somnitz et Blaspiel font, autour du tapis vert, la plus triste figure. Leurs partenaires les abandonnent!

Pendant les derniers exploits de Poméranie, on n'avait

---

1. « Il y a là encore place pour un royaume! » (paroles de Wallenstein, traversant les plaines de l'Allemagne du Nord). — « Caesari haud placere novum regnum Vandalorum ad mare Balticum exsurgere » (Hocher).

cessé de combattre à l'Ouest, Louis XIV se heurtant à une coalition trop hétérogène pour être redoutable. Aussi, essuya-t-elle de nombreux échecs : Charles de Lorraine malmené sur le Rhin, la Sarre, la Meuse, et dans le Brisgau (mai-décembre 1677); Créqui vainqueur « du miracle de la Maison d'Autriche, » de celui qui sauvera Vienne dans six ans; entrée de Louis XIV à Gand et à Ypres (mars 1678); Orange partout impuissant. Dépitée, affaiblie, la coalition s'émiette : les Hollandais demandent la paix. M. de Brandebourg suffoque ! Sans doute le stathouder déclare qu'il est impossible d'abandonner des alliés, et qu'il y aurait honte à se séparer de Berlin ; la république objecte sa détresse, et qu'elle se soucie peu des agrandissements de Frédéric-Guillaume en Poméranie [1]. La négociation franco-hollandaise avançait, malgré Somnitz et Blaspiel, quand Louis XIV exigea qu'on rendît aux Suédois ce qu'ils venaient de perdre (juin 1678). C'était dur ; car la république, dans son désir de traiter séparément, n'a nulle envie d'offenser un frère d'armes. Louis XIV fut plus loin ; ayant stipulé le rétablissement de la Suède, il prétendit en conserver le moyen. Maëstricht et les places de la Meuse ne seront rendues à la Hollande, à l'Espagne, qu'une fois la Poméranie évacuée, et le roi de Suède pleinement satisfait, car, sans ces villes, comment parvenir à Clèves, dans la Marck, et contraindre M. de Brandebourg? L'exigence de Versailles déconcerta La Haye, souleva Madrid et déplut à Charles II, qui fit mine de sortir de la neutralité. Somnitz et Blaspiel ont peine à dissimuler leur joie : la guerre continuera, Berlin achèvera les Suédois ; pas de restitutions, et c'est Louis XIV, l'ennemi, qui rend à Son Altesse électorale cet éclatant service ! Heureusement pour le roi très chrétien, la Suède elle-même se chargea de le tirer d'impasse. « Mon souverain, »

---

[1]. MIGNET, *Négociations relatives à la Succession d'Espagne*, t. IV, p. 559-560.

déclara Olivencranz, un de ses plénipotentiaires, « entend
« qu'on ne fasse point de paix générale, oubliant sa satisfac-
« tion ; mais des traités particuliers, diminuant le nombre
« des ennemis communs, telle qu'une paix franco-hollan-
« daise, auront son assentiment, gardassent-ils le silence à
« l'égard de la Poméranie [1] ».

Après ces paroles, Louis XIV et les Hollandais n'avaient plus qu'à signer ; ce qu'ils firent, le 6 août 1678, au profond mécontentement de M. de Brandebourg. Ses dernières illusions sont envolées ; comme la Hollande, l'Espagne, l'empereur, et l'empire se retirent de la lutte, sans souffler mot de la Poméranie, ajoutant que c'est affaire entre Berlin, Stockolm et Versailles. Les confédérés parlaient raison : des vaincus n'ont pas de conditions à poser, surtout à l'égard de tiers ; puis, se désintéresser des agrandissements de l'électeur, est-ce lui nuire ? Nullement ; ses États resteront ce qu'ils étaient avant la guerre ; ils échapperont, et ils sont les seuls, à l'amoindrissement général. Lutte-t-il, *pro aris et focis ?* non ; il combat *de lucro captando*, M. de Brandebourg.

Néanmoins, Frédéric-Guillaume refuse d'entendre, et Meinders file sur Nimègue. Pour mieux dérouter les soupçons, celui-ci fait halte à Aix-la-Chapelle, et y commence une cure ; bientôt après, Somnitz et Blaspiel avaient sa visite (juillet 1678) et l'abouchent avec Colbert et d'Avaux. De part et d'autre, on affecte une profonde surprise, et la rencontre semble fortuite (*velut fortuito occursu*). Meinders entre en matière, blâmant les alliés qui ne prolongent pas la guerre, et empêchent son maître de s'étendre, qui ne confondent pas leur cause avec la sienne ; suppliant le roi très chrétien de se montrer généreux, de laisser à Son Altesse la Poméranie. Que Sa Majesté soit clémente, et elle s'en applaudira. Berlin tiendra religieusement sa

1. D'Estrades, d'Avaux et Colbert à Louis XIV, Nimègue, 26 juillet 1678.

parole. — Colbert et d'Avaux restent muets ; Meinders continue tout décontenancé : « (*ad extremum*) à la rigueur, « mon prince se contenterait des îles d'Usedom et Wollin, « de la ville de Wolgast [1], et de la Poméranie jusqu'à « la Peene. » Les plénipotentiaires français sont toujours de marbre ; seules leurs oreilles donnent signe de vie ; il semble, par instant, à l'orateur, qu'elles se ferment davantage [2]. Meinders brûle ses vaisseaux : « que Louis XIV « nous soit secourable, et on lui rendra d'insignes services « (*insignem operam*) en Allemagne comme au dehors [3] ! » Cette fois, la glace se rompt ; d'Avaux, transporté, écrit de suite à Versailles ; quant à Meinders, crainte d'éveiller la méfiance, il fuit, et attend, caché à La Haye, les décisions de Louis XIV. Bientôt nous connaîtrons le sens de ces énigmatique paroles, quel décisifs services M. de Brandebourg s'apprête à rendre. Pour l'instant, notons qu'il dessert ses alliés ; que, dès aujourd'hui, il veut leur nuire — son langage fardé ne trompe personne. — Telle ne fut pas, nous le répétons, l'attitude des coalisés ; en se désintéressant de ses conquêtes, ils étaient loin de le sacrifier, de nourrir de mauvais desseins, et lui en a ! — Mais, passons en France ; un mystérieux personnage y arrive (juin 1678). De haute mine et l'air de guerre, galanterie, bel à-propos, aux levers, à l'Œil-de-Bœuf, il éclipse les plus fringants ; ducs et pairs l'appellent mon cousin. Louis de Beauvau, comte d'Espence, et de Grandru, jadis maréchal de camp français, actuellement général major et chef des trabans de Frédéric-Guillaume ; son grand écuyer, son confident, — voilà cet ambassadeur [4]. De souche

1. Sur la Peene, régence de Greifswalde.
2. Pufendorf, *de Rebus gestis Friderici Wilhelmi Magni*, liber XVI, § 76 et 77 : « Elector galli mentem super Pomeraniam explorat. »
3. « Intra Germaniam quam extra » (*Ibidem*, Pufendorf).
4. Petit-fils d'Alof, et fils de Jean de Beauvau, comte d'Espence ; sa mère était d'Angennes. (Communication des Archives royales de Berlin.)
Flassan (*Histoire de la diplomatie française*, t. III, p. 463) se méprend de la façon la plus grave sur la nationalité, et le rôle du comte de Beauvau, dont il fait un agent de Louis XIV.

calviniste, il avait quitté, depuis bientôt dix ans, le service de Louis XIV, en prévision d'une crise religieuse, ou séduit par les offres de Berlin. A la révocation de l'édit de Nantes, des milliers de religionnaires prirent, sur ses conseils, la route du Brandebourg, y portant leur industrie, leurs mérites, et surtout une implacable haine de la France. Sitôt naturalisés, ils prospérèrent, et beaucoup, grâce à lui, joueront un rôle célèbre : événements dont les suites furent fécondes pour l'électorat. C'est donc un bon génie des Hohenzollern, qui confère avec Louis XIV [1]. Le roi accueillit bien son ancien sujet, et les audiences se succédèrent. Tour à tour subtil et persuasif, onctueux et pathétique, vingt fois Beauvau lui proposa la couronne impériale ; sans cesse, de juin à novembre, il agita ce dessein, y revenant avec adresse, et excitant Sa Majesté chrétienne. Et pourquoi douterait-elle du succès? Léopold de Habsbourg, trois fois marié, n'a pas encore de rejeton mâle [2]. L'Autriche exclue d'avance, Son Altesse électorale se charge du reste, pourvu qu'on la laisse tranquille en Poméranie, et qu'elle ne soit contrainte à aucune restitution [3].

Derrière les tapisseries de Versailles, Frédéric-Guillaume tenait vraiment de prodigieux discours : avoir tout mis en œuvre contre Louis XIV, alors que ses serments l'obligeaient à soutenir ce prince, et maintenant le placer à la tête de l'Allemagne ! donner au corps germanique, dans l'espoir de s'étendre impunément sur l'Oder et la Baltique, un étranger, un ennemi victorieux pour maître ! le grand chambellan du Saint-Empire comprend la Bulle d'Or, et ses devoirs envers Ratisbonne, d'une singulière façon. Cependant Louis XIV reste inébranlable : ceindre la cou-

1. A consulter sur Beauvau, Erman und Reclam, *Mémoires pour servir à l'histoire des Réfugiés français*, t. I et II ; — Hirsch, Urkunden, und Actenstücke zur Geschichte des Grossen Kurfürsten.
2. L'archiduc Joseph naquit seulement en juillet 1678.
3. *Ibidem*, Pufendorf.

ronne de Charlemagne, devenir le premier potentat européen, exclure les Habsbourg du corps germanique, sont, certes, de brillantes perspectives ; depuis Philippe le Bel, elles sont même une tradition ; mais comment faire ? l'empereur Léopold a deux ans de moins que le roi très chrétien, et, d'ici la mort du premier, que d'événements peuvent surgir, et diminuer les chances de celui-ci ! Enfin Brandebourg n'est pas seul, et les autres électeurs seraient-ils de son avis[1] ? Louis conclut : il n'abandonnera pas les Suédois, qui se sacrifièrent avec tant de dévouement, et Frédéric-Guillaume rendra la Poméranie. Les propositions de M. d'Espence ne sont que chimères, et y adhérer, changer de politique, jamais ! l'intérêt aussi bien que la dignité de Versailles en souffriraient. D'ailleurs, Sa Majesté Chrétienne attache le plus grand prix au rétablissement de l'alliance franco-brandebourgeoise ; elle est prête à tendre la main à Son Altesse ; mais, encore une fois, que Frédéric-Guillaume traite, restitue ; ensuite les diplomates verront[2]. Beauveau ne put obtenir de meilleures réponses. Finalement, lorsqu'il s'aperçut de l'inutilité de ses caresses, qu'elles échouaient toutes contre la fermeté et les sourires de Louis XIV, le tentateur partit. En novembre, il était de retour auprès de Frédéric-Guillaume, et lui rendait compte de sa négociation, qui dura cinq mois[3]. Le rapport défavorable de Beauvau ne surprit pas l'électeur, car, à la Saint-Michel, d'Avaux informait déjà Meinders que Versailles exige l'évacuation prochaine, et complète de la Poméranie ; les Suédois satisfaits, on redeviendra, comme devant, chauds amis[4]. Dans l'intervalle, les événements avaient marché : en août 1678, signature de la paix franco-

1. Louis XIV était de 1638 ; Léopold de 1640.
2. « Gallus insigne desiderium ostendere amicitiam cum electore instaurandi ; sed sibi haut decorum ut Succi satisfaciant electori. » (Pufendorf.)
3. « Redux e Gallia (7 november) referebat d'Espencaeus. » (*Ibidem.*)
4. « Regem pronum esse pristinae amicitiae cum electore instaurandae » Avauxius Meindersio, september 1678.

hollandaise, du premier traité de Nimègue; en septembre, signature du second ; Espagne et France sont réconciliées. Restent l'empereur et l'empire. Près de vingt semaines, ils hésiteront, et, vers Noël, la discussion fut ardente, nous le savons [1]; néanmoins, Ratisbonne comme Vienne s'inclina, par crainte de voir Frédéric-Guillaume conserver la Poméranie, par crainte encore mieux fondée de sa défection : méfiances, qui s'accroissaient du voyage de Meinders en Hollande, et de celui de Beauvau à Versailles. Évidemment M. de Brandebourg complote. Que propose-t-il à Louis XIV? On ne le sait au juste. Mais, un point hors de doute, les résistances viennent du roi très chrétien, et de lui seul; sans elles, Léopold et le Saint-Empire auraient déjà Berlin à dos. La preuve, c'est que, malgré le secret promis au comte de Beauvau, Versailles s'en vante discrètement [2]. Aussi, comme disait plus haut le Palatin : « La paix! La paix à tout « prix ! et que Sa Majesté Impériale fasse bonne garde ! « L'électeur de Brandebourg est un grand danger pour le « corps germanique, et l'ennemi par excellence de la mai- « son d'Autriche [3]. » Les plénipotentiaires allemands, Kinski, Strattmann et l'évêque de Gürk, ont donné leurs signatures ; le troisième traité de Nimègue est (5 février 1679) un fait accompli ; qu'entreprendra maintenant Frédéric-Guillaume?

1. V. *supra.*
2. « Espancei negotiatio, quam secretam haberi ipse rogaverat, divulgata esset. » (Pufendorf.)
3. *V. supra.*

II

APRÈS NIMÈGUE

(1679-1688)

Son premier soin fut de protester. Déjà, en décembre 1678, peu de jours avant la paix austro-française, un mémorandum remis aux plénipotentiaires impériaux exposait la surprise et les amertumes de Berlin : « Comment « admettre que l'empereur et l'empire traitent avec la « France et la Suède, à l'exclusion des alliés du Nord, qui « ont principalement et presque tous seuls été en guerre « contre Stockolm? Oublierait-on, à Vienne et Ratisbonne, « que les Suédois ont enfreint la loi de l'empire en envahis- « sant, les premiers, les états de l'électeur, et que la diète « les déclara ennemis publics? Nierait-on qu'ils se soient « clairement rendus indignes du droit qu'ils avaient à « la paix de Westphalie, et des bénéfices qu'ils en recevaient? « Et maintenant qu'ils sont entièrement chassés, par les « justes armes de son Altesse électorale et des autres alliés « du Nord, des terres de l'empire... pouvez-vous soutenir « qu'ils ont toujours seigneurie et autorité sur ces pays, « dont nous les dépossédâmes après avis de la diète, et « ordre de l'empereur [1]. » Voyant Léopold et l'Allemagne passer outre, Frédéric-Guillaume redouble de supplications, et finit par dire : « je ne céderai qu'à la force ! » Il fut pris au mot. Créqui passe le Rhin, s'empare du comté de la Mark et de Lippstadt; l'électeur gémit, mais tient bon. Créqui continue d'avancer, il franchit le Weser. M. de Bran-

---

1. MIGNET, *Négociations relatives à la Succession d'Espagne*, t. IV, p. 692, 693.

debourg crie à l'aide, et implore les États généraux, l'empereur, la Grande-Bretagne. Sa lettre à La Haye, quel monument de duplicité et de flagornerie ! « Nous ne nous « serions jamais engagé dans une si dangereuse guerre, » écrit-il avec assurance, « dans une guerre qui ne regardait « ni nous, ni notre maison électorale, mais l'état des Pro- « vinces-Unies, si nous n'avions eu promesse de votre « appui... » Or, après avoir délaissé les Hollandais à Vossem, il s'empressa de quitter Louis XIV, et de leur retourner, quand il crut la grande alliance plus forte que Versailles; en outre, à l'exception du combat de Turckheim, et de la campagne de 1674, où son rôle fut, nous le savons, bien équivoque, jamais il ne donna aux bords du Rhin et de la Meuse ; jamais il ne renforça le stathouder; que lui devait donc celui-ci ? N'importe ! les conquêtes de Poméranie sont sacrées, et « si vos Seigneuries les abandonnaient à la dis- « crétion de notre ennemi, si nos remontrances étaient inu- « tiles, tous les droits humains et divins seraient renver- « sés ; nous nous en remettrions au jugement de Dieu, « qui veut expressément qu'on tienne ses promesses, et « menace de punir les contrevenants [1] ». Tandis que Guillaume d'Orange et MM. des États haussent les épaules, Créqui escarmouche au delà du Weser ; deux fois, M. de Brandebourg tourne bride, abandonnant canons et blessés. Les Français menacent Magdebourg ; de là, ils iront à Berlin. Cette résistance était dangereuse ; mieux vaut donc s'humilier, et, bientôt, Louis XIV ouvrait un pli, empreint de mysticisme et de bassesse : « Dieu qui est « juste, voyant le droit de ma cause, avait décidé de toute la « Poméranie en ma faveur. J'en remets, Monseigneur, la « meilleure partie entre les mains de votre Majesté, pour con- « server le reste, qui est fort peu de chose au regard de tout « ce que j'avais gagné au prix de mon sang et par la ruine de

1. MIGNET, *Négociations relatives à la Succession d'Espagne*, t. IV, p. 698-699.

« mes sujets... » Après cette concession, nouvel accès de piété, dans le but d'adoucir le vainqueur : « Monseigneur, il « est impossible « que votre Majesté, selon les lumières de ce « grand esprit, dont Dieu l'a douée, ne comprenne aisément « la justice et la modération de mes prétentions, et cela étant, « qu'elle fasse violence à cette générosité et grandeur d'âme, « qui est née avec elle, pour me forcer à des conditions iniques « et honteuses... » A la flatterie s'ajoute une pointe de sophisme : « N'est-il pas juste, Monseigneur, que, puisque « votre Majesté m'oblige de quitter de si grandes et belles « villes, et tant de places, Elle oblige aussi les Suédois à me « laisser le reste ? N'est-il pas équitable que vous étant inté- « ressé pour le parti, qui ne devait rien demander, vous vous « intéressiez au parti qui avait droit de tout garder, mais « qui cède presque complètement à la seule considération « de votre Majesté ?... » Péroraison éplorée, et reconnais- sance profonde si le roi se montre généreux : « Après tout, « Monseigneur, je comprends bien que la partie est trop « inégale ; les forces de votre Majesté dépassent considéra- « blement les miennes, et je pourrais être accablé d'un roi « qui porta seul, avec tant de gloire et de succès, le fardeau « de la guerre contre les plus grandes puissances de l'Europe. « Mais votre Majesté trouvera-t-elle son avantage dans la « ruine d'un prince, qui a un désir extrême de la servir, « et qui, étant conservé, pourrait apporter à son service « quelque chose de plus que sa seule volonté ! Certes votre « Majesté en me détruisant s'en repentirait la première, « puisqu'elle aurait de la peine à trouver dans tout le monde « un prince qui fût plus véritablement que moi, et avec « autant de respect et de zèle, son dévoué et affectionné [1]. »

Ces dernières lignes étaient une allusion aux offres de Meinders et de Beauvau ; la preuve que Frédéric-Guillaume y persiste, et se vendra de bon cœur, comme autrefois.

---

1. MIGNEt, *Négociations relatives à la Succession d'Espagne*, t. IV, p. 700-701.

Mais Louis XIV ? Il va mollir, car son sentiment change ; il veut régner sur l'Allemagne ; la Suède ne lui inspire plus que du dédain. Parente pauvre, et à nourrir sans profit ; quantité négligeable, dont les blessures saigneront longtemps, si elle gagne son procès dans la négociation, qui commence, ce sera tout juste, et parce que le roi très chrétien ne pouvait décemment reculer. En effet, aux égards qu'on lui prodigue, aux adoucissements que Versailles et Saint-Germain apportent à leurs exigences, Meinders, qui arrive, se rassure vite : les temps sont bien changés, et les fameuses propositions plaisent enfin !

Le 29 juin 1679, il traitait avec Pomponne. La convention élaborée à Saint-Germain-en-Laye comprend dix-huit articles. Elle stipule que l'électeur de Brandebourg restituera au roi de Suède tout ce qu'il avait conquis en Poméranie, ou ailleurs, notamment Stralsund et Stettin ; que, pour donner cependant de nouvelles limites à la Poméranie suédoise, et à la Poméranie brandebourgeoise, qui s'entremêlaient, et répondaient mal à leurs qualifications de citérieure et d'ultérieure [1], il gardera tout ce que la Suède avait possédé au delà de l'Oder, sauf les villes de Damm, de Garz et leurs dépendances. Gollnow-sur-Ihna, enclavé dans les terres de l'électeur, lui reste engagé pour la somme de cinquante mille écus, somme moyennant laquelle le roi de Suède pourra toujours le reprendre. Enfin la si importante question des eaux est réglée de manière à le froisser le moins possible : Stockolm possédera comme d'avance l'Oder, et les bras que ce fleuve forme, à sa sortie du Pommerische-Haff [2] ; M. de Brandebourg ne pourra ériger aucune forteresse sur ses bords. En revanche, le péage de Kolberg, et des autres ports de la Poméranie ultérieure, qu'il partageait auparavant avec la Suède, sera son droit exclusif [3]. Somme toute, Frédéric-Guillaume

1. V. *supra* (texte et note).
2. *Ibidem.*
3. *Actes et mémoires de la paix de Nimègue*, t. IV, p. 481-493.

triomphe ; « il rend le meilleur, et conserve le reste, » comme il l'avait demandé ; l'accommodement du 29 juin 1679 est une entorse à la paix de Westphalie. M. de Brandebourg triomphe doublement ; un article séparé et secret lui assure trois cent mille écus à toucher dans le terme de deux ans pour le dédommager de ses dépenses, et « pour convaincre Son Altesse du plaisir qu'éprouve le roi très chrétien de la voir rentrer dans son alliance [1] ». Le vainqueur subvenant aux frais de guerre du vaincu, quelle aubaine pour Berlin! mais aussi quelle anomalie! il y a évidemment anguille sous roche, et la preuve, c'est que Meinders, loin de réclamer ses passeports, restait à Versailles, qui le fêta. Quoique cet envoyé, aussi lourd que correct, ne ressemble guère au séduisant Beauvau, roi et ministres l'attirent, le choient à l'envie, et, bien après vendanges, conférences et apartés duraient toujours. Que voulaient donc l'électeur et son représentant ? Conclure une profitable alliance, et, pour cela, flatter Louis XIV et ses aspirations à l'empire. D'agrandissements de territoires, ils ne se soucient, mais sollicitent de grosses sommes pour lever plus de troupes, et construire une petite flotte. Le cabinet de Versailles, malgré sa hâte de parvenir à un accord concernant la couronne impériale, hésita d'abord [2]. Pomponne n'oublie pas les innombrables défections de Berlin, et adhérer à ses plans, trop développer sa force, d'ennemi devenir si vite complice, était-ce vraiment sage et digne ? Mais Louis XIV veut devenir empereur, et impose silence à son ministre. Le 25 octobre 1679, Pomponne et Meinders signaient un traité en dix-neuf articles, excluant les Habsbourg de l'empire. Datée de Saint-Germain comme la première, cette convention pose en principe que « Son Altesse électorale a grand désir de se lier « étroitement avec Sa Majesté dans toutes les occasions, qui

---

1. *Actes et Mémoires de la paix de Nimègue*, p. 494 ; voir aussi Pufendorf, *Articulus separatus*, livre XVII, § 80.

2. PUFENDORF, livre XVIII, « sed Galli ista frigidius accipere ».

« pourroient naistre, *même pour le bien de l'Empire*, et que
« nulle autre ne peut estre si importante que celle qui luy
« peust donner un chef, soit dans l'eslection d'un empereur,
« soit dans celle d'un roy des Romains [1]..... » Vient l'énumération des « mesures », qui seront gardées en l'un et l'autre cas par les parties contractantes ; si l'empereur Léopold a l'envie « de faire eslire » son fils, roi des Romains [2]
« le collège électoral ne pouvant estre formé qu'avec le con-
« sentement de tous ses membres, l'électeur de Brandebourg,
« soit par le reffus qu'il fera du sien, soit en se deffendant
« d'admettre aucune délibération en faveur d'un enfant, soit
« par tout autre empêchement, tâchera de faire en sorte que
« le collège refuse de s'assembler sur cette affaire, et empê-
« chera l'eslection de l'archiduc..... [3] » Et, si le collège électoral passait outre ? Meinders et Pomponne stipulent que M. de Brandebourg travaillera énergiquement à faire élire roy des Romains, Louis XIV, et, à son défaut, le grand-dauphin : « Non obstant les soins de Son Altesse, le
« collège prendra peut-être la résolution de s'assembler,
« et d'assenrer un successeur à l'Empereur. Dans cette
« hypothèse, Brandebourg promet de ne donner son
« suffrage qu'au Roy très chrestien, et si l'élection ne
« pouvoit réussir pour Sa Majesté, qu'à monseigneur
« le Dauphin..... [4]. » Mais si les Bourbons échouaient ?
« A supposer qu'il se trouve une opposition telle que,
« malgré tous les efforts de Son Altesse, l'élection en
« réussisse ni en faveur du roi très chrétien, ni en
« faveur du dauphin, sadite Altesse s'engage de ne donner
« jamais son suffrage que de concert avec Sa Majesté, et
« en faveur de tel prince, qui luy serait agréable [5]. » Voilà,

1. Article 10.
2. Article 11.
3. Article II.
4. Article II.
5. Article II.

pour le roi des Romains ; quant à la mort de l'empereur, qui, « selon l'ordre de la Providence divine », pourrait survenir sans qu'on ait désigné d'avance de prince pour lui succéder, elle donne lieu aux déclarations suivantes : « Son Altesse, » dit l'article 13, « s'engage et promet de « s'employer, tant par son propre suffrage que par ceux « qu'elle tascheroit de procurer, de multiplier ses soins « afin de faire tomber l'élection sur la personne de Sa « Majesté chrétienne comme plus capable que tout autre, « selon le sentiment de Son Altesse susdite, de souste- « nir la couronne impériale..... » Ne veut-on pas de Louis XIV ? Berlin emploiera ses efforts « avec mesme « application et mesme zèle » pour faire élire le dauphin empereur [1]. Dédaignerait-on celui-ci ? comme à l'égard du roi des Romains, « Son Altesse s'engage de concourir, et « par elle, et par ses amis, à l'élection d'un prince agréable « aux Français [2] ». Tels sont les services que Frédéric-Guillaume doit rendre ; et comme récompense qu'aura-t-il ? Encore qu'il affecte de dire un éternel adieu aux extensions territoriales, d'en être dégoûté par les choses de Poméranie, sa prétention sur le pays silésien de Jaegendorf (Jaegenrdorf) est admise [3]. Point frappant, car un rejeton de l'électeur réclamera lui-même Jaegerndorf comme les autres duchés de Lienitz, Brieg et Wohlau ; d'où la guerre de Succession d'Autriche, celle de Sept-Ans ; Frédéric II. Mais la récompense convoitée, véritable, ce sont les livres tournois ; pour donner à M. de Brandebourg une marque particulière de son amitié, Louis XIV lui en promet cent mille « par chacun an », et durant le terme de dix années [4]. Enfin, les sieurs Arnaud, chevalier, seigneur de Pomponne, conseiller en tous les

1. Article 14.
2. Article 16.
3. Article 6.
4. Article 18.

conseils de Sa Majesté, secrétaire d'Estat de la dite, et Franz Meinders, conseiller et ministre d'Estat de Son Altesse électorale, conviennent, avant de sceller, que, « de « part et d'autre, » les présents articles demeureront « dans « un extrême secret ». De ce deuxième traité de Saint-Germain-en-Laye [1], il ressort que Frédéric-Guillaume vendait l'Allemagne. « Louis XIV agissait en maître, l'élec-« teur en valet, » comme l'a dit, avec feu, un illustre historien, un patriote ulcéré, M. Onno-Klopp [2]. Vainement Frédéric II objecte-t-il « que le premier donna des subsides, « en foulant ses peuples ; que le second les reçut, en « soulageant les siens [3] » ; cette rhétorique justifie mal son bisaïeul : nous n'y voyons qu'un sophisme et un aveu. Il ressort aussi que Frédéric-Guillaume trahissait pour une somme dérisoire : cent mille livres par an ! Mais Berlin n'a pas l'habitude des sots marchés, et ses exigences vont croître avant six mois.

A la suite du second traité de Saint-Germain, « l'acheté » changea brusquemement de langage, d'accord avec « le payeur [4] ». Il ne s'élève plus contre les Hollandais, ni contre Madrid, qui pourtant firent la paix les premiers, mais traîne l'empereur aux gémonies, l'empereur coupable de l'avoir, en se réconciliant avec Louis XIV, odieusement délaissé, et compromis. Ces déclamations étonnèrent l'Europe ; elle en eut même « des nausées [5] » (Leibniz). Vienne avait simplement imité les autres, et longtemps après ; alors pourquoi tant de fiel, et de bruit ? M. de Brandebourg garda, et soigneusement, son secret ; cela se conçoit, il était si peu

---

1. Publié par MOERNER, *Staatsverträge Kürbrandenburgs*, p. 413-415, texte allemand ; 704-708, texte français, et par M. VAST, *Tentatives de Louis XIV pour arriver à l'empire* (Revue historique, t. 65, 1).
2. *Das Jahr 1683 und der folgende grosse Türkenkrieg*, p. 64.
3. Mémoires de Brandebourg.
4. « Der Kaüfer und der Verkaüfer einander würdig. » *Ibidem*, Klopp, p. 67.
5. Leibniz, t. V, p. 165.

avouable! Un jour pourtant, ses intimes faillirent le deviner : « Oui, » soupirait-il, « l'empereur et l'empire ont mal « agi. Ils me contraignirent à la paix, eux, et non le roi très « chrétien ; mais patience ! ils expieront : Versailles les « châtiera [1] ». Gageons que ce n'est pas devant Beauvau et Meinders qu'on tint ce fantastique propos. Ils eussent éclaté de rire, et à bon droit.

Mieux que personne, ils savent, en effet, pourquoi Vienne et Ratisbonne firent la paix. L'empereur et le corps germanique n'avaient-ils pas eu vent de mystérieux voyages, d'entrevues fréquentes, et de mauvais augure, avec Louis XIV et ses ministres? et n'était-ce pas de ces particularités que résulta le troisième traité de Nimègue, comme des violents soupçons, qui en naquirent? Oui, Vienne et Ratisbonne abandonnèrent la lutte, mais (nous l'avons montré) parce que Berlin leur faussait compagnie ; et pourtant, à en croire l'infortuné électeur, c'est lui qu'on violentait !

(Avril 1680.) M. de Brandebourg continue ses vociférations contre l'empereur ; toutefois, auprès de Léopold, il ne cesse de protester de son dévouement, et de son horreur des Français. Ce masque lui permettra d'asséner de nouveaux coups à la maison d'Autriche. Charles II, roi d'Angleterre, poussé par son neveu d'Orange, voulut quitter Louis XIV, et s'allier avec les vaincus de Nimègue. Des plénipotentiaires sont même arrivés à Vienne, à Madrid et à Berlin, où ils proposent une entente contre Versailles. Frédéric-Guillaume éluda l'offre, dénigra les Habsbourg, et, l'Anglais parti, manda de nouveau Lamberg, l'ambassadeur impérial : « De grâce, comte, ne prêtez pas, ne prêtons « pas l'oreille aux désirs de Southwel ! » fut sa première exclamation. « On nous tend un piège. A peine Charles II « aura-t-il notre parole, il exigera de gros subsides de son

---

1. RANKE, *Genesis des preüssischen Staates*, p. 338.

« parlement; subsides qui ne serviront point à faire honneur
« aux nouvelles alliances, mais qu'on emploiera contre les
« libertés britanniques. Et lorsque les Anglais seront sous
« le joug, c'est là ! oui, c'est là que le roi de France devien-
« dra intraitable, et que ses entreprises reprendront par-
« tout ; ce sera la coalition de Whitehall et de Versailles. »

Voyant Lamberg à demi convaincu, M. de Brandebourg
redouble d'assurance : « Le roi d'Angleterre est toujours
« payé par Louis XIV [1]; » fait complètement inexact,
à l'époque où Frédéric-Guillaume l'affirmait, mais que
Vienne crut néanmoins. Voilà donc l'empereur et l'empire dégoûtés de l'Angleterre, l'alliance tuée dans l'œuf,
Charles II revenu, malgré lui, à Louis XIV [2]. D'autre part,
Londres s'empresse de retirer ses propositions. Berlin
ravalait tant Léopold et le corps germanique! Quelques
jours après, M. de Brandebourg, craignant d'être démasqué,
rappelle l'ambassadeur Lamberg, et lui déclare « qu'il y a
« plus que jamais lieu de fuir la Grande-Bretagne ; son roi
« est entièrement acquis aux Français ; un pli confidentiel
« de Versailles le prouve jusqu'à l'évidence... » Stupéfaction de Lamberg. « Cette dépêche, » continue Frédéric-
Guillaume « était adressée à l'ambassadeur du roi chré-
« tien, M. de Rebenac [3], qui vient de me la transmettre ;
« elle porte, qu'entre Paris et Londres, le lien est encore
« si étroit, qu'il défie toute rupture. Seule une inter-
« vention du parlement pourrait le desserrer ; mais elle ne
« se produira pas [4] ». Or, autant de paroles, autant de faus-

1. Lamberg à l'empereur, Berlin, 28 avril 1680, Vienne, Archives Impériales.
2. O. Klopp, *Der Fall des Hauses Stuart*, t. II, p. 249.
3. François de Pas, fils cadet d'Isaac, marquis de Feuquières, qui nous
représenta longtemps en Suède et en Espagne; frère du lieutenant général,
Feuquières, surnommé le Diable ou le Sorcier. Il prit le nom de Rebenac,
par son mariage avec l'héritière de cette maison béarnaise. Envoyé à Berlin,
ambassadeur extraordinaire à Madrid et à Turin; lieutenant général de
Navarre et de Béarn.
4. *Ibidem*, O. Klopp, p. 252.

setés : si Charles II avait réellement appartenu corps et âme à Louis XIV, comme M. de Brandebourg le prétend, pourquoi Versailles eût-il détourné Berlin de l'alliance anglaise? C'était marcher contre le développement de l'accord franco-britannique, et les intérêts du roi très chrétien. D'ailleurs nous sommes en 1680, et l'accession de Frédéric-Guillaume pouvait-elle déplaire à Louis XIV, qui, depuis le traité secret d'octobre 1679, ne redoute nullement ce tiers, devenu sa chose? En réalité, la diplomatie française tenait un langage tout autre, et cela publiquement; un langage susceptible de tirer d'erreur le naïf Lamberg et son maître, de leur faire découvrir les mensonges de Berlin. Loin de prétendre que Versailles et Londres restaient inséparables, Rebenac ne dissimulait ni ses alarmes, ni son dépit de l'évolution britannique; suivant lui, l'alliance austro-anglaise était certaine, imminente ; les missions de Southwel, et autres, portent déjà leurs fruits! Charles II et Léopold vont se coaliser en haine de Louis XIV [1].

Un prince du Saint-Empire, meilleur, plus ardent Français que les ambassadeurs de Versailles, allant jusqu'à travestir leurs propos, et à les compromettre, si grande est sa passion pour le roi très chrétien, et son aversion de Vienne, Frédéric-Guillaume avait, on le voit, d'étranges audaces. Et cependant, lorsqu'il écrit à l'empereur, que de lyrisme! quelles assurances de fidélité et de tendresse! Il aime tant ce cher suzerain qu'il en éloigne les autres, et le détourne de toute alliance; comme cela, il l'aura pour lui seul.

Nous sommes au plus fort des réunions; Louis XIV, ses légistes annexent, dépossèdent ; le traité de Nimègue est évidemment violé, l'empire bravé. La diète de Ratisbonne bouillonne, proteste, et l'empereur Léopold, qui croit aux chaudes assurances de Berlin, qui ne se doute de ses intrigues, voudrait une entrevue immédiate (mai 1680).

1. Pufendorf, livre XVIII, § 7 : « Id constare Caesarem ac *Anglum* ingenti invidia caecisque odiis adversus Galli gloriam aestuare ».

Frédéric-Guillaume informe l'empereur que, nonobstant les provocations de Versailles, il ne quittera pas Potsdam. Il est malade. Sans doute, il est de cœur avec Vienne et Ratisbonne, brûle de les aider de ses conseils, mais à distance. Certes, le roi très chrétien commet de blâmables attentats; seulement, à qui la faute? au traité de Nimègue, à cette odieuse paix, conclue d'une façon si hâtive, et qui disjoignit mal à propos le corps germanique [1].

La situation empirant, Léopold envoya le margrave de Bade à Berlin. Hermann représenta fortement à l'électeur qu'il fallait s'armer, et sans retard. Si l'empereur et l'empire ne prennent pas de mesures, où s'arrêtera Louis XIV? Son parlement de Metz vient de spolier à la fois l'électeur palatin, l'électeur de Trèves, l'évêque de Spire, et le roi de Suède; quatre-vingts fiefs dans les trois évêchés, dix villes libres d'Alsace, le duché de Deux-Ponts confisqués d'un trait de plume; Strasbourg en grand danger; dépit du Cercle de Bourgogne, qui perd plusieurs châtellenies et bailliages; Hermann n'oublia rien. Frédéric-Guillaume gémit, flétrit ces conquêtes par arrêt de justice, mais relever le gant, s'y opposer par la force, il ne le peut [2]. Sitôt le margrave de Bade remonté en chaise de poste, Berlin et Versailles correspondirent fiévreusement. L'instant est critique, et les signataires de l'accord de Saint-Germain tiennent à s'épancher. En récompense des éclatants services qu'il a déjà rendus, et rendra encore à Sa Majesté Chrétienne, Frédéric-Guillaume implore un supplément de numéraire. Comme au mois d'octobre 1679, de l'argent, toujours de l'argent, sinon rien! Ces pourparlers avaient un caractère honteux; en outre, l'électeur se risquait, car le Saint-Empire est en pleine effervescence, attentif à toute démarche équivoque. Aussi n'oublia-t-il pas le mot de son

---

1. Pufendorf, *de rebus gestis Friderici Wilhelmi Magni*, livre XVIII, § 5.
2. *Ibidem*, Pufendorf, § 6.

oncle, Gustave-Adolphe : « L'Allemand préfère la nuit au
« jour; » et, excepté Versailles, Sobieski fut-il le seul à savoir
que Berlin thésaurisait. « Marquis de Béthune, j'ai été mal
« traicté, disait, rappelons-nous-en, le gendre de d'Arquian,
sur un ton de violente jalousie [1]; « j'ai été mal traicté, tan-
« dis que M. de Brandebourg et autres ennemis déclarés
« de la France, sont, chaque jour, comblés de grâces et de
« présents... La France, Marquis, a beaucoup d'ennemys,
« et d'envieux de sa grandeur... Croyez-vous, par exemple,
« que l'électeur de Brandebourg demeure ferme dans l'ami-
« tié du roy de France? C'est ce que le temps nous fera
« voir » (juin 1680). Et pourtant, Frédéric-Guillaume avait,
d'intelligence avec les Turcs, favorisé l'élection de Sobieski !

Les précieux sacs sont promis, et vont partir. Louis XIV
et l'électeur ont fait une nouvelle convention (11 janvier
1681). D'après le traité de Cologne-sur-Sprée, où Rébenac-
Feuquières représentait le roi très chrétien, et Meinders,
assisté d'Iéna, M. de Brandebourg, la paix, le *statu quo*
seront maintenus ; au besoin, imposés. Si on attaque, ou
moleste l'une des parties, l'autre la secourra ; clauses fort
habiles, et profitables à Louis XIV, qui vient de s'agrandir
en pleine paix, et appréhende une guerre malheureuse,
dérangeant ses conquêtes. M. de Brandebourg ayant consenti aux réunions, Sa Majesté très Chrétienne s'engage
« à luy faire délivrer ponctuellement à Paris, et par chaque
« année, la somme de cent mille écus, qui seront payés,
« tous les trois mois eschus, à commencer le premier
« payement le 30 septembre 1681 » (art. 8). Deux points
restaient dans le vague : crainte de surprise, on les débattit
à fond. Les cent mille écus s'ajouteront-ils aux cent mille
livres, promises par le traité secret de Saint-Germain ? ou
ces sommes se confondront-elles, les cent mille livres deve-
nant un à-compte des cent mille écus? Le méfiant Frédéric-

---

[1]. Voir *Sobieski et sa politique*; Revue d'Histoire diplomatique, année 1893, n° 4, p. 527.

Guillaume spécifia qu'elles s'ajouteraient : « Sa Majesté
« fera délivrer, jusqu'au premier de juillet 1681, à raison
« de cent mille livres, comme il est dit dans le traité du
« 25 octobre 1679, et, de là, en avant sur le pied des cent
« mille écus plus haut mentionnés [1]. » Louis XIV non plus
n'était pas confiant; qui prouve que Berlin fera son devoir si
Vienne et l'empire déclarent la guerre ? M. de Brandebourg
alléguera peut-être que les réunions furent des empiétements,
et ne donnent pas ouverture au *casus fœderis* : thèse de Léopold, qui répudie déjà la qualification d'agresseur pour la donner, avec tous les torts, au roi très chrétien. L'article 5 prévoit
ce faux-fuyant, et mate d'avance Frédéric-Guillaume : « Et
« comme Sa Majesté et Son Altesse électorale désirent l'une
« et l'autre prévenir toutes difficultés, qui peuvent naistre
« dans l'exécution, et principalement celle que pourrait
« former un des alliés, s'il prétendoit que l'autre n'a point
« été troublé le premier, et qu'ainsi le cas d'assistance
« mutuelle ne seroit point arrêté, il a esté convenu et
« accordé que, sans examiner le droit ou le tort que pour-
« roit avoir l'allié requérant, ny rechercher s'il est l'autheur,
« ou la cause du différend, ou non, il suffira qu'il soit
« actuellement troublé, ou inquiété dans ses terres, estats,
« droits, prétentions, ou autres... pour le secourir, et assis-
« ter de fait et réellement [2]. » Pesons ces derniers mots ;
nous verrons quelle latitude ils donnent à Versailles. Le
casus fœderis naîtra, dit l'article, si l'un des contractants
est troublé, ou inquiété « dans ses terres, estats, droits et
« prétentions ». Ce ne sont nullement des pléonasmes ; en
s'engageant à défendre « les terres et estats de Sa Majesté »,
Frédéric-Guillaume garantissait les réunions ; en soutenant
« ses droits et prétentions », il autorise le roi très chrétien
à n'en pas rester là, mais à prendre toute l'Allemagne, si
tel est son caprice.

1. Moerner, *Kurbrandenburgs Staatsverträge*, p. 418-421 (texte allemand); 708-715 (texte français).
2. *Ibidem*, Moerner.

Louis XIV a carte blanche. Que fera maintenant l'électeur? Il nouera des intrigues pour circonvenir le corps germanique, et le détourner de la guerre. Messages, ambassades, supplications partent continuellement à l'adresse de Saxe, ou du palatin, de Cologne, Trèves, et Mayence; on adjure, on somme potentats et principions de rester pacifiques. Beaucoup hésitent, s'emportent, mais Frédéric-Guillaume dévore tous les affronts. Est-ce vraiment la peine, larmoie-t-il, de courir aux armes? Non certes, car nous pourrions encore succomber, et cette fois irrévocablement. Laissons donc le roi très chrétien jouir de ses réunions; baissons la tête : comme cela, nous serons en sûreté, et l'empire n'affrontera plus d'orages. La tactique de M. de Brandebourg réussit à merveille ; les princes allemands continuèrent de ronger leur frein, et de fermer l'oreille aux exhortations de Vienne. [1]

Un seul, Hesse-Cassel [1], releva fièrement l'avocat de Louis XIV. « Je ne veux pas être maudit de mes descen-
« dants. Je serai digne de mes aïeux, fidèle à mes devoirs
« envers l'empereur et l'empire. Les réunions sont injustes,
« vexatoires, et jamais je n'y souscrirai. » — « La Patrie,
« mais la patrie, landgrave, » — « Altesse, qui aime sa
« patrie, la défend. Imitez le parti protestataire, flétrissez
« les réunions, et Versailles reculera [1] ».

M. de Brandebourg ne se contenta pas de paralyser l'empire, et de le mettre hors d'état de nous faire tête; il chercha des alliances à Louis XIV. Christian V, roi de Danemark, reçut les plus flatteuses propositions, mais les goûta peu, trouvant que tendre la main à Versailles, c'était braver le corps germanique, s'exposer à de prochaines complications. L'électeur revint à la charge, et jura, comme précédemment, qu'il ne voulait ni opprimer l'empire, ni seconder les Français ; son unique, et louable but, c'est d'empêcher la guerre. Tant de

1. Charles de Hesse (1654-1730), père de Frédéric Ier, roi de Suède.
2. PUFENDORF, *de rebus gestis Friderici Wilhelmi Magni*, livre XVIII, § 42.

gentillesse et de raison attendrissent Christian : il cesse d'éconduire Frédéric-Guillaume ; et les négociations prennent meilleur tour (mars-novembre 1681). Néanmoins, on se défiait aux bords du Sund, et nous verrons Hohenzollern contraint d'abattre et de maquiller son jeu.

Certes la diplomatie berlinoise semble active, et Louis XIV bien servi. Le traité du 11 janvier n'obligeait M. de Brandebourg qu'à l'assistance réciproque, et lui outrepassait presque cette convention, soit en décourageant, mystifiant le corps germanique, soit en imaginant une triple alliance au profit de Versailles. Que de hardiesse, et quel zèle ! Le roi très chrétien en avait vraiment pour ses cent mille écus. Cependant, ne croyons pas que Berlin eût l'unique désir de plaire à Louis XIV. S'il pèse aussi vivement sur l'empire, c'est qu'une reprise d'hostilités transformerait sa constitution ; c'est que l'unité de l'Allemagne en résulterait, avec des chefs héréditaires, les Habsbourg, substituant l'ordre au chaos, et enfantant d'irrésistibles coalitions contre Versailles, et ses pensionnaires. Avant Nimègue, beaucoup le soutenaient ; maintenant, de l'avis général, « si le « corps germanique faisait masse, dans trois mois, et même « plus tôt, il réduirait Paris et Louis XIV ; l'aigle autri- « chienne flotterait sur le Louvre ». Loin d'y voir « forfan- « terie », comme M. Camille Rousset [1], Frédéric-Guillaume redoute ces menaces, et que le *casus fœderis* ne lui devienne fatal ; d'où son aversion de la guerre. — Les pourparlers de Copenhague, l'alliance danoise ont aussi une raison secrète. Louis XIV l'ignore, mais Christian est près de la découvrir. Jusqu'ici, M. de Brandebourg flattait le dé, et vantait uniquement les charmes de la paix ; comme Christian hoche toujours la tête, objecte l'inutilité d'un tel pacte, — pacte équivoque et froissant, car il assujettira l'Allemagne, — on lui avoue enfin « que l'alliance projetée

---

1. *Histoire de Louvois*, t. III, p. 234.

« vise à peine l'empire, du moins dans ses rapports avec
« Louis XIV. Seul il a le droit de garder, ou de rompre la
« paix, et lui imposer une attitude envers le roi très chré-
« tien serait certainement fort mal..... » « — Votre but,
« alors ? pour Dieu, parlez clair ». — « Chasser à mon pro-
« fit, et ne plus faire le rabatteur (Treiber für die Jagd
« Ludwigs XIV). Voilà trop longtemps que le roi de
« France me dupe, m'exploite ; à lui, le gibier, et rien à
« ses auxiliaires. Liguons-nous donc afin de combattre les
« Suédois, arrachons-leur cette Poméranie, que l'inhumain
« me force de rendre. S'il nous voit bien unis, il s'adou-
« cira, il nous appuiera. D'autre part, et pour donner le
« change, répétons que notre alliance n'aura trait qu'aux
« affaires de Versailles et de Ratisbonne ; qu'elle préviendra
« dra de nouvelles rencontres sur le Rhin [1]. »

Ces ouvertures sourirent à Christian V ; il a déjà une
jambe dans le piège. Elles prouvent incontestablement que
Frédéric-Guillaume reste « l'ennemi déclaré de la France » :
Sobieski voyait juste ; mais combien Louis XIV s'abuse !
Berlin n'oublie nullement la Poméranie ; Berlin jalouse
toujours Stockolm. S'il prêche la paix, ailleurs il l'ébranle,
et pourtant impériaux, Français, Danois célèbrent sa
loyauté, ou son esprit. Tous sont dans ses filets au début
de 1682. Beau début, certes ! Mais la suite?

Guillaume d'Orange, dont l'estime pour son oncle
n'a pas grandi, l'indique d'un mot : « L'électeur fait
« le diable [2] ». Orange disait vrai ; Louis XIV et M. de
Brandebourg conclurent encore un traité (22 janvier
1682) plus favorable à Son Altesse que celui de 1681,
et qui réprime les ardeurs françaises. En 1681, la sollicitude électorale s'étendait aux « terres et estats », comme
« aux droits et prétentions de Sa Majesté » ; aujourd'hui

---

1. O. Klopp, *Das Jahr 1683*, p. 82-83.
2. Guillaume d'Orange à Waldeck, 19 février 1682 (Muller, *Guillaume d'Orange et George-Frédéric de Waldeck*, t. I, p. 229).

le roi très chrétien se contente (art. 3) « de la ville de « Strasbourg et de ses estats, pays, ou droits actuels ; » de son côté, M. l'Électeur ne garantit qu' « iceux ». Nuance sensible : jadis, le cabinet de Versailles avait permission de tout ; maintenant Berlin n'admet que le *statu quo*. D'ailleurs, la concession en vaut la peine : elle porte sur le huitième de l'Empire [1]. En signant l'accord de janvier 1682, M. de Berlin continuait à vendre l'Allemagne ; néanmoins il feignait de la soulager, non parce qu'il l'aime, mais *in odio Francorum*, parce que l'ambition du roi très chrétien avait fini par le choquer. Cependant les naïfs impériaux croient, nous le verrons plus tard, à la sincérité de Frédéric-Guillaume ; quand il élèvera la voix, beaucoup lui feront écho ; et, qu'il ne craigne pas d'abandonner Louis XIV, Ratisbonne l'attend, bras ouverts. Mais ce ne sont qu'arrière-pensées, projets à venir. Pour l'instant, M. de Brandebourg retirait un sérieux avantage du traité de 1682 : Louis XIV cède et s'enchaîne par écrit ; les chances de guerre diminuant, le terrible *casus fœderis* devient improbable. Un autre profit, c'est l'élévation de la paye : « Sa Majesté très chrétienne s'engage à faire comp« ter, tous les ans, à Son Altesse électorale de Brande« bourg, la somme de quatre cens mille livres, qui « s'ajouteront aux cens mille escus stipulés par le traité « du 11 janvier 1681, et sera recevable à Paris, ou Ham« bourg. — Les versements auront lieu de trois en trois « mois ; à la fin des cens mille escus commenceront les « quatre cens mille livres » (article 6). Louis XIV promit de mauvaise grâce. Les dons extérieurs épuisaient son trésor au point que l'armée crie famine, et que, suivant Contarini [2], Louvois néglige la défense du territoire. Chaque année, cinquante millions passaient dans la caisse

---

1. Moerner, *Kurbrandenburgs Staatsverträge*, p. 426-428 ; 715-718. — O. Klopp, *das Jahr, 1683*, p. 83.

2. Relation du 30 novembre 1682 (Vienne, Archives impériales).

de princes ou de rebelles étrangers ; Charles II d'Angleterre touchait cinq cent mille couronnes ; un envoi mensuel de trente mille livres alimente Toekoeli, et l'insurrection hongroise. D'illustres affamés — ils sont de tout pays, et légion, — happent le surplus [1]. D'après Onno Klopp [2], l'empressement de Frédéric-Guillaume s'explique : « Ce « marais, qui dissimule des abîmes de mensonges, de tra- « hisons, et de parjures, est si tentant avec sa surface et sa « fange dorée ! » Mais la générosité de Louis XIV étonne ; pourquoi obtenant moitié, payait-il davantage ? parce qu'un discours entrecoupé de larmes et de menaces, avait vaincu ses répugnances : « Vous êtes, » lui déclara-t-on en plein Versailles, « un péril pour la paix. L'Empire arme secrè- « tement contre la France, et a les yeux sur nous ; ce que « nous ferons, il le fera. Jusqu'ici, mon maître ferma « l'oreille aux désirs de Vienne, et suivit ponctuellement « vos inspirations ; tant de fidélité l'expose : aussi soyez « bon [3]. » C'était vif, on en conviendra, et même osé. Que nous sommes loin du lyrisme de 1681 ! Alors M. de Brandebourg s'interdisait « d'examiner les droits ou « torts de Versailles ; » il jurait assistance au roi très chrétien, « sans savoir quel est l'autheur ou la cause du « différend. »

En France, dans l'Empire, Berlin obtenait, nous le voyons, d'assez beaux succès. A la fois Éole et Crésus, il refrène, dirige les aquilons ; mais Copenhague est moins traitable. Quoique fort dégelé, Christian V ne signe toujours pas la fameuse alliance, qui vise effectivement la Poméranie, et le reste, pour la forme ; qui gênera et secondera Louis XIV. Cet extrême machiavélisme l'inquiétait, car, en somme, M. de Brandebourg ne propose pas

1. O. KLOPP, *der Fall des Hauses Stuart*, t. II, p. 309. — BAROZZI et BERCHET, *Francia*, t. III, p. 359.
2. *Das Jahr 1683*, p. 135.
3. *Ibidem*, p. 134.

deux conventions : il n'en veut qu'une, et afférente aux choses du Rhin. Ainsi les griefs contre la Suède, son amoindrissement, resteront à l'état de sous-entente, de velléité. Et l'électeur n'aurait-il pas avec Louis XIV de secrets arrangements, qui blessent un peu plus l'empire qu'il ne l'affirme? Si Christian a de la prudence et le jeu fin, M. de Brandebourg file la carte et pipe les dés : talents dangereux, que l'entrevue d'Itzehoe [1] révélait bientôt. Elle est de juin 1682. A l'interpellation du roi de Danemark : « Montrez-moi votre accord avec Versailles, » Frédéric-Guillaume déplia gravement une pièce, signée Rebenac, Meinders, Iena, et datée de Cologne-sur-Sprée, 3 avril. La bonhomie en était parfaite. Louis XIV et M. de Brandebourg se promettent simplement de ne plus guerroyer et de tenir à la paix. Pas un mot qui puisse froisser les Allemands, ni leurs meilleurs amis. Copenhague n'a donc rien à craindre : en s'alliant avec Versailles et l'électeur, son prince restera loyal envers le Saint-Empire, et, sous ce masque, comme les projets de guerre scandinave iront bien! Rêveur, soucieux, Christian V feuilletait la pièce d'une main nerveuse; malgré ses apparences d'authenticité, et le front de l'électeur, un doute l'étreint : doute fondé, car Bourbon et Hohenzollern lui mentent. C'était une supercherie, une élucubration de commande (*Scheintractat*), que Louis XIV et Frédéric-Guillaume n'avaient pas même ratifiée [2].

Le malheureux Christian se résigne, et promet son adhésion : pouvait-il, d'ailleurs, soupçonner tant d'audace, et reculer? Cependant huit mois s'écoulèrent encore.

1. Ou Esesfelth, sur la Stör, ville prussienne; autrefois, siège des états du Holstein.
2. « Lediglich zu dem Ende aufgesetzt um Dänemarck vorgelegt zu werden, und selbes dadurch zum Eintritt in die Interessen und alliance Frankreichs zu vermögen. » (MOERNER, *Kurbrandenburgs Staatsverträge*, p. 431). — « Es gelang dem Kurfürsten durch seine Unwahrheiten den Dänenkonig zu bethören » (O. KLOPP, *das Jahr 1683*, p. 83).

Le Sund est décidément farouche, et sans inclination pour la Sprée. Enfin voici l'alliance, la célébration de ce mariage, où l'amour tient si peu de place : elle eut lieu, le 17 février 1683, à Soest [1]. Danemark et Brandebourg s'immisceront dans les différends franco-germaniques, et s'efforceront de les pacifier ; les convenaces antérieures de Sa Majesté Louis XIV et de Son Altesse électorale deviennent celles de Copenhague. Nous savons ce qu'elles étaient, les engagements de Frédéric-Guillaume avec Versailles, le genre de paix qu'il prétend imposer à Ratisbonne. Sans s'en douter, Christian garantit par conséquent les réunions et opprime l'Allemagne. Trompés, aveuglés, les Danois soutiendront, au Sud-Ouest, une politique qui leur répugne ; les jouera-t-on de même en Poméranie ?

Tandis que Christian V s'enchaînait, la Diète de Ratisbonne conférait : de violentes harangues sont prononcées, beaucoup suppliant de rompre avec Versailles, et de lui arracher ses réunions.

Une voix proteste dans l'intérêt de la Patrie — toujours le vieux refrain ! — c'est celle de Godefroy de Iéna, qui représente Frédéric-Guillaume, en tant que duc de Magdebourg [2] : « Les réunions ne sont pas notre plus grand « danger. Le vrai — Stamboul et ses hordes — surgit à « l'Est. Pour résister à l'invasion ottomane, qui se prépare, « il faut que l'empire marche tout entier sur le Danube, « sans demander de compte aux Français..... » Iéna s'échauffe : « Oui, cédons à Louis XIV, ou nous serons « broyés par le sultan (*Flectendum si frangi nolis*). Faisons

[1]. Ville prussienne (Westphalie), chef-lieu de cercle ; ancienne ville impériale.
[2]. De là le nom de *votum Magdeburgicum*, ou de *sententia Magdeburgica*, que Lünig et Pufendorf donnent à cette harangue. V. Lünig, Eüropaïsche Staats-*Consilia*, t. II, p. 986, et suiv. — Pufendorf, livre XVIII, § 53. — Gottfried von Iena, frère cadet de Frédéric, qui tint une si grande place dans les conseils de l'électeur (*V. supra*). Juriste, professeur, et plume alerte comme son aîné. Représenta, plus de 25 ans, Frédéric-Guillaume, en tant que duc de Poméranie, et de Magdebourg.

« comme ces sages, qui sacrifient bras et jambes, qui,
« pour sauver le tronc, coupent leurs membres incurables
« (*immedicabiles artus*). Ne voyons que l'utile. D'ailleurs,
« quel secours attendre de l'empereur, si on combat la
« France ? Pourra-t-il donner sur le Rhin, alors qu'il main-
« tiendra Hongrois et Turcs [1] ? » C'était judicieux. Malheureusement, l'orateur parlait sans aucune conviction, et en
agent de Versailles. L'assemblée devint plus houleuse; les
uns d'applaudir, les autres de protester furieusement [2]
(mai 1682). On en référa à l'empereur Léopold; sa noble
réponse malmenait, démasquait presque M. de Brandebourg : « Si l'électeur et les quelques adeptes du roi de
« France, oubliant leurs ambitions, cessaient de l'encoura-
« ger à mal, le corps germanique recouvrerait l'unité,
« vengerait usurpations et offenses. Les efforts qu'ils mul-
« tiplient pour garder la plus honteuse des paix,
« fomentent la discorde et compromettent le bien
« public [3] ». La maison d'Autriche préférait, nous le
voyons, les intérêts de l'empire aux siens ; alors que de
formidables dangers la menacent, en orient, elle n'hésite
pas à faire tête à l'ouest ; loin de se replier sur ses États
héréditaires, d'appeler l'Allemagne à leur défense, comme
le veut Hohenzollern, elle brave Louis XIV : la perspective de deux guerres ne l'effraie d'aucune façon. Ceux qui
opinent autrement sont de mauvais patriotes, à la veille
de trahir, et il n'y a pas que Léopold qui le dise : d'après
Guillaume d'Orange, « l'électeur de Brandebourg, et lui
« seul, est responsable de la désunion de l'Allemagne [4] ».

Voici l'instant de s'ouvrir et de réclamer enfin cette chère
Poméranie, mais la déconvenue sera cruelle. Au premier

1. *Ibidem*.
2. PUFENDORF, livre XVIII, § 54.
3. *Ibidem*.
4. O. KLOPP, *das Jahr 1683*, p. 95, d'après Van den Heim (Het archief van Heinsius).

mot, Jupiter fronça le sourcil, signifiant avec hauteur qu'il tenait « M. de Berlin un instrument, non un compagnon de « fortune [1] ». Pas de guerres ni d'annexions septentrionales ; défense expresse d'attaquer les Suédois. Que l'électeur, que le roi de Danemark se le tiennent pour dit. Sa morgue alla plus loin : « Je vous paye, donc je suis quitte, — et le maître »[2]. En disant à Christian V que Louis XIV exigeait qu'on chassât pour lui, et défendait toute conquête à ses alliés, Frédéric-Guillaume ne s'était donc pas mépris. Cependant, après avoir gagné Copenhague à la cause française, après les comédies d'Itzehoe, de Soest, et tant de bas services, il espérait un changement de méthode et une meilleure récompenser. Mais en vain ! Aussi émoi et rage sourde. Là ne se bornaient pas ses griefs. L'invasion turque, la marche sur Vienne commencent. D'Andrinople au Danube, et à Belgrade « porte de la guerre sainte », plaines et routes sont noires de janissaires, de Tartares, de canons. Louis XIV rêve décidément la destruction de l'Autriche, et la couronne impériale, mais comment exploiter les odieux Habsbourg, s'ils sont détruits ? comment exploiter le nouveau César, le roi très chrétien, si magnifique, et si haï ? Adieu les livres tournois, et les incessantes gratifications ! Il n'y aura plus qu'à ramper, et à servir gratuitement.

Aussi recherche-t-il l'empereur, qui l'a tant flétri. A la Noël de 1682, les entrevues avec Lamberg, le plénipotentiaire autrichien, se multipliaient, fiévreuses, et on écrivit à Léopold, que, moyennant trois cent mille écus, payés comptant, Son Altesse embrasserait le parti de l'Espagne ; c'était une voie détournée, un acheminement vers l'Au-

---

1. « Per istromento dei suoi disegni, non per compagno della sua fortuna » (BAROZZI et BERCHET, *Francia*, t. III, p. 413 ; relation de l'ambassadeur vénitien Foscarini).

2. « Friederich-Wilhlem vergass dabei, dass nicht er den König bezahlte, sondern ihn der König, dass darüm dieser der Herr war, er der Diener. » (O. KLOPP, *das Jahr 1683*, p. 84.)

triche [1]. L'empereur riposta que les choses d'Espagne ne devaient guère préoccuper M. de Brandebourg; cependant, a-t-il envie, et sérieusement, de s'allier pour la défense de la patrie? Qu'il le déclare, et Sa Majesté payera, nonobstant la disette du trésor [2]. Frédéric-Guillaume dépêche à Vienne (janvier 1683). Ses conditions définitives étaient : la reconnaissance du droit qu'il allègue, depuis longtemps, sur Liegnitz, Brieg et Wolhau ; l'empereur versera trois cent mille écus, dont deux cent mille pour M. l'électeur, quatre-vingt mille pour Madame, et le reste à distribuer entre les ministres brandebourgeois. A défaut de numération immédiate, il signera deux billets (Weschel) [3]. Sur le premier point, Frédéric-Guillaume essuya un refus complet ; la question des duchés silésiens étant vidée judiciairement, et la prétention de leurs altesses berlinoises écartée depuis un siècle, il y avait, suivant Léopold, d'autant moins lieu d'y revenir que M. de Brandebourg n'apportait pas de titre nouveau. Quant aux trois cent mille écus, Sa Majesté verra [4]. Bonne réponse; en effet, rien ne prouve que l'électeur s'amende. Certes, il enlace Lamberg, lui jure qu'à l'arrivée des deux billets de Léopold, l'un promettant deux cent mille écus, l'autre cent mille, les choses iront supérieurement ; mais, pour l'instant, il ne rompt pas avec Louis XIV ; il est même très avant dans sa confiance. Partout, Français et Brandebourgeois chuchotent, et sont si intimes qu'à Berlin, Rebenac connaît la pensée de Meinders et Meinders celle de Rebenac; à Ratisbonne, ce que sait Iena, Verjus le sait; à

1. Lamberg à l'empereur, 18 et 28 décembre 1682 (Vienne, archives, Brandeburgica).
2. Rescrit impérial du 7 janvier 1683 (*Ibidem*).
3. « Conférence » secrète du 8 mars 1683 (protocole). — « La conférence »; réunion de ministres, qui s'occupait spécialement de l'extérieur, et était divisée en fractions : la conférence allemande, la conférence espagnole, etc. — L'empereur la présidait souvent. A l'issue du « conferenzrat », on rédigeait un projet de résolution (referat).
4. *Ibidem*

Vienne, Schwerin n'a pas de secrets pour M. de Seppeville ; à Cracovie, Lhospital [1] et Krokow ne font qu'un [2].

Dans cette ville, l'amitié frisait même la complicité ; rappelons-nous les préludes de l'alliance austro-polonaise, la fameuse Diète, qui secourut l'empereur, malgré Versailles et Berlin [3]. Quitte à livrer la Pologne aux infidèles, et à perdre Sobieski, Frédéric-Guillaume entrava tellement les négociations qu'elles faillirent échouer. Le bruit de sa mort ayant couru, Contarini, l'ambassadeur vénitien, écrivait joyeusement : « Si la nouvelle se confirme, c'est un vrai « miracle en faveur de l'Autriche et de la chrétienté [4]. »

Léopold n'avait pas tort de demeurer sur le qui-vive. Un coup de théâtre se prépare. Louis XIV, à la nouvelle semée par M. de Brandebourg lui-même, que Vienne et Berlin étaient en négociation, comprit qu'il faisait fausse route ; une guerre du Nord, la Suède aux prises avec l'électeur, et Christian V, c'était la désunion dans l'empire, un nouvel atout dans son jeu et celui des Turcs. A l'inverse, si Frédéric-Guillaume reste les mains liées, si on lui refuse indéfiniment la Poméranie, le dépit et la force des choses le pousseront vers l'Autriche. Convaincu de sa méprise [5], le roi très chrétien changea brusquement, et, en mars 1683, il ne se bornait plus à donner raison au Brandebourg ; il offrait de prendre les armes, et d'abattre Stockolm. Des conférences se tinrent à Hambourg et durèrent jusqu'en juillet. Une triplice y fut décidée, Christian V opérant contre Wismar, l'électeur contre Stettin ; Louis XIV les secondera financièrement et militaire-

---

1. Gallucio de Lhospital, Marquis de Vitry, celui-là même, qui eut de si vifs démêlés avec Jean III.
2. Anhalt à Lamberg, 4 avril 1683 (Vienne, Archives).
3. Voir notre travail *Sobieski et sa politique* (Revue d'Histoire diplomatique, année 1894, n° 1, p. 69).
4. *Ibidem*
5. Elle était d'autant plus grave que Charles XI, roi de Suède, lui voulait mal, depuis la réunion du duché des Deux-Ponts.

ment[1]. Néanmoins plusieurs obstacles surgirent, et le projet échoua. Des princes voisins : Saxe, Hanovre, Brunswick-Lunébourg, jugeant, et avec raison, la Poméranie terre d'empire, la Suède, puissance allemande, car elle a trois voix dans la Diète, informèrent Frédéric-Guillaume qu'ils s'opposaient à son entreprise, d'autant plus déplacée que l'Islam menace[2]. L'armée de l'électeur blâmait elle-même cette guerre sacrilège. « J'aimerais mieux me couper moi-même en morceaux, » s'écria le feld-maréchal Dörffling, « que d'agir contre la patrie et « contre la réputation de Votre Altesse. » — « Paix, « maréchal, vous toucherez gros. » — A cet argument de l'électeur et de Rebenac, le vieux soldat bondit d'indignation, et M. de Brandebourg s'arrêta confus[3]. Enfin l'électeur demandait bien cher : soixante-dix mille écus par mois. Malgré son désir d'allumer un grand incendie sur la Baltique, et de retirer des défenseurs à l'Autriche, Louis XIV pointilla, lésina. Au dernier moment, nos diplomates exigèrent un gage : la ville et la forteresse de Wesel. M. de Brandebourg fit la moue[4].

Il retombe dans les bras de Lamberg. L'Autrichien le presse de s'allier à l'empereur; mais — condition *sine qua non* — Berlin désavouera préalablement les réunions françaises, et se joindra, s'il le faut, à Sa Majesté, pour déloger l'envahisseur. Léopold tenait vraiment un langage patriotique et noble: les Turcs approchent, le péril redouble, et il

---

1. Mannsfeld à l'empereur, Paris, 11 mars 1683. — Relations conformes de l'ambassadeur vénitien, Contarini, Vienne, 24 avril et 3 juillet 1683. (Archives de la maison Impériale et de la Cour d'Autriche).
2. Contarini, 29 mai 1683 (*Ibidem*).
3. Lamberg à l'empereur, Berlin, 28 juin 1683 (*Ibidem*). — Dörffling (Derfflinger), né à Neühofen (Haute-Autriche), fut successivement au service de la Saxe, de Gustave-Adolphe, et du Brandebourg. « Général entreprenant, et de grande réputation. Il seconda bien son maître, à la surprise de Rathenow, à la poursuite des Suédois après Fehrbellin, et à hâter la diligence extraordinaire des troupes dans la campagne de Prusse » (Frédéric II).
4. Lamberg à l'empereur, Berlin, 13 juin 1683 (Vienne, Archives).

Annales internationales d'histoire.

n'oublie pas un instant ses devoirs de chef de l'empire. Il les préfère au salut de l'Autriche, M. de Brandebourg finit par consentir[1]. Restait la question d'argent. Elle fut épique : Monsieur tempête et pleure ; Madame sanglote ; les ministres arrachent leurs perruques, et tous citent le Digeste. Lorsque l'infortuné Lamberg traversait la Havel, se rendant au Residenzschloss de Potsdam, il devait se croire sur le Pont des Soupirs, ou chez Tribonien. On lui représenta emphatiquement que *lucrum cessat* ; que *respublica vergit ad inopiam ; igitur caveat munificus Cæsar*. En bref, si Berlin délaisse Louis XIV, les pensions cesseront et ce sera une sombre misère ; à l'empereur de payer largement, ou M. de Brandebourg restera coi[2]. L'électrice n'était pas la moins avide ; elle voulut écrire, de sa main, l'article lui promettant quatre-vingt mille écus, tant elle redoutait un fatal oubli[3].

Le projet de convention partait pour l'Autriche, lorsque de sinistres bruits circulèrent : les Turcs ont passé la Raab ; Kara-Mustapha fond sur Vienne, dont la banlieue crie déjà miséricorde ; des nuées de spahis voltigent en amont, et sillonnent même la grand'route de Linz ; l'empereur est en fuite. M. de Brandebourg tressaillit : l'invasion, tant désirée par Versailles, grondait enfin, mais avec un fracas horrible. Ce n'était plus seulement la maison d'Autriche — perspective, qui répugne, nous le savons, à Frédéric-Guillaume, c'est l'Allemagne, y compris Berlin, toute l'Europe, menacée de mort. Il écrivit donc à Léopold : « Dans « ces affreuses circonstances, je ne me séparerai pas de « Votre Majesté[4] ». Mais, à peine la lettre en route, il se ravisa, et son égoïsme, un instant comprimé, perçait de

---

1. Vienne, Archives (Projet de convention entre l'empereur et Son Altesse Électorale de Brandebourg.)
2. Lamberg à l'empereur, Berlin, 18 juin 1683 (Vienne, Archives).
3. *Ibidem*.
4. Frédéric-Guillaume à Léopold, Potsdam, 14 juillet (Vienne, Archives)

nouveau. « Certes, l'Autriche mérite secours ; toutefois,
« Berlin ne peut s'exposer gratuitement. D'ailleurs, l'al-
« liance n'est pas signée ; bien des points restent dans le
« doute, et il faut que le prince d'Anhalt, qui part, muni de
« pleins pouvoirs, en confère avec Sa Majesté [1] ».

A cette arrogante communication, qui n'était que la paraphrase des récentes jérémiades de Potsdam, Léopold répondit sèchement : « Nous recevrons volontiers le pléni-
« potentiaire d'Anhalt. Observez toutefois que l'heure
« n'est ni aux écritures, ni aux longs discours. Faites votre
« devoir, et nous vous en saurons gré. Vu la crise, et nos
« alarmes, le Brandebourg imitera, je pense, Saxe, Bavière,
« les cercles de Souabe et de Franconie, qui accourent,
« sans hésiter, et sans conditions [2]. »

Pendant cet échange de notes, Frédéric-Guillaume modifia ses dispositions stratégiques. Dörffling, qui faisait face au nord, comme s'il eût menacé la Poméranie suédoise, conversait brusquement, et se massait à Crossen, près de l'embouchure du Bober [3]. Rebenac ignorait les derniers pourparlers avec Léopold ; Crossen étant sur la route de Breslau-Vienne, il prit, néanmoins, de l'ombrage, et, accouru à Potsdam, éclata en reproches amers, somma M. de Brandebourg de ne pas rompre avec le Sultan. La cour de France entend que l'empereur reste seul, et sans secours. Ceux qui l'assisteront, offenseront le roi très chrétien. L'électeur, piqué, s'écria vivement : « Je suis prince de
« l'empire avant d'être votre allié ; je tiens plus à ma che-
« mise qu'à mon pourpoint, et, s'il me plaît de combattre
« les Infidèles, je les combattrai, Monsieur. » Rebenac disparut, consterné, et sera, durant quelques jours, *non grata persona*. « Du petit au grand, » rapporte Lamberg [4], « on
« lui fait mauvais visage. J'en crois à peine mes yeux. »

1. O. Klopp, *Das Jahr 1683*, p. 267.
2. *Ibidem*.
3. Dans l'Oder (rive gauche).
4. Lamberg à l'empereur, Berlin, 21 juillet.

Néanmoins, il revint à la charge par des voies détournées. « Monsieur, » écrivit-il à Fuchs, l'un des ministres de l'électeur, « Son Altesse se résoud, dit-on, à envoyer douze « régiments contre le Turc. C'est beaucoup pour Mon-« seigneur, mais bien peu pour la grandeur du péril. Il « faut que tout y marche, et le Roy n'a pas une plus forte « passion que celle d'y employer une grande partie de sa « puissance... »

Ici un adroit sophisme : « Afin de luy en donner les « moyens aussi bien qu'à tout le reste de l'Europe, il faut « faire la paix (c'est-à-dire reconnaître les réunions), et elle « peut se conclure en peu de temps, si Monseigneur, au « lieu d'envoyer le prince d'Anhalt avec l'offre d'un secours « plus grand même, qu'on ne le demandoit, l'eut envoyé « avec ordre de remonstrer à l'Empereur la nécessité de « céder au Roy, ensuite de quoi il eut promis les secours. « Par cette démarche, Son Altesse électorale flatte la vision « du party d'Austriche, qui croira avoir réussi dans ce qu'il « se propose depuis longtemps, de la séparer du Roy... » Autre sophisme : « La démarche est autant désagréable « pour le Roy, de la manière dont elle est faite, que peu « utile à l'Empereur. Car, quelque dilligence qu'on y « apporte de toute la campagne, ces troupes-là ne verront « pas le Turc. Il est vrai qu'elles auront des quartiers en « Silésie et en Moravie, et voilà le seul motif de la plupart « de ceux qui sollicitent une entreprise si chrétienne... » D'ailleurs, M. de Brandebourg s'expose gravement à secourir Léopold : « C'est une résolution qui m'a surpris de voir « dégarnir les états, et la personne de Monseigneur l'élec-« teur de toutes les forces au milieu de ceux qu'il sçait, « depuis si longtemps, si intéressés à sa perte, et c'est une « chose qui lui est si bien connue, qu'il n'y a pas encore « six semaines, il vouloit leur faire la guerre... S'il mar-« choit conjointement avec les troupes de Lunebourg et de « Saxe, je dirois qu'il y trouveroit quelque seureté. Mais

« croyez-moi, Messieurs de Lunebourg ne détacheront pas
« un homme. Croyez-moi encore, les Suédois auront bien
« moins de peine à passer en Poméranie ultérieure [1],
« lorsque ce pays sera desgarny, et si Monseigneur n'ap-
« prouve pas la conduite de l'Empereur, ou de ses alliez,
« il sera bien des fois inquiet de leur avoir donné d'aussi
« bons gages de la sienne ; songez, en effet, combien un si
« gros corps dans le meilleur de vos états héréditaires
« pourra vous nuire... » Conclusion aigre-douce : « En un
« mot, Monsieur, il ne faut point se flatter. Le Roy ne
« verra pas avec plaisir ce changement de party... et c'est
« bien en vain qu'on se persuade qu'il acceptera des tempé-
« raments. Il y va trop de son honneur ; et quand il auroit
« contre lui toutes les forces qui devroient estre occupées
« contre le Turc, il n'en seroit pas plus embarrassé que vous
« l'avez veu dans la dernière guerre [2]. » La réponse de
Fuchs est tortueuse, et en deux parties : « Son Altesse
« électorale croît avoir trouvé beaucoup de menaces dans
« votre discours, Monsieur... Il y a du mesentendu de part
« et d'autre... Elle m'ordonne de vous mander qu'elle
« demeureroit constamment dans les obligations qu'elle a
« avec le Roy Très Chrétien... que c'estoit dans cette vue
« qu'elle vouloit continuer ses offices pour la paix autant
« que jamais ; que ce seroit le premier, et le principal point
« de l'instruction pour M. le prince d'Anhalt ; qu'elle
« feroit tout son possible pour cela, et satisferoit ponctuel-
« lement à ce que les traités exigent d'elle ; qu'elle sou-
« haitoit, et espéroit que l'Empereur y feroit due
« reflexion [3]... » Ces dires méritent quelques remarques ;
quoique peu satisfait de Louis XIV, qui ne lui a pas donné
la Poméranie, et dont la connivence avec Stamboul l'effraie,
Berlin se garde de rompre : bien mieux ! les réunions

[1]. V. supra.
[2]. Vienne, Archives (Brandeburgica).
[3]. Vienne, Archives (Brandeburgica).

sont toujours très goûtées, et on s'efforcera d'obtenir le consentement impérial. Que devient alors la promesse solennelle, recueillie par Lamberg? que signifient les écritures de juin? Cette capitulation est-elle le prélude d'autres, et M. de Brandebourg a-t-il si peur de Rebenac qu'il ménagerait l'Infidèle? Pas encore, mais cela viendra.

« L'envoy d'un secours contre le Turc, que l'Empereur
« demande instamment à Son Altesse n'a rien de commun
« avec la reconnaissance des réunions; ny son devoir, ny
« son intérêt ne lui permettent de l'accrocher aux résolu-
« tions de la cour de Vienne; toute la terre sçavoit que ses
« estats confinent avec la Silésie; on avoit sujet de tout
« craindre des forces du Turc, et des désordres de l'armée
« impériale; la prudence vouloit de combattre un ennemi
« tel que le Turc plustôt sur les terres d'autrui que dans sa
« propre maison; le secours est considérable — douze ou
« treize régiments — car il est proportionné aux malheurs
« de l'armée chrétienne. Mais si le danger commence à
« s'amoindrir, on y proportionnera aussi ledit secours... »
Fuchs clôt par des sarcasmes : « Son Altesse électorale ne
« fera jamais ce tort au Roy de France que de croire que
« Sa Majesté put trouver mauvais ce qu'on fera pour le
« bien de la chrétienté. Sa Majesté est trop généreuse que
« de vouloir profiter des malheurs, dont toute la chrétienté,
« et surtout l'empire n'estoit plus menacé, mais enveloppé
« réellement. Les intentions de Son Altesse sont droites,
« sincères, honnêtes, ce qui lui fait croire que Sa Majesté
« ne les désapprouvera nullement, mais l'assistera plu-
« tôt [1]... »

---

1. *Ibidem*. — Cette lettre de Rebenac, et la réponse de Fuchs furent transmises à Vienne par l'ambassadeur Lamberg, et accompagnent sa dépêche du 28 juillet 1683. — Paul Fuchs, né (1640) à Stettin, mort en 1704; fils d'un pasteur; libelliste sous le pseudonyme : « Sincerus Germanus »; bonne tête, aptitudes variées; organisa la justice et les postes; réglementa les églises, les universités; négocia souvent, et heureusement. Un des fondateurs de l'Université de Halle (1694).

Si l'électeur voile sa pensée, Fuchs a lui-même une attitude contrainte, et peut-être trompe-t-il à la fois Berlin, Versailles et Vienne. Rebenac le suppose son ami, et le partisan de Louis XIV, puisqu'il l'aborde de préférence à tout autre, et pourtant Lamberg eut immédiatement copie de la lettre de l'envoyé français, comme de la réponse du ministre brandebourgeois. Lamberg se récria, car elle contredisait les engagements antérieurs : Son Altesse ne désavoue plus les réunions comme elle l'avait si formellement promis. Loin de là! elle semble les admettre au même titre que l'obligation de marcher contre le Sultan. L'empereur (une fois de plus, admirons sa fermeté, son désintéressement, qui n'oublie pas les droits du corps germanique dans cette terrible crise pour l'Autriche) l'empereur veut que M. de Brandebourg songe à l'Allemagne autant qu'à la guerre turque ; combattre les Infidèles, dégager les états héréditaires, c'est parfait : mais Louis XIV a mal agi, il a empiété sur l'empire, et des réparations s'imposent. Fuchs balbutia ; Son Altesse est toute dévouée : Vienne le verra bientôt, à la lecture des instructions du prince d'Anhalt ; les bases d'une solide alliance s'y trouvent. Ici un aveu équivoque, à plusieurs sens : « et je ne suis pas « le moins porté pour l'empereur, car j'ai soif de noblesse. « J'espère quelque titre, qui me fera l'égal de Meinders [1]. » Est-ce à dire que M. le conseiller suit une politique distincte de celle de son maître, et où le souci de ses propres intérêts tient la première place? Lamberg poursuit sèchement : « résister à Louis XIV, traquer les « Osmanlis sont clauses inséparables, M. Fuchs. Il n'y a « donc pas à les esquiver. » Mais Fuchs a disparu dans la coulisse ; le grand rôle entre en scène, les yeux humides, et gémissant ; son cœur est déchiré, sa tristesse immense. Ces ruines, ces carnages, le Musulman victorieux, la patrie

---

1. Lamberg à l'empereur, Berlin, 28 juillet 1683, Vienne, Archives.

qui agonise, Frédéric-Guillaume n'y peut tenir. Il appelle la mort, et la préférerait au spectacle de tant d'horreurs [1]. Mais comme elle se fait attendre, il veut aider l'empereur et le corps germanique de ses salutaires avis. En son âme et conscience, le seul moyen de sauver l'Allemagne, c'est de s'assurer de Louis XIV par une convention, qui le satisfera ; c'est d'imiter le chirurgien, amputant les extrémités, mais préservant le tronc [2]. « Je ne marcherai au secours « de Vienne que si l'on entre dans ces vues, » ajoute M. de Brandebourg. « J'ai retenu jusqu'ici le roi de France ; je « suis donc, Lamberg, en droit de vous parler ainsi [3]. » L'électeur revenait, nous le voyons, à la thèse de Gottfried d'Iéna : livrer à Versailles le huitième de l'empire, et obtenir en retour, sa neutralité, ou son appui [4] ; mais il reste en deçà de Fuchs, et s'écarte de plus en plus des engagements antérieurs. Car que promettait-il, le mois dernier ? ne pas faire de distinction entre Français et Turcs, redresser les uns et les autres. Fuchs avait déjà molli, en informant Rebenac qu'on se désintéressait des réunions, mais qu'on ne délaisserait pas l'empereur, au secours duquel treize régiments s'ébranlent. Et, aujourd'hui, désertion complète ! Léopold et le corps germanique doivent fléchir devant Louis XIV ; sinon, M. de Brandebourg les abandonne à Kara-Mustapha. Lamberg proteste contre ce nouveau manque de parole, et démontre qu'il n'est plus temps de négocier avec Louis XIV. Avant que les pourparlers aboutissent, des semaines, peut-être des mois s'écouleront, et Vienne succombera, car voici le 28 juillet, et la ville est assiégée du 14 [5]. Frédéric-Guillaume resta inébranlable. « Anhalt emporte à Passau mes instructions, » furent ses

1. « Lieber aüs der Welt treten, als das ferner voraussehende Unglück erleben. » *Ibidem*, Lamberg.
2. *Ibidem*, Lamberg.
3. *Ibidem*.
4. Voir, plus haut, la *sententia Magdeburgica*.
5. *Ibidem*, Lamberg.

dernières paroles. « Elles contenteront autant l'empereur « que le roi très chrétien [1] »

Cet attachement de Frédéric-Guillaume pour Louis XIV est bizarre. Nous connaissons ses griefs, ses déboires de Poméranie, l'épouvante que lui causèrent, tout d'abord, l'arrivée des Turcs, et leur connivence avec Versailles. En outre, le roi très chrétien recule. Une détente visible s'opère; de menaçant, il devient presque pacifique. Les réunions sont arrêtées, les armements suspendus. A la fin de juillet 1683, l'empereur avait la certitude qu'aucune guerre rhénane n'éclaterait, et grand est le dépit des Infidèles, qui y comptaient. Pourquoi alors réveiller, envenimer un conflit en voie d'apaisement, et se montrer plus annexioniste, plus anti-allemand que le roi de France lui-même? On ignore le but de l'électeur, mais non les motifs de la soudaine modération de Louis XIV. Il redoute ce tendre ami, qui veut lui faire don du huitième de l'empire, et qui pourrait néanmoins passer aux Habsbourg. Il appréhende une réconciliation de Léopold avec la Porte, et, que, rassuré à l'Est, tout le corps germanique, M. de Brandebourg en tête, se tourne contre l'Alsace. Les instructions d'Anhalt, s'allier à l'empereur, sans heurter Versailles, sont, d'ailleurs, suspectes, et il y aura évidemment une dupe; mais laquelle? Attendons la fin des conférences de Passau, où Léopold s'est réfugié, depuis l'investissement de sa capitale; M. d'Anhalt a la parole.

L'électeur, dans ses derniers entretiens avec Lamberg, Fuchs écrivant à Rebenac, n'agitaient plus la question pécuniaire. Un reste de pudeur les en empêcha, et, d'ailleurs, elle était tranchée du mois de juin. Frédéric-Guillaume insistait uniquement sur la reconnaissance des réunions, et s'il y mettait plus d'ardeur que Fuchs, s'il en faisait même dépendre son secours, il n'arrachait pas de nouveaux florins à Léopold « La prudence voulait de

---

1. O. Klopp, *Das Jahr 1683*, p. 267 et 276.

« combattre l'Infidèle au dehors, non dans sa maison [1], » et d'assister l'empereur, sous peine de périr comme lui : langage égoïste, mais non odieux, il faut en convenir.

Avec M. d'Anhalt, la note change. Vienne et le corps germanique reconnaîtront, c'est entendu, les réunions françaises. Vienne admettra, en outre, les prétentions de Son Altesse sur Liegnitz, Brieg et Wohlau. Toutefois, l'électeur est bon prince. Il ne veut pas abuser des circonstances ; qu'on lui donne deux cent mille écus, et il renoncera provisoirement aux comtés silésiens. Restent les frais de guerre, Monseigneur les évalue à trois cent mille écus, dont deux cent mille payés de suite, et un billet de cent mille parfaisant la somme. Les Hollandais, le roi d'Espagne verseront également trois cent mille écus [2].

L'empereur, ses ministres observèrent à d'Anhalt qu'on ne pouvait taxer des neutres, des gouvernements étrangers au conflit austro-turc, tels que Madrid et La Haye. S'il s'agissait de combattre Louis XIV, passe encore, mais faudrait-il, du moins, que M. de Brandebourg entrât franchement dans la ligue : chose, qu'il ne veut pas. — Quant aux conditions posées à l'empereur, elles sont féroces, inadmissibles. Berlin exploite les malheurs de Sa Majesté, Berlin voudrait en tirer un profit monstrueux, et n'a que ce but. Il est, d'ailleurs, trop tard pour secourir Vienne. Son Altesse arriverait, après la délivrance ou la reddition, pour hiverner grassement. De ce concours illusoire, et si coûteux, Sa Majesté n'a que faire. — Enfin, sont-ce là les arrangements de Potsdam, et pourquoi M. de Brandebourg y manque-t-il [3] ?

Étourdi par la dialectique autrichienne, et se croyant de pleins pouvoirs, d'Anhalt céda. Le point de vue impérial

---

1. *V. supra.*
2. Passau, 7 et 8 août 1683 ; protocole de la « conférence » (Vienne, Archives).
3. *Ibidem*, protocole des 9 et 10 août.

devint tellement le sien qu'aux termes d'un nouvel accord, confirmatif des promesses de Potsdam, l'électeur désavouait les réunions [1]. Sus à Louis XIV ! Sus aux Turcs ! Dans quelques jours, monseigneur agira contre ceux-ci ; ensuite, il passera le Rhin, Sa Majesté ne donnant que les sommes offertes par Lamberg. C'était un retour littéral à la convention de juin, un succès pour les diplomates de Léopold : succès éphémère, car Frédéric-Guillaume tance, rappelle d'Anhalt, et de ratification pas l'ombre. Son mécontentement égale celui de l'électrice ; elle aussi trouve que le plénipotentiaire fut trop loin, et accorda des choses « hors de saison ». Meinders n'est pas moins amer [2]. Le feld-maréchal Dörffling, autrichien de naissance, et presque octogénaire, qui espérait combattre, avant de mourir, les ennemis de la chrétienté et de l'empereur, lui, renfonce ses larmes ! [3].

Des événements considérables : l'intervention polonaise (15 août), la jonction de Charles de Lorraine avec Sobieski (31 août), l'échec des Turcs et la délivrance de Vienne (12 septembre), succédèrent aux pourparlers de Passau. Frédéric-Guillaume resta invisible ; mais, le 25 octobre, Fuchs, Meinders et Rebenac signèrent ce qui suit : « Article VI. — Sa Majesté le roy de France s'oblige à « augmenter de 100 mille livres, chaque année, les sub- « sides dont on est convenu dans les traités précédents ; « de sorte qu'au lieu de 100 mille livres, qui se payaient « tous les trois mois, Elle en fera payer 125 mille aux con- « ditions déjà stipulées. » Le motif, « c'est que (Article V) « ledit électeur s'engage, et s'oblige de nouveau à user de « ses suffrages, et de tout ce qui dépendra de lui, pour « faire accepter de la diète de Ratisbonne les propositions « royales, et de ne jamais permettre que l'on prenne, de la

---

1. *Ibidem*, protocole du 12 août.
2. Contarini, relation du 26 septembre 1683 (Vienne, Archives). — O. KLOPP, *Das Jahr 1683*, p. 278.
3. Lamberg à l'empereur, Berlin, 21 juillet 1683 (Vienne, Archives).

« part de l'empire, une résolution unanime tendant à une « guerre contre la France, directement ou indirectement ». « Le présent traité, » ajoute l'article VIII, « est tenu secret, « et on ne le communiquera à personne [1]. » Quoiqu'il ne soit entré que plus tard en vigueur [2], il liait dès maintenant Frédéric-Guillaume, redevenu, comme dit un Vénitien, « le pivot de la politique française [3] ».

Louis XIV s'apercevait que, pour imposer ses réunions aux Allemands, Berlin lui était nécessaire. Certes voilà longtemps que Frédéric-Guillaume préconise les amputations forcées, et en fait une sorte de dogme. Mais ces tapageuses déclarations, si pénibles à l'empereur, méritent-elles confiance? Jusqu'ici, le roi très chrétien ne l'a pas cru, et c'est même leur caractère suspect qui l'empêcha de jeter, en août, le gant au corps germanique, et de profiter de la formidable diversion des Turcs [4]. Maintenant les chaînes sont consolidées, et l'article V les redore ; il tient donc M. de Brandebourg. Nous saurons bientôt qu'il le tenait mal. Le traité d'octobre a encore un but, voisin du précédent : récompenser l'électeur de son abstention durant la crise ottomane. De tous les princes allemands, il fut, en effet, le seul, à ne pas marcher au secours de Vienne [5].

---

1. Moerner, *Kurbrandenburgs Staatsverträge*, p. 450-451 (texte allemand); 731-734 (texte français).

2. « Traité réellement donné, à la suite de modifications sensibles, le neuvième jour de février de l'an de grâce 1684, à Cologne-sur-Sprée. » (Moerner).

3. « Fondamento maggiore de Francesi in Alemagna ». Contarini, relation du 19 août 1683.

4. V. *supra*.

5. En août, l'Autriche prévoyait déjà ces intrigues. « Si l'électeur dément d'Anhalt avec tant de véhémence, d'Anhalt qui ne fait que maintenir les engagement contractés envers Lamberg, la faute en est aux injonctions des Français, et à leurs largesses (Geldreichüngen). Versailles ne veut pas qu'il s'allie définitivement à Sa Majesté Impériale, ni qu'il nous prête secours contre les Turcs. » (Passau, 30 août 1683; protocole de la « conférence. »)

Cette convention, débattue mystérieusement entre Rebenac, Meinders et Fuchs, présageait la guerre; pourtant Louis XIV et l'électeur n'oseront pas la déclarer, car envahir l'empereur, le corps germanique, était périlleux. Du Rhin au Danube, on guette les complices de Kara-Mustapha, et, second Montecuccoli, Charles V de Lorraine, leur demanderait réparation, à la tête d'une armée de cinquante mille hommes, toute fumante de sa victoire de Vienne. Rappelons-nous, d'ailleurs, qu'autrefois M. de Brandebourg éluda plus d'un *casus fœderis* trop belliqueux; ses hésitations à rompre ouvertement avec Léopold et Ratisbonne [1]. Aussi conseille-t-il la prudence, et Louis XIV se rend à regret. Les troupes françaises ne firent pas irruption en Allemagne. Elles se bornèrent à taquiner Trèves, prendre Luxembourg, rançonner la Belgique [2].

1684-1685. — A défaut d'une guerre franco-allemande, M. de Brandebourg pouvait encore nous obliger, en inquiétant ses voisins. Louis XIV le sait, et pousse Frédéric-Guillaume à enlever Brünswick et Lunébourg : opération scabreuse, mais qu'on payera grassement [3]. Au lieu de deux cent mille livres annuelles, l'électeur en touchera deux cent cinquante mille, à titre de « subsides d'action », et sitôt l'ouverture des hostilités. De plus, la convention ayant un effet rétroactif, datant du 1er mai 1683, et non de la fin d'octobre, Berlin réalisait un second bénéfice, qui porte son total à deux cent soixante et quinze [4]. Cependant rien ne bougea. Georges-Guillaume, duc de Brunswick-Lunébourg [5],

1. V. *supra*.
2. Dareste, *Histoire de France*, t. V, p. 551-552.
3. « Galli electorem Luneburgicis immittere cupiebant oblatis opimis conditionibus. » (Pufendorf, *De rebus gestis Friderici Wilhelmi Magni*, livre XVIII, § 104.)
4. Moerner, *Kurbrandenburgs Staatsverträge*, p. 722.
5. Épousa Mademoiselle d'Olbreuse, d'une maison calviniste du Poitou; frère d'Ernest-Auguste, premier électeur de Hanovre; oncle de Georges-Louis, depuis roi d'Angleterre, sous le nom de George Ier.

était armé de toutes pièces. Louis XIV décidément joue de malheur : pas de grande conflagration, et nul motif d'intervenir entre Allemands, puisqu'il n'y aura brouillerie. Le seul résultat des démonstrations de Frédéric-Guillaume fut d'empêcher Brunswick de faire, comme le souhaitait Madrid, une pointe en pays belge. Brunswick voulait également, et ne le put, renforcer Charles de Lorraine, qui poursuit les Turcs sur la route de Bude. C'était maigre, et néanmoins payé cher.

De plus cuisantes déceptions attendent Louis XIV; nous touchons aux dernières métamorphoses, et à la fin de Protée.

« Le roi très chrétien ne s'amende pas. Présentement, « comme jadis, il voudrait que je m'enferre, que le roi de « Danemarck m'imite; et à lui seul les avantages [1]. » C'est en ces termes que M. de Brandebourg harangue l'envoyé de Christian V, pendant que Fuchs, Meinders font si bonne mine au comte de Rebenac, et en tirent tant d'argent. Sa haine de Louis XIV y perce comme à Itzehoe et à Soest [2]. Elle grandit même ; alors, Frédéric-Guillaume lui amenait, malgré eux, les Danois; maintenant, il les détourne de toute tentative contre Brunswick et Lunébourg. Ce pauvre cabinet de Versailles, qui rêve la perte du duc Georges-Guillaume, une explosion septentrionale, était vraiment loin de compte, et il lui fallut signer la trêve de Ratisbonne [3]. Comme elle ne satisfaisait ni Louis XIV, qui eût préféré la guerre, ou une reconnaissance définitive de ses réunions, ni l'empire qui « s'ampute » provisoirement, M. de Brandebourg l'accueillit bien. Craignant qu'elle n'ait pas lieu, il fit même la mouche du coche,

---

1. Indem er auch dem dänischen Bundesgenossen abrieth, gebrauchteer die Worte : « Es ist zu besorgen, dass, wie auch früher geschehen, wir zwei die Arbeit thun sollen, und andere den Gewinn davon ziehen würden. » (O. Klopp, *Das Jahr 1683*, p. 367.)

2. *V. supra.*

3. Le 15 août 1684; sa durée devait être de vingt ans.

piquant ici, flattant ailleurs, entraînant la Diète, malgré elle, et donnant tout un royaume aux Français jusqu'en 1904.

Que Louis XIV, néanmoins, se défie ! « Versailles ne s'amende pas ! » Mot dur, significatif : une trahison commence ; elle dépassera les précédentes. Quand M. de Brandebourg fut sûr que les Danois resteraient insensibles aux excitations de la France contre Georges-Guillaume, que le roi très chrétien et l'empire garderaient la paix, il entra en pourparlers avec son neveu d'Orange (mai 1685.)

Le stathouder goûtait peu l'électeur, et l'avait déjà stigmatisé [1]. Aussi, glacial, ironique, demanda-t-il à Fuchs pourquoi Berlin quittait le roi de France après tant de communs efforts, le félicitant des résultats négatifs de cette politique anti-allemande, et destructive de l'équilibre européen. « Mon oncle, votre maître, a favorisé les réunions, « les empiétements de Versailles. S'en trouve-t-il mieux ? « Où est sa récompense ? » — Fuchs, vivement : « L'amitié « des Français ne porte jamais bonheur. Mon maître s'en « aperçoit. Il a aidé le roi très chrétien, qui lui a refusé la « Poméranie, qui le mystifia toujours ; mais, aujourd'hui, « Altesse, il reconnaît sa faute, et veut marcher avec vous, « avec la Ligue [2]. » Guillaume d'Orange écouta froidement les déclarations de Fuchs, et les soumit à Vienne, où M. de Brandebourg s'agitait, protestait de sa cordialité, et de son repentir. Rebenac, au fait de ces menées, tombe chez l'électeur : « Puisque vous manquez de foi, « monsieur, le roi supprime vos subsides [3] ». L'avarice de Son Altesse en frémit ; d'autre part, une rupture ouverte (*in apertum*) serait prématurée. C'est pourquoi Louis XIV

---

1. V. *supra* : « L'électeur s'est déshonoré ». — « L'électeur fait le diable ». — « L'électeur, et lui seul, est responsable de la désunion de l'empire ». — « Sans l'électeur, » affirmait-il, en dernier lieu (1684), « tout le monde eût pris parti contre Louis XIV. »
2. O. KLOPP, *Der Fall des Hauses Stuart*, t. II, p. 429.
3. *Ibidem*, t. III, p. 219.

reçut de vibrantes pages, où Monseigneur l'assurait de ses respects et d'un éternel attachement. L'envie, la méchanceté ont beau dire : Berlin reste fidèle, Berlin tient à l'alliance. Ses intérêts, comme l'honneur, lui en font un devoir, oui, un devoir sacré [1]. Louis XIV, ému, désavoue Rebenac, et continue les subsides. Il poussait loin l'aveuglement, car M. de Brandebourg blâme la révocation de l'édit de Nantes, attire les religionnaires, désavoue les prétentions que Versailles élève, du chef de Madame [2], bref ne dissimule nullement son hostilité.

Mais revenons à Vienne, en Hollande ; des choses inouïes s'y passent: l'empereur, et Guillaume d'Orange n'en croient pas leurs yeux.

L'électeur est très bon Autrichien. Il supplie Léopold d'accepter un corps brandebourgeois qui renforcera Charles de Lorraine, en Hongrie ; pour le reste, les désirs de César sont ceux de Potsdam. L'humble vassal ne pose que deux conditions, et si modérées ! quelques florins, et, en Silésie, un aride district (décembre 1685). L'empereur remercia M. de Brandebourg, et prit acte. « La conférence » donnera réponse ferme, au printemps, après examen de l'affaire. Vienne manque d'empressement, et redoute un piège : sa sécheresse l'indique.

A Guillaume d'Orange, M. de Brandebourg conseille de passer en Angleterre, sitôt la mort de Charles II (février 1685). La descente réussira certainement... « et pourquoi ? », interrompt Guillaume. « Le duc d'York est catholique, donc « inhabile à régner.[3] » Guillaume refusa dédaigneusement. Quand Jacques fut sur le trône, M. de Brandebourg revint à la charge, avec le même insuccès (novembre 1685). Trois ans, et plus, avant la révolution de 1688, à une époque où

---

1. Pudendorf, *De rebus gestis Friderici Wilhelmi Magni*, liber XIX, § 11.
2. Charlotte-Elisabeth de Bavière, duchesse d'Orléans, connue sous le nom de princesse Palatine.
3. Droysen, *Geschichte der Preüssischen Politik*.

Charles II vivait encore, où l'accord existait entre Jacques II et son peuple, entre Jacques et d'Orange, M. de Brandebourg pousse, nous le voyons, à un conflit anglo-hollandais ; il réveille des dissentiments religieux, de fâcheux souvenirs, assoupis, ou effacés ; il souhaite et paraît entrevoir un changement de dynastie, qui n'était alors dans la pensée de personne : toujours Éole et Protée !

1686-1687. — Vienne et Berlin s'embrassent décidément ; et ce n'est pas un baiser Lamourette, c'est un baiser de paix et pour Louis XIV, qui n'en a soupçon, une triste mésaventure. Le 22 mars 1686, l'empereur et l'électeur signaient un traité secret[1] : M. de Brandebourg touchera cent mille florins par an (art. XII) ; en retour, il promet des troupes, qui grossiront Charles de Lorraine ; sa voix, et celle de ses descendants à l'archiduc Joseph[2], qu'il s'agisse d'élire un empereur, ou un roi des Romains (art. XVII) ; son appui à la maison d'Autriche, dans le cas, où Charles II d'Espagne, mourant sans enfant (*improlis*), elle se porterait héritière. En Silésie, Frédéric-Guillaume renonce à ses prétentions sur Jaegenrdorf, Brieg, Liegnitz et Wohlau, mais obtient le cercle de Schwiebus[3]. La diplomatie autrichienne triomphait, et huit mille Brandebourgeois passèrent immédiatement en Hongrie ; leur arrivée contribua aux nouvelles défaites du Sultan, et à la prise de Bude (2 septembre 1686). L'empereur triomphait même d'une façon éclatante, et jusque derrière le rideau. Frédéric-Guillaume vieillissait, et se laissait de plus en plus dominer par sa seconde femme[4], qui lui arracha la promesse d'un testament,

1. Plénipotentiaire impérial : le baron, depuis comte, Fridag de Goedens ; plénipotentiaire brandebourgeois : Paul Fuchs. (MOERNER, *Kurbrandenburgs Staatsverträge*, p. 481-486.)
2. Plus tard, empereur sous le nom de Joseph Ier.
3. Articles XIII à XVI. — Schwiebus, dépend actuellement de la province de Brandebourg ; il est compris dans la régence de Francfort-sur-l'Oder, et le cercle de Züllichau-Schwiebus. A l'époque de la domination autrichienne, il faisait partie de la Silésie.
4. Dorothée de Holstein-Glücksbourg ; elle l'avait suivi dans la campagne de 1674 (*V. supra*).

favorisant leurs rejetons mâles au préjudice de l'héritier présomptif, du fils de la première union. Il s'était ouvert de ces desseins au baron Fridag, l'envoyé de l'empereur. Fridag avertit Frédéric[1], le successible lésé. Très ému, et craignant une exhérédation complète, car il n'ignorait pas la haine de sa belle-mère[2], Frédéric supplia l'Autriche de le reconnaître pour successeur de M. de Brandebourg, et, de l'aider, plus tard, à revendiquer ses droits, s'ils étaient réellement méconnus. L'empereur voulut bien, mais devenu électeur, Frédéric restituera le cercle de Schwiebus, exigé par son père, et l'objet de négociations en cours. Frédéric qu'épouvante le fameux testament, promet, si on lui donne dix mille ducats tout de suite, et, plus tard, au moment de « la retradition » de Schwiebus, deux cent mille thalers, ou une compensation territoriale[3]. Vienne acquiesce, et un « Revers » se signe à Postdam, dans la chambre du prince d'Anhalt (26 février 1686). En ratifiant le traité du 22 mars, qui lui cède Schwiebus, M. de Brandebourg ignorait que Schwiebus était déjà rétrocédé, et que l'empereur le perdait seulement pour une courte période[4].

A peine l'alliance conclue, Frédéric-Guillaume prit une étrange résolution ; il envoya son testament à Léopold, et le nomma exécuteur de ses dernières volontés, après beaucoup de périphrases déférentes. L'empereur accepta (avril 1686).

Que contenait ce testament? On ne l'a jamais su au juste, et les érudits prussiens se contredisent. D'après les uns, il apanageait, donnait « Land und Leüte » ; les enfants du second lit devenaient souverains de Minden, Ravens-

---

1. Plus tard, Frédéric III comme électeur de Brandebourg, et Frédéric Ier comme roi de Prusse ; il était devenu prince héritier par la mort de son frère Charles-Émile, qu'une fièvre maligne emporta brusquement à Colmar (1674).
2. Elle tenta, dit-on, de l'empoisonner.
3. Przibram, *Oesterreich und Brandenburg, 1685-1686* (Innsbrück, 1884, in-octavo).
4. Moerner, *Kurbrandenburgs Staatsverträge*, p. 750.

berg, et Halberstadt. Suivant d'autres, Minden, Ravensberg, Halberstadt n'étaient pas distraits de l'État de Brandebourg, ni érigés en possessions indépendantes. Les frères consanguins de Frédéric avaient là d'opulents majorats, de grands revenus à se partager sans l'assentiment du Pouvoir, mais non des apanages : alors comment qualifier ces dotations insolites, qui englobent des provinces entières ? Quelles que fussent les dispositions de M. de Brandebourg, elles étaient certainement préjudiciables à son fils aîné, et contraires à l'esprit, sinon au texte de la « *lex Achillea* [1] ». La hâte de Frédéric à les casser dès son avènement, le prouve jusqu'à l'évidence ; le baron Fridag ne l'avait donc pas trompé. En second lieu, s'il est bizarre qu'un partisan aussi convaincu de la transmission intégrale que Frédéric-Guillaume y déroge gravement, lui qui attribuait la supériorité des Hohenzollern à leur loi de succession [2], Frédéric reste néanmoins le véritable héritier (Kronprinz) ; Frédéric sera électeur. On le dépouille de quelques acquêts, mais non des Marches de Brandebourg, du patrimoine. Dans ces conditions, Léopold pouvait être gardien du testament, et, en acceptant de veiller à son exécution, il ne manquait nullement de parole au Kronprinz, au successible, qui rendra Schwiebus. Mais, objecte-t-on, il en manqua plus tard, à Frédéric-Guillaume, et surtout aux enfants de la deuxième union, car, étant leur exécuteur testamentaire, il devait soutenir les droits de ces derniers, s'opposer à ce que le nouvel électeur annule les dispositions paternelles, et non prendre le parti de Frédéric. Pur sophisme ! L'empereur ne pouvait pas être plus Hohenzollern que les Hohenzollern, ni sommer Frédéric de lotir ses demi-frères, qui composeront, et renonceront d'eux-mêmes au testament. Ajoutons que, du propre aveu de Droysen [3], cet ennemi acharné, et

1. (*V. supra*, texte et note).
2. *Ibidem*.
3. *Geschichte der preüssischen Politik*, voir le volume intitulé : *Acktenstücke zur Geschichte König Friederichs I*, p. 164.

souvent déloyal des catholiques, et de l'Autriche, Léopold a noblement agi, puisque tout l'autorisait à intervenir, et il resta neutre. S'il fût intervenu, la discorde, une guerre de succession éclatait entre les fils de Frédéric-Guillaume, et le Brandebourg disparaissait certainement de la carte.

Revenons à Louis XIV, si complètement joué. Berlin s'en excuse, et déclare que « les Allemands aimaient mieux tout « braver, tout risquer, que de supporter davantage les « injures de ces ministres de Versailles, les plus vils des « hommes [1]! » Amplifiant, Pufendorf trouve que « l'élec- « teur fit bien de resserrer sa liaison avec Vienne. N'avait- « il pas souffert des hauteurs de la France ? vu qu'elle « manquait d'honnêteté, de religion, et qu'elle s'affranchis- « sait des engagements, quand elle le jugeait utile [2]? » Cependant, M. de Brandebourg touchait nos subsides, l'arriéré comme les intérêts courants, et ces envois de Louis XIV duraient encore au mois de juillet, plus de douze semaines après le traité de mars. Lobkowitz, ambassadeur impérial à Paris, s'en pâme de rire [3].

Lorsque Frédéric-Guillaume fut d'accord avec Léopold, il se rendit à Clèves, où arrivait le prince d'Orange (août 1686). On parla de la ligue d'Augsbourg [4]. Le stathouder y était peu enclin, et même hostile. L'adhésion de Berlin lui eût cependant souri. Elle ne pouvait froisser Versailles comme celle d'étrangers, de la république des Pays-Bas, car la ligue visait surtout les choses d'Allemagne. D'autre part, se disait Orange, une fois confédéré, M. de Brandebourg ira

---

1. « Malint omnes fortunas potius periculo exponere quam insultationes hominum saepe vilissimorum, ministrorum regiorum, diutius tolerare. » (PUFENDORF, *De rebus gestis Friderici Wilhelmi Magni*, liber XIX, § 33).
2. *Ibidem*, § 25.
3. Lobkowitz à l'empereur, 22 juillet 1686 ; — Vienne, Archives.
4. Formée du 9 juillet, et comprenant l'Espagne et la Suède comme membres de l'empire, l'empereur, l'électeur de Bavière, les cercles de Bavière, de Franconie, les princes de Saxe, et d'autres encore. Elle devait durer trois ans. Guillaume d'Orange n'en fut que plus tard.

droit, plus droit que simple allié de l'empereur; mais Frédéric-Guillame riposta doucement qu'il partageait les scrupules de MM. des États, et qu'accédant à l'union, il inquiéterait mal à propos Sa Très Chrétienne Majesté [1]. Électeur et Stathouder passent à la Grande-Bretagne. Depuis un an, Jacques II commettait faute sur faute, et sa popularité, encore grande, fin 1685, diminuait à vue d'œil. Critiqué de son peuple, suspect aux Hollandais, pensionnaire et jouet de Louis XIV, il s'était, par surcroît, aliéné son neveu d'Orange. Frédéric-Guillaume pressa encore celui-ci de traverser la mer, et de renverser le papiste ; un changement de dynastie, l'élévation d'un Réformé, déconcerterait Rome et Versailles. Frédéric-Guillaume alla plus loin : Berlin veillerait, pendant l'entreprise, sur la république des Pays-Bas. Couverte par quelques détachements d'élite, qu'a-t-elle à craindre d'une diversion française? Orange n'aspirait nullement à détrôner Stuart, et les Anglais n'y songeaient pas. L'entretien changea donc, tombant sur la rupture, chaque jour plus probable, de Jacques avec ses sujets, et la Hollande : perspectives intéressantes pour le Stathouder, en tant que chef de la République, et de parent du monarque, car l'Angleterre pouvait l'appeler comme pacificateur; ou la Hollande tenter un débarquement, mais sans intervenir entre roi et peuple. Aussi accepta-t-il, en principe, les troupes de couverture ; en principe, et non définitivement : il n'avait ni flotte, ni armée ; il était le premier serviteur, non le souverain de la Hollande [2].

L'année 1687 vit une cruelle persécution dans les Pays-Bas. Leurs hautes puissances, les seigneurs États-Généraux, décidèrent l'expulsion des jésuites, des augustins, des franciscains et des dominicains. En Frise, la foule envahit, saccagea plusieurs sanctuaires ; l'archer de Leeuwarden [3] brûla

1. Kaünitz à l'empereur, La Haye, août 1686. (O. Klopp, *Der Fall des Hauses Stuart*, t. II, p. 222 et 274.)
2. O. Klopp, *Der Fall des Hauses Stuart*, t. III, p. 232-242.
3. Sur l'Ee; capitale de la Frise. — Kramprich à l'empereur (octobre, 1687).

publiquement cinq hosties. Vienne et Ratisbonne tressaillirent; suivant sa coutume, Berlin gémit. Ni l'empereur ni la Diète, hélas ! ne s'allieront à la Hollande ; les pourparlers cesseront du coup, et profitant de l'indignation que causent ces excès, Louis XIV négociera une ligue catholique, son rêve chéri. La France, ajoute Hohenzollern, Jacques II et la maison d'Autriche vont s'unir contre « la Religion ». C'est si vrai que d'Avaux sonde déjà les représentants de Léopold à La Haye [1], Krampich et Hohenlohe. Bref, profonde consternation ; en même temps qu'il flétrit les calvinistes hollandais, M. de Brandebourg incrimine Krampich. Cet ambassadeur a été trop loin. Ses rapports dénaturent et noircissent l'agitation frisonne. Un secret désir d'éloigner l'empereur du stathouder y perce méchamment. Krampich a fait pis ; ne vient-il pas d'écrire à des princes allemands que les mesures tyranniques de leurs Seigneuries étaient plus coupables que la révocation de l'édit de Nantes, et l'excuse de Louis XIV? Il ignore donc, ce gallican, que de zélés catholiques, et en grand nombre, que le Pape lui-même ont absolument blâmé la révocation [2]?

La réponse de Vienne manqua d'aménité. Pourquoi tant de paroles et d'indiscrète ardeur? M. de Berlin n'a rien à démêler avec la Hollande. Si les États et leurs concitoyens ont eu tort, ils s'en expliqueront ; si Krampich exagère ou invente, ils rétabliront les faits. Que l'électeur ne soit pas constamment à reprendre les colombes, et s'occupe enfin des corbeaux ; qu'il réserve son courroux au roi de France, qui révoqua l'édit de Nantes, et cause de tout le mal : ce serait plus mâle et plus louable [3].

L'électeur avait tenu, nous le savons, à s'enchaîner aux

---

1. O. Klopp, *Der Fall des Hauses Stuart*, III, p. 385-388.
2. Pufendorf, *De rebus gestis Friderici Wilhelmi Magni*, liber XIX, § 55 : « multis cordatis catholicis, ac ipsi Pontifici improbatam persecutionem ».
3. O. Klopp, *Der Fall des Hauses Stuart*, t. II, p. 388, d'après une lettre de Leibniz.

Habsbourg (*vinculum arctius stringere*). A l'en croire, c'était l'unique moyen d'éviter le joug avilissant de la France : aujourd'hui, de la Hofburg, arrivent des injonctions dures, méprisantes. Léopold, dont il a recherché l'alliance, imploré la protection, parle en maître, sommant ce vassal loquace de garder le silence, et les bienséances.

Quelques mois plus tard (mai 1688), Frédéric-Guillaume s'éteignait, âgé de 68 ans. Nous ne porterons pas sur lui de longs jugements, d'autant que nous n'eûmes pas le dessein de faire œuvre d'érudition, ni une étude complète, mais simplement d'esquisser son caractère, sa physionomie, et d'indiquer sa politique générale, de 1667 jusqu'en 1688. « Il avait, » comme dit fort bien M. Berthelot, « plus qu'aucun autre de ses contemporains, le mépris
« de la parole donnée, ne l'observant que dans la mesure
« exacte où il y trouvait son intérêt. Sans cesse engagé
« dans des négociations contradictoires, il employa volon-
« tiers la ruse et les embûches. Ce fut un roué diplomate,
« et un homme d'État sans scrupules [1]. » Les Polonais le qualifièrent donc à merveille « d'infracteur, de violateur
« héréditaire des traités [2] ».

Dans sa versatilité, il quitta souvent l'empereur et l'empire pour Louis XIV, puis leur revint ; malgré les énormes sommes qu'il tirait de la France, jamais il ne lui rendit de services positifs, ni ne fit la guerre en sa faveur. Il la contraria même, tout en gênant Vienne et Ratisbonne. Notre tort fut de prolonger cette liaison onéreuse, ces marchés de dupes, et de ne pas châtier, en plusieurs circonstances, le perfide, comme il le méritait.

Frédéric-Guillaume mourut enchaîné à l'Autriche, et presque ridicule ; sans éclat, par le seul effet de son habile patience et du temps, l'empereur Léopold prit une complète et sanglante revanche.

1. *Grande Encyclopédie*, t. XVIII, p. 100.
2. « Hereditario quodam jure foedifragus. » Dicton, fort répandu en Pologne, dans les années 1657 et suivantes.

De tous les potentats, Guillaume d'Orange est celui qui s'exprima le plus durement sur M. de Brandebourg, et, peut-être, celui qui le jugea le mieux. Néanmoins son oncle ne manifesta jamais de dépit. Il savait l'opulence de la maison de Nassau, le stathouder sans enfants, et que, tôt ou tard, un bel héritage vengerait les Hohenzollern des hauteurs du clairvoyant. La suite nous dira s'il fut bien acquis.

Frédéric-Guillaume laissait, il faut en convenir, des États prospères et considérablement agrandis ; trente mille soldats, — force imposante pour l'époque, — supérieurement équipés et commandés ; un renom qui pénétra jusqu'en Asie, car des ambassades tartares le visitèrent trois fois : en 1677, 1679 et 1681.

Il était de haute stature, et bien proportionné ; quoique respirant l'énergie, son visage, trop rude, manquait de noblesse. Ses yeux vifs, pénétrants, lançaient des éclairs ; mais souvent la paupière s'abaissait, voilant un regard oblique. Avant de porter perruque comme Louis XIV, des cheveux hérissés couvraient son large crâne ; un nez d'oiseau de proie, une bouche méprisante et volontaire, complètent le personnage. M. de Brandebourg s'emportait aisément, mais savait dissimuler, et se calmer aussitôt. Il aimait le faste, et, en guerre, vivait de la façon la plus frugale ; impitoyable aux autres, il l'était encore davantage pour lui-même.

Comte Jean DU HAMEL DE BREUÏL.

UNE LETTRE DE GEORGE III

ROI D'ANGLETERRE

A KIA-K'ING, EMPEREUR DE CHINE (1804)

PAR

M. Henri CORDIER

Malgré l'insuccès de l'ambassade de Lord Macartney, les Anglais ne perdaient pas l'espérance d'établir des relations sur un pied favorable avec la Cour de Peking. Les guerres avec la France ne leur faisaient pas perdre de vue le but désiré ; la lettre suivante, tirée des papiers du général Decaen, en est un nouveau témoignage ; on y verra que le roi d'Angleterre décrit ses États sous le nom des pays de *Hai Loung*, c'est-à-dire du *Dragon de la Mer* ; nous sommes loin de l'appellation injurieuse des Chinois qui désignaient les Anglais sous le nom de *Houng mao* (Cheveux rouges) et les représentaient dans le Recueil *Houang Ts'ing tche-Kong t'ou* avec une bouteille à la main ; les ministres de George III désiraient également prévenir Kia K'ing contre les Français en général, et Napoléon en particulier :

« *Le Roi d'Angleterre, nommé Ya-Zê, qui gouverne les pays de Hai-Lung* [1], *etc.*

« Très-Haut et Grand Empereur

« La réputation, la générosité, la splendeur et la magnificence du grand Empereur, père de V. M. Impériale, se sont répandues dans les régions les plus lointaines. Tout le

1. K'ien Long.

monde le savait et reconnaissait qu'il avait gouverné son Empire avec sagesse, comme aussi personne n'ignorait la bonté et les vertus aimables, dont était orné le grand Empereur père de V. M. De même, tout le monde sait aujourd'hui que V. M. est douée des mêmes vertus héroïques, avec lesquelles elle gouverne si sagement son Empire, et à l'admiration de toutes les nations. Et, en effet, je me réjouis beaucoup de cette nouvelle, et j'espère que V. M., en suivant l'exemple du grand Empereur, son père, permettra à ses sujets la même communication et la même correspondance avec les sujets de mon royaume, que nous désirons établir, et que V. M. recevra avec bonté et une égale justice les sujets de mon royaume, qui vont ordinairement tous les ans dans l'empire de V. M. pour y faire commerce, et qu'elle les traitera comme je sais que V. M. les a traités jusqu'à présent. Et comme je sais que les sujets de V. M. ne peuvent pas venir commercer dans mon royaume, j'ai ordonné à tous les magistrats des pays sujets à ma juridiction, et principalement aux gouverneurs des pays qui sont plus proches de l'Empire de Chine, de traiter avec une extrême bonté les sujets de V. M. qui viendraient dans les ports des pays sujets à ma juridiction. Si dans quelque affaire de l'Empire, V. M. désire user de mes services, je m'offre à V. M. de bonne volonté, pour qu'elle dispose de moi comme elle voudra.

« J'avais fait la paix avec le gouvernement du royaume de France [1]; cependant ce gouvernement, en même temps qu'il traitait de paix, détruisait au contraire tout sans but et sans politique; et c'est par cette raison que je lui ai déclaré la guerre une autre fois. En vérité, je désirerais avoir la paix avec ce gouvernement; mais je ne puis nullement souffrir les injures et les mépris de ce gouvernement, qui sans doute entretient de mauvais desseins, puisqu'il a des troupes nombreuses dans ses ports maritimes; ce qui

---

1. Traité d'Amiens, 25 mars 1801.

me fait soupçonner que cette nation prétend de s'emparer un jour de mon royaume. Par ce motif, je tiens également prêtes beaucoup de troupes, pour prévenir une attaque imprévue, et non pas dans le dessein de faire la guerre comme elle fait. Cependant, quoique mon royaume soit en guerre avec le gouvernement français, mes sujets peuvent aller tous les ans sans obstacles dans les ports de votre Empire à l'effet d'y négocier, comme ils avaient coutume de le faire jusqu'à présent. Quoique le gouvernement français tienne ses escadres sur les frontières de ses ports maritimes, il n'en sortira aucune ; car j'ai donné ordre à mon escadre de bloquer tous les ports, afin que l'escadre de cette nation n'en puisse pas sortir; j'ai ordonné à quelques-uns de mes vaisseaux de guerre de défendre les bâtiments de commerce, ils peuvent, par conséquent, naviguer avec sûreté, et sans craindre les vaisseaux de guerre ennemis. Les Français cherchent souvent à répandre dans votre Empire des bruits désavantageux, en parlant mal de mon royaume ; je pense que V. M. comme Empereur très sage et prudent, n'y prêtera pas l'oreille, et qu'elle ne croira point à de pareils bruits. Le gouvernement français ne peut nullement prétendre de s'emparer de mon royaume ; mais il cherche à se mettre en possession des pays appartenant à ma juridiction. Comme son escadre et son armée ne se rencontrent point avec les miennes, il cherche à nous ruiner, tantôt d'une, tantôt d'autre manière ; néanmoins jusqu'à présent il n'a pas réussi ; car j'ai fait toutes les dispositions pour prévenir ses desseins, et j'ai préparé tout ce que la nature d'une pareille affaire exige.

Le royaume de France se trouve depuis douze ans en état de révolution et de guerre avec mon royaume. Il serait inutile à présent d'en rapporter à V. M. toutes les circonstances, vu que V. M. les connaît toutes. Le roi de France était brave homme ; il a péri par les mains des Français, sujets de la nation ; je pense que V. M. n'ignore pas cette circonstance depuis plusieurs années. Certes, ces hommes de cette horrible conspiration méritent l'indignation perpétuelle. Actuellement il existe dans ce royaume un homme vil qui le gouverne comme chef de cette nation ; il cherche continuellement à tromper tout le monde par sa doctrine insidieuse et ses faux projets ; c'est pourquoi les habitants du royaume de France vivent dans le désordre, sans lois et sans aucune impulsion de leur conscience. Je pense que les Français dans l'empire de Chine n'entreprendront jamais de répandre sa doctrine insidieuse et les desseins de ses faux projets ; car V. M. comme empereur très sage et prudent conçoit très bien ses projets trompeurs et ses faussetés.

« Je me réjouis beaucoup, et me glorifie de pouvoir féliciter V. M., et je désire en même temps que son empire jouisse d'un bonheur perpétuel. Comme il s'offre dans ce moment une occasion, je vous envoie des présents, productions de mon royaume, destinés pour V. M. ; et elle me fera la grâce et l'honneur de les recevoir.

« En Angleterre, 1804, le 22e jour de la 5e lune. »

Nous ne connaissons la réponse de l'empereur que par l'extrait de la traduction qui en est donnée par Montgomery Martin[1] : « Le royaume de Votre Majesté est à une distance éloignée au delà des mers, mais il observe ses devoirs et obéit à ses lois, contemplant de loin la gloire de notre Empire, et admirant avec respect la perfection de notre Gouvernement. Votre Majesté a envoyé des messagers avec des lettres pour que nous les lisions ; nous trouvons qu'elles ont été dictées par de justes sentiments d'estime et de vénération ; et c'est pourquoi, étant disposé à réaliser les désirs

---

[1]. China ; political, commercial, and social ; in an official report to her Majesty's Government. By R. Montgomery Martin, Esq., late Her Majesty's treasurer for the colonial, consular and diplomatic services in China ; and a member of her Majesty's legislative Council at Hong Kong. London : James Madden, MDCCCXVII, 2 vol. in-8.

de Votre Majesté, nous sommes décidé à accepter tous les présents qui accompagnaient les lettres.

« Quant à ceux des sujets de Votre Majesté qui, pendant de nombreuses années, ont eu l'habitude de faire commerce avec notre Empire, nous devons faire observer que notre gouvernement céleste regarde toutes les personnes et toutes les nations avec des yeux de charité et de bienveillance, et traite et considère toujours vos sujets avec la plus *grande indulgence et affection*; en conséquence, il n'y a pas lieu ou occasion pour les efforts du gouvernement de Votre Majesté en leur faveur. »

Le ton de cette lettre est si impertinent, que je crois devoir en donner le texte anglais :

« Your Majesty's Kingdom is at a remote distance beyond the seas, but is observant of its duties, and obedient to its laws, beholding from afar the glory of our Empire, and respectfully admiring the perfection of our government, Your Majesty has despatched messengers with letters for our perusal ; we find that they are dictated by appropriate sentiments of esteem and veneration ; and being, therefore, inclined to fulfil the wishes of your Majesty, we have determined to accept of the whole of the accompanying offering.

With regard to those of your Majesty's subjects who, for a long course of years, have been in the habit of trading to our empire, we must observe to you, that our celestial government regards all persons and nations with eyes of charity and benevolence, and always treats and considerers your subjects with the *utmost indulgence and affection*; on their account, therefore, there can be no place or occasion for the exertions of your Majesty's government. [1] »

C'est le même empereur Kia K'ing qui reçut d'une façon si désobligeante l'ambassade de Lord Amherst en 1816. L'original de la lettre qui fut remise à ce dernier se trouvait

---

1. Montgomery Martin, II, pp. 18-19.

à Londres au Foreign Office, et découverte en 1891 elle fut communiquée au ministre de la Chine Siè Fou- tch'eng qui en parle dans le journal de sa mission en Angleterre. Cette lettre de la 21ᵉ année Kia K'ing (1816) est reproduite dans le supplément à l'ouvrage *Tong houa lou*, chronique de la dynastie régnante, d'où notre premier interprète à la légation de Péking, M. Arnold Vissière, l'a exhumée et traduite [1].

1. *Bulletin de Géographie historique et descriptive* du ministère de l'Instruction publique, 1815, n° 2, pp. 460-471.

RELATIONS COMMERCIALES

ENTRE LA HOLLANDE ET LES VILLES DE LA SOMME

AU MOYEN-AGE ET AU XVIIe SIÈCLE

par M. VAYSON

La civilisation romaine a chassé la barbarie de cette partie de la Gaule ; elle y établit des voies navigables, et construit de nombreuses routes. Des villes commerçantes surgissent, comme Samarobriva (Amiens), Gesoriacum (Boulogne), Portus Iccius ; l'on y échange des vins, des draps, des fruits, du sel, des poissons salés, de l'étain. Un commerce actif s'engage avec l'Angleterre, l'Espagne et tout le bassin de la Méditerranée.

Après la chute de l'Empire Romain, vient l'époque des invasions barbares. Les pirates saccagent les villes du littoral. Les cités, les abbayes et les châteaux se fortifient. Le régime de la féodalité établit tout un système de péages et de barrières : autant d'entraves pour les communications et le commerce.

Sous l'influence de ces causes, la production se localise. Certaines villes grandissent et prospèrent.

Le Crotoy et Cayeux se livrent à l'industrie de la pêche. Edouard II s'efforce par ses ordonnances de faciliter les échanges de ces villes avec les côtes anglaises.

Morlaix, sur la rive droite de la Somme, fait un important commerce de gibier et d'oiseaux de passage.

Saint-Valery possède un réseau de canaux qui lui assurent une pénétration avec l'étranger, avec le centre de la France et avec la Méditerranée. Le commerce y est florissant. Des franchises communales décernées au profit de cette ville au XIe siècle, en accroissent la prospérité.

Abbeville qui, au début, ne fut qu'une simple agglomération de pêcheurs, devient ville fortifiée en 990, sous Hugues Capet. Son importance est telle que la flotte normande peut s'y ravitailler au moment du départ de Guillaume le Conquérant pour l'Angleterre. Le 9 juin 1184, Abbeville reçoit sa charte d'affranchissement. Ce fut le moment de son plus bel effort commercial trop vite interrompu par les invasions anglaises et les scènes de la Jacquerie.

C'est à partir des xve xvie et xviie siècles, que nos villes picardes voient se développer leur prospérité commerciale et leur population. Ce qui a permis à Caspar Mérianus, qui voyageait dans les villes des Flandres en 1656, d'appeler Abbeville métropole du Ponthieu, ville splendide, grande et approvisionnée, qui avait une amirauté, c'est-à-dire une Cour contentieuse, où la justice se rendait sous le nom et l'autorité du grand Amiral. Et au mois d'août 1681, parut une ordonnance particulièrement applicable aux règlements des discussions entre négociants et gens de mer, qui contient aussi le règlement de la pêche du hareng et de la morue.

Nous avons dit qu'alors la Somme était large, et que le flot y entrait abondamment ; aussi les navires remontaient-ils avec la marée jusqu'à l'entrée de la ville. Souvent un pilote les accompagnait jusque-là ; mais, pour remonter ensuite jusqu'à l'endroit où était alors le port, il fallait les remorquer ; et c'était particulièrement les ouvriers tisserands sans ouvrage et les ouvriers charpentiers qui remplissaient cette besogne, plus particulièrement en hiver, époque de chômage.

Ils allaient jusque au-dessus de Laviers à un lieu dit franc-halle, et faisaient marché pour haller les bateaux.

On construisait sur les chantiers d'Abbeville des bâtiments de cent tonneaux moins chers et plus estimés que ceux construits ailleurs, il y avait alors 200 charpentiers de marine et 100 capitaines-maîtres au cabotage.

En 1634 on creusa le canal marchand afin de faire remonter les gribanes au-dessus d'Abbeville, il y avait sur le fleuve de nombreux moulins, aussi fallait-il haller ou guinder ces gribanes à partir du quai du guindal, et le travail des halleurs, s'arrêtait aux moulins et aux cabarets situés à la place qui a conservé le nom de Pont-d'Amour, endroit où on payait leur travail, et où la liberté des mœurs paraît avoir été grande, où, dit-on : « les mayniers avaient habitude d'y cajoler bachelettes. »

Les rois de France et d'Angleterre s'étaient disputé longtemps le port d'Abbeville, qui était à bon droit considéré comme un des plus importants, et qui avait des relations établies avec les divers ports de l'Europe, une centaine de navires d'un tonnage de 70 tonneaux y étaient attachés, et de 1500 à 1600 le commerce y fut très prospère.

Les corps de métiers étaient soumis à une quantité de règlements très variés, les habitants de Cadix et de Lisbonne avaient obtenu la franchise pour les marchandises qu'ils apportaient à Abbeville.

Le commerce des draps, celui de la tannerie, la fabrication des tissus de toile et des tissus de laine communs étaient considérables et actifs, la teinturerie en couleur bleue était renommée.

La grande pêche du hareng était importante et en 1480, la ville avait équipé un vaisseau de guerre pour protéger ses pêcheurs de hareng qui allaient en Norvège, les pêcheurs de morue à Terre-Neuve, et ceux qui allaient en Afrique chercher l'ivoire, et les épices à Marseille.

Les navires d'Abbeville faisaient de nombreux voyages à la Rochelle pour rapporter des vins. Au XVIe siècle, le mayeur et le bailli d'Abbeville étaient chargés de goûter le vin de chaque pièce introduite en ville, d'apprécier sa qualité, et d'en fixer le prix de vente. C'étaient en général des navires gréés en chasse-marée, qu'on employait au cabotage.

Et afin de diminuer la concurrence qu'on pouvait faire à nos navires, une délibération de la ville en date de 1525 dit qu'on ne pourra construire pour les étrangers que des navires de 36 tonneaux de jauge et pas plus, réservant ainsi la construction des plus gros bateaux pour les armateurs du pays.

Annales internationales d'histoire.

La construction des vaisseaux, comme nous l'avons déjà fait remarquer, était importante et estimée.

Nous avons déjà dit que la fabrication de la grosse draperie occupait un nombre considérable d'ouvriers. En 1579, plusieurs fabricants quittèrent la ville, et allèrent s'établir en Hollande; nous verrons bientôt que des fabricants de Hollande vinrent s'établir à Abbeville pour faire des draps fins, des tapis et des velours.

Le commerce d'exportation du Ponthieu était actif avec la Hollande, l'Angleterre, le Portugal, la Suède et l'Espagne, dans ce dernier pays, les navires portaient surtout les draps et tissus de vêtements, et rapportaient des laines envoyées aux foires de Corbie par la batellerie, destinées à la fabrication des tissus connus sous le nom de grenadines, serges, escots, bouracans, étamines, droguets et kalmoucs, L'envoi et l'emploi de ces derniers en Epsagne étaient considérables et n'a cessé que depuis une trentaine d'années.

Par la Somme on envoyait dans l'intéreiur du pays des produits variés et nombreux, des tissus, des toiles, des cuirs, des métaux, des armures, et aussi du poisson, du sel et des fromages fabriqués dans le Marquenterre.

La fabrication des armes blanches et des horloges s'y développe au commencement du xviie siècle. Par un rôle des habitants et un mémoire de l'intendant de Picardie, nous voyons qu'il y avait dans la ville, parmi les industries considérables :

41 tanneries ;

137 fabricants d'armes et d'arquebuses ;

Des fabriques de tissus, de velours, de mocquade ;

Des fabriques de draperie ;

De nombreuses corderies ;

Des cloutiers et des chaudronniers, qui envoyaient au dehors le produit de leur industrie.

La filature de la laine occupait au xviie siècle 3.000 personnes; elle se faisait avec une certaine perfection, et les

Hollandais venaient à Abbeville acheter ces laines filées pour fabriquer leurs étoffes, ils achetaient aussi. des bouteilles, produit des verreries de nos environs.

Nous ne nous sommes occupés jusqu'à présent que des navires et de leur construction; mais le service de l'intérieur du royaume était entre les mains de la batellerie, et la ville comptait 62 gribanes et 8 bateaux appelés diligences d'eau à marche plus rapide, montés par 200 marins classés.

Nous avons jeté un coup d'œil sur l'activité et le mouvement commercial et industriel qui eut lieu pendant l'occupation romaine, et comment cette situation se modifia par suite des invasions barbares. Charlemagne essaya bien de ramener un peu de l'activité ancienne, mais, pendant l'époque féodale, les difficultés recommencèrent, la gêne apportée aux transports et aux transactions, les droits de toutes sortes établis à chaque pas, et le manque de sécurité firent que le peu de commerce et d'industrie qui restait se trouva renfermé dans l'enceinte des villes.

Plus tard, après l'affranchissement municipal, il y eut un mouvement d'initiative nouveau, et les villes de la Somme de Picardie paraissent avoir eu tout leur essor du xve au xviie siècle. Depuis cette époque bien des événements sont venus modifier les relations commerciales, puis de nouvelles découvertes, et l'application de la vapeur aux moyens de transport, ont forcément apporté de nouveaux et profonds changements.

On se préoccupait depuis longtemps de l'amélioration de la navigation, on voulait rendre l'entrée de la Somme plus facile et accessible à des navires dont le tonnage avait augmenté. Une quantité de projets ont été étudiés et discutés depuis deux cents ans; il serait trop long de les rappeler ici.

Un canal maritime longtemps discuté fut creusé d'Abbeville à Saint-Valery en ligne droite; le travail commencé, interrompu, modifié, repris, ne fut achevé que vers 1827.

Un des résultats de ce travail fut de donner à la culture de vastes terrains à droite et à gauche du canal, mais de restreindre en même temps l'espace où s'emmagasinaient les eaux de la marée, qui donnaient ensuite une grande force au jusant.

Une écluse fut établie à l'extrémité de ce canal ; depuis cette époque, la baie s'est encore ensablée davantage, et les travaux qui interviennent chaque jour pour fixer davantage ces alluvions afin de les donner à la culture, diminuent chaque jour l'étendue de la baie, et par conséquent sa puissance d'action pour dégager les chenaux ; d'autant plus que les grandes tourbières si nombreuses dans la vallée n'ont plus de communications directes avec la rivière. Ainsi, en 1835, l'étendue de la baie était encore de 6.155 hectares ; elle se trouve réduite aujourd'hui à 4720 hectares environ et diminue encore chaque jour.

Tous les ports de la baie ont le même intérêt dans cette question, les ports du Crotoy, de Cayeux, de Saint-Valery et d'Abbeville sont tous reliés directement avec le chemin de fer, ce qui a porté un préjudice complet à la batellerie, puisque, si le transport par la voie ferrée est plus onéreux que par navire, il est aussi beaucoup plus rapide, ce qui est apprécié aujourd'hui de plus en plus par le commerce.

Depuis dix années ces ports ont reçus 1394 navires qui ont apporté 219.451 tonnes de marchandises diverses, quant à la batellerie, le nombre de gribanes a beaucoup diminué, et ces bateaux ne servent plus que pour le transport de matières lourdes et de peu de valeur, parmi lesquelles les phosphates dont les nouveaux gisements ont été découverts, et que l'agriculture utilise de plus en plus.

Les établissements industriels sont devenus plus importants, plus considérables que par le passé, les industriels se sont établis sur des espaces plus grands et à la campagne, afin de profiter du bas prix de la main-d'œuvre dans les pays agricoles. Aussi depuis Saint-Valery jusqu'à Amiens, les villages riverains de la Somme sont devenus industriels, et possèdent de grands établissements; des sucreries, des tissages de toiles, des fabriques de serrurerie, des tissages variés, des exploitations de tourbières, des fabriques de briques, du jardinage pour l'exportation et de l'élevage et de l'engraissement des bestiaux.

RELATIONS
COMMERCIALES ET AGRICOLES
ENTRE LA HOLLANDE ET LA PROVINCE D'AULNIS
AUX XVIIe ET XVIIIe SIÈCLES
par M. E.-L. ROBIN

Rapports agricoles. — Primitivement, les habitants de l'Aulnis et de la Basse-Vendée étaient des populations lacustres vivant au milieu de marais « dans des cabanes construites en bois et en roseaux à moitié fixées dans le sol, à moitié suspendues aux arbres voisins ». Leur commerce se limitait à celui des canards et à celui des bois qu'ils transportaient sur la terre ferme.

Vers le XIIe siècle apparurent les Bénédictins qui venaient pour civiliser ces barbares. Au XIIIe siècle, les moines obtinrent du seigneur de Chaillé la permission de creuser un canal pour le dessèchement des marais de Langon à Vouillé. L'œuvre de dessèchement se poursuivit malgré de nombreuses guerres.

François Ier et Henri IV s'intéressèrent à ces travaux. Mais ce fut surtout sous ce dernier prince que s'ébauchèrent les plus grands projets d'assainissement et d'amélioration de ces terrains. Henri IV fit appel à des ingénieurs et à des ouvriers étrangers, notamment à Humfroy Bradley, brabançon. Les premiers travaux eurent lieu dans les environs de Rochefort et de Tournay (Charente). Ainsi fut créée la Petite-Flandre.

Une Société constituée continua l'œuvre en s'inspirant des plans et des travaux des Hollandais. A mesure que les dessèchements se firent, la population s'accrut. Des métairies furent constituées pour l'élevage des porcs et des brebis.

Rapports commerciaux. — Le port de La Rochelle, était depuis longtemps d'une certaine importance sur l'Océan, et l'esprit commerçant qui y dominait chercha de bonne heure à étendre son commerce de cabotage le plus loin possible.

En 1418, nous voyons un arrêt autorisant les Rochelais à expédier à la ville de Dam le vin de La Rochelle.

Les habitants de La Rochelle, ont le privilège d'envoyer leur vin et leurs marchandises en Flandre, sans qu'on y puisse mettre opposition au port de l'Écluse et dans la ville de Dam. Il n'était pas permis de mêler ce vin avec aucun autre.

Les commerçants ne pouvaient acheter dans les Flandres aucun autre vin pour le revendre. Et il n'était pas permis au bailli de Dam, ainsi qu'aux autres officiers, d'entrer dans les celliers pour le vérifier (1439, entrevue de Charles VII et Philippe de Bourgogne, paix d'Arras).

Le vin d'Aunis subit dans la suite des impôts pour entrer dans les Flandres, mais fut l'objet d'un trafic constant.

Le port de La Rochelle se ressentit avantageusement de ses rapports avec la Hollande, des traités de Ryswick et d'Utrecht.

Car, par arrêt du roi, en date du 20 juin 1659, tout navire étranger payait cinquante sols par tonneau de jauge.

Par d'autres arrêts successifs, un adoucissement était survenu à ce droit, spécialement pour les Hollandais, puis l'exemption complète par le traité de Ryswick.

Mais en 1745, leur attitude vis-à-vis de la France fut telle, que par arrêt du roi l'exemption leur fut retirée.

Le commerce entre les deux pays était assez important.

Les eaux-de-vie d'Aunis s'expédiaient en grand nombre sur la Hollande.

En 1712, on voit qu'il a été expédié 84.000 quarts de vin sur différents ports des Pays-Bas.

En 1736, on vit sortir de l'Aunis, à destination de la Hollande 267.000 barriques d'eau-de-vie de vingt-sept veltes.

En 1760, l'exportation diminua par suite des guerres, et

ne fut que de 15.140 barriques.

En 1769, elle fut de 10.500, pour tomber à néant en 1775.

Les navigateurs hollandais primaient de beaucoup, pour le cabotage, les marins de presque toutes les autres nations.

Leur situation topographique leur donne un avantage sur les autres peuples, et leur favorise le trafic avec les pays du Nord.

Le navire hollandais a une construction spéciale, qui occasionne moins de frais que les autres. Les marins pilotes vivant à bord et s'en faisant pour eux et leur famille une habitation, quand les autres ont des frais d'hôtellerie au débarquement. Ils n'ont pas de frêt, ils attendent ; ils sont chez eux. Le frêt est signalé, ils partent.

Le climat ne saurait convenir aux marins du Midi, quand eux le supportent patiemment.

L'assurance est peu onéreuse, il n'y a pas de rentiers chez eux, tout le monde travaille, et chaque bateau compte beaucoup d'intéressés, de sorte que lorsqu'il se perd, la perte n'est pas grande pour chacun.

Le commerce des autres pays exige de plus gros bénéfices que celui des Pays-Bas, et préfère porter son trafic du côté le plus avantageux.

La statistique démontre que le commerce du Nord était de $6^{1}/_{2}$ pour cent, tandis que celui d'au delà du Cap donnait 12 pour cent.

La préférence n'était pas douteuse.

Ces considérations amenèrent donc à La Rochelle beaucoup de caboteurs hollandais, pour transporter les marchandises dans le Hainaut et les Flandres.

Ils transportaient du vin, de l'eau-de-vie, sucre, indigo, café, etc. Ils revenaient chargés des marchandises suivantes : fer, acier, planches, bois, douves, chanvre, toile à voiles, goudron, colle de poisson, etc.

Les besoins naturels semblaient créés par la nature, pour assurer des relations entre les deux peuples.

En 1767, le mouvement du port est de :

 2.273 navires hollandais,
 1.431 navires anglais,
 2.779 navires suédois et autres,
  10 navires français,
   2 navires espagnols.

En 1768, on compte :

 2.328 navires hollandais,
 1.634 navires anglais,
 2.523 navires suédois et autres du nord,
  6 navires français,
  2 navires espagnols.

Ces chiffres sont à l'appui de ce qui précède.

 Le 14 janvier 1769, un arrêt impose 15 pour cent par tonneau, les navires étrangers, excepté ceux d'Amsterdam et de Harlem. Le commerce rochelais réclama contre cette mesure. M. de Necker répondit que les faits politiques ne permettaient aucune exception.

 Le 3 juillet 1779, un arrêt du roi suspendit cette mesure. Le 20 août 1779, M. de Necker notifia que ce droit serait restreint à Amsterdam, Dordrech, Harlem, Rotterdam et Schiedam. Puis, le 5 novembre de la même année, il fit savoir que le droit de 15 pour cent, ne serait pas perçu sur les marchandises transportées d'un port à un autre par tout bâtiment hollandais non privilégié, et que Sa Majesté avait décidé que ce même droit ne serait pas perçu sur des marchandises étrangères chargées en tout autre pays que la Hollande, et apportées en France pour compte de négociants étrangers, autres que des Hollandais non privilégiés.

 Cette faveur subit une autre modification. La ville d'Amsterdam, par arrêt du 3 juillet 1779, put jouir seule de cet avantage. Puis, le 12 décembre 1779, un arrêt permit, selon le bon vouloir de M. de Vauxguyon, alors ministre, que ce droit de 15 pour cent pût être supprimé pour les navires chargeant pour la France.

M. de Necker écrivit en 1780 que :

1° Toute marchandise venant par caboteur, chargée en pays étrangers autres que la Hollande, ne serait pas assujettie aux droits de tonnage ;

2° Toute marchandise importée de Hollande, par navire hollandais, y serait assujettie, à moins, cependant que les capitaines ne fussent porteurs d'un certificat de la marine de France.

C'était d'une élasticité qui choquerait aujourd'hui, et nous montre combien était difficile la perception des droits.

Colbert avait, en 1669, fait rendre une ordonnance concernant les relations commerciales avec les pays du Nord qui servit de base, en 1780, au projet d'étude et de plan que l'on fit pour ces mêmes relations.

On devait encourager la navigation dans les mers du Nord, en faisant un avantage aux marins qui y navigueraient. Il fut arrêté que chaque marin devrait naviguer dans ces mers pendant un certain temps, et décidé que les mois de navigation au delà du Sund tiendraient lieu de service à l'État, pour ceux qui y iraient.

On proposait l'exemption des droits de sortie pour toute marchandise destinée au commerce du Nord. On suppliait Sa Majesté d'accorder la suppression de tout droit de sortie sur les vins de l'Aunis transportés dans le Nord, sur bâtiment français. On installerait un entrepôt français libre, pour toute marchandise venant du Nord.

On demandait aussi la faculté de les décharger dans les rades, pour leur donner des moyens de consommation et de circulation. En revanche, on voulait qu'il ne fût rien reçu du Nord, que ce qui aurait été expédié sous la bannière française. C'était une compensation bien juste à cet encouragement de trafic, de la part des Chambres de commerce qui faisaient les propositions que l'on vient de lire.

Cette nouvelle navigation demandait des pilotes du Nord, on décida d'en faire venir.

Le commerce rochelais demandait vingt livres par tonneau de jauge, pour chaque navire partant pour le Nord. Le Gouvernement répondit qu'il ne pouvait accéder à toutes ces demandes.

En 1785, les choses en étaient au même point, quand la Chambre de commerce de Bordeaux fit remarquer bien des difficultés que cette marine française éprouverait pour naviguer dans les pays du Nord.

Les navires destinés à aller en Hollande devraient avoir une construction particulière, vu les canaux à traverser; et encore fallait-il que la proue et la poupe pussent résister à la dérive.

Ici encore on se rendit à ces raisons, et la prépondérance des navigateurs hollandais sur les autres fut encore manifeste.

Les armateurs des bateaux français ne pouvaient arriver à trouver aucun bénéfice où les Hollandais en trouvaient à l'aide de leur chargement en cueillette, leur persévérance, et la patience qu'ils apportaient dans leur navigation.

Le projet fut à peu près abandonné; mais, vers la même époque, on accorda l'indemnité aux marchandises du Nord, en entrepôt, sur les instances du commerce rochelais.

Et le commerce de cabotage à l'aide des bateaux hollandais aurait pu continuer aussi florissant, s'il n'eût été interrompu par les guerres qui survinrent.

VOEU

relatif à la modification du type des monnaies de tous les pays au point de vue de la création d'impérissables monuments de divulgation et de consécration de l'histoire des peuples.

Motion de M. de LAIGUE[1].

Dans son « Manuel de numismatique du moyen âge et moderne », le savant M. de Barthélemy, membre de l'Institut de France, s'exprime ainsi[2] :

« La numismatique ancienne avait pour résultat de populariser l'histoire en gravant sur la monnaie courante des types simples, d'un travail irréprochable, qui faisaient machinalement connaître à chacun les grands faits historiques, les anciennes légendes mythologiques, les traits des grands hommes. Le moindre citoyen romain avait sous les yeux l'histoire de la ville éternelle, chaque ville grecque avait la reproduction de ses annales et souvent celle des monuments qui faisaient la gloire de la cité. Avec notre système actuel, le peuple ne connaît plus que la valeur de l'argent ; la partie de la numismatique consacrée à l'histoire est peu recherchée et connue seulement de quelques personnes qui y voient plutôt l'art que l'histoire ».

---

[1]. En raison de l'absence de son auteur, ce vœu n'a pas été discuté par le Congrès.
[2]. Paris, Roset, p. xxi. Sans date.

De son côté le célèbre François Lenormant écrivait à son tour[1] :

« Les monnaies officielles elles-mêmes, dans leur froideur prétentieuse, ne sont plus destinées à être qu'un bien faible auxiliaire pour l'histoire. Celle-ci leur préférera de beaucoup, dans l'avenir, les pièces grossièrement gravées qui constituent une véritable numismatique populaire et ont été pour la plupart frappées clandestinement dans les moments de trouble... Quant aux monnaies, celles de notre siècle offrent aussi peu d'intérêt que possible, et sont déplorablement médiocres au point de vue de l'art... Lorsque notre siècle et ceux qui l'ont immédiatement précédé seront devenus à leur tour l'antiquité, la numismatique sera une science singulièrement stérile... Pourra-t-il même y avoir des amateurs qui se décident à remplir leurs cartons de longues suites de monnaies absolument uniformes, d'une désespérante monotonie, que ne relève pas un mérite d'art sérieux?... Que peuvent apprendre nos espèces modernes? et quel enseignement esthétique peuvent-elles donner?

Enfin, l'an dernier, à Paris, à la séance générale d'ouverture du 35ᵉ Congrès des Sociétés savantes, M. Babelon, conservateur du Cabinet des Médailles et Antiques de la Bibliothèque nationale, montrait après quelques remarques finement humoristiques sur la monnaie française contemporaine, que la monnaie antique avait été ou mieux encore est une source inépuisable d'enseignement, de contrôle historique faisant tout connaître, rappelant tout, hommes, choses, monuments, coutumes, costumes, mythes, hauts faits, et il ajoutait : « Œuvres d'art par elles-mêmes, les monnaies antiques nous conservent l'image et le souvenir des autres œuvres d'art, dans le domaine de la sculpture ou de l'architecture... » Que de monuments d'architecture seraient, sans les types monétaires qui les reproduisent, à

---

1. Monnaies et médailles. Paris, Quantin. Sans date, p. 307 et suiv.

la merci des restitutions fantaisistes de notre imagination !

[Et au sens artistique] Comment parler dignement de ces médailles que les Grecs ont faites si belles et qu'ils ont, — mus par un sublime instinct d'immortalité, jetées à poignées comme un solennel défi aux artistes de tous les âges futurs ; de ces médailles dont le charme intraduisible émeut toujours, soit qu'on se contente des impressions fugitives et superficielles du dilettante, soit qu'il s'agisse des études approfondies de l'érudit. »

A quoi tendent ces citations, empruntées aux ouvrages des hommes les plus autorisés, on le devine sans peine.

Nos espèces monétaires, et par là j'entends celles de tous les peuples contemporains sans exception, sont d'une déplorable, d'une absolue monotonie, d'une insignifiance notoire aux yeux de quiconque a la conception nette des services que pourrait ou mieux devrait rendre le numéraire circulant, à part et en plus de sa fonction purement économique de commun dénominateur et d'instrument des échanges. Ce que l'on souhaiterait, ce serait le relèvement des types si terre à terre et si mesquins des espèces actuelles, leur transformation en types à la fois hautement artistiques et historiquement instructifs.

Par là il faut entendre que si la face demeurait immuable, sauf à donner aux emblèmes adoptés plus d'allure, plus de noblesse, plus d'envolée, tout en respectant les exigences matérielles d'une bonne monnaie circulante et normale, le revers variant au moins chaque année, consacrerait dans une forme saisissante, indélébile et vulgarisatrice jusque dans l'avenir le plus reculé, les événements les plus marquants de chaque époque. — Par exemple, dans cette Hollande qui offre une si courtoise hospitalité à notre premier Congrès, ne serait-il pas naturel qu'en l'année 1898 des monnaies fussent frappées qui retraceraient graphiquement, pour les siècles futurs, le souvenir inoubliable des fêtes du Couronnement d'une jeune reine idolâtrée de son peuple ?

N'a-t-on pas, d'ailleurs, déjà dans quelque mesure, procédé de la sorte en ce qui concerne les timbres-poste émis à l'occasion du centenaire de Colomb, des jeux olympiques rénovés, du jubilé de la reine Victoria ? Il y a plus : pour les monnaies elles-mêmes, lors des noces d'argent des souverains d'Autriche-Hongrie, n'a-t-on pas lancé dans la circulation des pièces présentant les têtes conjuguées des impériaux époux? Ce qui a eu lieu une fois par exception sur le métal, ce qui semble désormais passé dans les usages pour les fragiles images des timbres d'affranchissement, il s'agirait que, par suite d'une entente des nations, on obtînt de le voir pratiquer couramment désormais pour les monnaies. En effet, les séries numismatiques remontant sans interruption jusqu'aux monnaies de Phidon, d'Argos ou à celles de Lydie, c'est-à-dire jusqu'au VIIe siècle av. J.-C., constituent une des sources historiques les plus sûres et les plus précieuses ; point si évident, qu'il serait superflu d'insister.

On le sait, contre cette proposition il y a quatre objections principales, qui se peuvent formuler ainsi :

1° Une monnaie doit être d'aspect uniforme, pour être facilement reconnaissable, même des illettrés ;

2° Elle doit être maniable et « empilable », ce qui exclut les reliefs saillants si chers aux inimitables maîtres de l'antiquité :

3° Les médailles remplissent dès à présent les prétendues lacunes que l'on se propose de combler ;

4° Les dépenses d'exécution augmenteraient ;

5° La multiplicité des types favorisera les falsifications, ou, pour parler plus exactement, le faux monnayage.

Pour le premier point, on peut répondre que les illettrés deviennent chaque jour moins nombreux, et que, d'ailleurs, notre proposition réservant la face *invariable*, l'objection est sans valeur.

Pour le second point, il est évident que le graveur devrait, dans la limite voulue, concilier le pratique et le plastique. Aussi bien, un concours annuel stimulerait le zèle des artistes, et donnerait certainement les résultats désirables sous tous égards.

Sur le troisième point, il est inexact que les médailles répondent à nos vues de vulgarisation de l'art et de l'histoire, car l'immense majorité les ignore, et ce sont uniquement des pièces de collection. — Ainsi, qui connaît les beaux coins rappelant le centenaire de Donatello et le parachèvement du Dôme de Florence en 1887 ? Jamais ces coins n'ont été dans le commerce, et de rares exemplaires en ont été distribués à de rares privilégiés : ministres, parlementaires, diplomates, délégués de corps savants., Même si je possède ces deux médailles, c'est uniquement parce que, à cette époque, j'ai représenté le Gouvernement français aux fêtes de Florence.

Pour ce qui est de la dépense matérielle, croit-on qu'un véritable artiste, légitimement fier de voir son nom indélébilement inscrit sur son œuvre métallique, ferait payer ses dessins ? Et d'ailleurs, si même quelques frais étaient encourus, les États modernes sont assez riches pour payer, en vue des siècles futurs, la consécration de leur histoire et de leurs gloires nationales. Ce que de modestes villes grecques ont fait, ce qu'a fait Tarente ou Syracuse, prétendra-t-on que les États contemporains sont financièrement incapables de le faire à leur tour ? Personne n'osera le soutenir.

Enfin, quant au danger de voir se propager le faux-monnayage, on nous imposerait vainement la multiplicité des deniers romains (fourrés), car, par inverse, chez les Grecs, dont les types monétaires variaient à l'infini, les falsifications paraissent avoir été rares.

Et d'ailleurs, au taux où est l'argent, ou, pour parler plus exactement, à raison de la dépréciation de ce métal, mettant par exemple la pièce de 5 francs française à 2 francs

Annales internationales d'histoire.

30 centimes intrinsèquement, les falsificateurs doivent être séduits par l'appât de la spéculation (le fait s'est produit), et frapper des pièces droites de poids, droites d'aloi, mais pourtant fausses comme issues d'une fabrication privée.

Cette motion, j'avais songé, tout d'abord, à la présenter ce printemps, au 36ᵉ Congrès des Sociétés savantes ; mais, après réflexion, j'ai préféré vous la soumettre, parce que vos assises sont internationales, tandis que celles des Sociétés savantes, se tenant à Paris tous les ans, sont exclusivement françaises.

Je profite donc de votre réunion pour vous prier de porter à vos Gouvernements respectifs l'expression du vœu que je me permets de former. Lui aussi, l'Institut de Droit international, dont M. Asser est parmi vous le représentant autorisé, forme des vœux de caractère général, et loin d'être restés à l'état de vagues théories, certains de ces vœux sont déjà devenus la base effective de certains arrangements conventionnels entre nations.

Il me sera, dès lors, permis de l'espérer : à notre prochaine réunion nous apprendrons que les hauts intéressés ont adopté le projet de substitution à la monnaie actuelle, si veule, si neutre, si inexpressive, de la monnaie artistique, historique, vulgarisatrice et éducatrice des masses profondes, comme aussi constituant pour l'avenir le moins périssable des monuments humains, celui auquel, avec une légère variante, on pourrait appliquer fort à propos la parole du civil Horace :

Exegi monumentum acris perenne.

Cette note était déjà rédigée lorsque, grâce à l'efficace intervention de notre collègue d'Allemagne à Rotterdam, M. Perl, nous avons reçu les moulages de diverses monnaies commémoratives frappées par certains États germaniques. Comme plusieurs d'entre eux sont absolument contemporains, ces monuments numismatiques viennent opportunément à l'appui de notre thèse. Ci-joint une liste de trente-six types.

De LAIGUE.

N. B. — A la disposition des personnes que la question pourrait intéresser, je tiens une collection d'empreintes de monnaies commémoratives allemandes, qu'a bien voulu former pour moi le Consul d'Allemagne à Rotterdam, M. le Dr Perl,

COMPTES RENDUS

Biographie du baron Jules-Joseph d'Anethan, ministre d'État, ancien ministre de la Justice, ancien ministre des Affaires Étrangères, ancien chef du Cabinet de 1870, ancien représentant, ancien président du Sénat de Belgique, grand cordon de l'Ordre de Léopold, etc. (1803-1888), par L. PLETTINCK.

Cette excellente biographie, qui sort des presses de l'imprimeur-éditeur K. Van de Vyvere-Petyt de Bruges, porte comme devise les paroles célèbres de Léopold II prononcées par Sa Majesté le 9 juillet 1868 : « Être juste envers les gouver-« nants est la vertu des peuples qui méritent d'être bien gouvernés ». Impossible de définir mieux cette intéressante biographie, qu'en disant qu'elle représente en détails très complets la plus grande partie de l'histoire contemporaine de la Belgique, et qu'elle donne une idée exacte de la vie politique dans ce pays. Cet important ouvrage de 397 pages, divisé en neuf chapitres, mérite d'attirer l'attention de tous ceux que passionne l'histoire contemporaine, la plus attirante puisqu'elle est nôtre en même temps que celle de nos ascendants. Il y a même là des pages qui formeraient un article de premier plan dans les plus importantes revues politiques et historiques de France et d'autres pays. Pour ne citer que quelques exemples, mentionnons les passages où il est question : I. Des rapports de l'homme d'État belge et de ses conversations avec l'illustre prince de Metternich réfugié en Belgique en 1849 [1] II. De son attitude dans l'importante question des cimetières. III. De son intervention dans l'élaboration du nouveau code de procédure pénale. IV. De sa présidence du cabinet à l'époque de la guerre franco-allemande. V. De

---

[1]. Ces entretiens furent publiés d'abord sous forme de correspondance dans *Le journal de Bruxelles* dont le baron d'Anethan était président du conseil d'administration, puis en brochure, en 1876.

l'expulsion de Victor Hugo. VI. De la suppression de la légation de Belgique auprès du Saint-Siège, etc... Cette simple énumération nous suffira pour faire comprendre l'intérêt puissant et international de l'ouvrage de M. L. Plettinck. Cet intérêt est d'ailleurs prouvé par la mise sous presse très prochaine d'une troisième édition, les deux premières ayant été enlevées avec une spontanéité à laquelle les écrivains belges ne sont guère accoutumés. En plus, des journaux d'opinions diverses en ont fait un éloge très flatteur mais bien mérité. Bien qu'il s'agisse en l'œuvre de M. Plettinck d'un de mes ascendants, je ne puis m'empêcher de louer et d'admirer la façon dont le biographe a traité cette longue et méritante carrière. L'un et l'autre ont bien servi la Patrie : l'homme d'État qui a passé sa vie à gouverner sagement, et l'écrivain, le biographe qui, étudiant les moindres détails de cette précieuse existence, la dévoile avec talent.

Baron JULES D'ANETHAN.

*
* *

I. *Université catholique de Louvain. Bibliographie* (1834-1900). Louvain, Peeters, 1900, in-8° de xi°-386 pp.

II. *L'Université de Louvain. Coup d'œil sur son histoire et ses institutions* (1425-1900). Bruxelles, Valens, 1900, in-8° de 192 pp. (illustré).

C'est la troisième fois, depuis sa fondation, que l'Université catholique de Louvain publie la bibliographie des travaux de ses maîtres. Le premier de ces recueils a paru en 1880, à l'occasion des fêtes jubilaires de l'indépendance nationale ; le second, quelques années après, lorsque l'Université elle-même fêtait ses noces d'or ; la troisième édition, parue aujourd'hui et mise à jour jusqu'à la fin de 1899, est l'œuvre de M. Brants, de la Faculté de philosophie et lettres. Le savant professeur d'histoire et d'économie politique a mis beaucoup de soin et de méthode dans l'exécution de la mission délicate que les autorités académiques lui ont confiée. La bibliographie est publiée d'après le plan suivant : 1° énumération des publications collectives de l'Université, telles que l'*Annuaire*, etc.; 2° énumération des thèses et dissertations publiées dans les diverses facultés et écoles en vue de l'obtention d'un grade académique; 3° indication des revues et publications périodiques publiées et dirigées par des professeurs de l'Université ; 4° publications personnelles des membres de l'Université : travaux des recteurs, vice-recteurs et secrétaires, d'abord ; livres, brochures, articles de revue, etc., des professeurs, ensuite ; 5° viennent enfin, les collections et les publications des divers instituts et cours pratiques rattachés à l'Université, et des sociétés d'étudiants : sociétés d'étude et de discussion, œuvres et sociétés religieuses, etc. — Une table onomastique, placée en tête du livre, facilite les recherches.

En même temps que l'Université confiait à M. Brants la mission de dresser son inventaire scientifique, elle le chargeait de retracer, à grandes lignes, dans un volume spécial, l'histoire de ses origines, de ses développements et de ses transformations à travers les siècles. L'Université catholique libre, fondée en 1834, n'est, en effet, que la continuatrice de la plus ancienne Université des Pays-Bas, fondée à Louvain en 1425, de l'accord du Souverain Pontife et du duc de Brabant. C'est à cette exquisse historique qu'est consacré le second volume que nous annonçons. Il se divise tout naturellement en deux parties, l'une qui se rapporte à l'antique *Alma Mater* (1425-1797), l'autre à l'Université actuelle. Après avoir rappelé les circonstances de la fondation de l'Université, à la fin du moyen âge, M. Brants en résume à grands traits l'organisation et les rouages ; à cet exposé se rattachent d'intéressants détails sur le régime de l'enseignement et de la collation des grades. L'auteur retrace ensuite les faits saillants qui marquent l'histoire de l'Université depuis sa fondation jusqu'à sa chute en 1797. Des notes et des renvois nombreux aux meilleures sources permettront aux lecteurs désireux de renseignements approfondis de compléter cette notice forcément écourtée.

C'est à l'Université actuelle, en effet, à son organisation et aux institutions qui en dépendent, qu'est consacrée la plus grande partie du second volume. Après une esquisse de la fondation et du développement historique de l'établissement, au XIXe siècle, esquisse divisée en cinq chapitres, correspondant à l'administration des cinq recteurs, qui l'ont dirigé depuis 1834, M. Brants étudie une à une les institutions universitaires actuelles : la bibliothèque ; les écoles, instituts scientifiques,

cours pratiques; les collèges et les pédagogies; les sociétés d'étudiants; les sociétés d'anciens étudiants. En caractérisant les divers établissements universitaires, l'auteur a su habilement éviter le double écueil d'une sèche nomenclature de faits et de renseignements pratiques ou d'un exposé encombré de détails fastidieux et secondaires. Comme l'a dit un éminent critique, M. Kurth, « dans cette revue nécessairement rapide d'un si grand
« nombre d'institutions et de sociétés de caractères bien divers,
« l'auteur sait toujours tenir l'attention en éveil : avec un remar-
« quable talent il dégage toujours les lignes maîtresses et il
« choisit les détails vivants, en laissant dans l'ombre tout ce qui
« est d'ordre technique ou ne présenterait qu'un intérêt relatif.
« Bref, on trouve dans ces pages, illustrées avec un goût exquis,
« le tableau complet de la vie d'une grande et florissante Uni-
« versité depuis deux générations ». Les gravures, semées dans l'ouvrage, représentent les principaux bâtiments universitaires.

En annexes, M. Brants publie un plan de la ville de Louvain, un tableau général des inscriptions prises à l'Université depuis 1834, et une statistique des admissions par les jurys d'examen et des grades obtenus.

PROSPER POULLET.

*
* *

Le comte André Ivanowitch Ostermann et le partage de la Turquie. Épisode de l'histoire de la Question d'Orient : la guerre de Cinq ans (1735-1739) par A. KOTCHOUBINSKY, professeur à l'Université d'Odessa. — En russe. Odessa, 1899; gr. in-8°, x-526-LXII pp.

C'est un des épisodes de l'histoire de la Question d'Orient au XVIIIe siècle que M. Kotchoubinsky a entrepris de raconter dans son volumineux travail. La quantité de documents de toutes sortes que l'auteur a analysé, son récit intéressant, détaillé, plein de verve et de vivacité, l'originalité de son style et la largeur de ses vues politiques, dépourvues de ce chauvinisme étroit auquel des ouvrages de ce genre ne fournissent que trop souvent l'occasion — telles sont les éminentes qualités de ce livre, dont nous savons plein gré au laborieux auteur. Ces qualités vraiment scientifiques du traité de M. Koutchoubinsky nous ont engagé à donner un résumé succint des principaux événements qui y sont relatés.

En 1711, l'armée russe, sous les ordres de l'empereur Pierre le Grand lui-même se trouva entourée d'un nombre six fois plus grands de Turcs au bord du Proute, affluent du Danube. Pierre dut signer le « traité de Proute », d'après lequel les acquisitions de la Russie depuis le début du règne, la forteresse d'Azow à l'embouchure du Don, ainsi que trois autres forteresses sur la mer Noire, furent rendues au Sultan. Quand Pierre Ier entra dans les possessions turques, il avait en vue non seulement d'assurer l'empire de la Russie sur les rives de la mer Noire ; ses intentions portaient plus loin : il voulait apporter la liberté aux populations chrétiennes qui gémissaient sous le joug de la Turquie, en chassant les Turcs de l'Europe. Cette première tentative échoua. Mais cet échec ne découragea pas les successeurs de Pierre Ier ; bien au contraire, voulant venger l'honneur du grand monarque, ils poursuivirent le même but avec un redoublement d'efforts et de sacrifices. Ce n'étaient pas les héritiers du trône de Pierre le Grand qui pouvaient entreprendre une œuvre aussi audacieuse. Leur médiocrité ne leur permettait guère de suivre la politique tracée par la main du Grand Réformateur. Mais il se trouvait parmi les hommes d'État russes un certain nombre de personnes qui appartenaient encore à l'école de Pierre Ier, et qui voulaient, malgré toutes les circonstances contraires, poursuivre son œuvre. Le comte André Ostermann, chancelier de l'impératrice Anne (1730-1740), élevé à la rude école de Pierre le Grand, était d'origine allemande. Une activité infatigable, une intelligence froide, calme, pleine de ruse et de perspicacité, une compréhension nette et précise des circonstances du moment, et avec ça une largeur de vues qui en faisait un des plus grands hommes d'État russes du xviiie siècle — telles étaient les qualités éminentes de cet Allemand, qui « valait bien vingt Russes », comme disait de lui un de ses contemporains. Il entreprit la tâche de venger son ancien maître, en chassant les Turcs des rives du Bosphore. Le livre de M. Kotchoubinsky est consacré au récit de cette entreprise.

Deux faits précédèrent l'ouverture de la guerre de Cinq ans (1735-1739) : en 1726 la Russie conclut un traité d'alliance avec l'Autriche, l'ennemie séculaire de la France ; quelques années plus tard surgit la question polonaise, sous forme de la candidature au trône de Pologne, de Stanislas Lesczinsky, appuyée par la France. Ces deux événements placèrent la politique russe face à face avec celle du cabinet de Versailles. Le conflit qui devait en résulter éclata sur les rives du Bosphore. La France avait pour but d'élever un rempart aux prétentions de la Russie, en soutenant les États limitrophes, la Suède, la Pologne, la Turquie, « réduire les Moscovites à leurs anciennes bornes », comme disait le fameux Bonneval. Le marquis de Villeneuve, ambassadeur de Louis XV auprès de la Sublime Porte, et l'envoyé russe à Constantinople, Népluyew, ne tardèrent pas à entrer dans une lutte opiniâtre. Les deux poussaient la Turquie à la guerre, — Villeneuve, afin de porter à la Russie un coup pareil à celui qu'elle avait éprouvé sur les bords du Proute, et de l'écarter définitivement des rives de la Mer Noire, — Népluyew, pour venger la défaite de 1711 et ouvrir à l'armée russe les portes de Constantinople. La Turquie pour ce dernier était déjà « l'Homme malade » devant la force d'irrésistible extension de la nouvelle Russie. Dans ses rapports au chancelier il ne cessait d'appeler le cabinet de Saint-Pétersbourg à une action énergique pour pousser les Turcs à la déclaration de la guerre tant désirée. Mais le comte Ostermann était trop prudent pour se laisser impressionner si promptement par les appels passionnés de son ministre à Constantinople. Enfin en 1735, après la défaite de Stanislas Lesczinsky en Pologne et la conclusion d'un traité d'alliance avec la Perse, Ostermann résolut que le moment était venu pour recourir aux « remèdes extrêmes ». La guerre commença.

Mais, dès la première année, elle n'apporta qu'une désillusion profonde aux espoirs fantastiques de l'envoyé russe à Constantinople, ainsi qu'aux projets moins téméraires du chancelier. L'armée russe, entrée en Crimée, dut bientôt se retirer faute de vivres. L'Autriche, sur laquelle Ostermann avait compté pour prêter main-forte à la Russie en vertu du traité de 1726, faisait la sourde oreille à toutes ses sommations, embarrassée par sa guerre avec la France. Pour éviter une nouvelle guerre, elle proposa sa médiation entre la Porte et la Russie. Mais le cabinet de Saint-Pétersbourg ne voulait pas entendre parler de paix, dans l'espoir d'une campagne plus heureuse pour l'année suivante. Ostermann continuait à insister sur l'action combinée de l'Autriche et de la Russie, tandis qu'à Vienne on faisait tout le possible pour suggérer aux deux puissances belligérantes l'idée d'un congrès de paix. La campagne de 1736 n'apporta à la Russie que de nouveaux échecs. La Russie se vit alors obligée de consentir à la proposition de l'Autriche, et un congrès fut assemblé vers le commencement de l'année 1737 à Némirow, petite bourgade de la Podolie.

Cependant la guerre ne fut pas interrompue ; un succès éphémère, la prise d'Otchakow, forteresse turque à l'embouchure du Dniepr, par le feld-maréchal Munich, n'apporta qu'une diversion momentanée aux pourparlers, que l'Autriche, aussi bien que la Turquie, tâchaient de traîner en longueur. Les prétentions de la Russie, formulées dans l'instruction d'Ostermann du 14 juin 1837 tombèrent peu à peu devant le mauvais vouloir des Autrichiens et la lenteur calculée des Turcs.

L'instruction du 14 juin 1737 est un monument remarquable de la politique du chancelier de l'impératrice Anne. Elle devint le programme de toute la politique russe par rapport à la Question d'Orient. L'acquisition des rives de la mer Noire et de la Crimée eut lieu sous le règne de Catherine II. Mais il se passera encore bien du temps avant la réalisation de la seconde partie du programme d'Ostermann, — le partage de la Turquie, avec l'affranchissement des principautés chrétiennes du Danube.

Quoique l'Autriche, vers le commencement de 1737, se décidât enfin à déclarer la guerre, le peu de succès de ses armes n'apporta pas de changement aux pourparlers de Némirow. Les Turcs devenaient de plus en plus arrogants, en voyant le peu d'accord qui régnait entre les alliés. Dans ces conditions le congrès n'avait plus de sens, et au mois d'octobre 1737 les pourparlers furent clos. Pour comble de malheur, l'armée autrichienne subit une défaite considérable ; les Turcs s'avancèrent triomphalement vers la frontière de l'Autriche, et assiégèrent Belgrade.

C'est alors que nous voyons la France prendre de nouveau une part active aux affaires de Turquie. Villeneuve proposa à Ostermann la médiation de la France. Ostermann y consentit à contre-cœur. Mais les Turcs ne voulaient plus entendre parler de paix ; après s'être rendus maîtres de la situation du côté de l'Autriche, ils voulaient atteindre les mêmes résultats du côté de la Russie. Une campagne malheureuse du feld-maréchal Munich sur le Dniestr vint à propos pour leur faire croire que le moment propice pour la conclusion d'une paix favorable était venu. Mais l'année 1739 apporta à l'armée russe une victoire inespérée : Munich battit les Turcs près du village Stavtchany en Bessarabie, et prit d'assaut la forteresse Khotine, sur le Dniestr. La Moldavie était ouverte aux Russes, et Munich ne tarda pas à y entrer. Il occupa Jassy, et s'apprêtait déjà à passer le Danube pour porter la guerre dans les possessions du Sultan, lorsqu'il reçut la nouvelle de la conclusion de la paix de Belgrade entre la Turquie et l'Autriche. Malgré sa juste indignation, malgré les récriminations d'Ostermann contre la perfidie des Autrichiens, il fallut céder devant la nécessité d'une paix coûte que coûte et prendre pour médiateur ce même Villeneuve qui avait toujours servi les intérêts de l'ennemi. Le traité préliminaire fut échangé le 7-18 septembre 1739. La forteresse d'Azow fut détruite, celle de Khotine rendue à la Turquie ; la Russie rentra dans ses anciennes limites.

Nous ne pouvons clore notre esquisse du savant ouvrage de M. Kotchoubinsky sans rappeler au lecteur une fois de plus ses qualités éminentes, et sans émettre le vœu que la science de l'histoire diplomatique continue à s'enrichir de livres pareils à celui que nous venons d'analyser.

Prince N. GALITZYNE.

Le Gérant : LE GLAY.

MACON, PROTAT FRÈRES, IMPRIMEURS

PUBLICATIONS DES MEMBRES DU CONGRÈS

Vte M. Boutry. — La question des missionnaires en Chine au xviiie siècle (communication faite au Congrès des Sociétés savantes). Paris, imprimerie nationale, 1899.

Vte M. Boutry. — Une mystification diplomatique. Les trahisons du comte Mattioli (l'homme au masque de fer, *Revue des études historiques*, juin 1899).

L'abbé L. Dedouvres. — Le Père Joseph polémiste. Ses premiers écrits, 1623-1626. Paris, A. Picard et fils. Angers, Germain et G. Grassin, 1895.

L'abbé L. Dedouvres. — De patris Josephi Turciados libris quinque. Angers, Germain et G. Grassin, 1894.

L'abbé L. Dedouvres. — Le Père Joseph et le Sacré-Cœur. Angers, Germain et G. Grassin, 1899.

L. Dubois de Lhermont. — L'organisation agricole et la sécheresse.

L. Dubois de Lhermont. — Les lois pénales protectrices de l'agriculture.

L'abbé Ferret. — La Faculté de théologie de Paris et ses plus célèbres docteurs. — Moyen âge : 4 vol. in-8°, Paris, Picard, 1894-1897. — Époque moderne : 1 vol. in-8°, Paris, Picard, 1899.

Dr Hans F. Helmolt. — Weltgeschichte. 4 Band, 1 Hälfte. Leipzig, 1899.

H. Houssaye. — 1815 (Waterloo). Paris, libr. Perrin, 1899.

André Le Glay. — Les origines de l'alliance franco-russe. Paris, 1897.

André Le Glay. — Une intervention en Crète. Paris, 1897.

André Le Glay. — La France sous Louis XII (*Revue encyclopédique*, 1899).

Dr A. Marki. — Elisabeth, reine de Hongrie. In-4°, Budapest, société Franklin, 1899.

Dr A. Marki. — Les Longobards en Hongrie. In-8°, Clausenbourg, 1899.

Dr A. Marki. — Les chroniques notables du moyen âge. In-8°, Budapest. Société Franklin, 1899.

Dr A. Marki. — Histoire de la Révolution hongroise en 1848-49. Gr. in-8°, Budapest Société Atheneum. 1898. (Tome X de l'histoire de la nation hongroise.)

Marquis Mac Swiney de Mashanaglass. — Le Portugal et le Saint-Siège. Paris, Picard, 1899.

R. de Maulde. — Les Femmes de la Renaissance. Paris, Perrin, 1899.

E. Rodocanachi. — Les aventures d'un grand seigneur italien. Paris, Flammarion, 1899.

E. Rodocanachi. — Elisa Napoléon (Baciocchi) en Italie. Paris, Flammarion. 1900.

G. Salles. — Les origines des premiers consulats de la nation française à l'étranger. In-8°, Paris, Leroux, 1896.

G. Salles. — L'institution des consulats, son origine, son développement au moyen âge chez les différents peuples. In-8°, Paris, Leroux, 1898.

E. Simson. — La non-extradition des nationaux. Saint-Pétersbourg, 1892.

E. Simson. — L'occupation d'après les principes du droit international. Saint-Pétersbourg, 1894.

Marquis-Viti Mariani. — La Spagna e la Santa Sede. Il matrimonio del re di Spagna D. Pilippo IV con Doña Maria Anna arciduchessa d'Austria, 1645-1649. Rome, 1899.

Marquis de Vogüé. — La Croix rouge maritime et la Conférence de La Haye.

M. Léon Morel, professeur au Lycée Louis-le-Grand, membre du comité français d'histoire littéraire pour le Congrès de 1900, vient de publier sous ce titre : *Poèmes divers d'Alfred Tennyson*, une traduction en vers français d'œuvres choisies de Tennyson.

M. Jules Lánczy a publié dans le *Siècle* de Budapest un rapport très important sur le Congrès de La Haye.

MACON, PROTAT FRÈRES, IMPRIMEURS

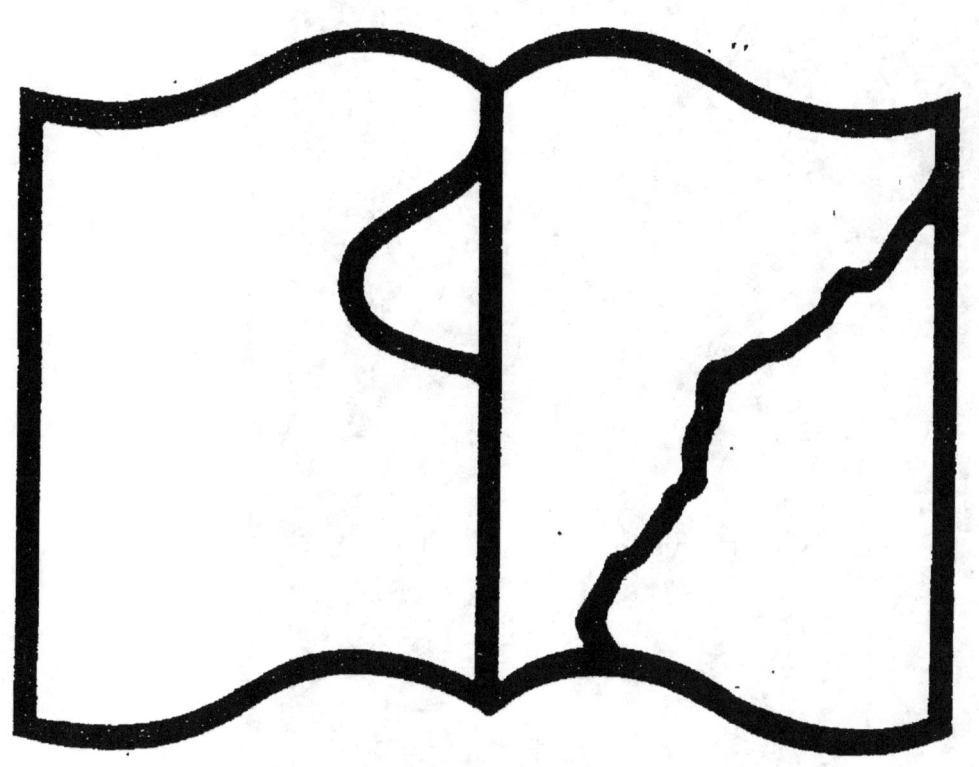

Texte détérioré — reliure défectueuse
NF Z 43-120-11

Contraste insuffisant

NF Z 43-120-14

www.ingramcontent.com/pod-product-compliance
Lightning Source LLC
Chambersburg PA
CBHW071406230426
43669CB00010B/1460